职业教育学术译丛

荷兰职业教育的教与学

［荷］艾利·德布鲁恩
［澳］史蒂芬·比利特　编
［荷］杰伦·奥斯腾克

卿中全　　　　　译
梁晴　　　　　审校

商务印书馆
创于1897
The Commercial Press

First published in English under the title
Enhancing Teaching and Learning in the Dutch Vocational
Education System: Reforms Enacted
edited by Elly de Bruijn, Stephen Billett and Jeroen Onstenk
Copyright© Springer International Publishing AG, 2017
This edition has been translated and published under licence from
Springer Nature Switzerland AG.

"丛书"[①]主编序

《荷兰职业教育与培训》卷

我们编写本套"丛书"的一大宏愿，是阐释如何使职业专业能力的发展得到最佳保证。"丛书"各卷主要关注为实现这一发展而为学生提供各种特定学习经历，例如在工作场景和（或）在教育机构的学习经历，但是，教育体系应该如何组织和实施以实现这些成果，这一点也同样重要。这就需要探究影响不同国家教育体系的表现形式的一系列因素，以及随着时间的推移，由于教育目标、制度安排和国家需求指令的变化，教育体系如何转型。本书从多种视角剖析了荷兰职业教育体系的发展和转型。与其他很多国家一样，荷兰职业教育体系经历了最近30年来改革浪潮的洗礼。这些改革以国家观念、制度和政策优先方向为前提，推动职业教育形成了特定的形式和方式。因此，荷兰职业教育体系与其他国家有很大区别。例如，荷兰职业教育体系的构成与邻国（德国）就截然不同。与另一个邻国（法国）的职业教育类型和制度安排也有显著差异。因此，本书详细考察和描述了荷兰职业教育发展的独特环境，在这一独特环境中，荷兰开始构建职业教育体系，并在政府和私营部门的影响下不断发展，而且深受荷兰独特的国家观念的影响，例如"教育自由"、对区域或地方治理特别重视。同时，职业教育体系要与其他教育体系和社会机构提供的教育相呼应。

本书顺理成章地首先介绍了目前荷兰职业教育的背景和形式。鉴于荷兰职业教育具有国别特色鲜明的独特形式（主要是基于通过各种不同的教育供给[②]提供教育路径），本书开篇就对荷兰职业教育体系进行阐释是有帮

[①] 本书是施普林格（Springer）出版社《专业学习和基于实践的学习》（*Professional and Practice-based Learning*）丛书的第18卷。——译者注

[②] 教育供给（education provisions）指为了满足教育需求而提供给人们的教育机会，包括各级各类学校教育机构及非正规的教育机构提供的教育机会（如成人教育、在职培训等）。——译者注

助的。正如其他很多国家的职业教育体系一样，在外界看来，荷兰职业教育体系并不总是那么容易理解，因为人们可能会以自己的国家为参照。然后，本书的一部分论述了组织和政策等相关结构性因素，另一部分主要关注教育计划①、教学方式和为学生提供教育经验，从而阐述荷兰职业教育体系的独特之处。正如本书的编写计划那样，书中各章反映了影响荷兰职业教育体系的形成和实施的诸多因素，以及近年来是如何进行改革和转型的。在一定程度上，本书各章抓住了这些影响因素的多样性，从探索治理模式的变革以回应新兴的劳动力需求，到重点关注学生进入更高层次的职业教育乃至高等教育的途径以满足学生的多样化需求。因此，与其他很多国家的职业教育体系一样，学生群体的异构性，学科的多样性，各种层次的教育成就、期望与结果，这些在本书中都显而易见。不过，本书特别强调教育路径、地方责任、职业教育与工作场所以及其他教育体系的融合，这些，使荷兰职业教育体系具有十分鲜明的国别特色。

因此，本书为我们理解职业与专业教育的实施方式提供了重要补充，并提供了一个国家职业教育体系的分析报告。荷兰职业教育体系有其复杂性，它既是全国性的，又是因地制宜的，与经常被人们拿来研究和琢磨的那些模式截然不同。所有这些都是有益的，因为有些国家的模式被人们视为是需要推广的理想模式，而我们这里提供了一个替代选择，并详细阐述了为什么照搬别国的职业教育模式，把它强加给一个国家、人民和社区，这样做是不可能的、无益的、不现实的，因为各国模式的前提可能截然不同。除了描述荷兰职业教育体系，还要理解荷兰职业教育体系及其独特的结构、方法与治理模式，正是在这些问题上，本书做出了重要贡献。

雷根斯堡大学（德国，拜仁） 汉斯·格鲁博

帕德博恩大学（德国，帕德博恩） 克里斯蒂安·哈特斯

格里菲斯大学（澳大利亚，昆士兰，布里斯班） 史蒂芬·比利特

2016 年 10 月

---

① 教育计划（educational programmes）指一个专业的课程计划，在我国也称教学计划。根据语境，本书有的地方也译为"教学计划""课程计划"，不再一一注明。——译者注

前 言

荷兰职业教育体系及改革

最近30年来，在全球大势、国家关切和政府政策目标的推动下，荷兰职业教育体系经历了重大的改革浪潮。总体而言，正如其他国家一样，这些持续进行的改革致力于构建一个对产业[1]反应更加敏锐、地方责任[2]更加强化的能力本位职业教育体系。但是，每一轮改革都有其特定的重点，以期取得特定的政策成果。而且，这些改革从来都不是其他国家已经或正在进行的改革的翻版。由于特定的制度安排和具体的社会需要，这些改革带有荷兰特定的国家需求、文化观念和地方关切的深深烙印。例如，荷兰的"教育自由"观念几乎是独一无二的，其含义是：政府制定目标，而为了达到这些目标，必须因地制宜采取对策，以满足广泛的利益需求。但是，考虑到改革所进行的程度、提出的要求和带来的变化，人们应当及时对这些改革的实施与成果进行认真评估，因为它们代表着通过国家职业教育体系而推进的一套特定的政策方针，其中含有在其他同类体系中常见的但也非常独特的成分。总之，这些都是职业教育体系改革的重要而有说服力的案例，值得深入探究，职业教育体系及职业教育的工作者和管理者也可从中汲取经验教训。

在20世纪80年代末期和整个90年代，荷兰职业教育体系的改革主要聚焦于结构和制度安排方面，包括引入国家资格框架、能力本位教育及评估，从而把职业教育与其他教育独立开来。这些改革，对目前荷兰职业教育机构的教育实践具有深远的颠覆性影响，对在其中工作和任教的人们也同样如此。荷兰职业教育的早期改革是《政策、权力、进程与成效剖析》（*Unravelling Policy, Power, Process and Performance*）（Nijhof & van Esch,

---

[1] 产业在这里既指产品生产，也指提供服务，包括公营和私营部门。——原注
[2] 地方责任是指满足特定区域的雇主需要。——原注

2004）一书的评论主题，该书呈现了一系列评价这些改革的视角，正如书名所示。

然而，最近20年来荷兰职业教育的改革则大不相同，主要侧重于那些早期改革在地方层面的实施，并对早期改革的一些举措进行改进乃至修正。例如，更加重视教与学的质量，尤其是因为这能保障学生的职业能力[①]。但是，由于资格结构与职业课程相关，荷兰在21世纪第一个10年就对资格结构进行了修订和完善，旨在使之更加契合"能力"的概念，从而更加全面地体现职业教育应该具有的目标导向（而不只是掌握一连串孤立的事实和技能）。

最近20年来的改革，其实施重点在地方或区域层面和课程层面，包括制定职业教育机构的目标和流程。而且，这些改革将教与学的过程延伸到了荷兰的工作场所，并参与提供"支持工作的学习"或"工作本位学习"（WBL）[②]的职业教育，但是，这并不是德国双元制的翻版。相反，它仍然保持了为学生提供学校学习经历这一基本要点，同时延伸到为学生提供工作场所学习经历。例如，人们关心职业教育学校如何为学生提供真实的职业经历。其次，根据"国际学生能力测试项目"（PISA）[③]和"国际数学与科学趋势研究"（TIMSS）[④]，年轻人在荷兰语和数学能力方面有最新的紧迫需求。这些需求都特别强调职业学校教师和工作场所导师的素质。这些改革的焦点不仅与早期几波改革截然不同，而且与其他一些国家正在进行的改革也大有区别，甚至相反。

然而重要的是，荷兰职业教育体系所发生的一切，是一个展现了改革、抵制、适应和转型过程的重要案例，并体现在国家、区域、地方和个人层面，这也为其他国家的职业教育体系提供了经验教训。因此，了解这些改革背后的意图——试图解决什么问题，采取什么样的实施方式，如何让老师参与、接受、执行和让学生体验，以及改革意图的实现程度如何——是

---

① 荷兰语：vakmanschap——译者注
② 工作本位学习（work-based learning，缩写WBL），也有学者译为"基于工作的学习"。——译者注
③ Programme for International Student Assessment，缩写PISA。——译者注
④ Trends in International Mathematics and Science Study，缩写TIMSS。——译者注

深入探究和理解所有这些因素的适时的、具有潜在独特性的前提。因此，尽管上述各种发展趋势在很多国家都有所共鸣，并正在影响着全球职业教育体系，但是这一切应该如何发挥作用，仍然要以每一个国家自身特定的举措、历史、制度和实践为前提，并体现本土特色。

本书各章不仅提供了在不同发展阶段的一些实例，而且强调：特定形式的职业教育产生于特定的社会需求、观念、制度和时机。因此，尽管全球机构甚至欧洲的发展进程都在敦促实现一体化，但是，这些行动仍然坚守着一点：构建最适合特定民族国家和在其中生活、工作和学习的人们需要的职业教育体系。

本书旨在阐述荷兰职业教育改革实施的过程、成果和维度，并力求运用最近20年来荷兰职业教育领域大量的研究成果。这些研究工作提供了丰富的真知灼见，可以用来阐明上述问题与成果。同时，本书也建立在一些关键前提的基础之上。

从理论上讲，职业教育是一项重要而有价值的工程，发展人们适应社会需求（如社会与经济方面的目标）的能力，并帮助人们去发现、胜任和维持在整个职业生涯的职业能力（Billett，2011）。因此，正如杜威（Dewey，1916）指出，职业教育的范围从指导人们认识自己适合什么职业，到帮助人们发展有效地进行职业实践的能力，一直延伸到在整个职业生涯延长过程中保持就业能力的需要。可见，职业教育关乎所有人整个职业生涯的学习。因此，国家、机构和个人投资于职业教育，不可或缺的两个条件是有效实践和政策支持。但是总体上看，作为教育行业，职业教育可能受困于其比较卑微的社会地位，尤其是学历层次较低的课程计划、负面的社会情绪和那些往往无用的管理规定，因而并没有充分地得到适宜的教育实践的支持。然而，由于荷兰职业教育供给的广泛性（既有初级职业课程，也有属于中等和高等教育的专业学习课程），荷兰在这一高等教育（tertiary education）领域的重视程度也许是其他国家的教育体系无法企及的。

为了阐述这些问题，本书用两大部分（分别包括五章和六章的篇幅）来论述上述关键论题，并回应那些关键前提。第二篇的主题是"政策和组织"，第三篇的主题是"教育计划和课程"。作为开篇之作，本书主编撰写的一篇"导论"描述了荷兰职业教育体系的特点和参与模式、起源和历史，以及存在的一些根本冲突。

第二篇"政策和组织"的各章内容，主要突出20世纪90年代以来一直主导荷兰职业教育的国家资格结构和框架。奥斯腾克和德弗克（第2章）阐述了荷兰中等和高等职业教育在成人教育与终身学习（LLL）中的作用。他们论述了职业教育的政策和传统，并认为，传统上人们强调在有组织的教育场景中的所谓正式及非正式学习（成人教育），而目前人们日益认识到了工作场所学习的重要性。在关于公私合作伙伴关系的一章（第3章），范德米尔、范得塔和塔米·李主要论述了在确定职业资格和提供工作场所学习的机会方面，传统上荷兰业界和劳工代表发挥了怎样的作用。他们指出，创新和劳动力市场在各区域、各行业之间差异很大，并举例分析了国家政策和当地学校如何应对这种差异。威斯特霍斯和范德米尔（第4章）论述了在地方层面产学合作的发展与实践，在分析荷兰职业教育这一重要特征时，重点强调了产学合作的实施。在第5章，范德玮、红宁和范格努特讨论了与教育质量相关的院校治理问题。他们指出，过去几十年来，在学校治理和提高学校及董事会的自主权方面，荷兰发生了重大转变。在第二篇最后一章（第6章），范德克里和斯特米尔讨论了职业教育的教师专业化发展问题。他们指出，迄今人们一致认为，人力资源政策对保障教师的就业能力和专业成长至关重要，但是在实践中，院校层面的政策规划并未得到充分落实。

第三篇"教育计划：教与学"从教育计划和课程等中观和微观层面讨论职业教育的实施。首先，第7章主要讨论职业教育的职业认同和生涯学习（career learning）。梅杰斯、库依普斯、棱格尔和温特斯指出，荷兰大多数职业教育学校都缺乏浓厚的职业生涯学习环境，并提出了一些指导性改进建议。第8章，德布鲁恩和巴克阐释了职业知识内容在职业教育课程中的定位问题。总体来说，他们发现人们对"知识"的注意力摇摆不定，一边是学科知识形式的学校知识，一边是更加关注技能和态度的方法知识。第9章讨论了基于工学结合（school-work boundary）的能力本位职业教育课程开发。威斯特霍斯和兹特论述了荷兰职业教育在融合各种学习环境、培养全面职业能力的课程开发方面的实践。第10章，汉姆斯、霍夫和邓波儿讨论了当前荷兰职业教育采用的教学策略。在这方面，他们指出教师具有举足轻重的地位，并承担着各种压力。第 11 章分析了荷兰职业教育在融合工作场所学习方面的进展与问题。奥斯腾克分析了工作场所学习如何成为大多数职业教育课程相当重要的一部分，但与此同时，工作场所学习的价值和质量仍然是备受争议的话题，目前在很大程度上还带有试验性。第三篇最后一章（第 12 章）关注荷兰职业教育的评估。巴特曼和格来克斯评析了过去 15 年来荷兰职业教育评估实践的进展，试图描述学校如何把应对政策变化与科学研究结合起来，（不断）发展评估实践，从而应对各种改革。

作为本书的结语篇，比利特（第 13 章）用整整一章的篇幅进行了总结，他从理解职业教育体系总体框架的视角，分析了荷兰职业教育体系的特征和发展。

综上所述，本书纵览本世纪初以来荷兰职业教育实践的发展历程，把它作为一个研究案例向国际受众开放。对于其他国家的职业教育来说，荷兰职业教育的发展大概是具有可辨识性的。这一点千真万确，但对于此书中的研究，也允许进行广泛的讨论与争议。因此，我们希望本书能为读者提供丰富的研究素材。

（荷兰，乌特勒支；荷兰，海尔伦）艾利·德布鲁恩
（澳大利亚，昆士兰，布里斯班）史蒂芬·比利特
（荷兰，海牙）杰伦·奥斯腾克
2016 年 9 月 25 日

目 录

名词解释 ··· I

作者简介 ··· III

第一篇 导 论

第1章 荷兰职业教育 ··· 3
- 第1节 荷兰的职业教育 ··· 3
- 第2节 职业教育纳入教育体系：起源、设计与供给 ············ 5
- 第3节 荷兰职业教育体系的实践：参与模式 ··················· 12
- 第4节 荷兰职业教育的五个基本问题 ··························· 19
- 第5节 理解目前实践中的荷兰职业教育 ························ 36

第二篇 政策和组织

第2章 职业与专业教育和终身学习 ································ 39
- 第1节 导言 ·· 39
- 第2节 荷兰：是终身学习社会吗？ ······························ 40
- 第3节 职业教育体系中的成人教育 ······························ 43
- 第4节 先前学习认证 ·· 49
- 第5节 本章小结 ·· 55

第3章　职业教育的转型：通过公私合作伙伴关系激励创新 …… 57
第1节　导言：促进技能型还是知识型经济？…… 57
第2节　里斯本议程：2000年 …… 62
第3节　"领先行业"计划：2010年以来 …… 63
第4节　进一步加强公私合作伙伴关系 …… 65
第5节　制度变迁：职业教育与培训的制度调整 …… 66
第6节　行业、区域的竞争力及创新的决定因素 …… 68
第7节　四个案例研究 …… 71
第8节　职业教育与培训及高等职业教育的公私合作伙伴关系分析 … 75
第9节　本章小结与展望 …… 78

第4章　远大期望：荷兰职业教育与培训对当地产业的意义 …… 81
第1节　导言 …… 81
第2节　荷兰的职业教育与培训 …… 83
第3节　区域教育中心与政府政策的变迁：1996—2015年 …… 85
第4节　从产业视角考察区域教育中心的定位 …… 92
第5节　本章小结：荷兰职业教育和培训与产业的关系 …… 97

第5章　提高职业教育与培训的质量：一种博弈？ …… 101
第1节　导言 …… 101
第2节　荷兰职业教育与培训中督导的工作方式 …… 103
第3节　对绩效测评的反思 …… 105
第4节　多层级组织中董事会的控制能力 …… 107
第5节　职业学校的组织结构 …… 108
第6节　走向"柔性控制" …… 111

第6章　职业教育的教师专业化发展 …… 115
第1节　导言 …… 115
第2节　教师专业化发展：国家政策法规的视角 …… 116
第3节　教师专业化发展：区域职业学院和高等职业院校的视角 …… 120

第 4 节　教师队伍的特点及其对专业化发展的启示……………… 123
第 5 节　教师专业化发展：目前实际情形……………………………… 125
第 6 节　本章小结……………………………………………………… 129

第三篇　教育计划：教与学

第 7 章　有价值的生涯对话：21 世纪职场成功所需的职业能力、职业认同和学习环境…………………………………………… 133
第 1 节　导言…………………………………………………………… 133
第 2 节　生涯学习：简史……………………………………………… 135
第 3 节　日益增加的不稳定感………………………………………… 136
第 4 节　浓厚的生涯学习环境………………………………………… 138
第 5 节　生涯对话……………………………………………………… 141
第 6 节　教师…………………………………………………………… 145
第 7 节　本章小结……………………………………………………… 147

第 8 章　职业教育课程中知识的作用和性质……………………… 148
第 1 节　课程中的知识………………………………………………… 148
第 2 节　历史回顾：来回摇摆………………………………………… 152
第 3 节　课程中职业知识的表现形式………………………………… 157
第 4 节　本章小结……………………………………………………… 163

第 9 章　基于工学结合的能力本位职业教育课程设计……………… 165
第 1 节　导言…………………………………………………………… 165
第 2 节　荷兰的能力本位教育：简要历史回顾……………………… 167
第 3 节　荷兰职业教育与培训的能力本位教育课程述评……………… 170
第 4 节　能力本位教育及面临的困难………………………………… 172
第 5 节　工学结合……………………………………………………… 175
第 6 节　转换：教育机构和工作场所的合作发展实践述评……………… 176
第 7 节　转换：工学结合学习环境述评……………………………… 177

第 8 节 荷兰职业教育与培训的"知识获取" ……………………… 179
第 9 节 荷兰职业教育与培训的"参与式学习" ……………………… 180
第 10 节 职业教育与培训的混合式学习环境 ……………………… 180
第 11 节 本章小结与讨论 …………………………………………… 182

第 10 章 促进学生参与和发展的教学策略 …………………………… 184
第 1 节 当前荷兰职业教育的教学策略及其理念简析 …………… 185
第 2 节 真实性学习 ………………………………………………… 186
第 3 节 荷兰职业教育的灵活性学习和灵活性学习的环境 ……… 193
第 4 节 学生的自我导向性 ………………………………………… 196
第 5 节 本章小结 …………………………………………………… 202

第 11 章 荷兰职业教育的工作本位学习：衔接学习场所、
学习内容和学习过程 ……………………………………… 206
第 1 节 导言 ………………………………………………………… 206
第 2 节 荷兰职业教育的工作本位学习：简史 …………………… 207
第 3 节 工作本位学习的学习成果 ………………………………… 211
第 4 节 工作本位学习的教学法 …………………………………… 213
第 5 节 学习潜能 …………………………………………………… 214
第 6 节 改进工作场所学习：作为职业课程的一部分 …………… 219
第 7 节 工作本位学习的组织模式：学习场所的衔接 …………… 224
第 8 节 本章小结 …………………………………………………… 228

第 12 章 荷兰职业教育评估：近十五年的回顾与困境 ……………… 231
第 1 节 导言 ………………………………………………………… 231
第 2 节 国家资格结构的改革 ……………………………………… 232
第 3 节 职业教育质量控制体系的改革 …………………………… 234
第 4 节 现状：职业教育评估实践的最新发展 …………………… 249

第四篇 结 论

- 第 13 章 荷兰职业教育体系：体制焦点与转型 …………………… 255
  - 第 1 节 荷兰职业教育体系：影响因素与目标 …………… 255
  - 第 2 节 职业教育体系解析框架 …………………………… 256
  - 第 3 节 历史背景与制度安排 ……………………………… 257
  - 第 4 节 社会、政治和自然因素 …………………………… 259
  - 第 5 节 文化观念 …………………………………………… 261
  - 第 6 节 职业教育的目标和形式 …………………………… 263
  - 第 7 节 荷兰职业教育体系解析 …………………………… 267
  - 第 8 节 历史背景与制度安排 ……………………………… 268
  - 第 9 节 社会、政治与自然因素 …………………………… 271
  - 第 10 节 文化观念 ………………………………………… 272
  - 第 11 节 荷兰职业教育的目标和形式 …………………… 273
  - 第 12 节 荷兰职业教育体系评价 ………………………… 279

参考文献 …………………………………………………………………… 281

译名对照表 ………………………………………………………………… 358

译后记 ……………………………………………………………………… 361

名词解释

副学士学位 （AD）	应用科学大学开设的两年制职业教育课程，主要面向中等职业教育4级（或部分3级）的毕业生。
工作本位学习 （BBL）	基于工作的中等职业教育方式（即学徒制）
学校本位学习 （BOL）	基于学校的中等职业教育方式
义务教育	5—16岁为全日制义务教育。所有未成年人必须接受12年全日制学校教育。16—18岁的年轻人也必须接受义务性质的教育，直至取得法律规定的初始资格（starting qualification）。未获得初始资格的18—23岁的成年人，可以得到政府的帮助以获得此资格。直至27岁仍未获得初始资格并（或）申请社会救济金的成年人，其就学也是义务性质的教育，直至取得初始资格。
普通中等教育 （HAVO）[①]	普通中等教育为5年制，学生在12岁时入学，包括初级（1—3年级）和高级（4—5年级）两个阶段。获得普通中等教育文凭的毕业生可以进入高等职业教育，或者大学预科教育的5年级。
高等职业教育 （HBO）	高等职业教育是高等教育的一部分（专业学士学位），招收完成普通中等教育或中等职业教育4级的学生。属于国际标准教育分类（ISCED）的5级教育。
应用科学大学 （Hogescholen）	应用科学大学提供高等职业教育（专业学士、专业硕士、副学士学位），也有研究部门。
行业知识中心 （KBB）	行业知识中心是面向职业教育、培训和劳动力市场的知识组织，它属于行业组织，2015年以前一直负责制定资格标准（qualification profiles）和注册学习型企业。
《中等教育法》 （Mammoetwet）	20世纪60年代通过《中等教育法》，管辖后来中等教育三个等级的普通教育课程和三个等级的（全日制）职业教育课程。
中等职业教育 （MBO）	中等职业教育的学生16岁时入学，包括4个等级，即1级（入门基础级）和2—4级职业资格。属于国际标准教育分类的3级和4级教育。
OCW	教育文化科学部（the Ministry of Education, Culture and Science）

[①] 即普通中学。——译者注

续表

资格标准 （Qualification profiles）	根据相关职业实践能力制定的职业教育的达成目标。中等职业教育的所有课程都按照职业资格结构制定资格标准。高等职业教育自行分别制定每个课程（专业学士或硕士课程）的资格标准。
区域教育中心 （ROCs）	跨行业区域性职业学院
行业职业教育协会 （SBB）	行业职业教育协会是国家机构（职业教育、培训与劳动力市场的合作组织[①]），自2015年以来负责制定资格标准和注册学习型企业。
初始资格 （Starting Qualification）	中等教育课程文凭，是法律规定的青少年结束其教育生涯前必须获得的最低文凭，可以是普通中等教育文凭、大学预科教育文凭、中等职业教育2级文凭（或更高等级的文凭）。
初级中等职业预科教育 （VMBO）[②]	属于初级中等教育，4年制，学生在12岁时入学。前2年为普通教育课程；根据学生的升学路径，第3—4年分为普通教育课程或职业预科教育课程。获得初级中等职业预科教育文凭的毕业生可以接受中等职业教育；其中普通教育课程的毕业生中分数高的可以升入普通中等教育4年级。
大学预科教育 （VWO）[③]	大学预科教育为6年制，学生在12岁时入学，包括初级（1—3年级）和高级（4—6年级）两个阶段。
《职业与成人教育法》（WEB）	1996年颁布《职业与成人教育法》，管辖所有中等职业教育和成人教育。
大学学术教育 （WO）	研究型大学提供学术教育（学士和硕士层次），属于国际标准教育分类的6级教育。

---

① 英文为 Cooperation Organisation for Vocational Education, Training and the Labour Market。——译者注

② 即职业初中。——译者注

③ 即重点中学。——译者注

作者简介

利斯贝特·巴特曼（Liesbeth Baartman），荷兰，乌特勒支应用科学大学职业教育研究中心，副教授。

亚瑟·巴克（Arthur Bakker），荷兰，乌特勒支大学弗赖登塔尔研究所，副教授。

史蒂芬·比利特（Stephen Billett），澳大利亚，昆士兰，布里斯班，格里菲斯大学教育与专业学习学院，成人与职业教育学教授。

艾利·德布鲁恩（Elly de Bruijn），荷兰，乌特勒支应用科学大学，职业教育研究中心主任；荷兰开放大学维尔腾研究所，职业教育学教授。

彼得·邓波儿（Peter den Boer），荷兰，埃顿-吕尔，西布拉邦特区域职业学院，职业教育与培训学院教授。

鲁德·德弗克（Ruud Duvekot），荷兰，豪腾，终身学习服务中心独立顾问。

朱迪思·格来克斯（Judith Gulikers），荷兰，瓦格宁根大学教育与能力研究中心，助理教授。

特鲁斯·哈姆斯（Truus Harms），荷兰，格罗宁根大学教育研究院，退休资深研究员。

阿里美·霍夫（Aimée Hoeve），荷兰，奈梅亨，汉恩应用科学大学学习质量研究中心，资深研究员。

马利斯·红宁（Marlies Honingh），荷兰，奈梅亨，拉德堡德大学管理研究院，公共行政管理助理教授。

马林卡·库依普斯（Marinka Kuijpers），荷兰开放大学维尔腾研究所，教授，职业发展小组主任。

瑞纳克·棱格尔（Reinekke Lengelle），加拿大，阿萨巴斯卡大学，文学硕士综合研究项目之"创意与反思写作"课程教授。

塔米·李（Tammy Lie），荷兰，巴斯滕管理咨询公司顾问，研究员。

弗朗西斯·梅杰斯（Frans Meijers），荷兰，海牙应用科学大学职业教育学名誉教授，梅杰斯研究与咨询中心主任。

杰伦·奥斯腾克（Jeroen Onstenk），荷兰，海牙，荷兰应用科学大学教育学院，教育教学主任。

简·斯特米尔（Jan Streumer），荷兰，鹿特丹应用科学大学人才发展研究中心，职业教育学名誉教授。

路易丝·范德玮（Louise van de Venne），荷兰，乌特勒支大学社会与行为学学院，教育系讲师。

简彼得·范得塔（Jan Peter van den Toren），荷兰，伯奇咨询公司董事；阿姆斯特丹大学，阿姆斯特丹高级劳工研究所（AIAS）成员。

马塞尔·范德克里（Marcel van der Klink），荷兰，海尔伦，南方应用科学大学，教育创新与继续职业发展（CPD）研究中心主任；马斯特里赫特大学商业与经济学院，教育研究与发展部研究员。

马克·范德米尔（Marc van der Meer），荷兰，蒂尔堡大学，"教育与劳动力市场"特聘教授，行业职业教育协会（SBB[①]）独立科学顾问。

马瑞克·范格努特（Marieke van Genugten），荷兰，奈梅亨，拉德堡德大学管理研究院，公共行政管理助理教授。

雷娜特·维瑟琳克（Renate Wesselink），荷兰，瓦格宁根大学社会科学系，教育与能力研究助理教授。

安奈克·威斯特霍斯（Anneke Westerhuis），荷兰，国家职业教育与培训技能鉴定中心，资深研究员。

安奈米·温特斯（Annemie Winters），比利时，鲁汶林堡大学，教育教学法专业学士课程教师教育行为研究员（teacher-researcher）。

伊利亚·兹特（Ilya Zitter），荷兰，乌特勒支应用科学大学职业教育研究中心助理教授。

[①] 荷兰语：Samenwerkingsorganisatie Beroepsonderwijs-Bedrijfsleven（缩写SBB）。——译者注

第一篇

导　论

第1章

荷兰职业教育

艾利·德布鲁恩，史蒂芬·比利特，杰伦·奥斯腾克

第1节 荷兰的职业教育

荷兰的职业教育主要由19世纪的私人举办而发展起来，到20世纪逐渐成为公共教育体系的一部分。随着职业教育的发展并纳入公共教育体系，"教育"和"工作"之间的冲突一直持续至今。一方面，职业教育课程必须专注于使学生获得与特定职业相关的具体学习成果，包括获得证明其实践能力的资格证书；另一方面，作为公共教育体系的一部分，职业教育课程也被寄予各种不同的期望。当前，人们希望职业教育课程的培养目标要更加广泛，不能只局限于培养学生获得工作资格，而是要培养学生具备所谓"三重资格"：工作与职业、公民责任与社会参与、继续学习与个人成长。而且，职业教育要做到充分地培养学生为工作做准备也很困难，因为学生并不总是很容易得到参加职业实践的机会以获得经验、进行实习和实践。当然，目前也有劳动系统的培训课程，例如公司内部培训，以及提供既有工作场所教学也有教育场景教学的课程，例如双元制课程。但是，荷兰的职业教育是公共教育体系的一个重要的子系统，因此它的一个关键目标是培养学生获得工作资格。所以，教育与劳动系统之间的摩擦，是职业教育这个子系统长期存在的问题和影响因素，并随着时间的推移以各种方式和目的而显现出来。

本章旨在介绍目前荷兰的职业教育体系，并阐述其运作模式。其中描述了荷兰职业教育那些重要而真实的特征（例如职业教育在整个教育体系中的定位、特点和参与模式），以及决定职业教育体系的特殊性的若干基

本问题。这些问题，与职业教育的性质及其被作为公共教育体系的一部分这一点有关。然而，就荷兰职业教育的复杂性和特殊性而言，如果仅仅将职业教育的特点描述为它是公共教育体系的一部分，且教育与劳动系统之间存在冲突，这样表述就太笼统了。实际上，这些总体趋势和基本要点，需要结合荷兰背景的特殊性来加以论述。根据早前人们对荷兰职业教育的一些研究和评论（比如参见 De Bruijn，2004；Nieuwenhuis, Coenen, Fouarge, Harms & Oosterling，2012；Nijhof & Van Esch，2004；Van der Sanden, De Bruijn & Mulder，2002；Westerhuis, Christoffels, Van Esch & Vermeulen，2015），与荷兰职业教育的特点和实施紧密相关的五个问题已得以明确。这五个问题是：（1）合作伙伴关系，（2）教育自由，（3）教育需求与就业需求，（4）面向当前与面向未来的教育，（5）终身学习。本章详细阐述了这些问题，以便理解当前荷兰职业教育体系的若干主要前提。

第一个问题是合作伙伴关系。学校和企业需要合作，以共同实施有效的职业教育供给，并共同决定这些课程计划应该有什么样的教育目标。在荷兰，职业教育的相关主体通过所谓"公私合作框架"而相互联系在一起。教育与劳动系统的合作伙伴关系在此公共框架内运行，这使荷兰的职业教育供给具有十分鲜明的国别特色。

第二个问题是"教育自由"原则。这一原则源自荷兰宪法，宪法规定了政府制定教育目标和进行教育设计的范围与程度。因此，在组织和实施教学计划方面，公立教育机构有一定的自主权，即自主设置课程、制定教学大纲并颁布实施。这一责任分工，体现在荷兰职业教育特定的结构和运作流程方面。

荷兰职业教育的第三个深层次问题，是教育供给的广泛可及性（accessibility）与培养学生的职业实践资格之间存在的根本冲突。作为公共教育体系的一部分，荷兰的职业教育必须惠及所有申请入学的年满16周岁及以上的年轻人，而且必须培养他们准备进入劳动力市场以及"准备"成为公民和接受继续教育。荷兰的职业教育就是在这样一种为平衡所有学生的双重课程目标的过程中而形成的。

第四个基本问题是教育面向当前与面向未来之间的冲突。职业教育要培养学生为短期内的职业实践（例如就业）做准备，但考虑到未来经济社会发展，同时也要培养他们准备迎接未来挑战（例如持续就业的能力）。这一问题，尤其反映在职业教育供给的设计上，以及职业教育的教学计划中所谓"通识"（或普适性）知识及技能与专门职业知识及技能之间的关系之中。

最后，第五个问题是职业教育对终身学习（即一生的学习）的贡献。虽然公共职业教育是为提供初始教育（initial education）而建立的，但人们越来越希望它为工人进一步专业深造做出贡献。这一双重目标是荷兰公共职业教育的一个根本问题，特别是就其面临的挑战——职业教育的相关性及其对未来的价值——而言。

上述五个问题，体现在荷兰职业教育体系的目标、形式和实践的多个层面，包括宏观（体系）、中观（区域与院校）和微观（课程）层面。因此，虽然单独地来看有些问题决不是荷兰职业教育体系所独有的，但是各种因素加在一起而形成的复杂性，使荷兰职业教育体系的特点与实施具有十分鲜明的国别特色。因此，要理解和评价荷兰职业教育体系，必须阐述清楚这一系列因素。作为本书第一章，本章旨在界定和阐述上述五个问题，以便更加深入地理解荷兰职业教育。其余各章将具体进行更深入细致的论述，从而更加全面地阐述荷兰职业教育。在本章第4节阐述上述五个问题之前，第2节对荷兰职业教育体系进行评述，第3节介绍目前荷兰职业教育的招生情况及参与模式。

第2节 职业教育纳入教育体系：起源、设计与供给

世界各国对职业实践资格的组织和管理各不相同。从体系层面看，导致这些差异的一大原因可以归结为职业教育在国家教育体系中的定位不同，以及职业教育与劳动力市场和具体职业实践之间的关系不同（Marsden，1990；Müller & Shavit，1998）。有些国家的劳动力市场体系的特点是，获得职业实践资格（即确保能胜任工作）是人们职业生涯本身的第一阶段的一部分，是在进入劳动力市场并签订劳动合同之后才获得的。由于工作资格的获得是以企业为中心，所以这些国家的公共职业教育体系不完善，而且拥有内部劳动力市场。美国和英国就是这种以内部劳动力市场为主的自由市场经济的典型，那些有（或曾经有过）学徒制的技术行业除外。在这

些国家的教育体系中，（公立）初始教育主要是为了掌握一般的通用技能和知识。工人在工作中发展起来的技能往往属于该企业的特定技能，因而与外部劳动力市场不太相关。同时，在这些国家，几乎没有受国家监管的、把职业实践建立在获得特定职业资格基础之上的职业。因此，在这种不受国家监管的情况下，获得就业准入资格并不是各种具体就业的必要条件。所以，除了那些通常要求用经验证明来代替职业资格的工作以外，只要有就业机会，年轻人就可以相对容易地找到工作。

与此相反，其他国家一般都有受国家监管的基于职业的劳动力市场，以及完善的中等职业教育体系（Van Lieshout，2008）。雇主用职业资格来定义工作和挑选求职者。德国和斯堪的那维亚半岛国家就是这种协调式市场经济[①]的典型，它们有基于职业的劳动力市场，并通过强有力的联系机制把劳动力市场的代表和教育过程联系起来。

在这方面，荷兰教育与培训供给的特点是可以称为混合式职业教育体系，它是在政府与社会伙伴合作这一制度安排的主导下而形成的，主要为年轻人提供与劳动力市场相关的初始职业教育，同时培养他们准备进入社会和继续学习。因此，荷兰的公共中等职业教育也提供进入后续高等（职业）教育的路径，这一点独具荷兰的国家特色。

职业教育在荷兰教育体系中的这一独特形象，最近源于20世纪60年代建立的《中等教育法》[②]。荷兰首次通过一部总体法律规定，规范了中等教育一贯制设计的各种课程计划之间的相互联系，从而形成了当时的全日制职业教育。

图1.1描绘了荷兰中等和高等教育体系设计，孩子完成小学教育（4—12岁）后在12岁时入学。从图1.1所示的教育体系框架中，可以看出这些课程在层次和性质上的差异。学生可以选择以职业教育为主（即具体职业）的路径（图1.1左）、以普通教育为主的路径（图1.1右）或者混合式路径（图1.1中间箭头所示）。这些路径包括两个或三个层次的课程：初级中等教育（图

---

① 在协调式市场经济（coordinated market economies）中，企业更多的是靠非市场的关系来协调它们之间的活动并进而构建其核心竞争力。在自由市场经济（liberal market economies）中，企业主要通过层级管理制度和竞争性市场安排来协调它们的活动，而且企业行为的均衡收益主要由供求状况决定。——译者注

② 荷兰语：Mammoetwet。——译者注

1.1 所示职业预科教育或初级普通教育）；高级中等教育（图 1.1 所示高级中等职业教育或普通教育）；高等教育（图 1.1 所示高等职业教育或学术教育）。

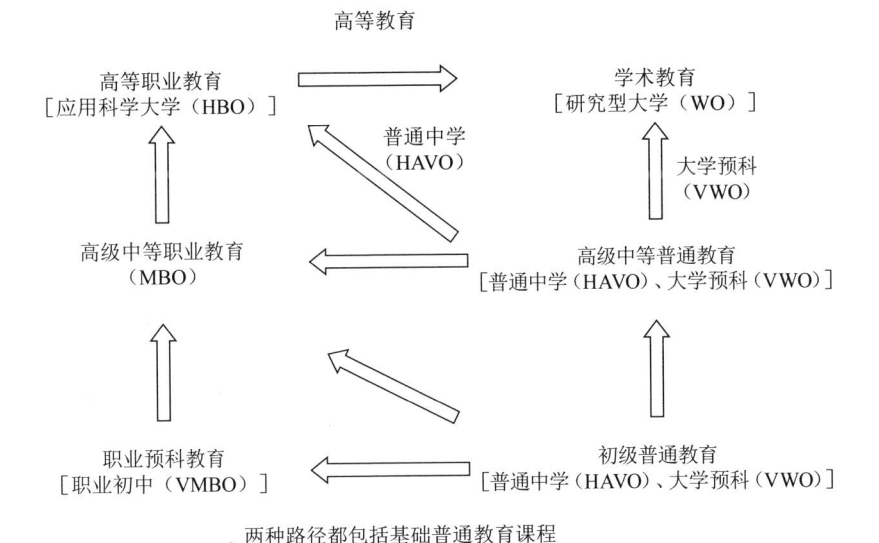

```
                              高等教育

    高等职业教育                              学术教育
  [应用科学大学（HBO）]                    [研究型大学（WO）]
         ↑              普通中学                ↑
         |              （HAVO）            大学预科
         |                                   （VWO）
    高级中等职业教育    ←         高级中等普通教育
       （MBO）               [普通中学（HAVO）、大学预科（VWO）]
         ↑                              ↑
         |                              |
    职业预科教育       ←         初级普通教育
    [职业初中（VMBO）]        [普通中学（HAVO）、大学预科（VWO）]

              两种路径都包括基础普通教育课程
```

图 1.1　荷兰中等和高等教育体系设计（De Bruijn，2006）

自 20 世纪 60 年代以来，荷兰的小学后教育体系设计有三个主要特点（De Bruijn，2006；Van Kemenade，1981）：

1. 早期追踪。孩子在 12 岁时与家长一起选择中等教育的类型，学习职业预科教育、普通教育或大学预科课程。每一个初级中等教育层次的课程，都有后续的高级中等教育课程。这样，孩子在 12 岁时的选择就预示了其未来的教育生涯。因此，生涯早期追踪是荷兰小学后教育体系的一个特点。

2. 职普融通。荷兰教育体系的每一种路径，都以初级中等教育的普通教育课程为起点，即使职业教育导向的路径（图 1.1 左）也是如此。每一种路径都从基础普通教育课程开始（初级中等职业预科教育的开始两年的课程也是普通教育），并在完成中等教育（中等职业教育）或高等教育之后，获得进入劳动力市场的资格。从体系设计者的角度来看，后者表明学术教育也可以导向就业。此外，人们并不希望在其教育生涯中仅取得普通中等教育学历。

3. 转换机会。作为教育体系设计的一部分，在各个教育阶段，学生可以在不同路径之间或者同一路径之内进行转换。有了这些转换机会，使整个教育体系中不存在断头路。也就是说，所有路径都能为学生提供进入高等教育的机会。最理想的情况是，这些转换机会可以弥补学生在 12 岁时的早期选择的缺陷以及不恰当的早期追踪所带来的不利影响。

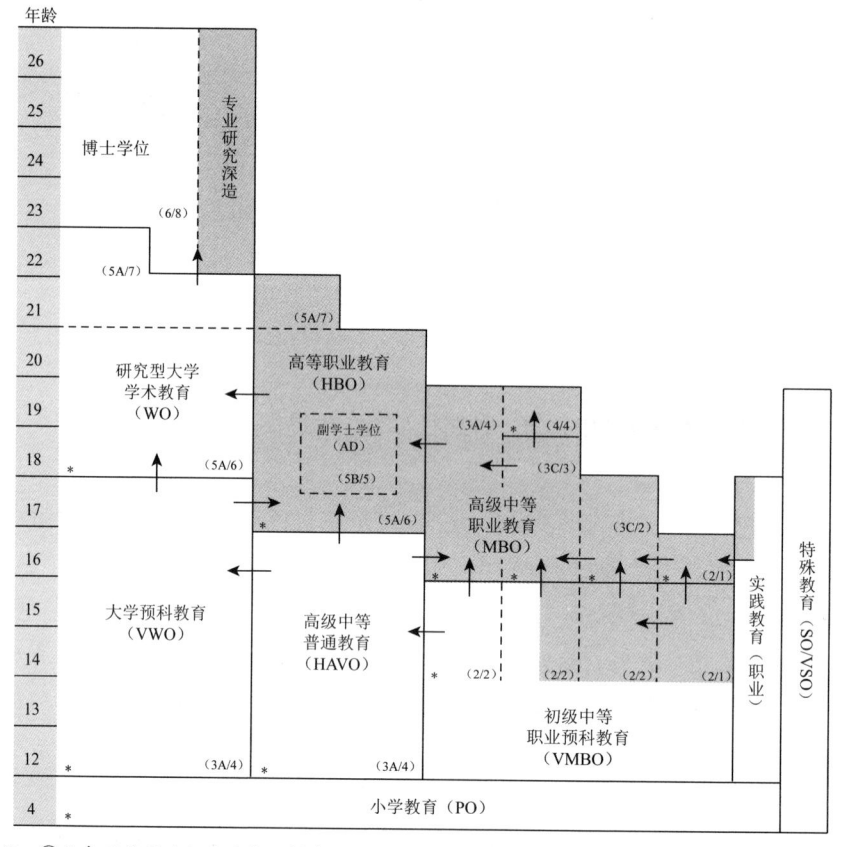

注：① *表示该层次相应的成人教育。
② 括弧内数字表示国际标准教育分类等级/欧盟资格框架（EQF）分类等级。
③ 箭头表示路径转换机会。

图 1.2 荷兰教育体系

（资料来源：Van der Meer and Smulders（2014），*OECD review: Skills beyond school—National background report for the Netherlands*，Hertogenbosch：Ecbo）

以上三个特点显而易见地表明，荷兰的教育体系是高度分层的，且具有相对较强的职业导向性。图1.2更详细地描绘了目前荷兰教育体系的路径设计，20世纪60年代的"宏大设计"对教育结构的影响至今依然可见。

荷兰教育体系的过渡路线由三层构成，最下面一层是小学教育，小学教育的上一层包括两个子层：初级和高级中等教育，其课程设置的区别如下：

  1. 初级中等职业预科教育（VMBO）为4年制，主要培养学生进入高一层次的中等职业教育（MBO，国际标准教育分类的3级和4级教育）。中等职业教育（MBO）包括1—4年课程、4个资格等级，其中1级是入门基础课程，4级具有就业和进入高等职业教育（HBO，副学士和专业学士学位，国际标准教育分类的5级教育）的资格；

  2. 普通中等教育（HAVO）为5年一贯制课程，培养学生进入高等职业教育（HBO，专业学士学位，国际标准教育分类的5级教育）；

  3. 大学预科教育（VWO）为6年一贯制课程，培养学生进入研究型大学的学术教育（WO，学士学位，国际标准教育分类的6级教育）。

以上三种中等教育路径，虽然在学制的长短和可过渡的学生人数上有所不同，但在体系设计中，每一种路径都为学生提供进入高等教育的机会。在本章后面部分我们将看到，学生的实际参与模式与设计初衷并不一致，而且随着时间的推移，各种政策正在促进或者阻碍这些路径变成现实。

荷兰教育体系的第三层是高等教育。荷兰高等教育是二元结构，应用科学大学提供高等职业教育，包括2年制副学士学位、4年制专业学士和数量有限的（非全日制）专业硕士课程。高等职业教育的专业硕士课程招收职业领域拥有学士学位的工人。研究型大学提供学术型学士、硕士和博士学位课程。大学预科教育毕业和完成专业学士第一年课程的学生，可以进入学术学士课程。拥有学术学士学位和完成硕士预科课程的学生，可以进入学术硕士课程。博士学位课程面向拥有硕士学位（学术硕士或专业硕士）的学生开放。

沿着教育体系设计的路线，学生可以在某一节点改变路径。初级中等教育结束时，初级中等职业预科教育中那些普通源流的学生，可以进入高级普通中等教育4年级。这种衔接反过来也适用。也就是说，普通中等教育或大学预科教育3年级中那些完成初级普通教育的学生，可以进入中等职业教育2级、3级或4级课程。高级中等教育结束时，中等职业教育4级、普通中等教育或大学预科教育的毕业生，可以进入高等职业教育（HBO，副学士或专业学士学位）。在高等教育期间，专业学士课程中那些没有大学预科教育文凭的学生，也可以改变路径，他们可以在通过第一年的基础课程考试之后进入学术学士课程。专业学士毕业生，必须完成硕士预科课程（大约1年）后才能进入学术硕士课程。

　　本书主要论述荷兰公共教育体系中的职业与专业教育（国际标准教育分类的3—5级教育），即中等和高等职业教育。我们这里使用"职业教育"一词，是强调各种课程计划的主要目标是培养学生直接为工作做准备并取得资格。我们这样划分职业教育的边界的用意是，由于职业预科教育的作用是为后续课程计划做准备，本书对职业预科教育不做进一步的讨论。尽管专业学习也属于学术教育的一部分，学术教育也不在本书讨论之列。至于高等教育，本书仅包括副学士和专业学士学位课程，它们直接适用于就业和就业的具体形式，因而我们把它归入"职业教育"范畴。

　　目前荷兰提供的公共中等职业教育和高等教育专业学习，是在过去五十年间发展起来的。一百年以前，荷兰的公共教育体系不提供任何职业教育课程。当时，培养学生获得工作资格并不是国家责任。随后，大多数职业教育课程诞生于劳动与福利系统，并在多年之后成为教育体系的一部分。1919年，荷兰出台了关于相关技艺及行业工作资格的职业教育课程的第一部法律，建立了2个等级（初级、中级）的职业资格。然后，在第二次世界大战之后的20世纪50年代（所谓"重建年代"），培养学生获得工作资格的高质量的职业教育课程成为了社会的迫切需要，因而职业教育课程普遍得到公共财政的资助。各个等级（初级、中级、高级）的职业教育课程得到了发展。如前所述，随着20世纪60年代《中等教育法》（第二部教育制度法律；第一部是关于小学教育的法律）的实施，大多数职业教育课程第一次作为国家公共教育体系的一部分受到监管。初级中等职业预科教育（VMBO）的职业预科教育、全日制中等职业教育（MBO）和高等职业教育（HBO）课程的前身被纳入中等教育，它们以前分别是初级、中级和高级职业资格水平的课程。《中等教育法》不包括学徒制。然而，通过一部单独的法律，学徒制也被置于公共部门的影响之下，该法规定，学徒的监管任务及其在学校进行的那部分课程由公共财政资助。

　　后来，中等和高等职业教育都有单独的法律监管。20世纪80年代，高等职业教育与中等教育实行分开管理；人们把这些提供专业学习的学校称为"高等专业学院"（Hogescholen）。当时，很多专门职业学校被合并成为大型的跨行业的高等教育（tertiary education）机构。20 世纪 90 年代初，荷兰出台了一部新的关于高等教育和科学研究的法律（第三部教育制度法律），负责监管高等职业教育和研究型大学，荷兰高等教育的二元结构由此建立。高等教育的二元结构兼顾了这些机构的教育和科学研究两个方面。自 2000 年以来，高等职业教育机构的科学研究得到公共财政的资助，并建立了小型研究部门。自此，很多高等专业学院纷纷更名为应用科学大学。

中等职业教育花了更长时间才有单独的监管法律（参见图 1.3 关于荷兰中等职业教育及其发展简述）。20 世纪 90 年代，第四部教育制度法律出台，负责监管中等职业教育（全日制、非全日制或学徒制/双元制）和成人教育（提供接受普通教育的第二次机会和面向新移民的（语言）教育）。1996 年，根据《职业与成人教育法》（WEB），当时所有中等职业教育（包括学徒制）被纳入一个统一体系。或者更确切地说，1996 年开启了中等职业教育形成一个统一完整体系的进程。作为中等职业教育统一体系发展的一部分，区域职业学院陆续建立。接下来几年中，那些高度分化的小型的专门职业学校纷纷转型，进入了跨行业区域学院（ROCs）的领域。

荷兰职业教育的完整体系是相对晚近才形成的。截至 1996 年，各种职业教育途径和学校类型（学徒制与学校本位职业教育；初始与成人职业教育）都整合到一个统一的职业教育与培训体系之中。《职业与成人教育法》第一次催生了荷兰高级中等职业教育的完整体系，把以前各自独立的学校本位职业教育与培训、工作本位的学徒制整合到一个体系之中（Onstenk，2004；Nijhof & Van Esch，2004）。不同类型的学校、行业、课程设计、学校本位与工作本位相结合的职业教育，都整合到一个国家资格结构之中。相对于其他国家，荷兰的全日制职业教育已经有了相对较大的实践成分。根据《职业与成人教育法》，工作场所学习是所有高级中等职业教育与培训的课程的重要组成部分。荷兰中等职业教育有两种方式：学校本位（BOL）和工作本位（即学徒制）（BBL）。这两种方式都把学校学习和工作场所学习结合起来，但学时分配比例有所不同。在学校本位职业教育中，企业实习占总课时的 20%—60%。2005 年以来，在所有行业、所有课程中，学生参加工作实践的学时比例已提高到 50% 以上。然而，近年来由于人们又重新强调（理论）知识的重要性，这一比例有所下降。工作本位职业教育包括至少 60% 的课时在企业做学徒，以及每周 1—2 天的学校学习。在这两种方式中，区域职业学院提供学生在学校部分的学习，但负责学生的整个学习过程，并颁发资格。高级中等职业教育（MBO）的课程和资格证书涵盖 4 个不同的领域：(1) 技术；(2) 商务/管理；(3) 服务/健康护理；(4) 农业。根据职业教育国家资格结构框架，高级中等职业教育（MBO）的课程分为 4 个不同的等级，从入门和基础职业级（1—2 年）到技工和中层管理级（3—4 年）。获得 4 级资格者可以进入高等专业教育。

图 1.3　荷兰中等职业教育发展简述

综上所述，本节评述了荷兰教育体系的设计与结构，它体现了三大重要原则：一是早期追踪；二是路径转换机会，它使教育体系在设计上不存在断头路；三是从普通教育开始、最终获得劳动力市场就业资格的教育路径。由此可见，荷兰教育体系的结构与分类的特点是高度分层，并具有强烈的职业导向性。此外，本节描述了荷兰职业教育从私人举办开始，到如今已在公共教育体系中占有一席之地，并成为高级中等教育和高等教育的发展历程。荷兰有一定程度上基于职业的劳动力市场，职业教育在公私合作的框架下运行，社会伙伴、学校和政府之间互相合作。因此，人们公认荷兰职业教育体系相对具有独特性，因为它提供了广泛的中等教育并且使学生有进入高等（专业）教育的机会。下一节，我们阐述荷兰职业教育的参与模式，考察该体系设计在实践中的运行情况。

第3节 荷兰职业教育体系的实践：参与模式

本章（及本书）所述荷兰职业教育的参与者，主要是年满16岁及以上的年轻人，也有少量年轻的在职成人。大多数年轻人通过参与职业教育而获得初始资格（即法律规定的年轻人在离开教育生涯时必须完成的最低课程文凭，包括普通中等教育、大学预科教育或中等职业教育2级文凭）。在荷兰，义务教育和为了取得初始资格的学校教育是有区别的。对于5至16岁的未成年人，全日制教育是义务教育，而且每个未成年人都必须接受12年全日制学校的全日制教育。对于16至18岁的年轻人，教育也是义务性质，直至他们取得初始资格。18至23岁仍没有取得初始资格的年轻成人，会得到政府的帮助以取得此资格。对于一直到27岁且没有获得初始资格和申请社会福利的年轻成人，学校教育也是义务性质，直至他们取得初始资格。

对于很多中等和高等职业教育的参与者来说，他们接受学校教育并不属于义务教育性质，因为其中一部分学生已经取得了法律要求的初始资格（即中等职业教育2级、普通中等教育或大学预科文凭）。他们之所以选择入读中等和高等职业教育学校，一部分是希望在参加工作之前进入下一个阶段或层次的教育生涯（即初始教育）；另一部分是工人，他们希望获得职业生涯进一步发展的资格（即继续教育）。然而，在 21 世纪，工作场所学习经验日益成为职业教育的一部分，初始职业教育与继续职业教育之间的分界线正日渐模糊，因此其参与模式也就没有明显的区别了。

20 世纪 70 年代和 80 年代，中等和高等职业教育的参与人数都在快速上升。这种增长是由多种因素引起的综合效应，一是为 16 岁和 17 岁的年轻人引入了非全日制义务教育（1975 年），二是扩大了全日制中等职业教育 2 级课程的供给，三是人们的教育生涯延长这一全球趋势（De Bruijn，1997）。然而，目前中等职业教育的招生数有所下降（参见表 1.1），尽管全日制 4 级课程的招生数量并未下降（这些课程由于可以取得"双资格"——职业实践资格、继续入读高等教育的资格——而非常具有吸引力）。高等职业教育的招生数在稳步上升。当前 10 年的人口结构特征，尤其是人口老龄化，是参与人数保持稳定的关键因素。

表 1.1 高级中等教育和高等教育的参与人数

2014—2015学年	（预科）职业教育	普通学术教育
高级中等教育 （16 岁及以上）	492000 （中等职业教育）	235000 （普通中等教育/大学预科 4—6 年级）
高等教育	447000 （高等职业教育）	254000 （研究型大学）

（资料来源：CBS，Statline；MBO online）

中等职业教育是荷兰第二大教育领域（最大领域是小学教育），高等职业教育是第三大教育领域。为了表示其参与水平，表 1.1 列出了 2014—2015 学年高级中等教育和高等教育各类课程的参与人数。

如前所述，荷兰教育体系有相对较强的职业导向性，尽管初级中等教育也是从普通教育开始的。荷兰教育体系的质量，体现在其实际参与模式之中。15 岁的同级生中有 70%—75% 选择初级普通教育（Statline/CBS，2015）。[①] 然而，到 17 岁时，同级生中约有 60% 进入职业教育课程；到 18

---

① 初级中等职业预科教育（VMBO）包括职业预科教育课程和普通教育课程；普通教育课程有相当高的注册人数（接近 70%），职业预科教育课程的注册人数约略超过 30%。——原注

岁时，同级生中约有 70% 进入职业教育课程。职业教育课程的参与者大多数年龄在 23 岁以下，尤其是全日制课程。

劳动力人口的教育水平从劳动力市场的角度印证了职业教育的规模和重要性。2015 年，荷兰的劳动力人口中，获得中等职业教育 2 级至 4 级或高等职业教育学历资格的为 55% 左右（Graaf-Zijl et al., 2015）。此外，从国际角度看，把获得中等职业教育 4 级职业资格的人归入中级资格专业人员之列，实际上是低估了职业教育课程的广度，因为在其他国家，这样的工人是归入受过高等教育的专业人员之列的（OCED, 2013；引自：De Graaf-Zijl et al., 2015）。

了解职业教育的参与模式，特别是学生过渡的情况，对于理解和评估荷兰教育的设计在实践中如何实现前述培养目标非常重要。在这些考量中，有三个相关过渡节点在年轻人的教育生涯中至关重要（如图 1.1 和图 1.2 所示）：

  1. 从初级中等教育（初级中等职业预科教育，或普通中等教育/大学预科教育第一阶段的 3 年课程）过渡到高级中等教育（中等职业教育，或普通中等教育/大学预科教育第二阶段的 2—3 年课程）；

  2. 在中等职业教育内部完成 2 级和 3 级课程之后向 4 级的过渡，以及从中等职业教育 4 级向高等职业教育的过渡；

  3. 完成普通中等教育或大学预科教育课程之后，向高等教育或中等职业教育 4 级的过渡。

理解第一个过渡节点的学生流动情况（即从初级中等教育过渡到高级中等教育），很重要的一点是要考虑到，入读普通教育课程的学生人数是最多的。初级中等职业预科教育（VMBO）既包括职业预科教育，也包括普通教育。20 世纪 60 年代以来，职业预科教育（及其前身）的参与率一直在下降（De Bruijn, 1997；Meijers, 1983；Westerhuis & De Bruijn, 2015），而 16 岁及以上的年轻人参与（职业）教育的人数在上升；在孩子 12 岁时，孩子和家长都倾向于选择那些比较宽泛的普通教育课程，使孩子一直到 16 岁都保持着面向后续所有教育的可能性。此外，各种政府咨询委员会、政党、著名知识分子、主流媒体一直都在强调，社会需求日益增长的动态性与复杂性，要求初级中等教育课程为孩子奠定接受进一步教育的基础；他们还建议说，推迟择校是对弱势群体孩子的支持。据预测，到2030年，职业预科课程的入学率将会降至非常低，大约为10%—15%（Westerhuis & De Bruijn，2015）。威斯特霍斯（Westerhuis）和德布鲁恩（De Bruijn）认为，到2030年，荷兰初级中等教育（面向12至16岁年轻人）的参与模式，将与经济合作与发展组织（OECD）的其他国家相当。然而在此之前，国际上职业导向课程或初级中等教育课程的平均入学率低于荷兰，目前，经济合作与发展组织所有国家的平均入学率为4%左右（OCED，2014a）。

在完成初级中等职业预科教育后，几乎所有的学生都进入了高级中等教育，其中大部分进入中等职业教育。初级中等职业预科教育中那些普通课程的毕业生，绝大多数也进入了中等职业教育。初级中等职业预科教育中的普通课程的毕业生（分数较高者）进入高级普通中等教育的比例，在经过了一段时间的波动之后，目前相对稳定在20%左右。初级中等职业预科教育的毕业生成功考入高级普通中等教育的比例，略低于在12岁入学时即接受初级普通教育的毕业生考入高级普通中等教育的比例。出现这一结果的主要原因是，对于初级中等职业预科教育的毕业生而言，如果他们第一次报考普通中等教育4年级时失败了，很多普通中等教育学校不允许他们重考，而原来就已经属于普通中等教育的初中阶段的那些学生，在这种情况下可以重考。至于普通中等教育和大学预科教育的初中阶段的学生，他们大部分会继续进入高中阶段，但是进入中等职业教育的比例很低。实际上，他们之所以会进入中等职业教育，主要是因为他们无论如何也完成不了普通中等教育。随着时间的推移，从普通中等教育和大学预科教育辍学（特别是在普通中等教育3年级或4年级之后辍学）而进入中等职业教育的学生约占40%。未通过普通中等教育考试的那些学生，约25%进入中等职业教育，约50%走另一途径，即通过成人普通教育取得普通中等教育文凭（Statline/CBS，2015）。对于没有通过大学预科教育考试的那些学生来说，继续接受中等职业教育并不是一个有吸引力的主要选择，他们大部分进入成人普通教育，或者来年再考。

第二类过渡节点是在中等职业教育内部各级课程之间的过渡，以及从中等职业教育到高等职业教育的过渡，这一点与理解荷兰教育体系的实践情况也密切相关。正如本章第 2 节所述，中等职业教育包括 4 个等级的课程。1 级是入门基础课程，不是培养学生的工作资格。2 级、3 级和 4 级课程面向相应等级的工作资格，可以通过两种不同的教育方式获得，一种是全日制教育，其中实习形式的工作场所学习是其重要组成部分；一种是学徒制（双元制）课程，其中学生是公司的受雇员工。自 2010 年以来，把这两种教育方式结合起来已成为可能（例如，第一部分为全日制，最后一部分为学徒制），而且得以频繁实施。尽管学生注册人数也受经济环境和时代的影响，但是全日制课程的参与人数远远超过学徒制。2010 年，大约三分之二的中等职业教育学生入读全日制课程（主要是 4 级课程），三分之一入读学徒制课程（主要是 2 级课程）。预计到 2020 年，学徒制和全日制课程人数的比例将分别为 20% 和 80% 左右（Neuvel & Westerhuis, 2013）。然而，应当注意的是，全日制课程也有大量基于工作的实习（平均占 40%—50% 学时）。学生也并非完全按资格等级而均匀地分布。2013 年，75% 的学生入读 3 级和 4 级课程，超过 20% 的学生入读 2 级课程。全日制 4 级课程的参与率最高，目前大约为 40%，而且人数还在上升；2 级和 3 级课程，特别是学徒制课程，参与的学生人数有所下降，当然，这也与人口结构的变化有关（KBA, 2014; Van der Meer & Smulders, 2014）。

中等职业教育任何一个等级的毕业生都可以进入下一等级，理论上，在中等职业教育系统内部，从 2 级升到 4 级的路径都是可能的，接下来还可以进入高等教育（即高等职业教育的专业学士课程）。2010 年，大约有 50% 中等职业教育 2 级的学生继续入读 3 级或 4 级课程，其中 60% 最后成功完成（Van Wijk & Schouten, 2013）。一般来说，成功率最高的路径是从中等职业教育 2 级升到 3 级（其中大部分是学徒制）和从 3 级升到 4 级（其中大部分是全日制）。可见，在中等职业教育 2 级和 3 级之间有一个明显的分水岭，当然这也与升学路径的性质有关系。

关于同级生的那些研究信息，有助于我们了解教育路径规划的实际运行情况。根据初级中等职业预科教育进入中等职业教育的两届（2005 年和 2006 年）学生情况，我们可以得知学生的实际升学路径情况（Neuvel, Westerhuis & de Bruijn, 2015）。有关研究表明：

1. 初级中等职业预科教育的毕业生直接进入中等职业教育 4 级的，

来自普通教育课程的人数通常高于来自职业预科教育课程的人数（尽管他们的入学资格在形式上是平等的），分别为60%和40%。其次，职业预科教育课程的毕业生更多的是进入2级或3级课程，这意味着，他们完成这些课程以后如果想要继续升学的话，其教育生涯将会面临更多的过渡节点。

2. 初级中等职业预科教育毕业生进入高等职业教育的，其中来自职业预科教育课程的人数通常低于来自普通教育课程的人数，分别大约为20%和超过40%。

由此可见，虽然荷兰教育体系在设计上不存在断头路，但有时候这些路径其实很难真正走通，特别是对于那些起点为初级中等职业预科教育中职业预科教育课程和（或）中等职业教育2级的学生。关键障碍出现在中等职业教育的内部。中等职业教育4级的学生有多种潜在可能性，他们毕业后有相对较好的就业前景，同时他们获得的资历也使其接受进一步教育成为可能。至于从中等职业教育4级升入高等职业教育，全日制课程的毕业生大约50%获得了成功，学徒制课程的毕业生获得成功的为10%—15%。但是，值得注意的是，学徒制课程是专业人员培训，而且招生人数少；大约70%的学徒是至少年满23岁且没有接受过至少4年正规教育的工人。

全日制中等职业教育4级的毕业生进入高等职业教育的人数，虽然过去10年间一直在下降，但仍然相当可观。高等职业教育（副学士或专业学士学位课程）的新生中，拥有中等职业教育4级证书的人数比例相对稳定，2005年为28%，2014年为30%。在中等职业教育4级之后不再直接继续其教育生涯的毕业生，他们有相对较好的劳动力市场就业前景，以后也有足够的机会再去上学，或者参加中等职业教育后层次的其他课程。全日制中等职业教育4级文凭具备"双资格"：既可以进入劳动力市场就业，也可以进入高等教育和继续教育与培训。然而，在高等职业教育阶段，来自中等职业教育4级的学生，其毕业率低于那些来自普通中等教育的学生。这似乎主要是因为，中等职业教育的学生进入高等职业教育后，由于各种原因，他们在专业学士课程的第一年或第二年就辍学了。个中原因包括：中等职业教育后的学士学位课程的学程、学术学习方面的困难、劳动力市场就业的吸引，或者其他各种推波助澜（pull and push）的因素。中等职业教育学生似乎尤其对（学程更短的）副学士学位课程感兴趣；很多副学士学位课程的学生在毕业后继续攻读学士学位，并最终完成了整个学士学位课程的学习。

　　第三类相关过渡节点关系到普通中等教育和大学预科毕业生的继续教育生涯。从20世纪80年代一直到90年代初期，普通中等教育的毕业生进入（全日制）中等职业教育4级课程的比例上升至30%（De Bruijn, 1995; Bruijn & Voncken, 1998）。当时，大约50%的普通中等教育毕业生进入高等职业教育。20世纪90年代中期以来，普通中等教育的毕业生进入中等职业教育的比例逐渐下降，到2004年降至5%，2011年降至3%。同期，普通中等教育的毕业生进入高等职业教育的人数到2004年上升至79%，2011年为78%。这些发展变化，可能是由下列因素引起的：(1) 20世纪90年代新颁布实施的《职业与成人教育法》，其中整合了中等职业教育（即学徒制培训、全日制2级和4级课程的学校）；(2) 高级中等普通教育课程目标变化为为高等教育做准备（Moerkamp & De Bruijn, 1999）。这些变化，使普通中等教育毕业生能更多地继续接受高等职业教育。根据20世纪90年代这一教育体系和政策的设计，普通中等教育的毕业生应该进入高等职业教育——而不是中等职业教育——以继续其教育生涯。这一设计路径使参与模式更有效率，而不是像以前那样"堆砌"文凭：普通中等教育的毕业生采取"一种更加容易的方式"，即首先完成中等职业教育，以确保成功进入高等职业教育或进入劳动力市场就业。同样的过程在大学预科教育的毕业生身上也能看到，尽管不那么惹人注目。20世纪90年代初期，大约有30%大学预科教育的毕业生进入高等职业教育（专业学士课程）。1995年以后，这一比例有所下降，到2004年降至15%，2011年降至12%。目前，大约有85%的大学预科教育毕业生进入研究型大学。

　　本节介绍了荷兰教育的参与模式。可见，在提供前景光明的教育生涯和劳动力市场就业机会方面，职业教育处于何等重要的地位。荷兰教育体系的设计避免了断头路。然而，在现实中并不那么奏效。即使真的不存在断头路，通过早期追踪预设路径和做出生涯选择也是很困难的。早期追踪提高了参与者在未获得某种学历的情况下就结束其教育生涯的风险。作为一种策略，为了确保通往高等教育的路径畅通，在初级中等教育阶段，学生和家长更倾向选择普通教育，这显然是一种变通模式。这种变通模式在高级中等教育和高等教育阶段不复存在；职业教育课程的入读人数远远超过（预科）大学学术教育的入读人数。应当注意的是，这些职业教育课程大部分是全日制课程，其中有大量的工作场所学习成分，为取得中级和高级职业资格做准备。由此可见，荷兰教育体系的特点是：在体系的设计和实践中都高度分层，而且具有强烈的职业导向性，后者尤其体现在高级中等教育和高等教育中。

在概述了荷兰职业教育的设计、起源、供给和参与模式之后，下一节阐述荷兰职业教育的几个关键问题。

第4节 荷兰职业教育的五个基本问题

本节介绍影响荷兰职业教育的一些基本原则和冲突，它们是形成目前荷兰职业教育的结构与形式的源头。为此，围绕本章导言中明确的五个基本问题，本节探讨当前荷兰职业教育的实践、进展与论争。这五个基本问题是：(1) 合作伙伴关系；(2) 教育自由；(3) 教育的可及性与培养职业实践资格；(4) 面向当前与面向未来的教育；(5) 职业教育及其对终身学习的贡献。这样，读者就能深入地理解本书各章对荷兰职业教育的详细阐述。

1. 合作伙伴关系

荷兰职业教育供给是各利益相关者在公共框架下（即政府和法律的规定）合作的产物。这一公共框架反映在各个层面：宏观层面的法律规定，中观层面的质量保证与公共责任等制度环境，微观层面的课程设计框架（如授课时数、教师资格）。在这些公共框架下，教育和劳动系统的利益相关者共同制定和明确职业教育供给与结构。因此，荷兰职业教育可以解释为是一个在公私合作框架下运行的教育体系，其中社会伙伴（即雇主组织和员工组织）与教育界在法律和政府的法定空间内进行合作。

在这一公私框架下，合作伙伴之间的互动并不那么顺畅，时常发生摩擦。关于中等职业教育资格结构的开发与争论，就是这些摩擦的明证。如前所述，1996年实施的《职业与成人教育法》促进了所有中等职业教育的整合，包括全日制、非全日制或学徒制。当时面临的一大挑战是如何构建一个连贯的体系。人们认为，实现这一目标的关键手段是制定国家资格结构，其中，所有等级的资格证书都与职业相关联，而且可以通过同等的两种教育途径（全日制和学徒制）获得这些资格证书。"知识中心职业分中心"（其中有社会伙伴和教育界的代表）的任务是提出资格标准的详细建议，然后由政府确立。在这一过程中（实际上目前也是这样），社会伙伴是重要的参与者，因为他们带来了当前职业实践的最新动态和需求。对于全日制和非全日制中等职业教育而言，确立职业教育的达成目标的这一程序在当时具有创新性。同样，学徒制成为教育体系的一部分，然而直到那时，学徒制一直都是由社会伙伴自己在主导。通过这些改革，劳动和教育这两种逻辑被整合到了一个体系之中。

　　1996年，人们建议，国家资格结构应该成为一种有效手段，用来调节教育与劳动这两个系统之间的互动。然而，各利益相关者对资格结构的理解完全不同。因此，关于资格和资格结构的性质与内容一直是充满争议的话题。在理想情况下，资格结构应该是衔接职业教育课程、劳动力市场和职业实践的一种手段；而实际上正好相反，它变成了利益相关者表达各自利益诉求的手段。对社会伙伴而言，资格标准表示他们对毕业生的就业资格的要求。对教育机构来说，资格标准是进行课程设计与考试的框架（Van Lishout & Scholing, 2009; Van der Meijden & Petit, 2014）。社会伙伴还希望，资格标准要简便易行，并且反映他们所看重的那些指标。相反，教育机构希望资格标准能为职业教育课程计划的设计提供一定的弹性空间，使这些课程计划的目标和内容不要太具体，而且可以在具有前导（pre-specified）知识和技能的教育本位课程中实施。

　　在21世纪第一个10年间，国家资格结构的制定工作取得了初步成果，其特点是，国家资格结构的性质和内容的都具有相对较强的教育逻辑，其中也留出部分空间来适应劳动逻辑。这种妥协，顺应了一种更普遍的趋势，即强调区域层面的决策，从而取代国家层面对职业课程的重点及课程设计的主导。令人颇为惊讶的是，区域层面的合作正是学徒制的主要特征之一，在1996年之前就已经推行实施了。然而，由于20世纪90年代中等职业教育的整合和公共框架的形成,地方层面主导的学徒制基础建设(infrastructure)被叫停了。作为一种自主性机制,学徒制可以转型为中等职业教育的两种教育途径(即全日制课程和学徒培训)之一。20世纪90年代,国家层面主导的学徒制基础建设曾扩展到全日制教育,但随后又转变成一个权威、统一的结构,以便于控制学生在企业实习的质量(Onstenk,2016b)。

总体来看,从当初1996年首次进行中等职业教育整合那一刻起,国家层面的经济利益相关者在这一进程中发挥了重要的主导作用,而地方层面有组织的经济主体的影响力较小。最近,地方层面的经济主体的影响力有所上升(Westerhuis & Van der Meer,2016)。然而,地方行业、企业及工作场所主管对职业教育课程的设计、指导和评估任务的实际影响力,取决于职业教育机构、管理者和教师的态度,这是因为最终对学生毕业负责的是(公立)教育机构。但是,由于工作场所学习是职业课程的重要组成部分,而且毕业生必须在该地区寻求就业,教育机构也意识到,必须与企业和雇主组织合作,以提供适应社会需求的职业教育。

对于高等职业教育来说,教育与劳动组织之间的合作伙伴关系有着截然不同的历史与传统。正如本章第2节所述,虽然高等职业教育与中等职业教育的起源类似,但是,把高等职业教育纳入高等教育的框架,这导致了其完全不同的发展。实际上,高等职业教育被纳入了学术教育传统,其中教育逻辑十分盛行,而劳动逻辑不见踪影。此外,相对中等职业教育而言,政府对高等教育的干预也不那么严格。

在体系层面,经济主体对高等职业教育没有正式影响力。应用科学大学自主决定其课程的宗旨、目标和内容。多年来,当应用科学大学申请新课程的公共财政资助时,政府建立了"宏观功能测试"(macro-functionality test)制度,要求对新课程的劳动力市场需求进行论证。高等职业教育一直没有正式的公私合作制度安排。鉴于高等职业教育课程的性质(即培养学生获得职业资格),随着时间的推移,高等职业教育似乎也将坚持经济主体的参与(即一直保持过去在职业专门学校开展高等职业教育时的做法),或者说会最终(再次)将这种方式发展起来。这种参与和合作,在区域层面表现得最为突出,在国家层面并不如此(尽管有些国家能力标准是由业界和专业组织合作制定的）。在很多方面，这种区域性的参与，符合应用科学大学具有更大自主权这一角色定位，从而使之与区域职业学院（ROCs）相区别。

关于职业教育工作者的能力与资格的争论，是教育与劳动合作这一公私合作框架的又一例证（Van der Klink & Jan Streumer，2016）。从教育逻辑的视角看，正规的教师教育机构提供的通用能力标准和培养途径是最有效的。这种偏爱对教师当然很重要，从这个角度看，教师被视为最重要的职业教育工作者。从劳动逻辑的视角看，职业科目的具体专业知识和实践对于职业教育工作者——包括工作场所主管，他们被认为与学校教师同样重要——是必不可少的（Aalsma，Van den Berg & De Bruijn）。中等职业教育的公共框架相对规范，因此，很多教师的资格标准在很大程度上是通用的或者说是宽泛的。其前提是，除教师以外的那些教育工作者（例如实践指导老师）和工作场所主管能够提供必须的职业知识、技能和实践的规范。然而，关于这一问题的争论一直在持续，卷入其中的人们站在不同的立场各执一词，而且随着时间的流逝而不断发生变化。在地方层面，这种差异不像在国家层面那么明显；学校切实体验到普通教学技能和具体职业实践技能二者的必要性。在教师教育方面存在的问题是，在教师教育课程中，只有少数是面向中等职业教育职业科目的教师资格；大部分课程是面向中等教育和中等职业教育普通科目的教师资格，这些课程仅仅在结束之时会有少许差异。

总之，合作伙伴关系的概念，是指发起、推动和实施职业教育课程的社会伙伴之间的关系。然而，这些关系远非那么整齐划一或直截了当，而是在各个教育层次、在教育逻辑与产业逻辑的平衡等方面都有所不同，高等职业教育最强调教育逻辑的一面。此外，在国家规定与地方决策和自主之间，这些关系也表现各异。

2. 教育自由

荷兰的"教育自由"观念与20世纪之交宗教界所谓"学校战争"有着深刻的联系。在这场学校战争中，有三种教育自由处于旋涡中心：（1）择校自由；（2）建校自由（即家长基于特定的人生观开办学校的自由）；（3）

组织自由（即在学习内容、方法和人员等方面，学校管理与组织教育的自由）。人们期望政府对学校的公共资助要尊重这三种自由。在整个20世纪，这种教育自由以荷兰宪法为基础，并简明地表述为责任分工。也就是说，政府制定教育宗旨和达成目标，学校自主决定如何组织实施，以实现这些目标。在荷兰教育史上，这种责任与治理的分工曾不止一次陷入了困境（参看 Bronneman-Helmers，2011）。作为教育质量监控者的角色，政府有时候会强行实施全国趋同的规则，因而很容易被指控为侵犯了学校的组织自由。

因此，荷兰的教育自由观念引发了一些冲突，因为教育应该为了什么目标（即宗旨和达成目标）与如何实现这些目标（就管理和教育机构而言）是密切相关的。而且，如果教育接受公共资助，保障教育质量也是公众自身的要求。这些冲突所带来的后果就是，关于荷兰教育的争论不可避免地变得高度政治化了。一个最有影响力的政府委员会指出，在荷兰几乎完全没有关于教育目标和内容的公众辩论，即教育应该为青少年和社会提供些什么，由此可见荷兰教育自由观念所带来的不利影响（WRR，2013）。

至于教育自由观念对职业教育的影响，中等职业教育与高等职业教育截然不同。对于高等教育，质量控制的核心是高等教育领域自身要建立周期性质量控制与认证体系。教育督导局[①]遥不可及，只有在真正发生质量灾难的情况下，政府控制才变得更加密集和规范。作为高等教育的一部分，高等职业教育机构（即应用科学大学）拥有相当大的组织自由。关于课程、课程计划和资格证书的规定，都由大学自主决定。实际上，没有一个法律框架指导高等职业教育机构建立课程资格标准（除了最近要求新课程必须进行劳动力市场需求论证）。即使有法律框架，它们也是来自于专

---

① 教育督导局（Inspectorate of Education）创建于1801年，是荷兰国家级督导机构，隶属教育文化科学部（OCW），负责监控全国各级各类学校的教育质量。2002年9月1日，荷兰正式颁布实施《教育督导法》（Education Inspection Act，荷兰语简称 WOT），其中明确规定：教育督导应在专业和独立的基础上运行，政府要全面支持督导工作，教育督导局在工作方法和督导报告等方面享有自主权。教育督导局总部设在距离教育文化科学部所在地海牙100公里以外的乌特勒支市，由首席督学和总督学领导，在全国设有地方办公室，大约有500名全日制督学和工作人员。——译者注

业机构或者公共领域（例如医疗、福利、与教师有关的教育领域自身，等等）。21世纪第一个10年间，由于人们对毕业的有效性提出批评，教育督导局强化了其监管角色。此外，在攻读学士学位的第一年，政府对教师与学生之间的授课学时量做出了更加严格的强制性规定。这两项措施都是针对一些具体事件（incidents）的回应，这些事件引发了人们对高等教育质量（尤其是专业学士课程）的公开辩论和关注。

对于中等职业教育，《职业与成人教育法》强化了关于教育目标和如何实施的责任划分，尤其是随着国家资格结构的建立。尽管在教育目标和组织实施方面有严格的责任划分，中等职业教育机构仍然觉得他们组织教育的自由受到了限制（De Bruijn & Howieson，1995；Van der Meijden & Petit，2014）。一个反复提出的问题是，学校认为，资格标准关于职业教育课程知识、技能和态度的定义对课程有直接影响，而且提供的调整空间有限，学校不能根据教育理念、模式及因地制宜的需要而开发定制化课程。尽管近几年来资格标准已经不是很详细了，但学校的抱怨声仍然大同小异。其根本问题往往是这样一种博弈：应该由谁来决定和定义教育目标，以及如何解释和处理那些相互冲突的需求（例如国家与区域的需求，职业、社会与教育的需求）。有时候，关于"由谁来决定"的博弈，似乎比实际决定职业教育的内容更重要。

尽管有这些批评意见、潜在冲突和资格标准的规定，但仍然出现了一些符合教育教学理念、适应当地需求的职业课程的范例（De Bruijn & Leeman，2011；Huisman，De Bruijn，Baartman，Zitter & Aalsma，2010）。资格标准应该对教育的组织实施规定到何种程度，或者说规定到何种程度时教师团队就可能无法进行课程设计，这些还有待深入研究。这两种选择，都表明这样一个事实：为了顾及企业和年轻人的不同需求，教育界觉得在进行课程设计时有困难。一般来说，资格标准和达成目标在某种程度上限制了如何组织实施教育的多种可能性，如果学校缺乏教育专业知识来设计结构优化的课程并使之与适当的经验相一致，对这种可能性的限制就更大。

此外，两种法定的可以取得明确职业资格的教育途径（全日制和学徒制课程）也限制了教育组织自由。2010年以来，这两种途径的严格划分正在得以淡化，但是很不容易实现，因为深植于"教育系统和工作系统协调职业教育"这种方式中的那些具体资助规则与这两种途径都相关。例如，如果能为学生提供足够的课程（一年 1600 学时，其中 1000 学时在学校学习）并且学生可获得助学贷款的话，全日制教育可以得到公共资助。学徒制课程由企业和政府共同资助，一年至少 850 学时，其中 200 学时在学校学习。学徒是领取工资的受雇员工。可见，职业教育系统的这种协作方式对这两种法定教育途径的课程设计的影响该有多大。

另外，稍有不同的一点是，作为教育质量控制的一个方面，教育督导局对师生授课学时数有硬性要求。作为监管教育质量的一部分，政府的这项职责也限制了学校的组织自由，特别是诸如工作场所学习、真实项目、在线互动与模拟，这些在职业教育中本来很常见的学习场所和任务，并没有被自动包含在教育督导局所采用的关于学时的定义之中。

非常值得注意的是，过去 20 年间，政府在监管质量和教育机构绩效控制方面的限制越来越多。虽然这些越来越多的量化及控制措施的限制适用于所有类型的教育，包括职业教育（中等职业教育和高等职业教育），但是，这些措施还很不成熟，其方法和定义均不太适合职业教育提供的课程，因为其中教育逻辑十分盛行，例如，课程计划（必修）的课时量标准中不包括工作场所学习或其他场景、其他方式的学习（van de Venne, Honigh & van Genugten, 2016）。教育委员会（Onderwijsraad, 2015）建议实行另外的质量控制机制，把定性和定量标准结合起来。这些应该成为教育机构、教师团队和教师自身的职业标准与工作安排的一部分，而不应该是教育督导局从外部强加的控制。

本节所述教育自由这一宪法思想，为我们提供了另一个视角，以理解上一节讨论的公私合作框架下职业教育的治理与组织。通过这一思想，人们也许可以更好地理解开发中等职业教育资格结构的那个动荡过程。利益相关者之间关于"由谁来决定"的博弈，其中夹杂着关于应该学习什么和如何组织实施的责任划分的争论。最终，由于政府必须决定教育目标和规定，而学校在如何组织实施方面的最大自由应该得到宪法保障，在这种情况下，教育逻辑就占了上风。社会伙伴在国家层面的影响力之所以有限，其部分原因也许就在于荷兰教育体制的这种特殊性。

3. 教育可及性与培养职业实践资格

在公私合作框架下，职业教育面临着典型的两难困境：既要支持所有学生的个人发展，又要培养他们进入劳动力市场就业的职业实践资格。理论上，这两项任务并不矛盾。因为职业实践是动态的，且在一定程度上是不可预测的，学生的愿望和需求也要得到满足，所以，应该可以设计出那种对职业实践反应灵敏同时也促进学生潜能发展的职业课程（De Bruijn, 2006; Mertens, 2001; WRR, 2013）。

然而，学生、家长、雇主、教师或政府是有着不同诉求的参与方，当他们试图去实现这两项任务时，常常会发生摩擦。这种紧张局面表现在荷兰职业教育的多个方面。从区域职业学院（ROCs）的法定义务——为每一个年满 16 岁及以上的学生提供适宜的课程，以培养他们具有进入劳动力市场的资格——可见，中等职业教育的可及性与培养职业实践资格之间存在冲突。如前所述，中等职业教育的课程包括 4 个资格等级，它们是国家资格结构的一部分。自从《职业与成人教育法》要求引入 1 级（入门级）资格课程以来，这些课程是否能够和应该产生民事效力（civil effect）（即被雇主认可），一直存在争议。实际上，在 20 世纪 80 年代和 90 年代，全日制 2 级资格课程也是上述同样的争论的焦点，因为雇主更加青睐该等级的面向工作的那些学徒制课程（例如参见 De Bruijn, 1997）。

纵观中等职业教育的历史，适应能力、补偿教学、社会参与、辍学生与弱势青年的就学、生涯选择等方面的课程，有时是作为单独的课程而设计和实施，有时是纳入培养劳动力市场就业资格的那些课程。根据《职业与成人教育法》，这些课程应当与初始职业准备和职业资格相关，基本论点是，不这样做的话就意味着这些课程将几乎不会为学生带来任何附加值，反而会使学生缺少动力。这一论点是基于人们对这些课程所进行的研究而提出的，尤其是对学生的辍学率、民事效力或教育生涯的影响等方面的研究（例如参见 Nieuwenhuis, 1991; De Jong & De Wild, 1989）。多年来，《职业与成人教育法》引入的 1 级资格课程，其民事效力受到人们的质疑。近来，政府决定改名：1 级资格课程称为"入门课程"（Ministerie van Onderwijs, Cultuur en Wetenschap [OCW], 2014b, 2015a）。这样，只要有这个新命名存在，这些课程就有了其独特的地位，尽管其目的也是为职业资格课程做准备。

另一个反映教育可及性与培养职业实践资格之间的冲突的问题，是中等职业教育的"三重资格"培养目标。根据《职业与成人教育法》，中等职业教育必须培养学生准备进入劳动力市场、继续教育和社会参与方面的资格。在完善和实施这些课程与任务的过程中，这三种资格之间存在明显的冲突。社会参与方面的资格体现在单独的模块或课程中，包括适应能力、公民教育以及数学和荷兰语。继续教育方面的资格仅局限于从4级资格课程升入高等职业教育，尤其是具体为高等职业教育做准备的单元课程。在大多数情况下，职业生涯发展问题被视为社会参与资格培养的一部分，往往以独立模块或工作坊的形式加以解决，而不是作为一门综合课程。社会参与资格的培养和继续教育及工作资格的培养之间的联系很少。在资格标准、课程计划与课程目标方面都缺乏整合。因此，工作资格与公民教育、生涯发展和个人发展之间，往往不仅泾渭分明，甚而互相对立。有时候，满足个人发展的教育可及性与培养学生面向劳动力市场和职业实践，这二者之间似乎明显相悖（Van den Berg & De Bruijn，2009）。梅杰斯、棱格尔、温特斯和库珀斯（Meijers，Lengelle，Winters and Kuijpers，2016）指出，这种情况最近正在发生改变，更多典型的综合性课程正在形成。

中等职业教育较低级资格课程的问题是：（1）中端劳动力市场的下行压力；（2）整合中等职业教育培养"三重资格"的困难；（3）人们对职业教育吸引力的担忧。对于20世纪90年代提出的把中等职业教育整合为一个完整体系这一目标来说，所有这些问题加在一起似乎是灾难性的。2015年，人们建议，在中等职业教育名下只保留4级课程（OCW，2015a；Van der Meer，2015）。把2级和3级课程更名为中级技工教育。这是一个非同凡响的时间上的摇摆。如果在不久的将来，中等职业教育不同等级课程的分离真正成为现实，这将与《职业与成人教育法》颁布之前的情况惊人相似。20世纪70年代和80年代，4级课程的前身就是由（具有很高地位的）中等职业教育学校提供的，而2级和3级课程的前身由单独的区域学校和相关临时机构提供。

在高等职业教育方面，关于高等职业教育质量的争论也揭示了教育可及性与培养劳动力市场就业资格之间的冲突。这场争论与更加严格高等职业教育的入学要求有关，其矛头指向那些升入高等职业教育的中等职业教育毕业生。如前所述，中等职业教育毕业生进入高等职业教育以后，在学士课程开始一两年的辍学率远远高于其他形式教育的毕业生（Neuvel & Westerhuis，2013）。毕竟，中等职业教育毕业生已经准备好并有资格申请他们感兴趣的劳动力市场职位。最近开发的两年制副学士文凭课程，可能更适合很多中等职业教育毕业生接受进一步教育的需要，特别是把它与工作相结合。然而，那些在成功完成开始两年的课程之后继续留在高等职业教育的中等职业教育毕业生，在学习有更多学术性的知识方面（例如写作或学科知识的掌握）也往往感到有些困难。

最近关于高等职业教育更加严格的入学要求的争论，属于一个更广泛的讨论话题的一部分，即根据职业实践需要的相关职业技能和知识要求，对学生事先提出学习要求。如果在学习期间和学习结束时，有相当多的学生无法达到这些要求，那么解决这一问题的选择之一就是制定更加严格的入学要求（当然同时要加强指导和教育质量）。然而，这场争论也与基于教育逻辑的那些要求有关（如毕业设计的学术质量），而不仅仅是基于劳动逻辑的要求（即雇主所要求的从毕业生成为新员工的职业资格要求）。

最后一点，教育可及性与培养劳动力市场就业资格之间的冲突，反映在职业教育体系内部的学生流动情况上，尤其是中等职业教育的内部。由图 1.1 和图 1.2 可见，职业教育的设计路径包括初级中等职业预科教育的职业预科课程，以及随后的中等职业教育、高等职业教育课程。职业教育的参与率表明（见第 3 节），预科教育阶段逐渐改变了其性质，从职业预科教育转变为普通教育。大多数年轻人一直到年满 16 岁都是参加普通教育。中等职业教育的生源（特别是全日制 4 级资格课程）也因此发生了变化：大多数学生都具有（初级）普通教育的背景。那些来自职业预科课程的毕业生，在开始 4 级课程时似乎会遇到更大困难，即使他们也符合入学要求。

关于学徒制课程，值得注意的是，雇主通常希望学生无论其初级中等教育背景如何都能从中等职业教育 2 级开始，然后逐步提升。中等职业教育学生流动的关键一步是从 2 级课程升到 3 级或 4 级。如果这一步存在障碍的话，职业教育就没有了从较低级到较高级教育的路径，即没有了真正的职业教育路径。正如第3节中的数据所示，中等职业教育内部的学生流动情况表明，从2级到3级或4级以及进一步升到高等职业教育这一路径确实存在障碍。获得劳动力市场的就业机会与职业教育体系的可及性之间似乎互相冲突。

除了中等职业教育内部存在着分水岭——包括在两种教育途径（学徒制或全日制）之间和各资格等级（2级与3、4级）之间——之外，国家政策也在其中起了作用。20世纪90年代，政府试图尽可能地限制学生在后续资格等级中的文凭累积，前提是，学生应该从他们能够达到的资格等级开始其教育生涯。文凭累积被视为是低效的（Bronneman-Helmers，2011；De Bruijn，1997）。可是，21世纪初期，国家的职业教育政策又转而支持文凭累积。与欧盟的政策（European Commission，2012）相一致，荷兰建立了一个工作小组和一系列计划，希望激发学生经由职业教育体系的流动，以提高人口的资历水平。其基本论点是，教育体系的设计是多条开放式的路径，提供了通往高等教育的可能性，因而可以改善在孩子12岁时早期选择的不良影响。然而，自2010年以来，国家政策又发生了变化，这在一定程度上是因为经济衰退导致了财政紧缩。政府致力于谨慎而稳健地调节学生的流动（例如根据学生参与的课程而进行有区别的资助），重点是寻求不那么漫长的教育路径。

多年以来，尽管国家政策不断变化，职业教育的参与模式表明，年轻人以各种理由选择教育体系中的其他路线，而不是选择体现体系设计意图的那些路线（De Bruijn，2006；Neuvel & Westerhuis，2013）。无论是在开始工作之前还是在职业生涯之中，走弯路、堆砌文凭或者暂时告别教育，这些一直都是教育生涯的一部分。然而，16岁时在中等职业教育2级课程就读的年轻人，与那些16岁时在4级课程就读的相比，在继续其教育生涯时会遇到更多的困难。

剖析一下德国和丹麦这两个邻国如何处理教育的可及性与培养劳动力市场就业资格的问题，有助于我们理解荷兰这些政策的发展及其影响。在很多方面，德国和丹麦与荷兰有相似之处，但他们对教育方式做出了不同的选择，因而也表现出了不同的发展方式（参看Westerhuis & De Bruijn，2015）。

在德国，进入双元制职业教育之后，学生就与以前的教育脱钩了。很多参与者是来自那些高水平的（high-status）普通教育课程。由于双元制与劳动力市场相关而且职位数有限，初级层次课程（与荷兰的初级中等职业预科教育多少有点相似）的毕业生被排除在外。这种选择性入学，是因为德国的双元制在雇主、学生和家长心目中的地位很高（Westerhuis & De Bruijn, 2015）。反过来，双元制这种很高的地位，使得进入低端劳动力市场的其他替代途径几乎不可能存在。因此，在德国，进入劳动力市场的关键路线只有这一条。其他途径虽然也存在，但它们与劳动力市场分配（即就业）不太相关。从荷兰的角度看，我们可能会问，荷兰这样一个更具选择性的劳动力市场，对中等职业教育2级和3级毕业生的就业前景会产生怎样的影响呢？其风险就在于，雇主、学生和家长可能会把这些职业课程视为二流教育。目前，为2级和3级课程独立设置职业学校的发展趋势、荷兰学徒的升学过渡机会很少、中级资格人才需求减少的发展趋势，凡此种种，都似乎在表明，上述潜在风险非常严峻，在不久的将来可能会变成现实。

丹麦则完全是另外一幅景象。丹麦教育体系中没有规定的路径。在课程或学校方面，初级中等教育没有区别。学生在16岁完成初级中等教育后，如果对如何继续其教育生涯犹豫不决，可以再留一年。此外，进入丹麦中等职业教育系统的学生，在课程开始之前，他们在学校接受半年的学前培训，然后再决定最适合他们的课程。半年之后，年轻人可以在众多课程中进行选择。这些课程包括大量的工作场所学时，但范围（即更宽泛或者更具体）和学制（即持续1至5年）有很大差异。这种差异可能很难为局外人所理解，但可以肯定的是，年轻人认为，这些课程将满足他们发展潜能和实现抱负的需要。学校与工作场所的合作，深深扎根于这种双元制之中，从而确保年轻人选择的道路与劳动力市场的发展相一致。

从荷兰的角度看，丹麦的发展意味着，中等职业教育的资格等级区分将消失。中等职业教育课程的学制将发生变化，甚至可以长达7年，而且文凭堆砌的现象将会代之以灵活的路径转换机会。学生在转换之前不必完成全部课程，这将使灵活的转换机会变得更加有效（打个比方：从A地到

C 地旅行，不必先到 B 地，而且这样会更快）。

4. 面向当前与面向未来的教育

职业教育的当务之急是如何实现课程的职业具体化。如果承认教育和劳动系统之间的潜在冲突，那么，简单的回答就是基本上没有最佳解决办法。然而，在现实中，在定义职业资格和设计课程时，其与职业实践的特点及其发展的关系也许是一个重要的、可能的、必不可少的标准，人们应该以此为指导而努力奋斗。荷兰的法规要求对职业课程的劳动力市场需求进行调研论证，即所谓"宏观功能测试"（参看 Van Lieshout & Scholing，2009；Vink，Oosterling，Vermeulen，Eimers & Kennis，2010）。政府需要控制与劳动力市场功能相关的那些职业教育新课程的实施，以便对公共资金的使用负责并稳健行事。此外，经济部门和职业教育机构本身也需要了解所提供的课程在满足社会需要或经济发展的迫切需求方面的相关性。

职业教育系统的所有各方，都致力于调解教育与劳动力市场的迫切需求之间的冲突。尽管各方同时也意识到，经济和社会发展的不可预测性使得任何关于就业能力的预测都不可靠。过去 20 年间，历次全球危机一再十分清晰地表明，很难对劳动力市场的特定职业需求做出可靠的预测。此外，职业课程从改革到新课程的第一批学生毕业，不可避免会存在时间滞后问题。职业教育的中间实践环节（intermediary practices），例如实习、企业培训部、学校小企业，以及共同负责组织实施职业教育的各方之间的合作，都一直坚持在缓和教育与劳动力需求之间的冲突。

如何准确地界定职业教育在某特定时刻究竟应该培养学生具备什么样的资格？中间环节（intermediary links）使回答这个问题的紧迫性得到了缓解。有时候，大公司更倾向于通过职业教育培养学生广义上的能力。然后这些公司再组织进行专门化和进一步职业化的内部培训（比如参见 Van der Meijden & Van der Meer，2014）。然而，中小企业更喜欢毕业生刚开始工作就能立即上手。行业内部在培训、职业化和学徒制课程等方面开展的合作，可以缓解中小企业的这种需求（Van der Meijden & Van der Meer，2014）。

从教育政策角度看，职业教育的附加值这一基本问题依然存在。中等职业教育对这个问题的基本答案是实现培养"三重资格"的目标：培养学生的工作、继续教育和社会参与的资格（Westerhuis et al., 2015）。人们一致认为，初始职业教育（中等和高等职业教育）在培养工作资格方面的附加值，是为毕业生未来的职业生涯奠定坚实基础，包括终身学习能力。尽管人们对于职业教育应当实现的其他目标有不同的意见，但这一点是共同的目标，例如，20世纪80年代强调"关键资格"，2000年前后强调广泛职业能力，最近关注所谓"二十一世纪技能"（参看 Christoffels & Baay, 2016; Nijhof & Streumer, 1998）。这些论题和基本理念，都着重强调职业课程中通识内容——尽管是职业导向——的重要性，"通识"意指基本技能和理解能力，它在人们的工作生涯中可以得到进一步拓展和具体化。

虽然上面提到了通识发展，但是意识到职业教育的多样性也很重要。前面我们已经指出了企业之间存在的差异；在其他方面也存在一些差异。较高级的资格等级的职业课程的关注点更加广泛，而较低级的资格等级的职业课程很少如此，它们倾向于培养学生尽可能具体地为职业实践做准备。同时我们发现，根据教育途径的性质不同，其关注点也各不相同。双元制课程有大量的工作场所学习成分，其授课内容可能比工作场所学习成分较少的那些课程更加具体化。根据文化、传统和职业性质的不同，各职业领域之间也存在差异。此外，学习目标之间也有差异，有的侧重于知识或技能，有的侧重于通识与专门内容的结合，例如工作过程知识。最后，职业教育的多样性还与其他一些因素有关，例如经济形势、技术变革、社会需求和工作方式以及工作人员的变化。在经济形势不乐观的时候，公司更多的是专注于主营业务（例如参见 Doets, Van Esch & Westerhuis, 2008; Nijhof & Van Esch, 2004）。对那些无需太多培训就能上岗的毕业生的需求呼声，比在经济形势向好之时要响亮得多。因为在经济形势不乐观的时候，培养劳动力市场就业资格被视为公共任务，而在经济繁荣时期，雇主更愿意通过公司内部培训使新手成为熟练工人。

职业教育是公共教育体系的一部分，因此，在定义职业教育的目标和课程时，总是存在着特殊性和时效性的问题。这与教育是面向当下还是面向未来职业实践这一分野有关；也与职业技能或能力的定义有关（参看 Onstenk, 1997, 2001; Turkenburg, Van den Bulk & Vogels, 2014）。 职业能力（即狭义上的能力），似乎是狭义上的通识技能、能力、"教化"（Bildung）、公民责任、个人发展和价值规范的对立面。如前所述，这些狭隘的定义反映在职业课程中，并在大量的单独的课程模块中得以具体化，以强调中等职业教育"三重资格"目标的各种相关政策定义。高等职业教育也存在类似的这种折衷主义课程。特殊性和通识性，仍然是反映在碎片化课程中的相互冲突的概念。

广义职业能力的出发点是把特殊性与通识性互相联系起来，"最好的专家是通才，反之亦然"，这句话很好地反映了这一点。在广义职业能力中，工具性维度（我"应知""应会"什么？）与规范性维度（我希望成为及如何成为什么样的人？）密不可分。在德语中，"Berufsbildung"（职业教育）一词即是指广义这一层次以及对有偿职业的一种投入。在英语中，"vocation"（职业）是指个人意义上的工作，"occupation"（职业）是指社会学范畴的职业。因此，职业教育（vocational education）既是培养学生的社会实践资格的教育，同时也是支持学生发展个人意义的教育（Billett，2011；Colley，James，Tedder & Diment，2003）。

尽管已有一些良好的实践，但在从广义职业能力的角度设计综合职业课程方面，荷兰职业教育的教师团队和教育机构还是感到很困难。很多课程反映出在如何理解职业能力的含义方面有冲突。资格标准（中等职业教育）、明确的课程资格（高等职业教育）以及中等和高等职业教育的很多课程，在这个方面都显得相当零乱（例如参见 De Bruijn & Bakker，2016；Wesselink & Zitter，2016）。

5. 职业教育及其对终身学习的贡献[①]

作为公共教育体系的一部分，荷兰职业教育（中等和高等职业教育）主要提供初始职业教育。虽然成人也是中等和高等职业教育的双元制和非全日制课程的重要目标群体，但是，这些课程的学习周期长而且成本高。更重要的是，这些课程的特点是，它们大多是作为一种替代或补偿路径，以获得与年轻人接受初始教育（主要为全日制课程）时同样的资历。因

[①] 奥斯腾克（2016）详细讨论了终身学习及其与职业教育的关系问题（Onstenk，2016a）。——原注

此，在实践中，中等和高等职业教育的这些双元制和非全日制课程，并不适应（成人）工人的教育需求（Committee for flexible higher education for employees，2014；OECD，2014b）。

由于技术发展、劳动力市场的动态性、全球化和延迟退休等各种原因，所有年龄阶段的工人都有接受进一步培训的需求。人们呼吁公共职业教育机构（即中等和高等职业教育）为解决这一需求做出贡献（参看 OECD，2014b）。为了满足日益增长的对受过高等教育的员工的需求，以及应对对中级资格员工的需求的预计下降这一趋势，需要进行大量的职业培训，特别是针对中级资格的员工的培训（Van den Berge & Ter Weel，2015）。私人机构提供的培训课程往往被认为太具体，它们偏重单一的工具性技能；据反映，中等和高等职业教育的常规课程也太死板，无法满足这些需求（OECD，2014b）。如前所述，过去 10 年间开发的两年制副学士文凭课程，似乎能更好地满足这些培训需求。除了副学士文凭课程，人们要求中等和高等职业教育机构能提供一系列范围无需太广但内容充实的继续教育课程（Fazekas & Litjens，2014）。这些课程，应该超越工具性技能培训，还应侧重于理解，并提供灵活的定制教育，其中应重视与拓展工作场所学习经验，并提供在线指导，因为这是工人维持其就业能力适应需求的方式（参看 Committee for flexible higher education for employees，2014）。这些课程最好能颁发证书，学员可以把它们整理成档案册，以证明他们获得了更高的资历。

国家政策支持那些为成人提供培训和教育课程的举措，并使对他们的学习认证成为可能（OCW，2014a，2015b）。最近进行的一些探索，例如个人学习学分、扩大立法、中等和高等职业教育常规课程模块的认证、更多副学士文凭课程的推出，这些都是一些正在实施的激励员工参加培训和教育的举措。同时，政府向公立职业院校施压，敦促它们实施这些举措。在 20 世纪 80 年代和 90 年代也曾有过类似的举措，例如，对职业教育进行模块化，以便更好地适应行业实践和为员工提供培训机会（De Bruijn & Howieson，1995）。此外，与上述举措相一致的还有，对人们之前已经具备的能力进行评估和认定（即先前学习认证）等相关规定与实践。这些举措正在重新焕发出勃勃生机。公立职业教育的模块化课程、先前能力鉴定与认证以及为成人工人培训做出贡献，其他一些国家在上个世纪就实施了类似的举措，而荷兰在20世纪90年代末期却停滞不前了（Doets et al.，2008）。未来几年，与这些目标相关的新举措和实践也许将变得越来越有必要。

资历低的（low-qualified）工人以及比他们只高一步的那些工人，也许需要得到特别关注，因为这一批工人是最弱势的。照目前情况看，资历低的员工似乎比资历高的（high-qualified）员工更少参加培训（Borghans, Fouarge, De Grip & Van Thor, 2014）。然而，如前所述，低端劳动力市场的就业前景并不乐观（De Graaf-Zijl et al., 2015）。由于工作岗位性质和薪酬支付状况的日益恶化，中级资历的工人可能将从事初级资格要求的那些工作，因为在中端劳动力市场，有价值的就业形式正日益变得稀缺。这对中等职业教育提出了一个重要任务：为尽可能多的年轻毕业生提供2级职业资格（即进入劳动力市场的初始资格），以解决这一需求。如前所述，过去20年来辍学率有所降低，较低级资格（低于中等职业教育2级）的人数很少了。但对那些仍然属于较低级资格的人们来说，进一步培训同样重要，因为随着劳动力市场的变化和职业生涯的延长，他们必须跟上形势，一直到近古稀之年。提供适宜的和及时的职业教育课程，是公立中等职业教育肩头的重任。

获得中等职业教育2级资格的工人虽然被归入中级资格人员，但实际上他们的选择甚少。特别是，根据目前对未来发展趋势的预测（De Graaf-Zijl et al., 2015; Van den Berge & Ter Weel, 2015），中等职业教育2级资格的工人将面临最大的困难。他们继续取得更高资历的学习成果和工作的机会将会更少，因此有可能滑落到低端劳动力市场，去取代那里的技能更低的工人。然而，上述所有培训与教育举措，关注的是中级资格人群中拥有更高资格者。关于职业教育灵活性的那些国家政策，确实也重视2级和3级课程（OCW, 2014a），但实际进展与预期不太一致。例如，从中等职业教育2级到其后各级的路径缺乏灵活性，因而不能有效地解决工人的学习需求。此外，由于相关财政资助规定（见第1章第4节第3部分）不鼓励在中等职业教育过程中累积文凭，这一路径也有政策障碍。如果学生选择周期长的路径，他们就几乎得不到公共资助。关于公立职业教育对这批工人培训需求的贡献，除了国家政策的关注有限和前后不一致之外，对这部分劳动力市场动态的详尽分析也不到位，因而缺乏人们所需要的各种有效指导。

第5节 理解目前实践中的荷兰职业教育

综上所述，我们论述了五个问题，这有助于理解目前实践中的荷兰职业教育。除了荷兰教育体系的设计原则和其中职业教育的定位之外，本章对这些问题的解读，阐释了荷兰教育体系在实践中是如何实施的。关于公私合作框架的详细论述，有助于阐释荷兰职业教育的形成过程、提供的课程和校企合作关系。教育自由的问题，以这样或那样的方式存在于所有的教育争论与政策之中，它提供了另外一个视角，增加了一个新的元素。本章所述职业教育的可及性与培养劳动力市场就业资格之间的冲突、教育面向短期与面向未来之间的冲突，是任何一个职业教育体系都长期面临的问题，只不过表现为各国特有的方式。

最后一个问题是，作为荷兰公共教育体系的一部分，职业教育对终身学习的贡献。这预示了职业教育面临的未来挑战，也考验职业教育应对这一新兴的国家挑战的能力。我们呼吁，职业教育有关各方要更加积极地作出响应。职业教育的学生参与模式表明，有些群体在其教育生涯发展中遇到了一些困难。然而，学校对此并不太警觉，课程和路径还不够灵活，中等职业教育的连贯性也因此变得岌岌可危。同时，劳动力市场和职业实践的发展，使中级资格的工作岗位正面临压力。因此，荷兰职业教育需要进一步转型，以期清晰透明、反应灵敏，为工作前、工作中乃至整个职业生涯的各类人群提供职业实践教育。荷兰职业教育将如何应对这一复杂而充满挑战性的教育工程，其余各章将详细论述。

第二篇
政策和组织

第 2 章

职业与专业教育[①]和终身学习

杰伦·奥斯腾克，鲁德·德弗克

第 1 节 导言

在需求驱动、变化迅猛的知识经济时代，成人培训仍然十分重要。荷兰加入的所谓"里斯本目标"（EC，2010）强调，出于竞争力、企业家精神和积极公民责任等方面的考虑，提高工作人口的资历水平非常重要。然而，荷兰职业教育、成人教育和终身学习之间的关系非常复杂。实际上，人们认为，中等职业教育与培训、高等职业教育的主要贡献是为学生的终身学习做准备。这是职业教育实行能力本位教育、推广工作本位学习和很多教学创新的动因（Onderwijsraad，2012；Onstenk，2004；SER，2012），但是，中等职业教育与培训、高等职业教育培养学生为终身学习做准备的实际成效如何，这一点尚未得到检验，且常常遭人诟病（Nijhof & Nieuwenhuis，2008）。尽管如此，关于促进终身学习的研究和政策仍然备受人们关注。在有组织的场景中的学习（成人教育）有别于在各种生活情景中的（非正式）学习，包括工作场所学习。虽然在传统上强调成人教育，但人们越来越认识到工作场所的终身学习的重要性（Borghans，Fouarge，de Grip & van Thor，2014；SER，2012）。

本章认为，荷兰的职业与专业教育（中等和高等职业教育）在终身学习中发挥的作用有限。虽然一直有很多政策文件和一些令人感兴趣的项目，

[①] 专业教育（professional education），这里指应用科学大学提供的高等职业教育。——译者注

但是在体系层面，过去 20 年来荷兰公立成人职业与专业教育的发展却裹足不前，包括其对先前能力认证与鉴定、更加灵活的课程以及成年工人培训的贡献等方面。本章围绕三个主题，考察中等职业教育、高等职业教育与终身学习之间存在的冲突：（1）荷兰终身学习的社会背景；（2）成人教育与中等职业教育体系；（3）先前学习认证。

第 2 节　荷兰：是终身学习社会吗？

关于荷兰终身学习的重要性，我们可以举出很多理据（Cedefop，2002；SER，2012）。技术发展、劳动力市场的动态性、全球化以及延迟退休等趋势，都提出了对所有年龄段的工人进行继续培训的强烈需求。因此，人们呼吁，所有公立职业与专业教育机构应当对此做出更大贡献（CFHOW，2012；OECD，2007，2014；SER，2012；Van der Meer & Smulders，2014）。人口结构也是其中一个因素，年轻人口不断下降、老年人口日益增多，他们必须进入劳动力市场工作并保持就业，而知识和技术的迅速革新，需要人们不断地更新与改进知识和技能。知识在荷兰经济中的重要性日益增长，伴随着高水平的经济增长和相对较低的失业率，这些都进一步推动了上述需求。所有这些发展趋势，导致受雇者和求职者中缺乏高素质员工和基本资历。而且，在劳动力市场，某些群体的结构性和周期性失业现象也非常明显。传统上，这些群体主要是指妇女，但目前主要包括资历低的（low-qualified）的那些年轻人和移民群体。同时，在"铁饭碗"正迅速消失的荷兰经济体中，政府的政策目标是使年龄较大的那些工人能更长久地保持就业。由于荷兰劳工政策长期以来的社团主义传统，政府、雇主和工会形成了一个"重大战略联盟"。该联盟推动形成终身学习这一政策，基于"就业能力"是终身学习的核心要义这一政策话语的基本共识，这与直到 20 世纪 80 年代都一直带有赋权与解放色彩的成人教育政策相反（Duvekot & Brouwer，2004；Duvekot，2016；UNESCO，1996，2009）。

经济合作与发展组织（OECD，2000）认为，"知识经济和参与型经济"的发展呼吁人们持续开发人力资本，正视人口结构的变化，并进一步促进把传统上那些被排斥在劳动力市场之外的社会群体纳入其中。作为建立终身学习体系的前提条件，经济合作与发展组织的报告提出四项要求：(1)提供更多的工作场所培训时间，(2)让雇主和员工更加清楚地了解教育与培训的益处，(3)降低继续职业培训的昂贵成本，(4)公立和私立机构提供透明的和差异化的教育与培训。对荷兰来说，这些论题仍然是重要而有待解决的政策目标（SER，2012）。2003年，荷兰教育委员会（Onderwijsraad，2003）明确提出了继续教育与培训的四项重要职能：

(1)通过培训"修复"被中断的初始教育路径（例如辍学、学业不佳）；

(2)开展与职业变迁（已经变迁或计划变迁）相关的培训；

(3)通过培训保持（同一工作或职业的）知识和技能的更新；

(4)开展面向社会文化及个人发展的培训。

荷兰教育委员会指出，要履行这些必要的职能，还缺少一套优质的和得到公认的系统化培训课程，并呼吁进一步加强协调。

德弗克（Duvekot，2014，2016）指出，关于正式学习、非正式学习和非正规学习的定义，荷兰和欧盟有重要差异。这种差异与荷兰的学习文化有关，在荷兰的学习文化中，对于在行业或机构开展的学习，高度重视国家认可的文凭或证书这一观念历来都占主导地位（Onderwijsraad，2012；SER，2012）。这种关注焦点是所谓"圩田模式"①带来的结果，其中牵涉到协调当局、雇主和工会之间利益的持续谈判过程。这种模式，导致并主导着关于社会与经济问题的"政治谈判"，其中教育责任被划分为初始教育（由政府提供）和继续教育（由市场提供）两大部分（Duvekot，2014）。

经济方面的动因——在知识经济中保持就业能力——是2005—2010年间一个跨部门的"学习与工作项目理事会"推动的中心主题，其重点是促进企业开展终身学习，旨在刺激区域合作网络和机构等需求侧（例如企业、就业办公室）以及区域供给侧（例如中等职业学院），以建立更可持续的合作关系，从而形成涵盖整个合作与课程交付过程的有效工作流程。

---

① 圩田模式（polder-model）。圩田亦称"围田"，指改造低洼地、向湖争田的造田方法。荷兰全称尼德兰王国，尼德兰是"低地"的意思。荷兰24%的国土面积低于海平面，三分之一的面积仅高出海平面1米。从13世纪起荷兰即开始围海造田，逐渐将海洋改造成陆地，以增加土地面积。——译者注

理事会工作小组采取的策略是：提高人们对终身学习的需求，从而迫使供给侧随即作出反应。理事会强调，关于工人培训（再培训）的数量与质量，大企业和小企业以及不同行业之间的学习文化具有多样性。理事会主张，把工人培训协议写入劳动合同，并开发各种进一步促进培训的手段（例如培训券）（Learning and Working, 2009）。该理事会还建议，引入强制性的工作学习合同，为个人培训提供预算资助，以及强制那些福利受助者接受学校教育。

一个人职业生涯的终身学习，发生在各种正式和非正式学习及二者的结合之中。在完成初始职业教育后，人们通过经验与反思，继续进行基于工作的非正式学习。在某些时候，人们可能会有再次参加正规培训的需要或机会。反过来，这种参与或者可以通过开辟新的工作机会以提供新的学习机会，或者通过唤醒人们的学习意愿或能力（能动性），来促成继续学习和非正式学习的新机会。在荷兰，每年参加有组织的成人教育的人数占工作人口的15%以上。这一比例虽然高于欧洲的目标，但是低于荷兰希望达到的国家目标（20%）。而且，近年来这一数字要继续增长已举步维艰（Nieuwenhuis, Gelderblom, Gielen & Collwet, 2011）。事实上，成人参与培训和教育的时间甚至在减少（WRR, 2013）。在工作人口的学习过程中，非正式学习起着至关重要的作用。博格汉斯等（Borghans et al., 2014）指出，工人用于教育活动的时间大约有93%与工作场所的非正式学习有关。与大多数关于荷兰这方面的研究一样，这个估计数也是基于员工的自我评价。在定义和评估非正式学习时，博格汉斯等提出一个问题：究竟有多大比例的工作时间用在了学有所得的学习型任务上？近年来，这一比例略有下降，从2004年的31%下降至2010年的28%左右。28%的比例意味着，平均每一位员工一年有380小时左右的时间用在与学习有关的任务上。其中每年用在课程上的时间为30小时。换言之，平均一位工人自我估计的学习时间有超过90%属于非正式学习，只有不到10%属于参加课程或培训。2004—2010年期间，虽然工人参与正式培训的情况几乎保持不变，但学习型任务占工作时间的百分比略有下降。

在荷兰，有一些关于如何进行非正式学习和如何创造最佳学习环境的研究，其中大部分是关于具体企业或行业的案例研究。虽然其中有一些关于工作场所成人学习的理论研究（Bolhuis，2009；Nieuwenhuis & Njhof，2011；Onstenk，1997；Poell，1998），但很少有关于荷兰业界的工作场所课程（Billett，2006）或非正式学习过程（Eraut，2004）的普遍性研究，关于中等和高等职业教育成人课程的研究就更少了。根据过去十几年来人们公认的对终身学习的需求，一个令人担忧的结论是，荷兰的继续职业培训组织对终身学习的贡献仍然与理想相去甚远。

第3节 职业教育体系中的成人教育

荷兰的职业教育与培训在多大程度上落实了终身学习战略呢？成人教育可以被视为职业资格与发展体系的一个独立组成部分。荷兰的成人教育和职业教育一样，都是《职业与成人教育法》这部法律的管制部分。然而，大多数组织（企业及培训点）的培训都是由商业培训机构提供的，这些商业培训机构提供一系列涉及很多主题（从高度专门化的技术技能到一般的社交与沟通技巧）的短期和长期课程，其应用范围和劳动力市场价值的差异很大。中等或高等职业教育机构在企业培训中发挥的作用非常有限。在一定程度上，造成这种局面正是因为荷兰有这样一个精心设计的正规初始职业教育体系。在其他许多国家，人们认为，对于提高资格等级而言，终身学习更加重要，因为初始教育几乎不提供职业培训（OECD，2012）。然而，中等或高等职业教育机构的作用之所以有限，也是因为中等职业教育缺乏结构化的面向成人的路径（即为辍学生或资历低的人群提供所谓"第二次机会"的路径），这一点与丹麦等国家正好相反（Nieuwenhuis et al.，2011）。

荷兰政府政策的终身学习概念主要关注的是（初始）职业与专业教育的可及性，而很少关注建立完整的终身学习体系，或者在初始教育与继续教育之间重建平衡的可持续的理念，尽管政府对于后者曾有过几次三心二意的尝试。政府的主要责任是使初始教育阶段为终身学习奠定良好的基础。其次，个人和企业应该有责任认识到终身学习和保持能力的重要性（Onderwijsraad，2012）。从这个角度看，政府有两个明确的角色：（1）建立一系列高质量的和清晰透明的初始职业资格，形成终身学习的基础；(2)创造促进终身学习的条件，例如对个人学费和公司培训费实行免税。然而，构建可提供中等职业教育第二次入学机会的结构体系，从而为人们提供比如在二三十岁时（重新）进入中等职业教育机构的可能性，在这方面，荷兰政府还没有看清自己的职责（Nieuwenhuis et al., 2011）。因此，私人机构能跑赢公立中等和高等职业教育机构也就不足为奇了，正如经济合作与发展组织在"超越学校技能"国际比较研究项目中得出的结论一样（Fazekas & Litjens, 2014）。2010年，在提供终身学习培训方面，区域职业学院所占的份额才勉强达到私人市场的8%（Buisman & Van Wijk, 2011）。

1. 政策

近十五年来，人们对正式、非正式培训和企业学习的重要性的认识不断提高，参与人数也不断增加（Borghans et al., 2014）。最近几年，由于经济危机的影响，参与人数产生了一些波动。20世纪80年代中期以来，由于高失业率和公共开支的削减，政府对成人教育政策进行了调整，转向其经济方面的功能，重点发展成人职业教育和培训（Duvekot & Brouwer, 2004）。人们认为，必须降低高失业率，特别是年轻人失业和结构性失业，并提高人们积极参与劳动力市场的水平。越来越多的人认为，教育与培训是获得"初始资格"以确保（重新）进入劳动力市场的手段。公共财政资助的成人教育课程，从为受教育方面的弱势群体提供普通教育的"第二次机会"，进一步延伸到针对（重新）融入劳动力市场的成人职业教育与培训。这样就导致形成一个公共财政资助成人教育的分散型体系和大量私人培训机构的出现，从而无法有效地解决失业工人和低技能（low-skilled）工人的培训需求（Cedefop, 2002），并缺乏对人们的终身学习权利的关注。

20世纪90年代初以来，政府开始着手解决这些政策问题，特别是根据1991年颁布的《成人教育框架法案》对公共成人教育体系进行了整合。在关于中等教育的法律的基础上，《成人教育框架法案》引入了国家成人基础教育和成人普通教育体系。到1996年颁布《职业与成人教育法》时，改革力度更大。有趣的是，在制定《职业与成人教育法》时，政府在一部法律中明确地将职业教育和成人教育归在一起，而不是把职业教育归入"职业"一栏（即 VMBO-MBO-HBO）。《职业与成人教育法》整合了中等职业教育以及职业与成人教育（BVE[①]）领域的成人基础教育和成人普通教育。这一改革，是以新成立区域职业学院为基础对成人与职业教育及培训部门进行的重大改组。因此，职业学院也有了明确的成人教育部门及其目标。然而，除了作为工人继续教育途径的学徒制（目前大多数学徒是成人）以外，职业学院的成人教育部门中的成人中等职业教育从未真正起步。成人普通教育课程、其他"第二次学习机会"课程（Mother-MAVO[②]）、拼音及第二语言课程等成人教育课程，迅速被那些面向种族移民的公民教育课程所主宰，接着又被转移给当地（甚至海外！）市场私人教育机构——而不是职业学院——来提供（Van Maanen, Van Gestel & Visscher, 2009）。

在制度政策方面，《职业与成人教育法》赋予区域职业学院相当大的自主权，但希望他们能与区域的利益相关方建立紧密联系，特别是与市区当局、社会伙伴和当地雇主。20世纪90年代后期，在经济十分活跃和失业率稳步下降的情况下，成人教育与职业培训的劳动力市场功能得到了人们进一步重视。荷兰进一步向知识密集型经济转型，强调不断更新知识和技能，以保持劳动力的就业能力。利益集团相继出台各种政策文件和声明，更加强调提高荷兰经济的竞争力和向知识经济转型，以及对受过良好教育并能对就业能力进行自我管理的劳动力的需求。正是在这种政策背景下，终身学习已成为一个重要的政治优先方向，尤为重要的是，终身学习有了旨在提高就业能力这一劳动力市场理论依据。

学习可以在任何地方、以不同的形式和方式进行。但是，学习过程——正式的或非正式的——并不总是那么有效、高效或有目的性。因此，我们面临的挑战是，如何构建终身学习的体系、模式和学习制度，其中，中等职业教育和人力资源开发（HRD）应当成为终身教育与学习这一共同框架的组成部分（Nieuwenhuis & Nijhof, 2011）。

此外，工作机构能提供终身学习机会和能支持多层次的工作学习，这两者之间必须协调一致。但仅用传统的教育方式还不足以做到这一点。终

---

① BVE：荷兰语"Beroepsonderwijs en Volwasseneneducatie"的缩写，意为"职业与成人教育"，其中 B 代表职业教育，VE 代表成人教育。——译者注

② MAVO 指荷兰的初级中等教育。——译者注

身学习与职业教育的一个重要区别是：终身学习是作为一名从业者的学习，职业教育是学习成为职场的一员。此外，两种学习"建构"模式也需要形成平衡：一种是由明确的学习目标驱动的"串联模式"，一种是由工作和工作过程驱动的"并联模式"（Nieuwenhuis & Van Woerkom, 2007）。这是区域职业学院面临的一大挑战，因为他们擅长串联学习模式，在并联学习模式方面几乎没什么经验。当地业界可以与区域职业学院进行或公或私的合作。区域职业学院提供场所设施，帮助大龄工人获得"公共"课程或私人企业内部培训课程的资格证书。

总之，虽然从很多方面看，中等职业教育和企业人力资源开发都是共同发展模式的一部分，其中企业员工理应得到支持，以发展《职业和成人教育法》中提出的就业能力，但实际上这一点目前还做得很有限。中等职业教育的课程以学校和资格标准为蓝本，而企业更偏爱他们自己的培训计划或量身定制的内容与实施方式。

2. 学徒制：成人培训课程

区域性中等职业学院确实吸引了越来越多的成年人参加中等职业教育的常规课程。成人学习者（27岁以上）人数从2005—2006学年的5万人上升到2011—2012学年近7万人，增长了30%（Fleur & Van der Meer, 2012）。这些成人学习者大多数选择的是学徒制（BBL）途径；目前，在所有学徒人数中，23岁以上的成年人占一半以上。近年来，23岁及以上的学徒参与人数增长了三分之一以上，而年轻人参与人数有所下降。在某种程度上，成人学徒的参与是出于个人动机，即为了获得更好的工作和生涯发展的可能性。但是，在很多情况下，他们是作为公司、行业（加工业、建筑业、护理业）或政府项目的一分子加入学徒制课程，以此提高资历水平。

前面提及的"学习与工作跨部门项目"（2009年）促进了区域合作伙伴关系，政府根据他们承诺每年培训成人的人数给予预算拨款。这些活动带来了15万个"学习—工作"课程项目，但在常规或学徒制课程中它们仅占一小部分（Golsteyn, 2012）。在某种程度上，这种区域合作伙伴关系模式被证明是一种"休克疗法"，很多区域职业学院面临着他们无法实现的要求，因为他们习惯了标准化操作程序，并被初始职业教育的规定所束缚。中等职业教育的课程是基于学校模式，而企业更偏爱他们自己的培训计划、量身定制的内容和实施方式（Nelen et al.，2010）。区域性中等职业学院发现很难改变校企合作背景下的学习环境（Delies，2009）。很多中等职业学院还没有准备好有效地参与区域校企合作网络，正如"学习—工作"项目希望推动的合作那样（Buisman & Van Wijk，2011）。另一个原因是，提供可以颁发正式资格的教育的可能性也非常有限，尽管与区域性中等职业学院实际所做的相比，也许在这方面还有更多的可能性，尤其是针对劳动力市场"底层"人员（失业者和资历低的的工人）的成人项目。

荷兰有巨大的职业培训需求，尤其是针对中级资格员工（即中等职业教育3级和4级）的培训。这种需求，源于回应荷兰对受过高等教育的员工的需求的日益增长，以及对中级资格员工的需求的预期减少。虽然成人是中等和高等职业教育双元制及非全日制课程的重要目标群体，但是这些课程的学程较长且学费昂贵。其中大多数课程被人们作为取得"初始"资格的一种替代或补偿途径。中等和高等职业教育的双元制及非全日制课程，极少针对（成人）工人在实践中的专业化需求而量身定制（Nelen et al.，2010）。

不过，私人机构提供的培训课程往往太具体了，主要关注单一的工具性技能，因此，仍然有必要提高中等和高等职业教育常规课程的灵活性。21世纪第一个10年间新开发的两年制副学士学位课程，就是为了更好地满足这种培训需求。人们要求中等和高等职业教育机构提供一系列范围无需太广（弹性系数约为30）但内容充实的继续教育课程（Fazekas & Litjens，2014）。这些课程应当超越工具性技能，还要注重培养理解能力，提供灵活的、量身定制的教育，重视和拓展工作场所的学习经验，并提供在线指导。这些课程最好能颁发证书，学员可以把它们整理成册，以证明他们获得了更高等级的教育（CFHOW 2012）。为了提高工作场所学习的质量，人们进一步建议，把学习和与雇主的战略合作关系联系起来，例如建立专业技术中心（参见第3章）。应该扩大合作，从而把研究和创新与工人的教育和培训联系起来。这要求进一步加强作为一种教育方式创新的学徒制。

3. 合同制课程

除了颁发资格，区域性中等职业学院和高等职业教育机构（其力度较小）还提供合同制课程，从而参与到终身学习之中。在这方面，当地业界也许可与区域性中等职业学院进行或公或私的合作。区域性中等职业学院提供场所设施，以提升那些大龄工人的任职资历，包括开设公共课程和私人企业内部培训课程。最近一项研究表明，2010年，中等职业学校在终身学习私人市场所占的份额勉强达到8%（Buisman & Van Wijk，2011）。根据该研究，如果区域职业学院能更好地利用其合作网络和客户关系，并真正"放手去做"，这个份额还可以变得更大。中等职业学校虽然提供合同制课程，但数量非常有限，而且大多数课程不能获取被认可的资格。正如前面所述，这与区域性中等职业学院缺乏组织能力和灵活性有关，也与提供颁发正式资格的教育的可能性非常有限有关。一些勇于开拓进取的学院的例子表明，与很多学院实际所做的相比，也许还可以有更多的机会。总体而言，中等职业教育机构的文化还不够开拓进取（Honingh & Thomsen，2011）。合同制课程又另当别论。区域性中等职业学院的不足之处，尤其体现在针对劳动力市场"底层"人员的课程开发方面；它们本可以在这方面做得更好，使该阶层的工人或失业者达到法律规定的初始资格或者提升资历。

中等和高等职业教育机构的作用一直十分有限。事实上，2004年至2013年期间，中等和高等职业教育非全日制课程的入学率在下降，而参与正规培训和教育的总人数并没有减少（Borghans et al.，2014）。除了学徒制以外，还有一些项目，通过先前学习评估（即先前学习认证，VPL[①]），人们可以入读常规课程或定制课程和有限数量的合同制课程，从而取得被认可的资格。区域性中等职业学院也涌现出了一些很好的成功的项目范例。其中，建筑行业的"就业能力及职业变迁"项目就是一个令人感兴趣的范例。

2006年以来，建筑行业开发了一个针对员工职业生涯发展与变迁的大型项目。从2006年起，根据集体劳资协议，所有受雇员工都拥有接受职业咨询和培训的个人权利，由建筑行业的行业培训与发展基金

---

① 先前学习认证（validation of prior learning，缩写 VPL）。——译者注

（O&O基金）组织和资助。员工的职业生涯发展得到一个专业机构的支持，该专业机构拥有来自全国12个咨询中心的独立咨询师。该项目为员工提供职业发展和为工作变迁进行再培训的机会，包括该行业之外的工作再培训。该项目对所有员工都是自愿选择且免费。有意者可以报名参加，五年一次。

成人培训领域非常多样化，主要是非正规教育，经常涉及个性化定制。即，针对客户具体的专业方面和（或）意愿而提供培训。人们认为，在提供适宜的教育以应对不断变化的经济环境和培训需求方面，私人机构做得更为成功。社会经济委员会（SER，2012）敦促，中等和高等职业教育要加大工作本位学习的成分，从而对企业需求做出更加敏锐的反应，并提高教育的适应性。该委员会期望这种适应性在未来有助于提供充分的终身学习。

这里有两个重要的考量因素：一是终身学习的可及性和可见性，一是培训质量的明确性和确定性。商业培训机构也提供有限数量的资格证书课程，可以获得被认可的资格。然而，大多数成人资格证书教育由公立机构提供（OCW，2014）。但是，由于对文凭导向教育的资助范围的法律规定，这些课程仅面向范围有限的毕业生，无论他们已经就业还是失业。那些受资助的高等教育机构，其面向毕业后的人员的资格教育的参与人数在下降，在一定程度上，这是由大学涉嫌用公共资金来提供劣质速成课程的那些丑闻所致。

第4节 先前学习认证

20世纪90年代以来，越来越多的成人对通过其他途径获得的能力进行某种形式的认证，从而获得资格证书（Duvekot & Brouwer，2004，2015），进而建立起初始学习与继续学习之间的联系。通过先前学习认证（VPL），继续学习和工作经验可以得到中等甚至高等职业教育层次资格的正式认可。在很多领域，先前学习认证是人力资源开发途径的一部分，它主要关注可持续的就业能力和劳动力的流动。与先前学习认证密切相关的一大举措是，在先前学习认证过程中把面向非正规学习的行业课程作为标准。下一步，在先前学习认证过程中，要通过荷兰资格框架（NLQF）把国家标准和行业标准联系起来。

荷兰于1998年开始建立非正规和非正式学习的国家认证体系。在"EVC"[①]（先前学习认证）的统领下，该体系逐渐演变形成了三种途径（Duvekot，2014）：

  1. 先前学习认定：一种正式程序，可以颁发经认证的"学习记录证明"（portfolio）或"经验证明"[②]。

  2. 先前学习鉴定：一种正式程序，申请者可以获得以资格标准衡量的学习成果认证，颁发"经验证书"[③]。

  3. 先前学习认证（所有先前学习认证形式的统称）：除了上述两种正式认证形式以外，还包括任何个人或组织出于终身学习的考虑，将先前学习成果与正式职业联系起来的非正式的先前学习认证，例如工作晋升、工作变迁、志愿认证，等等。

从终身学习的多样性的角度看，先前学习认证可以作为一种正式形式，或者作为一种更加开放、非正式运用的工具（Duvekot，2016）。经验证明和经验证书是正式的证书，只能由具备先前学习认证资质的认证方颁发。这些证书用于评估和认定申请人所具备的能力（包括职业能力和通识能力），即与行业标准（部门或行业资格）、中等职业教育学历资格、应用科学大学及开放大学颁发的高等职业教育学历资格相关的能力。申请者可以把经验证明或经验证书用作一个独立的文件，作为进一步非正式或非正规学习和职业生涯发展的基础，或者像大多数人的做法那样，去获取学习课程的减免，得到一张"部分或完全合格"的资格证书。申请者可以用经验证书向资格授予机构的考试委员会申请减免，由资格授予机构决定是否给予减免。理论上，如果申请者能证明其学习成果符合某具体资格要求的学习成果，可以授予"完全合格"的资格证书。然而，这种情况实际上很少发生。目前，既没有建立适当的程序，教育机构一方也没有意愿和兴趣

---

  ① EVC是荷兰语Erkenning van Verworven Competenties的缩写，与英语Validation of Prior Learning（先前学习认证）同义。——译者注
  ② Experience Profile（荷兰语：Ervaringsprofiel）。——译者注
  ③ Experience Certificate（荷兰语：Ervaringscertificaat）。——译者注

以这种方式去授予资格证书。

　　荷兰先前学习认证体系的开发，经历了几个不同的阶段（Duvekot, 2014）。一直到 2006 年，荷兰的主要目标是鼓励人们进行先前学习认证。政府、学校、学院、大学和社会伙伴重视营造有利环境，发展和实施多种情形下的先前学习认证，包括在工作中、在志愿工作中、在实习和求职中、在教育和培训中都可以进行先前学习认证。这种方式专注于从总体上改变学习文化。2006 年以后，荷兰更加注重质量保证，提高先前学习认证的可及性和透明度，并通过证书或资格认证的方式保障非正式学习的价值。

　　教育委员会[①]（2009）建议设立一个"成人中等与高等教育"机构，在国家资格框架下开设非正规学习课程，并通过提供更加开放的教育资源进一步强化学习需求。2011 年，受教育文化科学部的委托，教育与培训领域的专家与利益相关者密切合作，开发了荷兰资格框架。荷兰资格框架的国家协调处（NCP）是负责开发和实施资格框架的独立机构。荷兰资格框架旨在通过深入研究在国家协调处注册的所有资格等级，促进学生和劳动力市场的流动。其中不但包括中等和高等职业教育机构颁发的国家资格证书，也包括私人培训机构颁发的国家资格证书，还包括行业资格结构（如警察或消防员）和培训证书。

　　2013 年以来，荷兰制定了先前学习认证的新战略，这与政府推动荷兰走向"参与型社会"有关，其中，所有公民（利益相关者）都有责任主动发挥自己在工作生涯和终身学习中的作用（OCW, 2014; Duvekot, 2009）。这一新战略，更加注重把先前学习认证作为学习成果认证的正式手段，不但与国家资格而且与行业标准——继续学习或非正规学习的行业级培训——联系起来。这意味着扩大了经验证明和经验证书这两种正式认证形式的范围。该新政策旨在为荷兰公民提供更广泛的认证机会。这一重新定位，主要的考虑是，使先前学习认证在学习和工作过程中都成为一种工具，目的在于实现认证方法和实施手段的共享，例如建立学习档案（portfolio）、评估和认证（CFHOW 2012; SER, 2012）。随着荷兰资格框架的实施，中等和高等职业教育的学生将会拥有更多额外的机会，通过进

---

① 荷兰语：Onderwijsraad。——译者注

一步继续学习达到国家资格框架中的资格等级。这一点很重要，因为这将使他们的初始资格达到国际认可的水平，以及借助先前学习认证的认证方式，使其从正规学校毕业后获得的学习经验得到正式认定，从而为他们管理自己的终身学习提供支持。

对继续学习和工作经验进行认定从而获得中等职业教育层次的资历，可以采取以下几种不同的形式：

  1. 在入读中等职业教育课程时对先前经验进行认定；

  2. 把获得的继续教育课程的证书和培训证书视为与中等职业教育证书等同；

  3. 为从业人员提供完全在工作环境中获得中等职业教育层次资历的可能性。

尽管荷兰在政策上关注先前学习认证，并因而有了正式开放的可能性，但上述选项并未得到充分运用（Doets, van Esch & Westerhuis, 2008）。各种政策文件都指出先前学习认证的重要性（Golsteyn, 2012；OCW, 2014；SER, 2012），但是，先前学习认证程序的制定和实施主要还是教育提供者的责任，而他们在这方面很少主动作为，这也许是因为他们——作为课程提供者——觉得在这方面没有什么收益。相对来说，上述三种形式中最常用的是第一种形式，即在入读中等职业教育课程时对先前经验进行认定。一般而言，进行先前学习认证是为了在常规教育中给工人提供量身定制的课程。对先前获得的能力的认定形式是，对这些先前经验进行测试和考试。从这个角度看，先前学习认证是对一门完整课程的（部分）资格的一种特定形式的考试。这一方式的核心是，在中等职业教育课程入学时对已有的相关素质和资历进行认定和评价的可能性，而不是那些通过校本考试而获得的素质和资历。然而，即使是这种形式，在先前学习认证中也很少得到运用。很多机构几乎没有开展先前学习认证。尽管有一定的利益，但很多运用这种方式的项目仍处于起步阶段。运用先前学习认证的一个主要障碍是，在能力标准中，国家资格结构设定的那些标准与企业注重的相关指标有差异。此外，据报道，很多先前学习认证的测试程序对于认证主体来说太复杂，并且设置了太多附加条件，使其无法得以广泛应用（Cedefop, 2002）。

2000年以来，先前学习认证程序的数量略有增加。先前学习认证程序尤其应用于中等职业教育的管理和技术领域的 2 级和 3 级课程,而且在大多数情况下是把它作为继续接受教育的跳板。把先前学习认证证书转换为国家认可的资格,或者甚至以此为目的而进行先前学习认证,做到这一点往往还有问题,因为区域职业学院的主考官不接受或者仅仅部分接受先前学习认证的结果并认为其有效(SER,2012)。

2009 年,政府出台了一项临时措施,以支持求职者进行先前学习认证。由于经济危机而需要进行裁员的那些雇主,可以向有关员工提供先前学习认证程序,使之获得经验证书或经验证明。该措施针对三类不同的具体群体:没有获得法律规定的初始资格的青年失业者、失业者和有失业风险的已就业者。对于青年失业者这个群体,只允许不具备 2 级职业资格的参加。其他两类群体可以利用该措施获得直至高等职业教育水平的资历,以支持他们在劳动力市场的流动。就业办公室为这种先前学习认证提供部分费用补贴。

第二种形式——把获得的继续教育课程的证书和培训证书视为与中等职业教育证书等同,并因此可以自动授予部分证书以效力——甚至运用得更少。最近,国防部军事人员的大量文凭和证书被视为与国家资格结构的部分证书等同。这种等同主要是为了提高军事文凭和证书的社会附加值。它使提高军事文凭的公民价值(civil worth)成为可能。先前学习认证领域的专家们建议,根据成人已经获得的资格,他们在入读职业课程后应当获得常规课程的免试。然而,这些并非结构性制度安排,而只是涉及有关人员的临时安排。

第三种形式——为从业人员提供完全在工作环境中获得中等职业教育层次资格的可能性——也很少运用。理论上,如果申请者能够证明其学习成果符合文凭所要求的学习成果,就可以在进行先前学习认证的基础上授予完整文凭。但是在实践中,这对于职业学校和大学来说都非常困难。在中等职业学校,申请者入读和免试入读某一具体课程的机会更多,因为中等职业教育建立在国家资格体系的基础上,全国各地所有文凭都基于同一套能力标准。大学则不同,因为大学有设计自己学校的学习途径的自主权,以获得国家认可的学习成果。荷兰中等职业教育体系提供了通过两种同等的教育途径[①]而获得资格的可能性。这两种课程的区别,归根结底是学校

---

① 即工作本位学习的学徒制和学校本位学习的全日制。——译者注

学习与工作学习之间的学时分配比例的区别（参见第 1 章和第 11 章）。例如工作本位的职业培训途径（BBL[①]），其工作场所学习至少应占总学时的 60%，但也可以高达 100%。达到 100% 这种可能性虽然在形式上存在，但实际上几乎从未发生过。当完全以工作场所为导向的路径被视为那些过早辍学的年轻人的一种替代选择时，最近有人就指出了这种可能性。除了最近从职业培训辍学的年轻人以外，这种学习途径也与那些没有取得理想的中等资历的人相关。然而，到目前为止，面向辍学者、有学习困难的年轻人和在职成人的所有学习途径，都是学校本位学习和工作本位学习两者的结合。在荷兰，完全通过工作本位学习而获得资格是一个全新的理念，但是目前还没得到广泛支持，尽管社会经济委员会（SER，2012）和教育委员会（Onderwijsraad，2012）都提出了一些这方面的建议。

2012 年 6 月以来，教育部、工会和雇主组织达成了一项国家三方协议，其提出的目标是，把实施先前学习认证作为劳动力市场的指导工具，并将行业标准纳入先前学习认证过程，从而激励先前学习认证的实际运用（OCW，2014；Duvekot，2016）。该协议为进一步设计和实施先前学习认证提供了一个国家框架。质量规范（Quality Code）的范围扩大了，因为先前学习认证的总结性运用（即经验证书这种资格模式）把个人学习档案（portfolios）不仅与中等或高等职业教育的资格标准相关联，而且与行业标准或行业资格联系起来。通过这种方式，先前学习认证专注于免试授予证书，并可以提供劳动力市场认可的资格。这一通道对公立和私立教育都有影响，只要他们提供中等或高等职业教育层次的国家认可的标准。

先前学习认证已嵌入到区域职业学院和高等职业学院（应用科学大学）的课程之中。开放大学有些课程也提供先前学习认证。此外，有些区域职业学院和高等职业学院具有提供先前学习认证的资质。为了通过经验证书的方式入读和免试入读文凭课程，申请者需要自己负担先前学习认证的费用，因为只有当申请者在尚未入读该课程时，才有可能把先前学习认证作为入读和免试入读该课程的手段。在学习和工作背景下，先前学习认证程序可以用来评估和认定申请者的能力（职业能力和通识能力），包括那些

[①] 荷兰语：beroepsbegeleidende leerweg，缩写 BBL。——译者注

与内部或行业标准（部门或行业资格）、中等或高等职业教育资历等有关标准或最终水平（finishing levels）相关的能力。这种评估会颁发经验证书，它可以作为一个独立的证件，证明以正式资格的形式而衡量的学习经验的价值。申请者可以自由选择用他们获得的证书来做什么，并非一定要用于继续深造。

关于先前学习认证的数量、影响和质量等方面的研究，大多数是零星的（例如参见 Ecorys，2012）。也有一些关于先前学习认证市场的成功与失败、先前学习认证对个人和机构的影响等方面的研究（Van den Dungen, Heuts & Venema，2012）。主要研究结果如下：

1. 对于免于考试和（或）测试，不存在重大的或法律上的障碍。
2. 对于免修课程内容，不存在重大的或法律上的障碍。
3. 对于先前学习认证机构和经验证书的质量需要持续关注。
4. 评价组织的质量必须得到保证。
5. 考试委员会成员的专业化非常重要。
6. 获得经验证书后应该有更多的进一步发展的机会。
7. 先前学习认证机构和考试委员会之间的互动可以通过更好的信息沟通得以改进。

综上可见，基于先前学习认证而取得资格证书的机会，只是得到了部分而不是大量地运用。其主要原因，一方面是人们很看重获得完全型资格，另一方面是颁发这些资格证书的学校天生就缺乏灵活性。

第 5 节　本章小结

本章认为，荷兰中等和高等职业教育在终身学习中发挥的作用很有限。虽然一直有很多这方面的政策文件、若干令人感兴趣的项目和成功案例，但我们的结论是：在体系层面，过去 20 年来荷兰公立职业与专业教育的发展一直停滞不前，其中包括先前能力认证与鉴定、开发更加灵活的课程、促进成年工人培训等方面。主要原因之一是，决策者、管理者和教师都认为，中等和高等职业教育主要是提供初始教育。尽管终身学习是职业与专业教育选择以能力本位教育（CBE）——无论资格结构还是职业与专业课程——为基本原则的主要理据之一,这种看法仍然成立(Onstenk,2004)。能力本位教育应该带来理想的学习经验和学习成果,即具有终身学习态度的能干胜任的专业人才。目前面临的挑战是,如何培养学生为不可预测的职业生涯做好准备,例如职业变迁、获得文凭后朝不同的方向发展甚至从事完全不同的职业(ROA,2015),同时促进学生的能动性和提升就业能力。

员工在工作场所应用的知识和技能,大部分是通过某种方式在工作中学习得来的。有时候,人们希望工作场所学习能弥补低水平的培训,但在实践中似乎并非如此。对低技能工人而言,他们在工作场所比通过正式课程能够学到更多,但往往不如那些受教育程度高的工人学到的内容多。目前,政府一个非常广泛的政策目标是,促进和认定工作场所更加有效的非正式学习,使之也可以获得正式资历。工作场所学习以入门培训(breaking in)、同行反馈、工作经验、工作场所培训、参与学习项目等多种形式进行,尤为重要的是与他人合作,以解决新机器、新材料、新工艺和新方法等问题,从而不断改进和创新。

就业能力和生涯学习是人力资源开发的重要目标。现代个性化的知识型社会要求工人和公民能够做到自我导向型发展。总之,他们必须能在劳动力市场、工作和一生之中找到自己的归属目标。因此,教育和培训路径的设计与评价,不仅要考虑到直接(追求与实现)的学习成果,而且要考虑到使之有助于未来工作情境中那些更丰富、更集中的(非正式)学习形式。这对于创新性学习很重要。设计面向"新"工作的培训,其前提是要知道"新"工作将是什么样的工作。然而,无论在个人、集体还是组织层面,创新都是与"开放式"探究和学习过程牵手相连的。这不仅对工作场景的学习机会和学习组织提出了新要求,而且对提供灵活的课程和先前学习认证,开辟更加灵活的方式以取得被认可的资格提出了新要求。中等和高等职业教育机构需要适应区域和行业需求,提供更多定制化、灵活的课程以及先前学习认证的可能性,从而在提供终身学习的机会方面发挥更大的作用。

第3章

职业教育的转型：
通过公私合作伙伴关系激励创新

马克·范德米尔，简彼得·范得塔，塔米·李

第1节 导言：促进技能型还是知识型经济？[①]

长期以来，荷兰的社会经济政策被之前的一次事件——20世纪70年代的欧洲经济衰退——所"绑架"。1981年的《新工业政策》(*New Industrial Elan*)宣言和1982年的双边联合《瓦森纳协定》(*Wassenaar Agreement*)，引发了一场长期的劳动力市场改革，其中社会伙伴发挥了强大作用。但令人惊讶的是，20年之后政府才将创新提上议事日程。又过了10年，政府对职业教育与培训、高等职业教育更加认可，并对其在创新中的作用提出更高期望，同时要求其发挥提供工作本位培训和培养学生进入劳动力市场等传统职能。人们期望职业学校、应用科学大学（高等职业教育）通过为企业提供实验室设施，教授未来及当前员工新的工作程序或创新的工作流程，以及培养有创造力的年轻从业者，从而支持甚至激发创新。为了激励职业学院支持这一外部转型，荷兰政府决定在一个把认知能力与职业技能培养结合起来的开放式、探究性教育结构中，资助企业和学校开展以创新为重点的合作。

[①] 本研究得到"Max Goote职业教育与培训基金"的资助。本文初稿曾提交给荷兰武尔登ECBO研讨会（2013年11月）、伦敦WINIR研讨会（2014年9月）和荷兰莱顿大学ORD研讨会（2015年6月）。在此，对所有的宝贵意见谨致谢忱。——原注

然而，职业教育促进劳动力市场充满活力和创新的最佳实现方式是什么，荷兰尚未完全确定。政府的目标是使荷兰成为世界五大最具竞争力的知识经济体之一。瑞士以其生产型经济和良好的就业基础环境一直位居榜首。尽管榜单前几名的国家名单时有波动，但德国和芬兰等处于领先地位，目前荷兰紧随其后体面地排在第五位（2015—2016 世界经济论坛）。与此同时，在其他国际排名中，荷兰在"人力资本"和"教育"方面的地位就不太理想了（Insead Ranking，2013）。不管形势如何，人们已更清楚地认识到，劳动力的知识和技能是经济增长的重要源泉。除了劳动力、自然资源和资本等传统生产要素以外，职业知识已成为一个重要的生产要素；培养中等层次技能人才的职业教育与培训，必须满足日益增长的国民经济的需求。

荷兰的职业教育与培训属于中等教育的第二阶段，在社会和经济方面发挥着至关重要的作用。职业教育与培训是私营和公共部门很多职业的人力资本的主要提供者。换言之，护理人员、金属加工工人、桌面印刷工、理发师、会计、建筑工人、秘书等通过高级中等职业教育而获得的专业技术知识是荷兰生产和服务业的支柱。公共财政对这类教育的投资达 38 亿欧元；用于指导学徒的私人捐款资助目前已达 17 亿欧元（Central Bureau for Statistics，2015）。可见，荷兰政府和业界都大力支持发展这些技能。

尽管 2008—2015 年发生了严重的经济危机，但从很多国际标准来看，荷兰经济发展前景仍然积极乐观。就业水平一直处于高位，与国际标准相比，（青年）失业率相对较低。未来几年，劳动力老龄化很可能会带来对熟练劳动力的新需求。根据国际健康与福利标准，荷兰很多社会文化指标的分值都很高。至于社会经济发展，荷兰跟许多西方国家一样，在减少政府赤字、企业重组、金融与经济的不确定性等方面也深陷困境，面临着特别的挑战。在移民、融合、社会参与等社会文化方面也存在一些问题。这些问题，需要在发展所谓"可持续的知识经济"过程中进一步加以探索，从长远来看，"可持续的知识经济"是荷兰未来经济的保证。

正是在这种背景下，职业教育的转型与重新设计问题得到人们重视，并主要发生在三个力求取得一致性的政策领域：（1）职业教育；（2）劳动力市场;(3)创新。

1. 领域1：职业教育

人们对职业教育与培训中创新和知识的关注，可以追溯至30多年前。自从瓦格纳咨询委员会（Wagner Advisory Committee，1981）提出《新工业政策》和劳文霍夫咨询委员会（Rauwenhof Advisory Committee，1989）力主进行公私合作以来，荷兰十分重视职业教育与行业协会合作的重大意义，以培养学生获得"具体工作岗位"的资格。1996年，《职业与成人教育法》提出了职业教育的三重目标：(1)培养年轻人就业；(2)培养他们准备继续深造；(3)培养他们融入社会。为此，荷兰从1996年开始建立区域教育中心（ROC），其设想是，把不同形式的短学期和长学期的职业教育统一在一个屋檐下。同时，通过这种方式，促进教育与劳动力市场之间的联系，无论是初始教育领域还是工人及求职者的再培训和继续教育领域。[①] 在治理方面，区域教育中心的一个重要角色是致力于满足有组织的资本和劳动力的需求（Van Lieshout，2008；Busemeyer & Trampusch，2012）。社会伙伴（雇主协会及工会）和职业学校一起参与制定职业资格和考试标准，并共同负责所有23万家企业的认定和质量保证，这些企业接受学徒完成基于工作的学习。因此，劳动力市场代表在职业教育与培训中的地位得到了制度保障。

2. 领域2：劳动力市场

第二个与职业教育有关的制度领域是劳动力市场政策与劳动条件，这完全属于所谓"社会伙伴"的特权。过去30年来（1982年著名的《瓦森纳协定》之后），劳动力市场的治理经历了一个分权和微调过程，这是一种"协调分权"的尝试，雇主和工会在权力越来越分散的层面上进行就业条件的谈判（Traxler，1995；Van der Meer，Visser，Wilthagen & van der Heijden，2003）。据统计，荷兰劳动力市场的参与人数已大幅增长，成为拥有800万人的活跃劳动力队伍。在2015年所谓"经济大衰退"末期，约

[①] 关于区域教育中心的目标，参见安奈克·威斯特霍斯和马克·范德米尔撰写的本书第4章。——原注

有 11% 的人失业，失业人口主要集中在那些没有获得劳动力市场要求的初始资格（即至少中等职业教育 2 级）的辍学者中。此外，约 23% 的劳动力属于弹性灵活的就业，因此，年轻人往往在其工作前景并不确定时就开始了职业生涯。社会伙伴通过传统论坛（例如双边劳工基金会、海牙社会经济三方委员会）向政府提出建议。雇主和工会通过集体劳资协议谈判而积极参与执行国家政策目标，集体劳资协议中明确了工作条件、工作时间、额外社会保障、工作与福利安排，既有行业层面的协议（约 200 个），也有企业层面的协议（约 800 个）。自 20 世纪 80 年代以来，荷兰的集体劳资谈判包括以行业培训基金（O&O 基金）资助的形式进行的特定行业培训协议。行业培训协议在集体劳资协议的条款中予以明确，由行业培训基金管理部门负责实施（Van der Meer & Van der Meijden，2013）。行业培训基金的董事会由工会和雇主组织的代表组成，他们制定基金政策。在各行业，这些培训基金发挥的作用差别很大。在政府和企业共同融资的基础上，现任内阁（成立于 2012 年，自由民主人民党和社会民主工党联合组阁）提交了有关集体劳资谈判的行业及区域投资基金正式法律文件。目前，已有约 77 个行业和地区拟定了投资计划，其中包括许多改进工作本位职业教育与培训课程的投资计划（总预算为：行业投入 3 亿欧元，政府投入 3 亿欧元）。

3. 领域 3：创新

最近出现了第三个单独的领域："创新"已成为经济事务部支持下的一个重要的政策领域。其基本思路是，每一个技术、部门、行业或特定工业区等领域的企业必须在自己的创新前沿（产品开发创想线）开展业务，进行最高生产力水平的产品与服务的更新与改进的竞争。可以想见，那些接近创新前沿的企业能展现出最强大的内生动力，在提升技能和能力方面有最远大的雄心抱负。企业和研究机构在创新前沿投资于职业教育和培训，有助于构建完善的基础创新体系，从而带来竞争优势和规模经济。最初，创新体系的概念是针对国家层面提出的："在生产、传播、运用新的经济实用的知识的过程中相互作用的要素和关系……它们位于或扎根于一个民族国家的内部"（Lundvall，1985）；但是，创新体系也有行业或区域层面的定义。此外，创新绩效是政府、研究机构和社会参与者之间相互作用的结果（Gregersen en Johnson，1997）。

为了增强国家的国际竞争地位，荷兰政府确定了9个所谓"领先行业"（top sectors）。这9个"领先行业"都组建了由各方代表组成的"领先团队"：创新型中小企业的企业家、科学家、公务员、主席（来自行业）（Van den Toren，Hessels，Eveleens & van der Meulen，2012）。2011年以来，"领先团队"已成为职业教育领域的重要参与者，他们从竞争力、创新和人力资本等视角制定宏伟目标。他们根据科学家和企业的意见分析每个"领先行业"面临的各种机遇和挑战，详细规划其雄心抱负。他们设立专门的人力资本工作小组，主要任务是制定"人力资本议程"（HCA[①]）。这些行动计划中还包括创新合同，它将公私各方联合起来，围绕目标研究和创新领域引导额外资金和资源的投入，从而建立研究"临界质量"[②]。这些创新合同的签定促进了对创新治理结构不断增长的需求，要么通过学习与业界组织的现有关系，要么建立新型的校企合作形式。正如有学者指出，现有合作网络的存在对于创新体系的性能至关重要（Musiolik，Markard & Hekkert，2012）。

4. 本章概要

本章分析上述三个制度领域之间的相互作用。自从霍尔和索斯凯斯（Hall & Soskice，2001）的开创性工作以来，学术研究传统越来越关注国家制度、创新和社会经济表现之间的关系。人们愈加认为，教育是该基础建设中的一个重要因素，不再是既定的资产而是积极的知识机构，是知识的传播者和"人力资本"的开发者。然而，在这方面，各国和各行业之间有显著差异，这可能会影响创新绩效。在创新竞争力、行业组织以及创新体系发挥作用的最佳方式等方面，各行业之间各不相同。同时，各国政府致力于通过国家政策和新制度来加强其创新能力。因此，本章论述在荷兰背景下，"新""旧"制度安排如何影响职业教育及其在创新中的作用。我们的核心问题是：荷兰职业教育转型这一目标的本质是什么？这一政府行为，

---

① human capital agenda（缩写HCA）。——译者注
② "临界质量"是指维持核子链式反应所需裂变材料的最小质量，人们常常援引这个概念指知识技术积累到一定的临界点，新技术就会像裂变反应一样爆发并剧烈扩展。——译者注

在怎样的制度条件下对不同行业和地区的职业教育与培训产生影响？

本章首先概述了职业教育上述三个政策领域，以及促成公私合作伙伴关系协议的那些制度约束与激励因素。然后分析当前"领先行业"政策的前因与实践，该政策着眼于《欧洲地平线 2020 议程》(European Horizon 2020-agenda)，是荷兰创新政策的焦点。第三部分研究当前职业教育的制度变迁，第四部分剖析制度环境对两个地区和两个行业的影响。第五部分进行小结。

第 2 节　里斯本议程：2000 年

荷兰的职业教育和培训与企业之间合作伙伴关系的制度安排，最早见于 1919 年颁布的《工业法案》(Industrial Act)，该法案明确了职业教育的两个基本体系：学校本位体系和工作本位体系（参见本书"导论"）。第二次世界大战之后，在职业教育与培训领域，学校与有组织的企业的合作应被视为一个单独的制度领域。1981 年，壳牌集团董事长瓦格纳 (Wagner) 致力于打破小规模和分散型职业与工业政策的做法，极力支持《新工业政策》，从而为创新领域、劳资关系分权的劳动力市场领域、现代高等职业教育（1986 年）及后来中等职业教育（1996 年）的建立形成了强有力的产业政策基础（Visser & Hemerijck, 1997; Van Lieshout, 2008）。

在《里斯本协议 2000》的影响下，劳工基金会（海牙雇主与员工双边联盟总会）致力于推进职业教育与培训和业界共同合作。为此，在 1996 年国会通过《职业与成人教育法》6 年之后，政府建立了职业教育平台（HPBO[①]），每年预算投入 2000 万欧元，希望通过对"创新协议"进行补贴资助而实现一系列目标：(1) 学生在职业教育领域内从初级中等职业预科教育、中等职业教育到高等职业教育的路径转换与升学；(2) 提供充足的生源；(3) 通过创新项目及配套研究使课程内容与实践发展相一致；(4) 提供工作场所学习，使学生把学校学习与真实实践联系起来。

然而，在很多情况下，这种模式被用在了强化学校的质量过程管理

[①]　荷兰语：Het Platform Beroepsonderwijs（缩写 HPBO）。——译者注

上，尽管职业教育平台"创新协议"有其明确的目标：把"垂直创新"战略加入到目前学校所谓"基础创新"以及以知识传播为目的的"水平创新"之中，从而使"创新"跨越各教育机构或业界组织的边界。因此，教育界和业界必须共同合作。因为业界是"学生未来的雇主"（参见：BVE/BDenI-2004/4075）。从那时起，开始出现各种临时的结构化合作形式和混合式学习环境：有"校中厂"和"厂中校"等不同称谓（Smulders et al., 2012；Van der Meer，2014；HPBO，2016）。事实上，鹿特丹造船公司（RDM）校区、水厂、绿色校园、可持续工厂（参见本书有关章节），以及我们下面即将讨论的最近成立的所有创新技术中心和专业技术中心，都是一些很好的例子。

第3节 "领先行业"计划：2010年以来

21世纪第一个10年间，雇主协会和企业代表大力倡导重视创新和发展新兴的知识经济。为推动创新，政府于2003年建立了"国家创新平台"，其中包括来自研究界、业界和政界的知名人士。人们有各种各样的担忧。首先，科学、技术、工程和数学（STEM）学科的学生人数在减少。政府出资建立的机构"科学与技术平台"（PBT）[①]组织开展招生活动和建立各类新的课程计划，以促进各级各类学校的技术类及技术导向的教育。荷兰对教育研究与发展的预算总投入尚未超过荷兰平均水平（1.7%）的一半，远远低于整个欧洲的期望水平，因此迫切需要保护企业中以实用为导向的应用研究，忽略更多的大学基础研究（有关数据及评论参见：Onderwijsraad, 2010）。根据欧洲"里斯本战略"的2010年修订目标，政府着眼于经济长远发展而制定各种国家战略议程："知识投资议程"（Knowledge Investment Agenda）和"2020竞争议程"（2020 Competition Agenda）。这些议程极力强调创新和技术发展的重要性，同时培养高素质劳动力，进行持续的再培训和在职培训。

从2010年起，荷兰的国家创新平台即告到期，但荷兰政府把"新型工

---

① 荷兰语：Platform Bèta Techniek（缩写PBT）。——译者注

业议程"予以制度化。雇主更加致力于关注职业教育，但他们采用间接策略：使经济事务部长与"领先行业计划"配合协作。政府、社会伙伴和教育部门中这些积极的决策形式，在很大程度上决定了职业教育在"领先行业"领域的研究和知识转移的主题。但是，研究经费有限。

同时，在"专注技艺"①口号下（2011年），教育部长希望公立教育更加有效、高效和突出结果导向。正如下面即将谈到的，该议程首要关注的是公私合作伙伴关系中的财政预算控制，而不是"技艺"（如果真有的话）。尽管名称如此，但职业教育与培训议程（VET-agenda）似乎鼓励人们追求较短程的学习路线，"领先行业计划"则鼓励技艺和创新。从2010年开始，政府一直在制定面向9个"领先行业"的统一的政策议程。这些"领先行业"是国家传统主导行业。因此，"领先行业计划"其实是"支持赢家的计划"，其中包括农产品加工、化学制品、创意产业、能源、高科技与材料、生命科学与健康、物流、园艺与繁殖材料、水处理等行业。

政府确定的这9个"领先行业"也制定了行业的人力资本议程，其中强调每一个行业应当达到的和最重要的技能标准（skill profiles）。人力资本议程包括职业教育在质量和数量方面的目标，强调技能发展和终身学习的重要性。有些行业已把这些目标更加具体化，并付诸实施。而其他一些行业，要支持这一计划的开放性、模糊性和实验性，还任重道远。

在2012年10月29日签订的联盟协议（Coalition Agreement）中，荷兰新政府强化了这一立场，鼓励企业、知识机构和（地区）当局更加紧密地合作，以进一步提升荷兰的创新实力。业界和知识机构紧密合作制定行业政策，旨在使政府在制定政策时更加注重以需求为导向。内阁也十分关注中小企业作为创新和就业"发动机"的力量："中小企业通往新知识之路比大企业更艰难"（2013年2月11日信函）。因此，在2013年5月签订的国家"技术公约"（Technology Pact）中，人力资本和教育成为关键要素，该公约涉及政府、雇主协会、工会、教育部门和各地区。2015年11月签订了一项类似的公约，以加强医院、保健机构、保险组织、大学和职业教育在健康与护理行业的合作。

---

① Focus on craftsmanship（荷兰语：Focus op vakmanschap）。——译者注

第4节　进一步加强公私合作伙伴关系

科学与技术平台承担了建立技术与教育"领先中心"的任务：中等职业教育中的创新技术中心（CIV）和高等职业教育中的专业技术中心（CoE）。政府投资2.5亿欧元，进行知识开发和知识传播。其中典型案例有：高等职业教育的水处理、汽车、基因组学、生物经济等专业技术中心和切梅洛特（Chemelot）创新与学习实验室，以及物流、涂料、工具制造、农产品加工等中等职业教育的创新技术中心。这些中心，促进和激励了职业教育的创新，带动了教育机构的转型：学生解决真实世界的挑战与问题和努力创新解决方案，以增强经济竞争力。政府对这些中心的经费投入，激励教育机构去满足企业对职业教育的具体需求。作为建立这些中心的先决条件，学校必须满足区域产业集群和生态系统的需求。

根据科学与技术平台审计委员会的中期评估，上述中心的业务发展情况达到了三个预期目标：第一，提高教育质量，同时招收更多的学生并使之得到提升（16所试点职业学院共招收1708名学生，8所高等职业教育机构招生达2050人）；第二，支持企业创新（职业教育与培训支持33家企业，高等职业教育支持67家企业）；第三，提高企业用工的灵活性和流动性。同时，高等职业教育与中等职业教育有显著差异，前者获得的财政资源更多，吸引了更多的额外合同研究，从而可以培育孵化新兴的企业服务，而中等职业教育把目标仅仅局限在常规教育教学的实施与改进上，因而面向企业的创新仍远远低于该计划当初设计的预期标准（PBT，2014）。

总之，荷兰政府以"领先行业"政策为契机，努力构建企业、政府和知识机构之间的新型合作形式。这一行动引发了公众辩论：荷兰社会纵向的、不同行业的及行业导向的结构，在多大程度上阻碍了将知识迅速应用于开发新产品、新服务和新工艺的能力？有媒体主张，荷兰的社会结构应当向横向联盟转变，以便有空间进行创造性的跨行业合作，并能融入统一的区域投资议程，而"不应该只局限于经济事务部眼中那几个地区或'领先行业'"（Financieele Dagblad，April 7th. 2001）。

此外，荷兰政府政策科学委员会（WRR，2013）对初级和高级（职业）教育的质量敲响了警钟，尽管它们在过去几年之中已有所创新。该委员会指出，荷兰的教育必须采用不同的结构，才能在荷兰实现更强大的生产性经济环境。该委员会全力以赴以形成一种新的教育观，并以此作为新经济秩序的基础。其指导思想是，必须以全面的学习和工作方式来促进积极的知识传播。

荷兰政府把这些争论搁置一边，因为政府引入了新机制：旨在激励区域创新的"领先行业计划"和2013年5月签订的国家"技术公约"。作为对人们批评的回应，政府继续进一步强化校企合作，2014年设立了"职业教育区域投资基金"。目前，所有经济部门都开放了对合作企业的补贴。

第5节 制度变迁：职业教育与培训的制度调整

由于上述形式的政治干预，荷兰形成了一种复杂的新的制度体系，要求业界和教育界共同合作，并就职业教育的目标、手段和共同投资达成一致。施特雷克（Streeck，1997）认为，参与者的自愿选择其实是由各种规范和制度约束而推动形成的；可称之为"有益的约束"。尽管制度有可能被人们视为一种强制，但宏观层面的体制机制仍是有效的。传统制度与新制度的结合可以这样总结：由于职业教育与培训、劳动力市场和创新这三大政策体系，不同的制度得以相互融合，并影响着区域实践。

根据1996年出台的《职业与成人教育法》，职业教育与培训学院在法律范围内获得广泛自主权。其基本原则是，学生有教育选择的自由，以及总体而言职业学院要为任何一个学生提供教育课程。社会伙伴负责确定职业教育的资格要求。以前社会伙伴就已参与课程开发和制定考试标准，他们通过行业知识中心（隶属行业职业教育协会）而发挥管理作用。社会伙伴的这一角色定位及其对集体劳资协议谈判负有的责任，使他们能够设计和构建符合生产实践的职业教育。雇主对学校本位学习（BOL）和工作本位学习（BBL）这两种学习方式的学生的参与率都有影响，因为雇主为学生提供实习和培训时间（其中可以通过税收减免[①]得到部分补偿）。因此，职业教育与培训能提供满足尽可能多的学生需要的教育。职业教育与培训学院接受教育督导局的监管，教育督导局根据教育质量、毕业率和辍学率

[①] 税收减免法案（荷兰语：Wet Vermindering Afdracht）。——译者注

对学院进行评估（参见范德玮等撰写的第5章）。在该体系中，职业教育与培训具有重要的区域功能，并基于这一区域性任务向年轻人和成人传授最新的、符合区域需要的特定工作知识和技能，从而使中小企业更容易获得新知识。可见，1996—2011年，职业教育与培训以上述这样一种方式开展，以满足区域需求，同时学校拥有实质性自主权。

2011年，在"专注技艺"口号下，职业教育与培训的制度发生了转变，学程缩短了（显然是鼓励降低学习成本）。其中关键词有：更集中的教育；对资格结构进行重构与弹性化以灵活地满足社会需要；现代员工；缩减课程学时；教师专业化；语言和数学国家考试；与就业市场零距离对接。此外，新的关注焦点还包括严格强调质量：齐心协力进一步提升师资队伍的专业化、教育机构的管理和教育本身（课程内容与考试）的质量。在此补充一点，对于高等职业教育，它没有校企合作制度安排，即相当于中等职业教育的资格结构和联合开展学徒制的责任，威尔曼委员会（Veerman Committee, 2010）指出在这方面也要进一步扩展，极力主张要进一步升级，允许高等职业教育的灵活性和差异化。高等职业教育机构确实拥有深入的研究能力，而这正是中等职业教育机构所缺乏的。

职业教育与培训、高等职业教育的这些实践，使创新和社会合作伙伴之间相互影响，这非常契合2009年"创新平台"的评估结论和2010年实施的"领先行业计划"的初衷，职业教育应当坚持这一点。从竞争力和创新的角度看，最近制定的每一个"领先行业"的人力资本议程都对职业教育产生了影响。创新发展的节奏很快，为了在职业教育和高等教育中取得进展，2010年以来，教育机构都有机会分别申请建立创新技术中心（CIV）或专业技术中心（CoE）。企业通过投入时间和财力而参与这些中心，从而对职业教育产生影响。如果企业和职业学院达成协议，双方都可以申请教育部的公共资金资助。获得资助以后，这些形式的合作共建必须要这样去调整课程安排和专业课程：使课程具有面向不断变化的市场环境的灵活性和适应性。颇有影响力的范德图（Van de Touw）委员（2013）指出，在这方面，特殊的制度性障碍（例如税收和能力互认）可能会增加，这阻碍了学校与劳动力市场之间的进一步协调，以及对新知识直接的专业化的实际应用。这些中心的年度进展由一个外部审计委员会监测。我们将会看到，这种合作伙伴制度所需要的治理结构是：可以不断升级教育课程，可以对合作伙伴的目标进行相互调整，同时还考虑到国家、区域、特定行业的联盟与结构的多样性（参见 Smulders et al.，2012；Heemskerk & Zeitlin，2014）。

虽然我们从未研究过其中的因果关系，但考虑到下面这一点是很重要的：只有约 5% 的中小企业——职业教育与培训的主要服务对象——属于高度创新的"领跑者"，17% 属于"发展者"，19% 属于"申请者"，33% 属于"追随者"，其余 27% 则属于"非创新型"（Panteia，2013）。正是在这些"领跑型"中小企业，才能最有效地建立起校企"学习共同体"（Van der Meer and Pétit，2010）。然而，也许我们可以想见：对学校来说，由于各行业的特点不同，他们与创新前沿的距离也各不相同。在大型化工企业直接进行校企合作，比在拥有 1 万个公司的物流行业更加容易组织。从 2011 年起，职业学校如果能与所在区域的企业达成协议，就可以申请额外资金。然而，达成这些协议的可能性取决于若干条件因素，这些因素决定了校企合作的深化程度。

第 6 节　行业、区域的竞争力及创新的决定因素

因此，职业教育与培训、高等职业教育正日益成为区域竞争力的要素。但是在实践中学校能否做到这一点，还取决于区域和行业实际的企业集群情况。正如波特（Porter）指出的，经济竞争力取决于国家和区域因素。"集群是指在特定领域、地理上最接近的相互联系的企业和相关机构的集团，它们因共同性和互补性而联系在一起"（Porter，1990，2000）。在这样的集群中，企业是创新体系的一部分，其特点是，企业的技术处于创新前沿（Bartelsman，Haskel & Martin，2008）。在高度组织化的行业（通常是传统产业），企业之间可能会相互信任，能够集体行动并投资于发展公私合作伙伴关系。霍尔和索斯凯斯（Hall and Soskice，2001）在时下一项著名的"资本主义的多样性"研究中指出，各国致力于建立校企合作伙伴关系和合作的程度各不相同。然而，由于组织的紧密度各不相同，这一说法也适用于不同行业和区域之间校企合作伙伴关系的差异（Traxler，Brandl

& Pernica 2007）。所以，在一个民族国家，各行业和各区域的创新条件也各不相同，它们之间并不会自动达到充分的平衡。有的区域可能缺乏缔结合作协议的必要的能力，并且有些区域比其他区域做得更为成功（Cooke et al., 1998；Tödtling en Trippl, 2005；Crouch, Schröder & Voelzkow, 2009）。根据雷德斯道夫、道夫斯玛和范德潘（Leydesdorff, Dolfsma and van de Panne, 2006）以及瑙塔和吉伦（Nauta and Gielen, 2009）的研究，一个成功的区域创新体系，源于企业、知识机构和政府"三螺旋"之间持久而深入的合作。任何一个成功的经济集群，都有密集而互动的合作网络，以促进知识、资源和人才的衔接与交流。

根据这些理论，荷兰政府制定政策措施，鼓励学校、研究界和企业建立新型合作形式，以提高竞争力。然而，技术性质、企业创新和就业、学校和研究中心的可用性（availability）及合作情况，严重影响了这些政策的有效性。为了把职业教育、劳动力市场、创新这三个领域的制度与经济现实结合起来，我们选择了4个不同的案例，它们表明了荷兰社会经济和制度的多样性。为了深入考察一个区域的创新程度，我们分析两个因素：创新战略和企业集群。

首先，企业有不同的竞争优势和创新战略。有些主要基于知识和创新，有些基于地理因素和贴近消费市场。这些战略，在很大程度上决定了创新前沿的地理位置，要么在荷兰境内，要么在境外。如果是在国内前沿，企业将受益于荷兰较为完备的国家创新体系。企业经营的国际化程度或"开放"与"封闭"的类型之分（Iversen, 1999），是表明企业离创新前沿的距离的重要指标。乔瓦尼和列夫琴科（Di Giovanni and Levchenko, 2009）的研究发现，经常出现高波动的那些开放行业与本地经济有所不同，而且在本质上比封闭行业更加专业化。此外，像荷兰这样的"世界市场中的小国"，想要繁荣，只能通过形成拥有足够多的高技能工人的开放行业（Katzenstein, 1985；Iversen, 1999；Visser, 2003）。因此，第一个指标是企业靠近创新前沿的程度。

其次，创新往往集中在那些形成了创新集群或生态系统的区域。有些技术和创新体系需要并创建强大的区域集群。在各行业和区域的企业，地域集群程度各不相同。在欧洲具有较高地位的那些区域可望接近创新前沿，因此拥有意愿向职业教育与培训和高等职业教育施加压力并投资使之实现转型的创新型企业。在欧洲处于弱势行业地位的那些区域，大多缺乏对职业教育与培训的创新有远大抱负的大型创新型企业。区域竞争力的差异对职业教育有重要影响，因为职业教育有强烈的区域导向和重点。因此，第二个指标是企业的地域集群程度。

上述两个因素表明了西方经济体的多样性。我们介绍 4 个案例来探讨这两个因素。这 4 个案例的不同之处反映在两个坐标轴上，即企业离创新前沿的距离（或区域拥有完善的创新体系的程度）和企业集聚或地域集群程度。这 4 个案例是：农产品加工"领先行业"（全国范围，但其研究中心位于格尔德兰省的瓦格宁根大学），创意产业"领先行业"（全国范围，主要集中在北荷兰省的阿姆斯特丹附近），特温特地区（上艾瑟尔省东部）的高科技与材料"领先行业"，北荷兰省北部的制造业"领先行业"。下一节介绍这 4 个案例研究，它们在两个坐标轴上的位置如表 3.1 所示。

表 3.1　研究设计

		离创新前沿的距离/创新体系的完善程度	
		远 / 不完善	近 / 完善
企业集群程度	集群型	创意产业	高科技与材料（特温特地区）
	分散型	制造业（北荷兰省北部）	农产品加工

我们关注的焦点是支持职业教育形成新型公私合作伙伴关系的制度条件。从这个角度出发，重要的是要注意到，并非所有地区都达成了校企合作协议；有些地区没有达成校企合作协议，有些合作协议未能得到公共资助。这一制度方面的先决条件，使我们有必要在分析中引入进一步的解释性因素。在公共治理的潜意识里，预设了"存在有效的组织"这一先决条件。换言之，荷兰政府在制定政策时，对当地的业界合作伙伴[①]隐含着一种想当然，认为他们能代表其成员单位去组织、谈判和协商建立校企共同合作制度。认为职业教育与培训院校、高等职业教育院校应该与企业和组织保持密切的关系并达成合作协议，而不管这些企业和组织离创新前沿的

---

① 指行业协会等组织。——译者注

距离和组织化程度如何。

因此，为了解释地方层面校企合作伙伴关系的差异，应该考虑到第三个因素：即行业协会和合作网络中企业的组织化程度，它能促成企业与教育机构、（当地）政府等其他各方达成合作协议。关于合作与协调的研究表明，如果能带来更好的成果或更高的收益，就可以激励或加强教育机构与企业的合作。施米特和施特雷克（Schmitter and Streeck，1999）区分了"成员逻辑"和"影响逻辑"这两个术语：如果企业愿意一致行动，集体劳资协议就能达成，而通过单独的个别谈判却不能达成。"目标形成逻辑"（即我们致力于建立同样的制度和合作目标吗？）和"有效实施逻辑"（即我们在创造有效的共同合作形式吗？）的重要作用是为集体带来利益。因此，企业的组织化程度（或企业能够达到的组织化程度）是解释校企合作的地区差异的第三个因素。

这4个案例研究，从上述三个制度维度（创新前沿、区域集群度和企业的组织化程度）进行了探讨。我们期望，在高度组织化的那些行业可以轻松地说服企业去参与和投资职业教育。然而，这也可能导致出现"三个和尚没水喝"（rent-seeking）的局面。这种合作形式主要用于渐进式创新。为了鼓励更激进的创新（这在所有创新中占比较少），创新型中小企业常被寄予厚望。然而，如果创新型中小企业孤立无援，或者周围没有能将它们的创意推向市场的大公司，这种期望就有可能无法实现。大公司似乎比小公司更能成功地达成合作协议。大公司（尤其是跨国公司）足以在区域和国际上建立起自己的网络。此外，大公司拥有更多的资源，并与政府和政治保持着双边关系，这最终有助于寻求公共资金的资助。人们认为，小公司并非与创新无缘，只要有大公司提供必要的升级和组织协助。

第7节 四个案例研究

这4个案例研究的核心要点见表3.2。研究工作包括统计数据和政策文件分析，并访谈业界和教育机构的一些关键信息提供者，访谈内容是关于区域劳动力市场的创新模式，以及职业教育与培训和高等职业教育在其中的作用。在经济衰退末期，所有这些行业和地区似乎都面临着非常类似的问题：如何提升资质以保持竞争力，同时紧跟创新前沿；与学校和研究机构建立怎样的新型战略关系；如何利用政府提供的新的财政资源。同时我们发现，这些案例研究的基本结构非常不同。下一节，我们总结每个案例研究的结果，并指出新型公私合作伙伴关系在多大程度上得以建立。在进行定性研究的基础上，我们基于以下几点报告了制度和就业方面的情况：竞争力、出口、劳动力成本分摊（5分制），以及业界、教育、知识提供者和劳动力的组织方式。这些微妙差异的产生，只能从荷兰的社团主义组织方式来理解。有些行业有各种雇主协会和工会，他们主持若干集体劳资协议的谈判，这是培训基金和学徒制的集体基础。这些组织是倡导企业与学校建立新型公私合作伙伴关系的主力军。在其他一些行业，产业治理更加集中统一，它们只有一个伞形联盟组织（umbrella organisation），呈现出广泛的经济活动的景象，从而形成另一套战略选择。在介绍这些案例的基本情况之后，我们分析每个参与者如何实现（或者没有实现）职业教育与培训的公私合作伙伴关系。

这4个案例是荷兰的典型案例，代表了荷兰各行业和区域。农产品加工"领先行业"是在荷兰历史上具有强大国际地位的行业之一。该行业的工作流程的性质正在发生变化，企业正在使其产品的市场组合多样化，因而需要提升资质。为了确保适宜的国际竞争力，该行业最重要的是保持创新、扩大规模和提高生产力。为了参与国际竞争，农产品加工行业的人力资本议程已经确定了很高的目标，而荷兰的农产品生产仍然是在许多相对较小的公司和较大的合作社企业进行，这些企业在整个供应链上进行产品交付和分销。农业类职业学院和产业的区域性合作是确保培养足够的合格劳动力所必需的。把教育内容与企业需求相匹配是对职业学院的一大挑战，但有些地区的院校已经成功地做到了这一点。为了延续家族企业，专业化往往是必要的，这就需要学生长途跋涉去接受专业教育。由于没有创新和创新型企业的自然集聚，业界和职业学院很难达成合作协议。2013年建立的面向全国的创新技术中心，目前在提供专业培训课程的区域教学点。考虑到日益增长的提升经济生产的多样性的需要，这种企业之间的共享结构被视为职业教育与培训的一种新的组织形式。但是，在深化这些机构的课程改革方面哪些参与者能够发挥领导作用，这一点目前还不明晰。

表 3.2　职业教育与培训、高等职业教育的 4 个相关案例在经济与组织方面的差异

	农产品加工	创意产业	高科技与材料（特温特地区）	制造业（北荷兰省北部地区）
竞争力和创新	该行业由几家国际营运的企业引领，例如皇家菲仕兰（Friesland-Campina）和联合利华公司，它们通过高效和知识密集型生产而竞争。	作为国内公司和客户供应商的荷兰企业。荷兰创意产业有一些国际知名的企业家，如马赛尔·万德斯（Marcel Wanders）、雷姆·库哈斯（Rem Koolhaas）和约翰·德莫尔（John de Mol）。	特温特地区有几家原始设备制造商（OEM-ers），具有生产高端产品和离岸生产的能力。	北荷兰省北部的企业有为其他行业组织生产的能力。他们为几个"领先行业"的当地企业和原始设备制造商供应产品。灵活性和质量是重要的竞争因素。
出口	●●●●	●	●●●●●	●●
劳动力成本分摊	●●	●●●●●	●●●	●●●●
企业／行业组织	企业隶属行业、区域和国家层面的协会	企业紧密度低（这也是因为个体企业主占大量比例）。有几个行业协会，最近成立了一个伞形联盟雇主组织。	大多数企业是一个大型行业协会（FME）的成员，协会设有区域办事处。中小企业隶属一个单独的金属工业雇主协会。	企业是不同的行业协会的成员，而且有一个区域性制造业组织。
知识发展与创新组织	农产品加工"知识与创新领先研究院"（TKI Agrifood）	创意产业"知识与创新领先研究院"（CLICKNL）	高科技与材料"知识与创新领先研究院"（HTSM）的一部分	没有"领先行业研究院"。北荷兰省已确定在 5 个产业集群建立组织，例如能源委员会。
职业教育组织	有 13 个全国性的农业类职业学院，并在一定程度上实现了区域专门化。有 8 个办学点提供高等职业教育。	有几所职业学院相互竞争；所有主要城市都可以提供高等职业教育。	有 1 所职业学院和 1 所高等职业教育机构，对区域经济发挥引领作用。	有 2 所为制造业培养人才的职业学院，1 个高等职业教育的办学点。
集体劳资协议	农产品加工行业的国家集体劳资协议谈判在行业层面进行。	有几个相互矛盾的集体劳资协议，有的企业还没有集体劳资协议。	有金属和冶金行业相关的集体劳资协议。	有几个制造业、建筑业、冶金等行业的集体劳资协议。

续表

	农产品加工	创意产业	高科技与材料（特温特地区）	制造业（北荷兰省北部地区）
行业培训基金	所有雇主都隶属同一个行业培训基金。	有几个较小的行业培训基金，最近成立了一个伞形联盟组织来协调培训事宜。	有3个主要技术行业的培训基金，分别是金属、冶金和装备行业的集体劳资协议的一部分。	几个行业培训基金在相互竞争。

注：5个圆点表示"强"，1个表示"弱"；4个表示"中上"，3个表示"平均"，2个表示"中下"。

自从经济危机导致印刷业萎缩和桌面出版兴起，以及生产被外包给廉价劳动力的国家之后，工会和雇主都纷纷在寻找代表自己利益的新地盘。印刷企业的工作已消失，但同时在"创意产业"产生了新的工作岗位。创意产业这个"领先行业"由许多小公司组成，他们通常以个体经营专业人士的身份工作，并在创新型利基市场①上衍生公司和分散开展业务，主要集中在阿姆斯特丹、埃因霍温、乌特勒支、阿纳姆、希尔弗瑟姆和鹿特丹等大都市区。创意产业包括媒体、生活方式和应用技术等若干不同的较小的分支领域。职业教育与创意产业的合作对象包括许多小公司和个体经营专业人士，来自全国不同地区的各方之间需要充分互动。个体专业人士的创造力无疑是创新的一个重要来源，但是妨碍了联合协会中各公司之间的合作，因为他们没有促进职业教育与产业之间形成合作伙伴关系的全国性组织。无可否认，阿姆斯特丹的一所职业学院确实倡导成立了一个独立的创新技术中心，但是未能获得政府资助，仅在2014年获得了政府对公私合作伙伴关系的资助。从这个案例我们得出结论：职业学院、高等职业学院在与企业建立新型合作伙伴关系时，企业的紧密度差这一点是对联合集体行动的一大阻碍。

传统上，特温特地区的高科技产业是一个强大的互联型产业，由金属

---

① 利基市场（niche market）是指通过对市场的细分，更窄地确定某些群体，集中力量于某个特定的高度专门化需求的目标市场。很多成功的创业型企业一开始并不在大市场开展业务，而是通过识别较大市场中新兴的或未被发现的利基市场而发展业务，或严格针对一个细分市场，或重点经营一个产品和服务，创造出产品和服务优势。——译者注

和电气工程行业的几个创新型企业主导，知名度高，紧密度也一直很高。而且，该地区的特点是有中小企业和大公司，它们已成为职业学院的合作伙伴，不用担心会互相排斥。尤其是所谓"共享型培训企业"①——传统上它们提供工作本位（BBL）的课程——为合作的"网络化"奠定了坚实基础。因此，该地区受益于公私合作伙伴关系所带来的各种机遇。在合作网络中，创新技术中心（Techwise）具有经纪人的地位和协调者的角色。特温特创新技术中心已制定了创新和战略人力资本政策议程，而且职业学院和高等职业教育机构在该地区也有明显的合作。

北荷兰省北部的制造业则与此形成鲜明对比。虽然北荷兰省的北部地区城市比较分散，但是南部有一个大都市（阿姆斯特丹）。北部地区的产业主要由中小企业组成，它们为本地区罕有的原始设备制造商，例如塔塔钢铁公司（Tata Steel）和宝盾集团（Boon Edam），以及其他地区的跨国公司和当地消费者提供产品。人们期望制造业具有灵活性并提供高质量的产品。未来几年，制造业将面临产量波动。但是，北部地区只有许多小型、分散的公司，对技术类学生而言其知名度和可及性有限。而且，年轻人往往不大了解工程方面的职业机会。此外，该地区的公司的基本情况和专业技术各不相同，这妨碍了各公司之间的紧密联系。公司没有与诸如创新技术中心等教育机构建立合作伙伴关系，在一定程度上，这是因为还没有明确而清晰的区域战略。2013年，有几个行业协会发起成立了一个技术委员会来承担这一职责。在该地区，既没有起中枢作用的明确行业利益的雇主联合会，也没有涌现出明显的集体谈判结果。因此，与特温特地区相比，北荷兰省北部地区建立公私合作伙伴关系的条件要有限得多。

第 8 节　职业教育与培训及高等职业教育的公私合作伙伴关系分析

由上述案例可见，地区和行业的一些明确特征因素似乎影响了公私合作伙伴关系的建立程度，这可以从经济和技术方面得到一定程度的解释。

---

① shared training companies（荷兰语：opleidingcentra）。——译者注

表 3.3 对此进行了总结。

表 3.3　公私合作伙伴关系的分析

	农产品加工	创意产业	高科技与材料（特温特地区）	制造业（北荷兰省北部地区）
公私合作伙伴关系（PPP）的地位	●●●●	●●	●●●●●	●●●
制度方面的影响：				
1.竞争战略和离创新前沿距离	+	−	++	
2.产业聚集和集群	−/+	−	+	
3.企业紧密度	+	− +	++	
最重要的行业（区域）委员会	农产品加工"领先行业"全国董事会，致力于研究感兴趣的创新领域。	目前没有关于职业教育与培训的战略协议。很多毕业生成为个体企业主，不能指望企业对教育起到大的作用。	一个主导产业（冶金产业）能够与职业教育与培训机构达成协议。创新技术中心是企业的平台。	产业和教育分散。战略层面的正式协议很少。

注：5个圆点表示"强"，1个表示"弱"；4个表示"中上"，3个表示"平均"，2个表示"中下"。

　　农产品加工行业包括遍布荷兰全国的很多小公司。考虑到公司对整洁性的要求，集体教育基础建设在这个行业非常重要。许多小型行业组织的存在，导致该行业出现了规模方面的问题，并阻碍了劳动力的流动。相比之下，创意产业这个"领先行业"既包括组织化程度较高的图像产业，也包括诸如游戏和设计公司等新兴的和组织化程度较低的企业。此外，大量的个体经营专业人士也很活跃。该行业出现了一些公司和教育机构的区域性聚集和专业化，但是该行业的创新是分散型的，公司处于相当孤立的境地。另外，对高科技与材料这个"领先行业"而言，至关重要的是，把来自不同行业的跨行业流动的企业和机构进行区域性集中。特温特地区就是这样一个集群或生态系统。北荷兰省北部地区有很多制造业的小型技术公司，由于地处偏远，这些公司的知名度和可及性较低，这一点妨碍了企业与教育之间的协同合作。

可见，与竞争战略的性质和企业离创新前沿的距离相比，地理上的集中似乎对合作有更大的影响。但是，还有第三个相关影响因素。上述案例中，其中两个案例（特温特地区高科技与材料产业、创意产业）是由专业知识密集型企业组成的集群，这些企业受益于其在职业教育方面的稳固投资。然而，这些必要的投资并不会自动发生。在特温特地区有大公司存在，这一点是有利的，而创意产业缺乏这样的大公司似乎是个问题。

与前面两个因素（创新战略和企业集群）相比，第三个因素的影响似乎更大。企业和教育之间的紧密度，决定了它们相互联系并成为集群的一部分和构建新型合作伙伴关系的能力。特温特地区可被视为高度组织化的集群，这一点强化了公私合作伙伴关系。创意产业和北荷兰省北部地区的制造业的组织化程度较低，这使公私合作伙伴关系的形成变得复杂化。当然，在高等职业教育、职业教育与培训的学校内部也有一些学校与企业的小型合作形式，但是，这些合作还不足以申请国家"技术公约"（Techniek-Pact）的资金支持。相比之下，传统上高度组织化的行业有助于达成公私合作协议，例如农产品加工行业，尽管该行业成为集群的一部分和构建新型合作伙伴关系的经济和自然条件并不是最理想。

我们可以得出结论："有利约束"逻辑适用于职业教育。在制度框架内进行谈判的自由激励了公私合作。职业教育与培训、高等职业教育只有在与企业达成了合作协议之后才能获得资助，因此，在很多情况下，企业和教育机构就为谈判合作计划而走到了一起。2010—2012年，共有72家企业和教育机构达成了合作联盟协议，其中38个合作计划获得了政府资助。

上述4个案例的经济形态也形象地体现在行业的创新地图中。我们为本研究中讨论到的三个行业分别编制了三张组织聚类图（见附录）。创新地图显示了企业集聚的多样性。农业企业属于分散型；创意产业的创新地图表明，这一所谓"热点"行业的企业集聚度较弱。此外，无论特温特地区还是荷兰东南部，都可以看到高科技与材料行业的业务网络中企业的高度集中。但是，北荷兰省北部地区缺乏这样的集中。经济—地理上的分散，使农产品加工行业和创意产业处于较低的起点，尽管农产品加工行业有较好的组织能力而创意产业没有。

第 9 节　本章小结与展望

长期以来，荷兰职业教育与培训学院与企业一直致力于形成合作育人关系（高等职业教育在这方面的程度明显较低）。近年来，除了在教育和劳动力市场方面的传统角色以外，荷兰的职业教育与培训、高等职业教育得到了人们更大的认可，并对其开展创新寄予更高的期望。近来启动的"领先行业计划"和"国家技术公约"，旨在进一步激励学校与企业进行战略合作，以加强学校的课程、学习计划以及企业业务流程中生产过程的创新。为了激励职业学院支持这一外部转型，荷兰政府决定在一个把认知能力与职业技能培养结合起来的开放式、探究性教育结构中，资助企业和学校开展以创新为重点的合作。

本章深入分析了这一新机制的基本政策假设，以及各种制度先决条件如何影响政策的贯彻与实施。各行业和区域在经济与技术方面所处的地位差异很大，因而带来不同的结果。我们得出的结论是：不仅企业离创新前沿的距离和企业研究的临界质量很重要，而且企业的组织化程度和质量也会促进或阻碍职业教育与培训的转型及其对创新的作用。

这一新政策举措着眼于职业教育的总体发展。理论上，职业教育与培训可以促进劳动力市场保持活力和创新。然而，荷兰还没有完全确定实现这一目标的最佳方式。那些最受人们青睐、期望能与高度组织化和特定的行业达成公私合作伙伴关系协议的模式，尚未在所有行业都达到同样的程度。教育机构转型的一个重要条件似乎是其与企业之间的紧密度，它表明了对教育质量的要求——但是，如果该条件不能满足呢？第二个重要条件是，把职业教育视为区域或行业创新体系的一部分并有明确的重点——但是，如果创新体系不完善呢？在这种情况下，职业教育必须从自身内部成为创新体系的基石。职业教育与培训中心不能依赖那些组织力量强和组织化程度高的企业，而必须主动作为并建立自己的中心，从而把创新理念诠释给中小企业。

纵观政府选择的这种方式，我们还必须指出：职业教育与培训还没有得到足够的重视，通过"领先行业计划"而调整其发展方向的力度还不够。创新技术中心的数量有限，它只不过是一个"领先中的领先"的倡议，并没有纳入结构性预算安排。职业教育与培训的所有工作本位学习约 90% 都发生在中小企业，了解这一点至关重要。因此，我们对未来的关切是，将这种自上而下的创新议程的成果更广泛地传播到工作场所和职业学院基层。2014 年和 2015 年，"职业教育与培训区域投资基金"这一新工具已经新促成了 18 个（职业教育与培训）和 29 个（高等职业教育）公私合作伙伴关系，而且目前不只是局限于"领先行业"。所以，虽然我们的确是在统计进展，但目前仍然是基于一个暂时和折衷的基础。

职业教育与培训和高等职业教育如何进一步革新，不仅仅是政府关心的创造公共价值的问题。企业将认识到保持接近创新前沿的重要性，从而为新入行的和永久劳动力的技能提升而投资。企业生产过程中的技术变革必须与员工的社会创新并驾齐驱，使员工能够参与团队合作和与合作网络中其他公司的同事合作。人们通过跨界和合作发展而实现终身学习，这种对终身学习的需求已得到关注，但还缺乏紧迫性。未来的一个相关问题是，如何准确地将企业创新和保持竞争力的核心业务转化并纳入学校的课程和学习过程之中。这需要有一个超越目前这种方式（由政府和督导局负责监管）的更加先进的监管体系，从而能够关注到行业和区域的差异化；目前这种方式不过是在评估现有模式的持久性，以及对已有知识和见解的直接实践应用。学校革新的步伐很可能会比处于竞争压力下和技术革新中的企业更慢。因此，公众关心的问题是，如何将校企合作的新见解和成果传播到学校系统的其他部分，以及如何加深我们的认识，以进一步调整和开发面向未来的课程，满足劳动力市场和社会的需求。

80　荷兰职业教育的教与学

附录：3个典型案例的创新地图

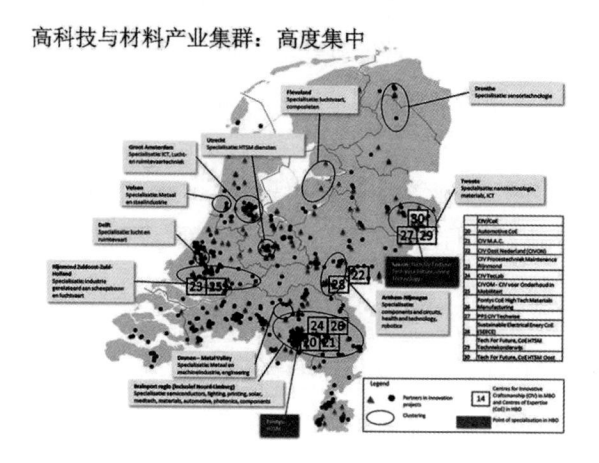

高科技与材料产业集群：高度集中

创意产业：聚集度偏弱

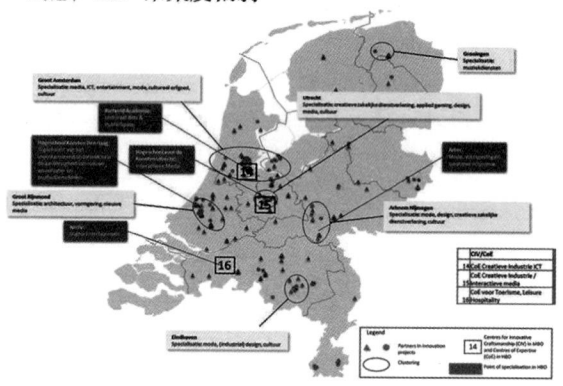

农产品加工行业：分散型

第4章

远大期望：
荷兰职业教育与培训对当地产业的意义

安奈克·威斯特霍斯，马克·范德米尔

第1节 导言

经过长期讨论和历次合并，1996年《职业与成人教育法》（WEB）[①]构建了新型的荷兰中等职业教育与培训学校：跨行业、多层次、多途径的区域学院，面向职业教育与培训及成人教育。正如高等职业教育（国际教育标准分类的5级和6级教育）学校一样，这种新型的职业教育与培训学校，应该为学生和业界提供广泛的行业与职业领域、各种能力层次及途径（学校本位和实践本位途径）的课程，即成为"一站式商店"。新成立的这种跨行业区域职业学院的全称是"区域教育中心"。[②]这个名称代表一种宏伟目标，即在课程设置、建立合作网络和为成人提供学习便利方面，区域教育中心必须与其所在的区域具有相关性。在这样的大型机构开展职业教育与培训，最大的好处之一是能够更好地响应当地产业的各种需求。因此，区域教育中心也应该进入终身教育的私人市场。反过来，人们认为，业界将通过致力于培训新一代熟练工人、购买当地区域教育中心的培训课程，

[①] 荷兰语：Wet Educatie en Beroepsonderwijs（缩写 WEB）。——译者注

[②] 区域教育中心（Regional Education Centre）（荷兰语：Regioneal Opleidingen Centrum，缩写ROC）。除了区域教育中心以外，农业教育中心和专门职业学院也进行职业教育与培训。由于几乎90%的职业教育与培训学生的课程是由区域教育中心提供的，本章内容主要从区域教育中心的角度来集中讨论校企合作关系。——原注

从而支持区域教育中心提高为公共和私人市场服务的能力。然而,职业教育与培训和业界之间的合作并非起源于区域教育中心的建立,而是荷兰悠久历史传统的结果。甚至可以说,区域教育中心的概念是业界合作伙伴参与制定形成职业教育与培训的政策之结果。与澳大利亚、丹麦、德国和瑞士一样,荷兰是典型的集体主义技能形成体系(a collective system of skill formation),尽管该体系在控制、供给、付费及与普通教育的关系方面和其他国家有显著差异(Busemeyer & Trampusch,2012)。区域教育中心的建立是基于职业教育与培训和业界合作这一传统而向前迈进了一步。

本章要回答的问题是,从 1996 年到 2015 年,区域教育中心的形成过程如何影响职业教育与培训和当地产业之间的关系。随着多年来政治风向的变化,对区域教育中心的角色定位也发生了变化,即便是没有使其复杂化,也至少是影响了该区域校企关系建设的进程。因此,我们要着力解决三个方面的问题:

1. 作为区域性职业教育与培训机构,政府在 1996 年建立区域教育中心时有什么样的宏伟目标?特别是在校企合作关系方面的目标。

2. 关于区域教育中心与当地业界之间的关系,历届政府为区域教育中心确定了哪些角色定位?

3. 区域教育中心和业界是如何看待这些角色定位的?

本章概述了随着时间推移而发生的政策变化。与布塞迈耶和特兰普施(Busemeyer and Trampusch,2012)的观点一样,我们的目标是,更好地理解社会参与者、学校、政府和业界组织之间那些"战略演习"所带来的结果,它们已逐渐融入到目前的职业教育与培训体系。我们选择 1996 年引入的这种新型学校作为参照点。我们在本章会看到,在不断寻求达成最佳关系——一方面是国家教育政策的目标和抱负,另一方面是产业对区域劳动力市场熟练技能人才的不断变化的需求——这一政治探索过程中,学校的"特权"发生了变化。在风云变幻的经济与政治环境和深刻的经济结构改革的推动下,新的政治考量往往以学校与业界之间半心半意的制度安排而收场,对此,没有人完全满意,但为新一轮的政策举措和学校与业界相互表现打下基础。

本章分为四部分。第一部分(第 2 节)从政策角度概述荷兰职业教育与培训的定位,包括建立区域教育中心,它是职业教育与培训最重要的学校类型。第二部分(第 3 节)从区域教育中心的区域和国家层面的目标及其与利益相关者的关系入手,概述区域教育中心概念的起源。第三部分(第 4 节)讨论如何发展区域教育中心与业界的关系,以及业界如何参与到区域教育中心的目标之中。第四部分(第 5 节)进行小结。

第 2 节 荷兰的职业教育与培训

1. 荷兰教育体系的基本原则

荷兰的职业教育与培训体系被人们评价为国家和市场导向相结合的模式,对社会伙伴具有信号作用。职业教育与培训体系形成之后——1919 年《工业教育法》[①]的颁布、"二战"之前学徒制的制度化、社会伙伴在职业教育与培训对国家再工业化计划的重要作用中具有显著地位——区域教育中心的发起被视为长期以来教育体系建设的结束。政府把职业教育置于综合教育体系之下的雄心得以实现,在这些全方位、开放式的机构中,年轻人可以完成他们经教育体系进入劳动力市场的路线。

如果认为荷兰的学校(包括区域教育中心)对政府的社会与经济政策实施发挥了重要作用,这将是一种误解。在欧洲,荷兰和比利时一样,学校的高度自主性显得十分突出(European Commission,2007)。19 世纪末 20 世纪初那场"百年学校战争",以授予私人机构(如天主教或加尔文教派总会)创办学校的权利而告终。从法律角度看,绝大多数学校是建立在私法的基础上。建立组织机构,例如一所学校,只需一份公证书即可;并不需要政府或政府相关机构的正式许可(van der Ploeg & van Veen,2001)。

创办学校是一回事,资助学校的教育活动则是另一回事。这场"百年战争"带来的另一个结果是,学校有权获得包括所有教育费用的政府资助,但须符合一定的条件。例如小学教育,只有创办人在能证明新办学校将吸

---

① Law on Industry Education(荷兰语:Nijverheidswet)。——译者注

引所规定的最低数量的学生时,新学校才能获得政府资助。此外,教育督导局有权对所有学校的教育质量进行评估,如果学校在试行期后教育质量没有改善,教育督导局可能会建议终止政府资助或者暂停其办校资格。

私人机构也创办职业学校,他们通常是当地业界(协会)的工厂主和管理者。许多职业学校,特别是工业和制造业领域的学校,可以夸口他们有悠久的历史,其中大部分学校是在 20 世纪 20 年代早期国会通过《工业教育法》之后开办的,由国家政府资助(尽管只是部分资助)。在本章我们将会看到,在后来这几年里,政府(补贴)规定变得更加严格了,职业学校成为荷兰教育体系中最受管制的一类学校(Anderson & Oude Nijhuis,2012;van Dyck,2000)。

2. 区域教育中心的发展简史

1996 年《职业与成人教育法》的目标之一是建立区域教育中心。但鉴于学校的私立性质,如果政府对学校董事会的影响力有限,怎么能强制进行学校合并呢?这一现实,在很大程度上决定了学校合并进程的结果。凯普和布朗(Keep and Brown,2004)把 1996 年《职业与成人教育法》的起步阶段描述为"孕育期":"一个漫长的调查咨询、听取意见、设计测试的过程。这一过程为反映民意这一性质和为了吸纳广大参与者的意见而做出的努力,以及研究的结果,都显示出了一种相对少见的刻意痕迹。"(p.258)鉴于英国专门化改革这一传统,即对教育体系中孤立要素进行一系列改变,上述观点是可以理解的,但并不完全适当,因为它错误地暗示了在实施过程中国家对政策操纵反应迟钝。

当时,即 20 世纪 60 年代扩大招生之后,荷兰的职业学校分为三种类型:(1)基于行业的提供 4 年制课程的全日制学校;(2)提供 2 年制和 3 年制课程的学徒制学校;(3)基于行业的提供 2 年制和 3 年制课程的全日制学校(这是一个相对较新的分支)。

有人认为,这各种各样的课程应该只由一种类型的学校来提供。从 1986 年开始,通过柔性劝说和有条件的追加预算的"胡萝卜加大棒"策略,政府推动了两轮学校合并进程(Onderwijsraad,1990;Van Dyck,2000)。第二轮合并之后,建立了区域教育中心,绝大多数职业学校分布在大约45个区域教育中心，每个区域教育中心平均有2万至3万名学生（van Wieringen，1996）。

从政府的角度看，建立区域教育中心是充分满足产业需求所必不可少的教育基础建设（Ministerie van OCW，1993）。"基础建设"一词意味着从地缘角度进行有效的服务分配。这正是教育部长所思考的问题：只有区域教育中心有了自己的领地，即每个区域教育中心都为某一特定地区服务，职业教育与培训的使命才能得以完成。

然而，对学校董事会和社会伙伴来说，这一想法被证明是太遥远的过渡桥梁。学校董事会强烈反对这个观念，在他们看来，尽管政府保护学校的宗教历史，但是，学校的合并过程应该在自愿基础上进行。考虑到学校的私立地位，政府及其资助成立的"合并协调部"可以运用财政预算手段来鼓励学校合并，但是没有权利强制进行"领土"合并，更有甚者，职业学校在"它们"经济部门的支持下坚决不参与合并进程，政府对此也无能为力。时至今日，印刷、渔业、木材加工与家具制造、装饰、航运和食品工业等行业都是由特定行业的小型的专门职业学校[①]提供教育与培训服务。

最后一点，区域教育中心是基于所谓实用原则和对"区域"的随机定义而进行学校合并的结果。由于缺乏明确的规则，这一合并过程导致形成了关于"区域"的独特的定义。例如，尤其是在较大的城市，提供类似的学习计划和课程的区域教育中心不止一个。出现这样的结果并不意外，因为，在荷兰的政治行政区划中，"区域"并没有正式地位，有400多个直辖市和12个省份提供各种公共服务（如社会服务、卫生、教育、水务管理、消防）。换言之，区域教育中心对自己所谓"区域"的划分并不是唯一的。

第3节 区域教育中心与政府政策的变迁：1996—2015年

1. 区域教育中心概念的起源

1996年颁布《职业与成人教育法》时有这样一个假设：只有大型机构

[①] 即Trade Colleges，荷兰语：Vakscholen。——译者注

（区域教育中心）才能产生"统治权"，从而将政府的政策目标有效地转化为教育机构的行为（van Dyck，2000）。对区域劳动力市场的顺利运行发挥作用，尤其需要这种"统治权"。同时，从1991年到2001年，在国家委员会的协调下，成立了由政府、企业和工会组成的区域性"三方就业服务中心"，并设立28个区域办事处（后来变成18个）。在"一个区域"建立一个区域教育中心，其初衷确实是为了促进所有区域负责劳动力市场政策的参与者之间的合作。区域教育中心要与区域的社会伙伴网络、地方政府和就业办事处合作形成合力，但合作伙伴究竟是谁呢？区域教育中心该到哪里去找这些应该加入的机构呢？关于这些都没有一个明确意见。2001年，在第一轮引入职业介绍所和公共就业服务自由化之时，公共就业服务这一概念就夭折了（Van Gestel，de Beer & van der Meer，2009）。实际上，社会伙伴组织和学校都有自己的理由反对这种自上而下跨区域布局区域教育中心的方式。

如果不按照政府关于区域伙伴关系的这种规划蓝图去做，如何真正建立区域教育中心与"本区域"的关系呢？区域教育中心的前身与当地业界人士有密切的私人关系。如果不提国家层面而就区域层面而言的话，凯普和布朗（2004）所谓"孕育期"这一说法倒是对的。《职业与成人教育法》所谓漫长的"孕育期"，并没有随着区域教育中心概念的诞生而结束；相反，它标志着一个新的开始。例如，其中一个区域教育中心的形成经历了涉及150所独立法人学校的逐步合并过程。区域教育中心这种新型（规模更大的）机构的成立，有时是因历史渊源而进行学校合并的结果，有时则是巧合（Lenssen，2011），要发展与区域利益相关者的关系，区域教育中心必须找到自己的方式，或者说最好能与区域参与者（例如区域产业）之间形成互动。

与更广泛的受众（不仅是企业和服务机构，还有公共和私人职业介绍所）建立新型关系这一过程，恰逢出现了新自由主义方针，新自由主义方针是由维姆科（Wim Kok）领导的自由-工党内阁联盟（1994—2002年）提出的，它与国家在经济事务中的作用有关。虽然两轮学校合并都是源于政策议程，但在当时颇有影响力、作为公共服务推动力的"新公共管理运

动"①大大影响了区域教育中心的使命任务,即:

1. 只有那些资源(课程设施、行业关系、教育专家、经费预算)丰富的机构,才有能力满足学习者或业界对定制化课程的需求,例如,将不同资格的课程进行模块化组合。②

2. 与小型及师资短缺的那些传统职业学校相比,区域教育中心更便于与行业联系,因为它们在人力资源管理、预算分配和教学计划等方面享有自主权。

3. 在与教育部进行政策谈判时,只有少数有限的一些机构是有成本效益和效率的(van Dyck,2000)。

因此,政府将组织能力转移给这些学校,由学校自己负责自己的组织发展和教育环境(Moore,1997)。

除了将私营部门的管理技术引入公共服务,新公共管理运动还指出,公共服务必须像买方和供方之间的市场交易那样开展。在国家政策协议确认的那些公开语境中,学校不再被视为公共机构;设计这一新概念是为了激发竞争,并在开放市场条件下界定机构间的关系(Hemerijck,2009)。区域教育中心之间的相互竞争及促进其活跃在终身学习的私人市场,是荷兰职业教育与培训的新政策的优先方向(Bronneman-Helmers,2011)。这一新政策框架,为区域教育中心与区域之间的关系注入了新的元素;区域不再只是区域教育中心与业界伙伴建立合作关系网络的背景,而将演变成学生和当地产业的市场:被征服的市场。

2. 国家与区域之间的观念冲突

我们已看到,通过《职业与成人教育法》,政府力促社会和经济主体参与制定职业教育与培训的区域议程,而淡化了政府自身在确定职业教育与培训的政策方向中的作用;政府想当然地以为,有了当地利益相关者的

---

① 20世纪90年代,很多公共服务面临进一步提升效率和效益的压力,以减少对公共资金的需求,同时保持向公众提供服务的数量和质量。为了实现这一目标,在"新公共管理"运动中引进了各种"私营部门"的管理技术(参见 Brignall & Modell,2000;Noordegraaf,2004;关于市场失效的评论,参见:Wolfson,2005)。——原注

② 这一点决不是受到瓦格纳委员会(1983)和劳文霍夫委员会(1990)这两个行业委员会的建议的启发,他们强调职业教育与培训应该为国家工业复兴议程做出贡献。——原注

积极参与，就会形成一套关于区域教育中心治理的制衡机制。政府认为会出现自治群体组织，唯一条件是区域教育中心应该向该区域开放；应该邀请区域参与者表达他们的意愿和期望，从而使他们自己投身于区域教育中心的健康发展。

一个曾经引起巨大混乱的问题——如何定义"区域"？——将不复存在，因为"区域"将根据区域教育中心能够建立的合作关系网络来界定；在市场机制下，当地的动力催生了区域教育中心，它们在培养目标和课程方面都独具特色。然后，通过这些办学特色而理顺了参与者的关系：区域参与者加入他们最喜欢的那些"品牌"区域教育中心网络（Ministerie van OCW，2005）。

然而，协调机制并没有改变，作为一种最重要的监管机制，国家资格框架在全国和行业仍普遍盛行（van Lieshout & Scholing，2009）。通过行业社会伙伴机构，国家资格框架确定了职业教育与培训的培养目标，管制各种学校课程。因此，一个根本问题是："如何定义职业教育与培训的资格和达成目标，使其与终身学习和内部、外部劳动力市场的灵活性都相关，同时保持其对企业的有效性和职业教育与培训的实践性。"（Ministerie van OCW，1997，p.4）这个问题，触及了荷兰职业教育与培训本身存在的根本冲突——如果这些工具由国家层面认定，如何使之与区域参与者相关呢？

事后看来，把制定职业教育与培训的国家资格（例如职业资格框架）的任务交给基于社会伙伴的那些中介组织而具体企业几乎没有参与，这样做可以说是一大缺陷。人们的假设是，国家利益和地方需求之间的共识可以在制定资格的过程中达成，但这种想法可能有点天真。然而，由于企业与国家代表之间的直接沟通渠道尚未完全实现，许多企业认为，国家资格是官员制造出来的不流血的妥协。

要求区域教育中心以公共身份与区域产生关联，这一想法还面临另外一个障碍。由于来自国家基于行业的社会合作组织的压力，区域教育中心提供的模块化、定制化课程不得不避免使用国家资格框架的完全资格的要素作为其要件。而在国家行业机构看来，职业教育与培训的国家资格框架不是可以供选择的菜单，甚至当地业界也不能进行选择。区域教育中心只应该提供基于完全资格的标准的具体行业的课程。国家行业机构认为，在荷兰这种基于职业的劳动力市场，只有涵盖了职业资格标准的职业教育与培训文凭才能成为终身就业的门票，这一观点占主导地位。因此，由于只有国家资格框架才能转化为标准化课程，区域教育中心缺乏开发适应当地产业需求的课程的工具（van Dyck，2000）。

关于"谁"可以定义职业教育与培训的教育成果，这一根本问题被提交给社会经济委员会（政府关于社会经济事务的一个三方咨询机构）。社会经济委员会提出了一个关于资格的新概念（"能力"），但这也只是部分地解决了这个问题（SER，1997）。对于区域教育中心来说，它们更为实际的困境从未得到解决，即，是否允许它们"组建"只包含国家资格框架中部分资格要素的课程呢？更不要说制定区域层面资格的可能性了。尽管区域教育中心的使命是找到它们在该区域的相关性，但是，国家行动者组织所奠定的基础建设终究是对国家利益的有力保障。

3. 进入新时代

区域教育中心在寻找自己的出路，这意味着，在它们面前没有稳定的指示其前进方向的政策协议。正如布朗曼－海尔莫斯（Bronneman-Helmers，2011）指出的，在一个作用与反作用的过程中，政府在职业教育与培训政策中的定位多次发生改变。开始是作为公共服务的工具而推出区域教育中心这一概念，当市场观念在公共服务中扎根时就进入了一个新阶段，允许地方差异，并委托区域教育中心自主确定学校和区域层面的教育政策。当公众逐渐意识到区域教育中心变得太大而不能倒闭和无法应对之时，这个阶段也就走到了尽头。

到 2010 年，政府不干预和区域自由的时代结束了。"国会调查"（2008年）对 15 年来教育创新对荷兰教育质量的影响进行了研究，从而确定了基调。公共知识分子对职业教育与培训进行了评估，认为学科知识贬值、学生荷兰语与数学能力下降。尽管内部人士早已习惯了职业教育与培训的教育成果目标的逐渐变化，即很少关注知识准备而更多关注技能和能力，但是公众舆论却震惊了，这在很长一段时间里损害了职业教育与培训的公众形象。

作为回应，政府推出"专注技艺"行动计划（2011），这成为明确限制学校的自主权、强化国家控制的一个里程碑，经济"大危机"（2009—2013）加速推动了这一进程，迫使政府紧缩开支，例如，把针对目标群体的教育计划进行私有化，限制学校与当地产业之间确定的各种合作安排，限制年轻人和成人就读职业教育与培训的学制年数。

"技艺"这一标签不应该被这样误解：职业教育与培训的4级课程被缩短一年时间（从4年减到3年），并实行滚动预算制度，以限制学程，鼓励学校和学生加快进度。

只是在社会经济委员会提出旨在倡导"技艺"的"荷兰技艺"[①]计划（2013）之后，政府才印发了一份有关新政策的函件（*Ruim baan voor vakmanschap*，2014）。该函件强调了几个方面，其中包括政府与荷兰职业学院联盟之间的新政策协议（*Bestuursakkoord*），其目的是降低学生的辍学率、使学习路径有效和使地方层面的工作场所学习达到规定质量，这些，在教育部与每所学校签订的双边协议中予以明确（2014年7月）。2015年，所有职业学校都制定了含有质量保证规定的战略规划。教育部长说，学校必须变得更具创新性和更小规模，这样才能在地方层面与业界进行量身定制的合作安排。此外，从2016年开始生效的新的资格结构有助于这一目标的实现，因为课程计划必须合理化，缩小规模，并能根据当地劳动力市场的产业需求而实现灵活的专业化。

在很多情况下，特别是由于一些"意外事件"，使政府得出这样的结论：迫于市场压力而开放职业教育与培训的结果是弊大于利。由于公众的强烈抗议，政府恢复了其立场，因为不仅职业教育与培训的教与学的质量是公众关注的对象，而且区域教育中心本身也成为公共话题。区域教育中心的规模、缺乏透明度的预算分配、新的管理职位设立，区域教育中心为了多招学生[②]而不断泛滥的课程，教育督导局引入的排名表（League Tables），以及区域教育中心发现自己濒临破产边缘，所有这一切都促使人们意识到：区域教育中心太大了，无法管理。另一方面，学校几乎没有什

[①] 荷兰语：Handwerk in Holland。——译者注

[②] 有些区域教育中心无法抗拒以学生数量增长而作为其最终结果。破产事故是不可避免的，有些区域教育中心因为负债过重而成为管理不善的牺牲品，于是选择了一个危险的策略，要么接受竞争学校的接管，要么就斥巨资新建显赫的大楼。——原注

么使学生培养能符合劳动力市场需求的战略信息（Vermeulen，2013）。从学校的角度看，它们被反复无常的政治和经济捆住了手脚。正如一位学校领导所言："我们不是被狗（政治）就是被猫（经济）拖住"。

人们越来越认识到，学校是由各种参与者联合组成的多层级组织结构。因此，要这些学校能够直接地和一致地回应业界的需求，其实是一种幻想（Bronneman-Helmers，2011；Chin-A-Fat, Scherpenisse, van der Steen, van Twist & Schulz, 2013；Commissie-Oudeman, 2010；Hooge, 2013）。特别是，一个区域教育中心的破产事件就像一声警钟唤醒了那些政策制定者，导致他们公开表示希望叫停区域教育中心的扩张，并使职业教育与培训具有宏观效率。考虑到劳动力市场的发展，政府不再允许区域教育中心在招生时进行更广区域的学校渗透，并组建了一个一流的顾问委员会对具体的职业教育与培训课程的区域分布进行评估。人口下降必然导致学生人数的减少，在这一前奏下，有步骤地裁减规模和使课程合理化，标志着迎来了提高体制效率的新时代。

总而言之，区域教育中心的使命是找到在该区域的存在理由。但是，无论"区域"还是"使命"都没有被作为出发点。到头来，"区域"的划界往往成为人们耍弄精明的结果；而"使命"则随着国家政策的改变而敏感地发生着改变，从激励业界表达其个人及集体的需求，到充当帮助防止学生辍学的合作伙伴，再到参与公私合作伙伴关系或为产业创新做出贡献（Delies，2009；Nieuwenhuis，2006；Van den Berge & ter Weel, 2015）。由于"使命"与政策工具之间的不协调，人们甚至怀疑，在历史上，区域教育中心是否曾有过将区域产业作为其主要关注领域而加以珍视的时候呢？最近政府主导的旨在控制成本及提高灵活性和卓越性的改革才刚刚开始，尚未见成效。如果当初区域教育中心在该区域寻找发展出路之时，就有时间来克服"意外事件"，而且政府把这些"意外事件"作为学习的机会而不是收紧绳索的理据，我们能否知道，这种"新手"式的错误是否会得到妥善处理呢？

两相权衡，建立区域教育中心的积极的一面是，政府成功地将职业教育与培训集中在区域教育中心，而且在很多政策领域学校仍然拥有相当大的自主权；不利的一面是，区域教育中心不得不花大量的时间来确定（或毋宁说是"稳定")其"区域"边界，以及与邻近的区域教育中心的关系的性质（是同行还是竞争者？），这使得区域教育中心与当地企业始终停留在肤浅的泛泛之交阶段。从教育机构层面来界定校企关系的鼎盛时期似乎已经过去，而应让位于更加关注业界在职业教育与培训的学生培养中的作用，以使学生为越来越具有挑战性的劳动力市场的职业生涯做好准备。

第4节 从产业视角考察区域教育中心的定位

1. 合约规定

20世纪90年代初《职业与成人教育法》准备出台之时，荷兰的工业已从第一次和第二次石油危机中复苏。国家的工业基础略有萎缩，但是在荷兰经济中，雇主和工会的行业结构依然得以强有力地组织起来，雇主组织的数量也有所提高，多层次的集体谈判协议得以高度制度化，这些，形成了行业协会与职业教育和培训之间的关系的基础。逐渐地，劳动力市场变得更加服务型，允许增加兼职和临时工，从而带来了大量的整体就业增长（Van Lieshout，2008；Visser，2002）。

《职业与成人教育法》的基本思想，是使学校本位（BOL）和工作本位（学徒制，BBL）这两种途径处于同等地位，从而实现教学创新和规模优势的一体化。对区域教育中心而言，他们与当地企业合作的动力源于教学方面的考虑，即升级与更新课程，以及得到工作场所来进行基于工作的学习。另一方面，对于企业及其协会来说，出于短期或中期经济方面的考量，他们也会加强与区域教育中心的合作。从业界的角度看，职业教育与培训的主要作用是通过公共资助的课程为企业提供具有合适能力的工人（Hövels，den Boer & Klaijsen，2007；Smulders，Hoeve & van der Meer，2012）。在公共领域，区域教育中心和企业对基于工作的学习的内容和组织有共同兴趣，无论是学校本位（BOL）还是工作本位（BBL）的职业教育，基于工作的学习都是其中的建设性组成部分。在工作本位学习占主导地位的行业，例如建筑和冶金，企业已经建立了私营培训基金会，为学徒提供每周1天的指导和培训。

一直以来，在全国学校伞形联盟组织与行业协会（其属下的"行业知识中心"）的合作下，学校本位和工作本位这两种学习途径都可以培养学生获得国家资格框架中的资格。2004年职业教育与培训引入的新的"能力本位"资格框架——2012年更名为"职业导向教育"[①]（参见第3章）——被证明是加强（公共）校企伙伴关系的契机，因为能力本位学习的前提是需要企业更多地参与职业教育与培训（Onstenk & Janmaat，2006），不仅职业教育与培训的学生人数已显著增加，而且越来越多的课程内容需要业界参与。目前，大约有23万个企业（主要是中小企业）参与职业教育与培训的工作场所学习的管理。由于有了这些教学创新，业界发现自己已深度参与到全国职业教育与培训的常规课程的运行中。

为了表明为学校本位学习（BOL）和工作本位学习（BBL）提供实习安排的重要性，2009年，学校、行业协会和行业知识中心（KBBs，现已被解散并入行业职业教育协会[SBB]）的代表签署了一份全国性"君子协定"，该协定对各方的责任进行了分配，以确保工作本位学习（荷兰语：beroepspraktijkvorming）的质量，以及保障学生能够进行基于工作的学习。该协定已数次更新，且一直未被质疑和评估过，差不多是自动扩大和延长。最近，政府和职业教育与培训领域（截至2014年7月）达成的一项政策协议提出，在2017年之前，提升工作本位学习的信息和教学质量，从而提升职业学校与当地产业之间的伙伴关系。

因此，学校与企业之间最重要的互动是双边的，首先和最重要的是它应与学生的表现和学习进展相关，其次是根据企业的期望调整学习内容，或者学习实施。当被问及时，大多数企业都对此感到高兴。研究结果表明，对大多数企业来说，校企伙伴关系是他们的业务及社会关系网络的一部分；参与职业教育与培训体现了企业的社会责任（Hövels et al.，2007；Van der Meijden，Westerhuis，Huisman，Neuvel & Groenenberg，2010）。

2008年经济危机的爆发，使业界和职业教育与培训的友好合作关系面临压力。企业开始评估其（社会性）参与职业教育与培训所带来的好处，特别是面对学徒职位空缺大幅下降的情况。许多私营培训基金会停止了运

[①] occupation-oriented education（荷兰语：beroepsgericht opleiden）。——译者注

作，虽然金属、创意产业和职业介绍所的行业培训基金还经常帮助私营学徒制（BBL）课程寻找新场地。尽管如此，从2009年到2014年，职业教育与培训的学徒制课程的学徒职位空缺仍然下降了33%，从15万个下降到10万个。经济危机带来的另一方面的影响是，职业教育与培训的2级和3级工作岗位减少了（可能是结构性的），例如建筑、保险和医疗保健等行业。在经济危机后企业又开始投资新技术之时，技术的推动促使企业提升水平和提高就业标准（van den Berge & ter Weel, 2015；Van der Meer, 2014）。因此，必须提升人们的技能，尤其是鉴于日益增加的出于安全、健康和环境方面考虑的管理要求，例如从事保洁和酒店业的非熟练工人被敦促应获得职业教育与培训机构颁发的资格。

同时，区域教育中心还没有很成功地在终身学习市场站稳脚跟，[1]这也是为什么政府要组建一个跨部门领导的专责小组的原因之一，其具体目标是推动荷兰的终身学习，进而强化区域教育中心在终身学习市场的地位（2005—2010年）。专责小组的目标是，以可持续的行业及区域网络的形式（公司、商会、区域雇主组织、职业介绍所）将需求侧制度化，同时促进灵活的供给；特别是区域教育中心要调整其运作流程和课程设计。专责小组采取的策略是，根据可以培训工人和培训失业人士的目标人数，为行业及区域网络提供经费预算，从而提高终身学习的需求，进而迫使供给侧作出回应。然而，由于区域教育中心统一的运作流程，很多区域教育中心无法满足它们面临的这些需求（Westerhuis & van den Dungen, 2011）。正如戴伊斯（Delies）指出的，在校企合作的背景下，改变学习环境比改变学习者的能力要困难得多（Delies, 2009, p.230）。

但是，实验证明：对于校企关系而言更为重要的是，在开放的荷兰经济中，业界关系的本质正在发生彻底改变。企业之间的界限正在消失，在

---

[1] 虽然通过区域教育中心的合并使荷兰职业教育与培训的入学人数增加了，从1995年的450000人上升到2014年的500000余人（尽管荷兰的人口增长与此呈相反趋势），但是，在定制化课程的私人市场中，区域教育中心仅占8%的份额（Buisman & Van Wijk, 2011）。随着成人学习者（27岁以上）的人数从2005—2006学年的50000人增加到2011—2012学年近70000人，在向成人开放公共资助的职业教育与培训课程方面，区域教育中心更有成效（Fleur & Van der Meer, 2012）。但是，由于经济危机，2014-2015学年成人学生人数下降了50%以上。——原注

国际产品市场上，企业的竞争日益激烈。劳动力市场的灵活性大大增加，对于年轻人尤其如此。在 2014 年荷兰的活跃劳动力总人口（800 万人）中，目前大约有 22% 拥有一份灵活就业的工作合同，这比 2004 年的比例（15%）有所增加，同期，自主创业（self-employment）的比例从 8% 上升至 12%（TNO，2015；Wilthagen，Verhulp，Dekker，Gonggrijp & van der Meer，2012）。这些灵活的工作状态，使得人们进入实习场所的机会减少。同时，业务的外包和下放也导致一些新公司的产生，并缩小了现有公司的规模。当业务外包给独立法人企业以后，实际上企业之间的依赖性会增加。这一策略意味着，那些喜欢优先考虑高绩效战略并在不同公司的员工和专家之间建立新的知识链的公司，需要强调以合作交往和沟通技巧为新的核心能力的重要性（Buitelaar & van der Meer，2008）。正是由于这一原因，学校才反思需要将所谓"二十一世纪技能"（例如企业家精神和数字技能）纳入课程之中。可以预见，当企业合作网络变得更具灵活性时，企业在面对人力资源管理出现备选招聘方案时，不但要评估区域教育中心所提供的合作网络的质量，还要评估其议程。

同时，鉴于经济危机后新一轮的技术发展，雇主可能会加大对职业教育与培训课程的质量和适用性的关切度。技术产业雇主联合会组建了一批技术驱动型的优秀跨国企业，这些企业表示，职业教育与培训的课程需要进行创新；仅仅在修订后的国家资格框架和引入能力本位学习这个范围内提升学习成果是不够的。新的技术变革和日益增长的劳动力市场，呼唤着职业教育与培训体系的升级。这并不是一个新观点。为了响应 2000 年启动的"里斯本战略"[①]，通过搭建及深化企业和职业教育与培训机构之间的关系并共同参与"创新议程"，全国行业协会（涵盖所有行业和领先企业）已经在学校层面推动了创新职业教育与培训课程的理念。在劳工基金会[②]的支持下，职业教育平台（HPBO）得以建立，以实现跨界创新。这些项目

---

① 里斯本战略（Lisbon Strategy）是 2000 年至 2010 年期间欧盟发起的一项计划，旨在使欧盟成为世界上最具竞争力和活力的知识型经济体，实现可持续的经济增长、更多更好的工作和更强的社会凝聚力。——原注

② 劳工基金会（荷兰语：Stichting van de Arbeid）是一个雇主协会和工会的双边国家政策平台。——原注

得到预算补贴的条件是：企业支持职业教育与培训的课程设计，协助其课程运作，使其在每个区域经济的范围内获得发展。发挥当地业界在职业教育与培训中的作用，其基础不是政策制定、客户关系或企业家的社会责任，而是与教育和学习合作共建（co-creation）。促进职业教育与培训和业界之间共同合作的这些活动带来了一种新的基础建设，它建立在教育与（当地）企业的地理紧密度的基础上（Smulders et al., 2012）。[1]与把职业教育与培训融入产业创新的计划相比，从2010年开始的由精英雇主圈子而非教育部决定的这些新举措的风险更高。

这一新背景，体现在优先确定最具竞争力的经济行业的国家计划[2]之中。与之前扶持弱势领域的时期相比，这本身就是一个政策变化。当教育参与其中时，这种产业政策方针侧重于国家确定的那些"领先行业"（尽管该计划也有强大的区域因素）。在"领先行业"计划框架下，高等职业教育（专业技术中心）、职业教育与培训（创新技术中心）的公私合作伙伴关系是各自分开建立的。在这个新的区域投资计划中，企业的知识基础和创新能力应该成为其与职业学校"合作共建联盟"的基础。

尽管校企伙伴关系建立在产业创新议程的基础之上，并得到技术中心在财力和智力上的支持，但是，第一批创新型技术课程充其量只能算是常规课程的衍生品，因为它们关注的是提高标准化课程的质量和优势，而不是支持产业创新，例如高等职业教育的专业技术中心（Platform Bétatechniek, 2014）。技术产业雇主联合会（FME）和技术研究所（TNO）发起的这个新议程，将应用技术研究和能力与技能发展结合起来，以提高领先的"智能产业"的竞争力，这对于职业教育与培训紧跟产业创新是一大严峻挑战。[3]

---

[1] 参见马克·范德米尔、简彼得·范得塔、塔米·李撰写的本书第3章。——原注

[2] 指"领先行业计划"。——译者注

[3] 有很多出版的小册子和文件强调这个议程的远大目标。最新信息可在FME网站查找，其中，伊内克·迪门耶（Ineke Dementjé）主席和威廉·弗米德（Willem Vermeend）教授收集了该倡议的旨在整合学习和技术创新的实验室结果和进展报告：www.smartindustry.info.2015-11-29。——原注

2. 评价

企业本身，特别是中小企业，并不怎么关心区域教育中心界定其政治空间的方式及其局限性，他们感兴趣的是，教育机构能够对他们的人力资源需求作出回应。自1996年以来，这种体制——由国家利益相关者决定国家职业教育与培训的政策议程——已经逐渐失去了基础。

例如，行业知识中心（KBBs）在2015年8月被解散时，全国社会伙伴组织并未公开捍卫其行业基础建设，之后被国家组织"行业职业教育协会"（SBB）所取代；目前，行业职业教育协会负责职业教育与培训和企业的联合对话，以在权利日益分散的经济中保护国家资格结构的民事效力。同时，许多教育创新被转移给经济事务部，经济事务部引入了一种新形式的产业政策，针对诸如"领先行业计划"等短周期项目的区域层面具体形式的公私联合举措。

遗憾的是，目前还没有对区域层面校企合作网络的可行性进行评估的综合评估研究。这些合作网络仍然存在吗？如果存在，数量是多少？在许多情况下，行业知识中心的区域办事处担任中间人的角色，把潜在的网络合作伙伴聚集在一起。截至2015年8月，由于行业知识中心的解散及其业务向国家行业职业教育协会的移交，区域行业代理人这一基础建设即随之蒸发，结果，这支致力于在区域合作伙伴之间搭建桥梁的无声的力量也没了踪影。就区域教育中心在终身教育市场的地位而言，我们差不多又回到了原点。

第5节 本章小结：荷兰职业教育和培训与产业的关系

1996年《职业与成人教育法》建立的荷兰职业教育与培训体系，主要是通过成立区域教育中心，使学校本位与学徒制这两种学习方式并行平等，并深度融入国家、行业和区域网络。总体而言，这种校企合作对于促进年轻人的工作场所学习——上述两种学习方式都有的组成部分——的重要性并没有人质疑。学校与全国和当地企业之间的私人关系紧密，企业为职业教育与培训投入了大量的人力资源和设施。

我们已看到，在国家政策舞台上，作为医治许多疾病的灵丹妙药，区域教育中心与业界之间的区域性合作主要是由政治家、决策者、咨询机构和教育专家提出，由区域层面的公共教育机构来解决（Bronneman-Helmers，2011）。本章指出，随着时间的推移，在国家、行业和地方层面，旨在形成校企合作关系的那些政策方针一直起伏不定，对于什么是卓有成效的区域层面的校企相互关系，人们也采用不同的定义。开始，人们期望业界与区域教育中心共同合作，以满足职业教育与培训的社会性目标；期望区域教育中心帮助企业发展员工的能力甚至产品和流程创新。然而，对于区域教育中心这种新创立的机构而言，期望它们在组织数以百计的各个等级的学校本位与学徒制这两种途径课程的同时，再要求它们扩大其服务范围，这本身就很困难；另一方面，要业界去想到区域教育中心可以提供的各种服务，这一点也很困难。由于政府的干预，区域教育中心和业界面临着游戏规则的变化。

因此，我们得出结论认为：职业教育与培训在教育部门自身的权利领域诞生以后，职业学校——尤其是区域教育中心——在开始时获得了较大的自主权（例如 Koers BVE 课程①），之后，在"专注技艺"这一口号的影响下，学校制定和部署自己的政策措施的空间明显减少了。当初，在20世纪90年代，政府想当然地以为，通过创建一个区域性背景，形成一套制衡机制，并假设可以形成一种自我管理和问责制的二元关系之后，政府就可以作为一个伟大的"设计师"而退居幕后。本章的历史分析，厘清了关于"国家—市场"关系的基本前提。利益相关者应该扮演"行动者"的角色，不是为了强调自己的利益才参与荷兰的职业教育与培训，而是要共同行动和互动起来，在战略或操作层面取得预期的成果；他们不是观众而是剧团的一部分，共同对整个剧团负责。

至于区域教育中心，将小型的普通公共服务机构合并转型为大型机构，明确其公共政治行动范围，使它们成为了强有力的区域行动者，但是事实证明，承担的责任越大就越难以应对。在经过经济危机时期的反思和更强的成本意识的影响下，市场驱动型职业教育与培训体系的理念（"百花齐

---

① Koers BVE，职业教育学士课程。Koers 是荷兰语，意为"课程"；BVE 是 Bachelor of Vocational Education（职业教育学士）的缩写。——译者注

放")失去了支持，转而被旨在限制区域教育中心的地域空间以提高整个体系的宏观效率的政府干预所取代。

尽管在"市场隐喻"中有这样的观点，即学校（培养年轻学习者获得资格的组织）可以通过一套相似的流程，同时为企业、年轻人、成人学生提供量身定制的服务，但事实证明这不过是一种幻想。事实上，随着区域教育中心与当地业界之间关系的深入，这些分歧已经昭然若揭；它们揭示了校企关系对于角色混淆不清（"我们是合作者还是客户？"）和政策潮流仓促改变的敏感性。这段历史悲剧在于其"开放式答案"，即，我们永远不能回答这样一个问题：如果区域教育中心有时间来克服其在早期发展阶段的不足，而且政府在处理那些"意外事件"的时候只是就事论事，而不是使其成为收紧规则的理由，是否就可以理顺这些关系和流程呢？

然而，有一个因素是恒定不变的：建立区域教育中心的初衷是其公共性和社会性。从根本上讲，区域教育中心是培养任何背景的年轻人获得资格的工具。政府干预的缘由是这一关注点被扩大化了，因而，只要结果不符合预期，政府往往就立即收紧规则。尽管该体系在不断发展演变，学校和业界在国家资格框架及维护工作本位学习的国家基础建设等方面的共同责任仍然是其核心。

这些基础建设未来会持续下去吗？在2009—2013年的经济危机之后，尤其是为了打破中央指导与学校自治之间的僵局，职业教育与培训和经济体系之间的关系的产业治理似乎必须革新。"专注技艺"行动计划是对职业教育与培训走市场化路线的明显纠偏。自此以后，内阁提出构建小规模、更具创新性的校企合作关系，特别是在区域层面。这可以理解为校企合作的一个新背景。

2015年，荷兰职业教育与培训院校联盟发布了"职业教育与培训2025"宣言（MBO Raad，2015），以促进职业教育与培训体系的学习路线具有更大的灵活性和创新能力，并以获得更广泛的普通中等教育层次的基础知识为支撑。随着学校尤其是区域教育中心感受到的公众压力，人们更加关注学校的业绩以及学生的表现，该宣言表示，需要将劳动力市场的发展带入学校，以便更直接地预测那些持续的技术变革，而不是通过国家资格框架来传递有关信息。除了重构中等教育之外，只有在企业愿意为工作本位学习提供新机器和新设备，并帮助区域教育中心升级课程的情况下，才有可能实现更加开放的校企关系。换言之，只有在中等教育和业界朋友的帮助下，区域教育中心才能参与到这种创新型的校企关系中。

当然，校企关系一直存在于把工作场所和教室结合起来的课程计划中。但即使如此，在分析这些课程计划究竟能达到怎样的预期目标及其实施条件时仍需谨慎。艾伦和安利（Allen and Ainley，2014）分析了英国的职业教育与培训政策，其结论是：自1995年以来，教育已经取代了经济战略。回顾过去，在1996—2015年期间，荷兰教育部采取的行动是基于这样一个信念：积极的区域经济战略是校企合作关系这颗皇冠上的明珠。

但是，有一点很清楚：期望具有自主性的参与者能按照自己（这里指政府）喜欢的方式去行事这种想法是相当危险的，尤其是这种期望会随着时间的推移而不断变化时更是如此。在未来日益老龄化、灵活、开放和不确定性的劳动力市场中，区域教育中心必将再次证明他们对劳动力市场的附加值。这只能通过学校和业界之间的直接沟通而实现，但即便如此，从本质上和统一的运作流程上来看，区域教育中心首先是一所学校而不是解决产业问题的公共工具。期望值过高甚至会适得其反，因为越来越多的企业对区域教育中心的表现感到失望，他们似乎愿意投资于那些独立于职业教育与培训体系之外的企业特有的（firm-specific）培训。话虽如此，当前的技术推动几乎肯定会带来关于"区域教育中心必须提供什么服务"的新要求和新期望。过去，那些高度的期望也许是来自于政府要求推动区域教育中心与产业相关；现在，区域教育中心自己发现它们被产业推动以变得更加与产业相关这样的时代或许已经来临。

第5章

提高职业教育与培训的质量：一种博弈？

路易丝·范德玮，马利斯·红宁，马瑞克·范格努特

第1节 导言

在20世纪最后10年间，荷兰职业教育与培训领域的学校治理发生了重大转变。学校董事会的自主权大大增加，由于学校合并，职业学院的数量减少了，区域教育中心面临更加复杂的发展环境。对于学校的自主权增加这一趋势，人们有一个基本假设：学校拥有更大的自主权可以促进教育成果的改进（参见 Honingh & Van Thiel，2014；Karsten，1999）。受这一趋势的启发，荷兰在其国家政策文件中，明确强调学校董事会对教育质量的责任。文件指出，学校董事会最有条件和能力跟进学校教育质量的改进与提高。在荷兰职业教育与培训领域，20世纪90年代早期建立有较大自主权的中等职业教育学校，其初衷是为了促进学校开发量身定制的课程、提高教育质量和增加学校的决策范围（Honingh & Karsten，2007；Ministry of Education and Science，1991）。

除了有关教育质量的这些观念，学校治理问题、引入更加以市场为导向的调控工具、利益相关者的参与、加强与区域劳动力市场的联系的需要，这些都为建立大型的中等职业教育自主学校提供了思路。进行学校合并是1996年新的《职业与成人教育法》（Staatsblad，1995）的重大改革之一。高级中等职业学校的数量从1986年约300所减少到2005年的70所。目前，荷兰职业教育与培训领域大约有70所院校，包括一般的区域教育中心（ROCs）、农业教育中心（AOCs）以及提供各种不同层次和学制课程的专

门培训中心。鉴于职业学校规模的扩大、董事会重要性的提高和学校自主权的增加，荷兰教育委员会（2006）明确指出提高学校董事会和学校管理的专业化水平的必要性。荷兰教育委员会（2007）指出，只有提升了学校董事会的学校管理和治理的专业化水平，学校的自主权和权力下放才能成功。在此，重要的是要记住，由于职业学院数量的急剧减少，职业教育与培训领域的权力下放过程被人们认为是一种区域化集权。

出于需要加强学校治理这一论断，荷兰教育督导局希望学校董事会施行质量保证体系，以监督和提高学校的教育质量（Ehren & Honingh, 2012）。因此，学校被要求提供非常详细和复杂的关于课程计划、考试结果、课程、组织结构和质量保证体系方面的报告（Biesta, 2008；Clarke & Winch, 2007）。然而，尽管20世纪90年代以来政府一直关注绩效并进行监测，但荷兰职业教育与培训领域的教育质量和质量保证仍然一直存在问题。

2010年，人们发现，很多区域教育中心的董事会不能有效解决一直存在的质量保证程序问题。而且，很多职业学校的董事会不执行国家的进度安排要求（Inspectorate of Education, 2012）。此外，大量区域教育中心的年度报告的质量也很糟糕，它们的公共问责制水平也很低。这些观察结果与前几年的情况一致，因而引起了对荷兰职业学校董事会的职能进行广泛调查（Commission Oudeman, 2010）。最后，荷兰督导局在2013年的年度报告中指出，几乎70%的区域教育中心难以满足质量保证的要求（例如完善质量保证体系循环）（Inspectorate, 2013）。虽然已进行了一些改进，但在各区域教育中心之间及其内部仍然参差不齐（IvhO/ Inspectorate of Education, 2013）。

就政策议程而言，也许最重要的问题是，学校的董事会是否真正"在控制"学校的运行？换言之，区域教育中心的董事会是否能够对教育质量切实负起责任？在学校业绩不佳的情况下，学校董事会能否实现改进？当今教育政策（尤其是荷兰教育督导局的工作方式）的一般假设是：如果学校董事会真正"在控制"，学校就能找到解决问题的办法并促进学校改进（IvhO, 2010a；Janssens & De Wolf, 2009）。然而，这一假设并没有得到强有力的实证支持，它体现的是一种非常典型的"自上而下"的教育治理观和质量观,而且严重依赖形式上的质量保证工具,而忽视了学校作为多层级组织的复杂性和"自下而上"的过程,以及绩效测评所带来的负面影响。

本章将阐述和分析在作为多层级结构的职业学校中,依赖自上而下的管控、应对复杂的制度环境、运用固定不变的指标进行绩效测评这种方式的局限性。在最后一节,我们将提出另外一种方式,以便更好地理解学校在提高教育质量和促进学校改进方面所进行的尝试。

第 2 节 荷兰职业教育与培训中督导的工作方式

为了回答职业学校董事会的"控制"及其对教育质量的贡献问题,首先要更好地了解教育督导局的工作方式。教育督导局关于质量的定义和解释,对于教育质量有着极大的影响(Bronneman-Helmers,2011)。尽管职业学校对此也有诸多批评,例如说督导局太关注量化指标,但是学校董事会仍然非常重视督导局的判定结论,似乎在以督导局为标准而调整学校自己的质量观念。因此,督导局的工作方式及其用于界定教育质量的详细框架,要求他们讲究策略。在本节可以明显地看到,督导局目前的工作方式非常重视形式上的质量保证体系和风险分析。

2012 年,教育督导局在职业教育与培训领域引入了新的监督框架,其关键要素是:激活学校,并按比例进行抽查。"激活"的意思是激励学校对教育质量、考试、自我评估和日常管理负责。督导局认为自己的角色对于学校董事会被要求实施的监督和改进学校教育的机制与程序来说主要是作为一种补充(Janssens & De Wolf,2009)。学校具体的课程计划如果符合督导局的质量和质量保证流程的要求,可以通过减轻学校检查负担的方式予以嘉奖。督导局每年都会监督一些关键方面,并每三年进行一次院校分析(Inspectorate of Education,2011)。督导局通过研究分析 BRON 数据(所有荷兰中等职业教育学生的数据库)、综合年度报告和具体绩效指标而进行的这种"纸面上"的年度监测,其目的在于发现可能存在的风险。这种所谓"一级"(first-order)监督的第二个要素是"院校分析"。每三年对每所院校进行一次详细的现场分析,其目的在于回答以下两个关键问题:

1.职业院校某些指标的结果（教育产出，学生满意度，教师与员工，组织管理稳定性，教育与考试质量，财务连续性）如何？这些指标是否显示了在教育质量和财务连续性方面可能存在的风险？如果存在，风险在哪里？

2.院校的质量保证情况如何？

这两个问题的答案，是教育督导局在报告中对院校的情况做出结论的基础。

接下来要回答以下问题：应该采取哪些适宜的后续行动？谁来采取这些行动？教育督导局与学校董事会执行委员会一起，在行政会议上讨论评估报告和应采取的适宜的后续行动（Inspectorate of Education，2011）。问责文件和其他文件的年度分析报告一般都是"纸面上"的分析，换言之就是与实际有距离。因此还会随机抽取学校的一小部分课程而进行现场质量评估（Inspectorate of Education，2011，p.15）。在特定年份的对课程进行的所有质量评估，构成全系统调查。该评估有三个目的：一是职业教育与培训的质量年度报告的基础，二是对教育实践进行风险分析的实地检查，三是院校层面的评估。在越来越多的研究中，可以找到关于评估应当包括各种各样指标的理由，这些研究把学校治理和决策能力与学生的考试成绩和表现联系在一起，以判断学校的办学质量（例如 Timmermans，Bosker，Doolaard & De Wolf，2012）。关于这一点，重要的是要注意到，为了对学校的业绩进行判断和比较，必须用到文凭、学分或通过率等结果指标，因为荷兰职业教育与培训没有全国统一考试。

职业学院的课程被评为"非常差"的数量，从2011年的14个增加至2013年的25个，2014年增加至30个。职业学院的这些课程将受督导局的强化监督（"二级监督"），会直接从部长那里收到警告，并在规定的时间之后（通常为1年）再接受调查，看是否有足够的质量改进。如果一再被发现还存在教育或考试质量方面的问题，该校就可能会失去开设该课程的权利。这30个"非常差"的课程分布在9所职业学校（参见MBO在线报刊，2015年7月4日）。

如果学校的课程在多个方面或者在较长一段时间内都存在严重缺陷，督导局将在对课程进行强化监督的同时，加强对学校的全面监督。在特定情况下，教育督导局可以让院校自己进行内部监督。督导局监督工作框架的基本假设是：根据"一级监督"，如果学校自己对质量控制做得越多，督导局就可以保持越远的距离。督导局称之为"已赢得信任"。这种方式是基于这样一种观念：如果董事会自己有控制能力，学校就能找到解决问题的办法，并促进学校改进（Inspectorate of Education，2010a；Janssens & De Wolf，2009）。在这些方式中，督导局的监督工作框架有这样一种假设：董事会的控制与学校的业绩之间呈正相关，包括教育质量和促进学校改进——尽管（如前所述）这一假设还缺乏科学依据（Commission Oudeman，2010；Inspectorate of Education，2010b；Hooge，Nusink & Van der Sluis，2006；Van Esch & Teelken，2008）。这种自上而下的理性方式带来了这样一个问题：教育督导的判断是否反映了教师、管理人员、中层管理者和董事会成员为保证和提高教育质量而进行的日常教育活动？换言之，督导工作框架是否抓住了学校组织内部提高和保证教育质量的实际行动和关切？这些相关问题将在以下各节变得明朗。下面将反思绩效测评所带来的副作用、职业学校组织结构的多层级性及体制环境。

第3节 对绩效测评的反思

过去20年来，质量保证工具的运用被视为控制、指导和提高荷兰职业教育质量的关键因素之一（Janssens & De Wolf，2009；Ranson，2003）。然而，这些质量保证工具往往带来一些意料之外的后果（Van Thiel & Leeuw，2002）。在此，我们将这些不良后果分为以下几类：(1) 监测成本增加；(2) 功能性失调，例如死板僵化、缺乏创新、视野狭窄和滥竽充数的质量报告；(3) 形式主义等象征性行为；(4) 应试教学（Braithwaite，Makkai & Braithwaite，2007；Power，1997；Van Thiel & Leeuw，2002；De Wolf & Janssens，2007）。这些不良后果，导致形成了一种绩效悖论：绩效指标与绩效本身之间的相关性较弱（Meyer & Gupta，1994；Van Thiel & Leeuw，2002）。这种绩效悖论更有可能出现在教育领域，因为教育是为学生提供服务，其"产品"是无形的。因此，学生对教育产出、成果和绩效的影响，很难用"硬性"指标来评价（Fountain，2001；Van Thiel &

Leeuw，2002）。

然而，教育系统内部的问责制也出现了一种更加基于考试的发展趋势。来自美国（基于考试的问责制在美国占主导地位）的实证表明，学校在对学生的成绩进行测评时很讲究策略。柯勒特兹（Koretz，2002）描述了各种不同形式的不可取的应试教学，其中，课程里有些很重要的内容，由于它们在考试中无法体现（例如，由于这些知识很难通过多选题考试的形式进行评估），学校就压缩了在课堂上的讲解时间。如果课堂教学关注的是考题出现的频率和考试因素，这样的学习并不能真正促进学生的学科知识学习。因此，应试教学所带来的考试分数的提高，既不能推广到第二次考试，也不能代表学生在某个领域的有意义的知识增长，即"考试通胀"（Koretz，2002）。

我们发现，职业教育与培训也存在以考试为导向的问题，特别是语言和算术等必修课的考试。而且，职业教育与培训的教育质量往往涉及与特定行业或实践相关的实践教学，而它们的质量极难测评，尤其是用固定的测评工具来进行测评。事实上，一旦学生进入了劳动力市场，课程计划的质量究竟如何就显而易见了。毕业生找到工作了吗？更重要的是，毕业生熟练吗？或者换言之，他们的技能和知识是最新的吗？他们的能力和技能符合劳动力市场的需要和要求吗？

尽管测评工具的运用，为学校的中层管理者、质量保证管理者和董事会成员提供了有关学习结果的事实数据，但这并不意味着他们"在控制"。相反，这些范围有限的学习结果数据往往带来"一切都在控制中"的错觉，因为中层管理者、质量保证管理者和董事会成员对这些数据的含义及其不足之处往往缺乏充分的理解。换言之，拥有这些事实数据并不一定意味在进行质量控制，并能够应付相关的测评过程。而且，过分依赖质量保证工具和绩效测评结果会带来这样一种风险：人们可能不会去重视那些能够提高教育质量的日常工作（Petit，Van Esch，Van de Venne & Groenenberg，2012；Van de Venne & Petit，2010）。因此人们可以质疑，这些测评数据是否得到了充分的利用？

维斯切尔和亨德里克斯（Visscher and Hendriks，2009）在一项关于职业教育与培训的国际研究案例中，并没有找到证据表明，质量保证数据的运用就意味着检查、诊断和解决了学校存在的问题，从而反过来进一步提高教学过程的质量，进而提高学生成绩。在该案例研究中，很少发现有学生成绩的提高。实际上，上述研究结果提出了两个问题。第一个问题是，测评数据是否得到了充分利用？第二个是"如果式"问题：如果这些数据得到了充分利用，将会怎样提高学生的成绩呢？维斯切尔和亨德里克斯指出，一般来说，职业教育与培训的提供者很少关注质量保证，在他们想要提高"产量"时，几乎不利用关于检测与诊断问题方面的数据。因此，他们并没有充分利用收集到的这些数据的潜力。上述第二个问题——质量保证工具和收集到的数据对于提高学生成绩的潜力——仍然没有答案。

西蒙斯（Simons，2001）把学校内部的发展与更广泛的政治和政府策略联系起来，解释了质量保证在教育中的普及问题。他指出，尽管质量有它本身的内涵，但是质量并非"中性的"，也不是"不可估值的"。定义和设计质量保证工具的一个基本问题，是必须事先"固定"标准（Simons，2001）。学校更加重视质量保证工具所评估的那些要素，因此，运用预先规定好的质量保证工具，这样做往往主宰了课程的教育内容，在这种情况下，学校董事会是否会觉得，他们受到了限制且对影响教育质量有点无能为力呢？探讨一下这一点甚至更为重要。下一节，我们论述在学校董事会的心目中存在的那些提高教育质量的障碍。

第4节 多层级组织中董事会的控制能力

我们了解学校董事会对教育质量有什么样的影响效力吗？要了解学校董事会的影响效力，我们可以找到一系列文献。传统上关于学校效力的研究往往关注决定学生成绩的那些因素，例如，教师的专业水平、教学方法、家长参与、学校组织、学校领导素质和学校规模（Hallinger，1989；Ten Bruggencate，2009；Timmermans et al.，2012）。一段时期以来，这些"因果模型"中增加了学校董事会和学校治理等因素，这些因素在关于学校效力的研究中得到了更多的关注（例如，Land，2002）。然而，这往往导致这一概念模型太复杂且不实用。有的学者强调学校组织的多层级性，并论述了如何把学校董事会的政策、决策和活动的影响"渗透"到课堂层面，从而最终影响老师和学生之间的互动（Saatcioglu，Moore，Sargut & Bajaj，2012）。职业学校的规模和组织结构，使得把董事会的影响向课堂"渗透"这一过程变得更加漫长而困难。由于学校的管理层级，董事会办公室与教室之间的距离变得越来越远且不直接。例如，教师团队负责人、学校管理者、部门管理者和教辅人员可以调整或改变董事会的计划。霍格（Hooge，2013）对荷兰的学校进行了总体反思，他指出，在当今教育政策中，要求学校董事会进行质量控制是一种神话。人们虽然明知管理和控制教育质量极为困难，但政策文件和政府公函仍然主张学校董事会要对教育质量负起责任。这就解释了为什么在近年来的研究和理论上，关于集中领导和分散领导的理念存在着激烈的争论（Geijsel，2015）。

近年来，荷兰的学校尤其是职业学校，董事会对学校的教育质量更加关心了（Thomsen & Van de Venne，2012）。但是，人们仍然不得不问，董事会的行为是否能够和如何提高教育质量，哪些具体做法是成功的，哪些不成功。因此，最重要的是首先得反思学校董事会促进教育过程质量的方式。例如，董事会决定采取措施确保教育质量可能产生的影响，这一点我们已有所论述。其次，鉴于复杂的制度环境和利益相关者的不同期望，我们应该考虑到职业学院董事会所拥有的自由度。本章后面会讨论这一点。

使事情进一步复杂化的是，影响教育质量的不仅仅是董事会、教师和学生的能力及意愿。教育质量还取决于学校的组织结构、部门之间的协调，以及教师团队觉得他们拥有多少自主权。下一节论述这一点。

第 5 节　职业学校的组织结构

大多数区域教育中心提供的教育涉及三个领域：工程与技术，经济，健康与社会护理。每个领域包括若干个基于课程内容的课程群，每个课程群包括若干不同层次和不同学程的课程（Timmermans et al.，2012）。各区域教育中心的教育资质有所不同。那些小型、专门的区域教育中心提供的课程仅涉及少数几个课程群，一些大型区域教育中心则提供 14 个课程群的课程。平均一个区域教育中心大约有 7450 名学生（MBO-Raad，2014）。

为了考察区域教育中心的内部组织结构，我们把它分为若干子系统，比如教师和学生所在的教学系统，教辅人员所在的教辅系统，中层管理人员和董事会成员所在的管理系统（例如，Weick，1976；也可参见 Hanson，2001）。制度理论（institutional theory）的一个核心思想是，组织结构和流程的改革往往与课堂教学"脱钩"。从 20 世纪 70 年代起就有研究者指出，学校往往通过一些象征性的改革来应对制度环境的压力。换言之，董事会和管理层或教辅人员在结构和流程方面进行的改革不一定会影响到课堂实践。由于这种"脱钩"，其他子系统的改革到课堂教学层面时就被缓冲了（例如参见 Meyer & Rowan，2006）。例如，20 世纪 90 年代学校自主权的扩大和增加这两项改革都带来了学校组织结构的巨大变革，但是，几乎没有任何证据表明，这些变革带来了课堂教学实践的变化（例如参见 Karsten，1999），从而使之对进一步提高教育质量做出贡献。而且我们怀疑大型区域教育中心的建立是否真正使教师的自主权得到了增加。

　　这一观念暗示了教师的能动性和自主权是如何被概念化的。从教师个人角度来看，在课堂教学中教师似乎有更多的决策权。但从体制角度来看，教师的行为受到体制环境的约束，他们更像是体制的执行者（参见 Powell & Dimaggio，1991）。科伯恩（Coburn，2004）通过反思这些观点并通过思考学校在多大程度上可被视为一个松散耦合的组织指出，教师的自主权受到了限制：关于教与学的那些根深蒂固的观念和更广泛的外部环境的作用，这两者共同指导了老师的决策和行为。在日常实践中，这便隐含着：规约性的组织结构给教师做出决定加上了一些技术性限制，从而造成了一种压力和迫切性，让教师们感到不得不对此作出相应的回应。与此同时，教师们长期以来形成的现有惯常思维成为一个强有力的框架，使他们倾向于把这些新途径、新观念"适应"到这个框架里去（Coburn，2004）。我们从本研究得出的结论是，学校中所谓"脱钩"的想法过于简单，也过于死板了。在学校里，教师、制度环境与其他组织成员及子系统之间存在着一种复杂的动态机制。汉森（Hanson，2001）也对这一互动观念进行过阐述。他依据"专业化官僚体制"（professional bureaucracy）的概念（Mintzberg，1979）提出了"互动域模型"（interacting spheres model，简称 ISM）。在一个专业化官僚体制内，主程序（这里便是教学）的性质支配着次程序（这里便是教辅管理人员）。主程序的这种支配作用，会给那些试图影响主程序的其他组织成员带来困难。

过去15年来，区域教育中心（中层）管理者的地位得到了加强，同时，教师团队对其教育成果也负起了更多的责任，并在某种程度上进行自我管理。由于这种较广泛的责任分配，管理权力与课堂实践之间的界限必须重新定义。目前，在许多区域教育中心，同一课程群的教师团队共同为其教育成果负责（参阅：学生成绩）。这些"成果责任型团队"被赋予更大的自主权，因为他们能够应对突发情况，并在需要时调整其工作方法。而且，让他们成为责任型团队，将激励他们反思自己的行为、态度和课堂实践。但能否做到这一点，各团队和部门之间还有差异（Van de Venne, Hermanussen, Honingh & Van Genugten, 2014）。

这种责任分配方式，需要各教师团队、团队负责人、中层管理者、课程群主管、部门主管和董事会成员之间进行不同形式的合作。例如，目前董事会应该促进组织成员发展和激发专业精神。在有些职业学校，这似乎已经十分普遍了，而在其他一些学校还只是一个想法而已。在有关教育研究文献中，促进组织成员发展和激发专业精神这一理念常被作为教育领导力而提及（Bryk & Driscoll, 1985; Newmann, King & Rigdon, 1996）。在对以前的报告、研究、与利益相关者的访谈和讨论进行回顾的基础上（Commission Oudeman, 2010），一份荷兰政策报告认为，职业教育与培训领域需要这样的领导：他们能鼓舞人心、赋予员工自主权、听取批评意见，在必要时能保护员工并设身处地倾听员工的声音。该报告的作者建议，缩短管理者和教师（劳动力）之间的距离，鼓励学校的不同层级和子系统之间进行批判性对话，并与其他学校进行合作（Stichting Kennisnet, 2013）。打造"成果责任型团队"、减少区域教育中心内部组织结构的层级，这些做法似乎都符合上述建议（另参见 Honingh & Karstanje, 2007）。

当更多的责任被分配到较低的组织层级时，经典调控模式——"自上而下"模式——不再占主导地位。组织层级之间需要形成新的动态关系和新的协调方式，从而促进"自下而上"的过程，并激发关于"什么是教育质量"和"如何改进教育质量"的对话。将责任转移到教师团队层面，在教师、教师团队和管理者之间形成新的动态关系，这些理念丰富了关于组织内部动态对于组织内部发展和学校改进的重要性这一知识体系。在"成果责任型团队"越来越多的背景下（Stichting Kennisnet，2013），荷兰职业学校的董事会是否"在控制"这个问题也许就没那么重要了。下一节我们分析利益相关者如何对在职业教育与培训的学校里出现的"自上而下的调控"与"自下而上的策略"产生影响。

1. 学校的体制环境

职业学校的体制环境很复杂，其舞台上有各种利益相关者（比如各类中小型和大型企业、地方政府和中央政府），所有利益相关者都有自己的期望。尽管所有利益相关者都认识到，职业教育与培训的首要目标——"提供满足劳动力市场需求的教育"——很重要，但是，利益相关者对教育的各显著方面的评价各不相同（例如参见 Van der Sluis，Reezigt & Borgans，2013）。因此，学校董事会收集、了解利益相关者的偏好很重要。了解这些偏好，有助于中层管理者和教师团队负责人对课程进行反思，尤其是反思应该在多大程度上解决利益相关者所重视的那些方面。应当指出的是，在利益相关者的影响这一背景下，教育督导局是最重要的利益相关者之一。在一定程度上，督导局的影响是通过其工作方式和控制教育质量的具体框架而实现的。通过这些方式，督导局界定了什么是教育质量。对职业学校来说，督导局的判定的分量很重，因此，学校要确保其得分至少达到督导局的指标标准。实际上，这是一个指标僵化的典型例子，可能导致人们在教育质量方面的视野狭隘。职业学校的董事会也抱怨这一点，说他们在发展教育质量理念方面的自主权受到了限制。学校董事会认为，他们必须关注这些固定的指标，但这些指标并不会为他们提供有用的信息，因此他们也无法进行改革以提高教育质量（Van de Venne et al.，2014）。

第6节 走向"柔性控制"

上述观察表明，认为职业学校的董事会有能力控制教育质量并影响质量改进，这一点还值得商榷。我们总结一下，首先，本章讨论了绩效测评带来的副作用可能会怎样把学校的质量改进置于危险之中。其次，我们指出，学校董事会对教育质量的控制能力是有限的。第三，我们分析了学校内部组织结构与"自上而下"管控理念之间的冲突。第四，我们注意到，在教育质量的定义和质量测评方面存在这样一种不平衡现象：教育督导局的质量理念凌驾于其他利益相关者的理念之上，也凌驾于职业学校董事会的理念之上。

如果职业学校的董事会致力于培育教育质量，那么这种基于命令与控制的层级式的"自上而下"的管控会带来最佳结果吗？也许，形成一种激励教师和管理者勇于承担责任的文化，将会带来更大、更持久的质量改进（例如参见 Daly & Finnigan，2010；Spillane & Seashore Louis，2002）。如果教师和管理者愿意进行团队合作，就可以形成这样一种文化：分享信息和知识；开诚布公地讨论问题；互相帮助；形成共同使命；对个人和团队行为负责。实际上，关于中小学教育和职业学校的研究表明，信息分享、社会信任和学校组织内部的相互联系等因素对于提升学校的办学水平至关重要（Daly & Finnigan，2010；Hofman, Hofman, Gray & Daly，2004；Petit et al.，2012；Spillane & Seashore Louis，2002；Van de Venne & Petit，2010）。这些研究结果表明了组织氛围与文化对于学习意愿和提升组织绩效的重要性。而且，研究结果表明，如果脱离了信任与合作的文化，质量保证工具对于促进教育改进的作用甚微；质量保证工具会激励持续的质量改进这一假设似乎值得怀疑（另参见 Simons，2001）。

毫无疑问，当今教育界盛行的测评风气及随之而来的对可测评质量的关注，对于职业教育与培训的教育实践、学校组织和优质教育的概念有着深远的影响。人们可以运用这些"指标"数据（甚至承认这些数据并非没有价值）对学校的工作方法和结果进行比较（Petit et al.，2012）。董事会可以用这些指标报告来总结学校的办学成绩和学生培养成果，这样就强化了他们的掌控欲。然而问题在于，人们可能会形成一种错误印象，认为这类信息足以作为教育、学校组织、教学方法等方面的决策依据。但是，这些数据往往需要具体情况具体分析，认识到这一点很重要。

鉴于绩效测评带来的上述不良影响（例如参见 Van Thiel & Leeuw，2002）以及清晰一致地定义教育质量非常困难，我们需要寻找其他方式，以激励教师、管理者和教育过程的其他参与者提供优质的教育。为了防止出现一些有违初衷的结果，重要的是把清单式测评和对实际行为的观察结合起来。组织成员最适于进行相关的观察。根据这一推理，下一步，我们必须促进组织成员有提供优质教育的责任担当和意愿，进而拿出解决问题的办法，并为自己的行为负责。要做到这一点，一方面要求组织成员对学校的核心教育活动达成共识，另一方面要形成一种文化，支持组织成员将他们的想法变成现实。别斯塔（Biesta，2008）在反思什么是优质教育的基础上指出，弄清楚利益相关者对优质教育的定义很重要，否则学校就会面临这样的风险：如果缺乏明确的定义，学校在决策时就会被统计数据牵着鼻子走。首先，这要求教师、利益相关者、管理者和董事会成员应该定期就职业教育与培训的宗旨、目标、手段以及什么是优质教育进行讨论交流。应该从多个组织层面积极地对教育负起责任。其次，这是对滥用绩效测评的又一警告：不能孤立地阅读和理解质量保证报告中呈现的那些数据，而是需要考虑这些数字和数据在概念和定性方面的背景。

在这方面，有一个令人感兴趣的概念叫"柔性控制"（soft control），它是就组织文化和员工行为而言的，以表明员工是否全身心地投入并为组织的绩效担负责任。研究表明，当考察一个团队是否担负责任时（更多情况是考察一个组织是否有意愿改进），有必要对形成动机、忠诚、诚信、灵感的那些非正式过程和专业人员的规范和价值观进行分析（De Heus & Stremmelaar，2000）。这些过程融合在"柔性控制"的概念中，与运用直接结果指标（刚性控制[hard control]）的做法形成了鲜明对比。"柔性控制"考虑了组织中单个成员或团队的贡献，这些贡献对于组织获得成功（本章指"优质教育"）而言意义重大。通过文化分析，卡普丁（Kaptein，2007）在"伦理组织文化模型"中阐述了"柔性控制"的概念。该模型包括七个维度（表 5.1）。

表 5.1 "柔性控制"的七个维度（Kaptein，2007；Lückerath-Rovers，2011）

明确性（Clarity）	对员工/专业人员的行为规范的清晰明确的要求
主管及管理人员的一致性（Congruency）	对主管和管理人员应该遵守的行为规范的道德要求
可行性（Feasibility）	组织创造环境条件的程度，以使员工能遵守规范要求
保障性（Supportability）	组织提供支持的程度，以使员工能达到规范要求

续表

透明度（Transparency）	员工的行为及其后果能被人们（同事、主管、下属和相关员工）感知的程度
讨论力（Discussability）	员工拥有的提出和讨论品行问题的机会
奖惩力（Sanctionability）	员工因品行不端而受到惩罚和因品行良好而受到奖励的可能性

从"柔性控制"的角度看，最理想的情况是，学校的中层管理者、教师团队负责人、教师和利益相关者与政策制定者及决策者一起参与分析讨论教育结果。例如关注下面这些问题：从那些良好的和令人失望的结果中，我们可以学到什么？哪些因素可能导致某些结果？考虑背景因素了吗？学校的文化是否开放并激励教师、管理者愿意反思和改进工作？如果教师、教师团队负责人和中层管理者都被分配要担负责任，我们可以说学校董事会是"在控制"，只不过采用了不同的方式，不是"自上而下"而是"柔性控制"。我们发现，学校越来越意识到了"柔性控制"和"刚性控制"两者都重要。

最后强调一点，教育是人与人之间联系的纽带。教育过程的质量在很大程度上取决于学生与教师之间的互动。因此，让教师积极参与讨论学生成绩方面的那些数据非常重要。而且，学校周围的利益相关者也应该参与这些讨论，因为他们的视角反映了劳动力市场的要求。换言之，鉴于教育过程中教师的责任、教师与利益相关者之间的互动和区域教育中心的规模，试图通过固定僵化的测评工具来进行教育质量控制和质量保证是不现实和不恰当的；这种做法所起到的促进作用其实甚微。

第6章

职业教育的教师专业化发展

马塞尔·范德克里，简·斯特米尔

第1节 导言

尽管人们承认，作为保证和提高教育质量的最终基石，教师的作用十分重要（Hattie，2009），但是，教师专业化发展的话题似乎尚未引起政策、实践和研究界的足够关注。不过，最近10年来，人们越来越认识到，只有教师全身心地投入并持之以恒地不断更新教学，职业教育才能保持吸引力、适应性和面向未来的前瞻性。在这种背景下，人们常常强调，教师的专业化发展是教育可持续发展和成功创新的重要的先决条件（OECD，2005）。

荷兰职业教育的特点是它被纳入了正规教育体系，且各类职业教育有单独的立法。荷兰职业教育包括各种不同的教育，本章仅限于：

1. 区域职业学院（中等职业教育，MBO[①]），由《职业与成人教育法》管辖（1996年生效，稍后补充了修正案）；

2. 高等职业教育（HBO[②]），由《高等教育和科学研究法》管辖（可追溯至1993年，稍后补充了修正案）。

为表述方便起见，我们用"职业教育"一词来指这两种类型的教育。本章以广义上的教师专业化发展为出发点。教师的专业化发展包括职前的教师教育和毕业后的终身学习。然而，只要从事教师这个职业，专业化发展既没有固定的路径可循，也没有终点（Smith，2003）。教师的专业化

[①] 荷兰语：middelbaar beroepsonderwijs（缩写MBO）。——译者注
[②] 荷兰语：hoger beroepsonderwijs（缩写HBO）。——译者注

发展涵盖范围广泛的各种各样的学习活动，包括有组织的正式学习（研习班、课程、硕士和博士课程）和工作场所的非正式学习活动。这些非正式学习活动，在计划、组织和"学习"的程度上有所不同（Tynjala，2008）。有些类型的非正式学习很具体而且有针对性，例如轮岗、指导和参与学习项目（(Streumer and Kho，2006），但大多数非正式学习经历具有较大的随意性和偶然性（Marsick，2006），也可能是非常隐性的，不容易被人们当作是"学习"，因为非正式学习往往是工作场所其他活动的"副产品"（Marsick，2009）。

本章首先从国家视角讨论教师的专业化发展，考察法案、政策、教师教育课程和其他举措如何影响到教师的专业化发展（第2节）。其次，讨论社会趋势以及职业教育对这些变化趋势的反应，其中包括那些与教师专业化发展有关的方面（第3节）。随后，重点探讨职业教育教师队伍的特点及其对教师专业化发展的影响（第4节）。第5节探讨目前教师专业化发展的实际情形。最后一节进行小结。

第2节 教师专业化发展：国家政策法规的视角

荷兰没有专门针对职业教育教师这个职业的教师教育途径。对中等教育（包括职业预科教育和区域职业学院）而言，有两种形式的教师资格证书：

　　1. 初级中等教育教师资格证书（学士程度）：即"二级"资格证书，具备在普通中等教育的前三年、职业预科教育和区域职业学院任教的资格。

　　2. 完全资格证书（硕士程度）：即"一级"资格证书，具备在各级中等教育任教的资格。

除了普通科目和有些职业科目，荷兰没有面向职业教育教学的教师教育。荷兰有范围广泛的培养普通科目教师的师资培训课程，例如精密科学（数学、化学、物理、生物），语言（荷兰语、法语、德语、英语、西班牙语），艺术（纺织、绘画），体育，地理，历史，宗教，经济，家政，人际交往技巧等。同时，有一些数量有限的学士程度的培养专门职业科目教师的师资培训课程，例如技术类科目（建筑施工、汽车维修、电工技术、电气设备技术），护理与保健。但是，对于职业教育教师所教授的大多数职业科目，却没有针对教师培养的常规的初步师资培训课程。直到最近，教育部一直普遍推行的国家政策仍然是，只要获得从事普通科目教学的初级中等教育的教师资格证书，就足以在区域职业学院任教。至于高等职业教育教师的培养，国家政策则强调这是学校的自我责任，这意味着，对教师资格的法律规定降到了最低限度。因此，简言之，荷兰目前还没有可以使职业教育教师充分胜任教职的师资培训课程。

另一方面，在这种缺乏专门的教师教育课程的背景下，一场热火朝天的争论一直在进行：目前培养普通科目教师的那些教师教育课程，它们培养的学生是否足以胜任区域职业学院的教学生涯呢？例如，教师教育研究院（ICLON）进行的一项科学研究，就着重指出了普通中等教育与区域职业学院的若干差异（Van der Rijst，Van Duijn & Nedermeijer，2011）：

1. 中等教育的课程是按传统学科体系而组织的，而区域职业学院的课程更多地是围绕职业科目来组织的，并以基于实践的方式进行教学。

2. 区域职业学院更多采用的是以学习者为中心的教学方法，而不是以课堂讲授为基础的教学方法。区域职业学院的教师针对学生个人开发"定制课程"。

3. 区域职业学院的教师更多地是作为团队的一员，与同事和该领域的专业人员一起协同开展教与学的活动。

迄今为止，教育部还没有表现出很强的意愿来改善区域职业学院教师的培养，但是最近出台了一项政策，允许在目前培养中等教育普通科目教师的那些教师教育课程中开设专门课程。从这一政策转变可见，教育部承认，那些选择到区域职业学院工作的教师需要得到更好的培养。根据该政策，除了其他方面的要求以外，学生在最后一年（第四年）可以参加一个单独的职业教育课程，它是 60 个学分（欧洲学分制［ECTS］）的主修课程，其中包括理论、教育教学法和到区域职业学院实习（Ministry of Education，2012）。参加该专门化课程的第一届学生即将于 2016 年毕业。

据教育部的预测，目前教师教育的招生量还不足以缓解区域职业学院的教师短缺问题。因此，教育部鼓励高等教育机构在他们那些显著不同的职业与专业学士课程中加入 30 个学分（ECTS）的选修课程，供那些毕业后有意向去区域职业学院任教的学生选择（Nieuwsbrief Leraren en Beroepsonderwijs, 2013）。这些选修课程（荷兰语: Educatieve Minors）包括各种教育教学法方面的科目和到区域职业学院的实习。学生完成这些选修课程和整个学士学位课程之后，如果决定报读培养中等教育教师的教师教育课程，他们可以被录取进入这些教师教育课程的缩减版。

然而，教育部最近推出的这些举措，并没有平息人们关于如何为区域职业学院培养新教师的争论。由于那些颇有影响力的利益相关者的观点的转变，这场争论又被重新点燃，例如，教育委员会目前仍坚持认为，让四年制教师教育课程完全专注于培养区域职业学院的新教师这种做法仍然是最好的解决方案。

通过专门培训课程和培训方式，提高那些愿意选择到区域职业学院从教的学生人数，从而为区域职业学院培养教师，关于这一点尽管有着热火朝天的争论，但大部分职业教育教师并没有任何教师资格证。这种情况既指区域职业学院的教师，也指高等职业教育的教师。职业教育教师主要的从教要求如表 6.1 表示。

表 6.1　职业教育教师的从教要求

	区域职业学院	高等职业教育
最低入门要求	高等教育学士学位	高等教育学士学位
获得永久工作合同的额外要求	参加为没有教师资格证的教师提供基本教育教学能力的培训计划。	参加提供基本教育教学能力的培训计划（BKO）。获得永久工作合同的条件之一是必须拥有硕士学位。
整个教学生涯的要求	10% 的工作时间用于专业化发展活动。	利用大量时间参加正式和非正式的学习活动。在有些情况下，学校为教师提供便利参加博士课程，因为 10% 的常任教师需要拥有博士学位。

正如第 4 节将进一步阐述的那样，大多数职业教育教师具有"职业转换者"这一特点，即，教师是他们目前从教的职业或专业领域的第二份职业。获得职业教育的从教资格，只要拥有学士学位就足够了。例如，目前

区域职业学院的教师中，有四分之三的教师拥有高等职业教育学士学位，仅 13% 参加过学术课程。高等职业教育的大多数教师也拥有学士学位，但是其中拥有学术型学位的教师比例可能比较高（尽管我们缺乏这方面的准确数据）。

作为获得永久工作合同的条件，区域职业学院和高等职业教育的教师还需要达到一些额外的要求。在区域职业学院任教但没有教师资格证的教师，需要参加基本教学能力培训计划。他们必须在被临时聘用后两年之内获得这个额外要求的证书。确保教师接受教育科目的额外培训是当地区域职业学院的责任，目前已形成了一系列在内容和质量方面略有差异的培训课程（Ministry of Education，2012）。教育部要求，区域职业学院要加强与教师教育机构的合作，以确保区域职业学院入职教师的培训课程达到起码的质量水平。这一要求也同样适用于高等职业院校的新入职教师，高等职业院校现正开始相互合作，以统一培训课程的内容和质量，确保达到起码的质量要求，教师无论在哪一所院校工作都一样。

对于教师的继续专业化发展，还有一些额外的要求。《教育法》（荷兰语：Wet BIO）中教师这一"职业"适用于各类不同教学领域的教师，包括区域职业学院的教师。该法案强调，获得一次教师资格不足以保证在整个教学生涯都能胜任教师这个职业。教师应当把 10% 的工作时间投入到自己的专业化发展。学校应该创造适当的条件，使教师能够达到这一要求（Van Cooten & Van Bergen，2009）。

与区域职业学院不同的是，高等职业教育教师的专业化发展不受法律行为的约束。对高等职业教育教师专业化发展的要求，包含在一年一签的集体劳动协议之中，学校董事会和工会共同决定各种人事安排，例如教师的薪酬、职业道路、工作条件和专业化发展等。目前，集体劳动协议中规定，教师每年至少要参加 40 小时的专业化发展活动。

除了上述立法和劳动协议，教育部还推出了很多举措，以鼓励教师的专业化发展，例如，实行"教师奖学券"制度，教师不论受雇于哪个学校都可以得到该奖励。2008 年，教育部决定实行奖学金制度，为教师一次性提供奖学金（学习券），教师可以参加诸如硕士课程等正式的专业化发展课程。教育部（2011）报告称，有 2410 名教师收到了学习券。然而，学习券的附加值似乎还值得怀疑,因为"每10张学习券只有1张用于去学校学习了,没有拿到学习券的教师就更不会去学习喽"(Van der Steeg, Van Elk & Webbink, 2010, p.3)。

第3节 教师专业化发展:
区域职业学院和高等职业院校的视角

最近几年来,职业教育面临的许多发展变化,直接或间接地影响到教师的专业化发展。这些发展变化主要由教育(政策)环境和社会文化趋势所引发,表6.2对此进行了归纳。①

表6.2 主要社会发展及其对职业教育教师的影响

社会发展	含义	对教师的影响
学生群体的变化	学生群体更加多样化,例如不同种族背景的学生人数显著增加。许多学生遇到了问题,辍学风险增加,他们需要得到额外的关注才能取得教育生涯的成功。	教师往往缺乏(足够的)知识和技能。人们希望教师提供以学生为中心、针对学生特定需求和个性的定制教育;并采用新的教学策略,使个别学生及其学习进程能走在最前列。
集约化	集约化是指日常生活及工作中的强度和压力的增加。人们更加重视教育的效率和效果。供给驱动型政策向需求驱动型转变,学校教育过程与企业类似,其中成绩、考试和统计数据占显著地位。	教师觉得自己被降格为学校董事会发布的或教育部推行的教育政策的执行者。因此,教师觉得他们的自主权和专业性没有得到什么尊重,他们努力呼吁更加强化教师作为专业人员的地位。
信息化	信息化使权力关系更加平等,方式更加轻松。对教育来说这意味着,学生(和家长)不会再自动地接受社会赋予学校董事会和教师的正式权威,学校和教师必须不断地再去赢得这种权威。	对教师来说,这往往会导致形成一种充满压力的工作环境,使他们把主要精力用于教学方法和教学管理(课堂管理,学生纪律),而不是用于讲课以及培养学生获得知识和技能。
信息通信技术	最近20年来信息通信技术(ICT)的运用蓬勃发展,极大地改变了世界。对职业教育来说越来越重要的是,在运用信息技术(IT)方面,将劳动力市场的需求与学生的期望联系起来。	教师需要运用信息通信技术来提高教学质量。信息通信技术似乎也为教师自身的专业化发展提供支持,例如,建立教师交流与合作网络,通过维基百科之类的方式方便地获取学习资料。

---

① 主要根据 De Beer(2007)和 HBO-raad(2009)。——译者注

不言而喻，所有这些发展变化极大地影响了人们对职业教育教师的期望，包括影响教师的专业化发展。关于职业教育的质量一直存在争论，因此，职业教育面临严峻的压力（HBO Raad，2009）。教师的专业化发展被视为提高教育质量和形象的最重要的手段之一（Van Veen，Zwart，Meirink & Verloop，2010），因为教育体系的质量在很大程度上取决于教师的素质（George & Sabapathy，2011）。在借鉴其他学者的研究成果的基础上，麦克丹尼尔（McDaniel，2010）估计，学生的成绩表现大约有67%可归因于教师的个人素质，即教师从事教学工作的资历、能力、态度和作为一个教师的工作激情（George & Sabapathy，2011）。提供高质量的教育从而带来高水平的学生表现，教师的素质是一个主要条件，关于这一点的重要性尽管已经有了相当的共识，但是麦克丹尼尔（2007）认为，教师队伍建设这个问题被严重忽视了。然而，尽管在职业教育领域至今还缺乏连贯一致的人力资源政策，教师的专业化发展目前正越来越受到人们关注。而且有迹象表明，在职业教育学校的议事日程上，教师的专业化发展处于更加突出的地位（Runhaar，Sanders & Van de Venne，2012）。下面分别介绍高等职业教育和区域职业学院的情况。

2012年，工会与高等职业院校达成集体劳动协议，目前正在全国范围内实施。除了其他方面以外，该协议强调要形成一种职业文化，以激发教师在工作中的内在动机，从而为提供高质量的教育而进行团队合作，并使教师对自己的专业化发展具有主人翁意识（Vereniging voor Hogescholen，2013）。

根据集体劳动协议，每所高等职业院校都制订并实施了教师专业化发展计划。在该计划中，高等职业院校制定了为期4年的关于教师专业化发展的优先事项。该计划必须与学校的战略目标一致，着重强调如何实现学校与教育部签署的绩效协议。该计划要反映对于学校来说最为重要的教师专业化发展这一问题，以及人力资源政策如何促进学校实现未来绩效目标。

每所高等职业院校至少将年度总预算的6%用于教师的专业化发展，其中50%用于教师在法定工作时间的专业化发展活动，另外50%用于报销教师的自行开支（如课程学费、差旅费和住宿费）。

高等职业院校的教师享有每年至少40小时用于专业化发展的权利，学校要确保对其进行相应的工作减免。属于教师专业化发展计划的一部分的，由学校提供正式学习时间的专业化发展活动所占比例高达75%，其他未纳入该计划的活动占25%。原则上，教师必须参与代表学校的那些专业化发展活动，并将得到100%的时间保障，费用由学校全额报销。

2011年11月，中等职业教育理事会与教育部签署"2011—2015年治理协议"。该协议的一部分是专注于区域职业学院教师提升的"教师行动计划2020"。该协议还包括一个具有约束力的"职业规约"，它从教学能力、教学要求和教学团队责任等方面对教师提出了要求，以提供高质量的教育。除了其他方面，区域职业学院的教学团队还要对教育过程负责，与学校一起商定教育教学模式及教学方法。关于教师专业化发展的投入，该协议宣布，教师在与学校达成专业化发展活动协议的情况下，每年有59小时用于专业化发展的权利。此外，每个教学团队的每位全职教师有107小时的培训时间。教学团队在与学校协商后，确定每位团队成员的培训内容和时间分配。

"2011—2015年治理协议"还规定，区域职业学院有义务为教师和其他员工的进一步发展制订专业化发展计划。2012年和2013年，教育部为区域职业学院一共拨款1200万欧元，用于支持员工的专业化发展活动，条件是各学院在审视和调整其专业化发展计划的过程中要共同合作。

目前，高等职业教育和区域职业学院有加大人力资源投资的趋势，广泛引入了着力强调综合人事政策的人力资源管理政策。但是迄今为止这些投资尚未产生预期效果（Inspectie van het Onderwijs，2010）。总体而言，人力资源管理政策（Runhaar & Sanders，2007）尤其是教师专业化发展政策（Teurlings & Uerz，2009）与教师的需求没有充分地联系起来。在制订专业化发展计划时，区域职业学院的人力资源官员和管理者遭到教师的抵制，因为教师对这种政策的必要性和价值并不认可（Runhaar & Sanders，2007）。教师对人力资源管理政策的抵制至少有两个原因。首先，人力资源管理是一个新鲜事物，人们对它的地位和作用还存在一些困惑（Oosterhof & Streefland，2011）。其次，总体来说，区域职业学院的教师对人力资源管理政策的抵制很可能是由于教师对自己学校的管理风格并不真正满意，在他们看来，学校的管理不能为他们提供平等的职业发展机会（Ministry of Education，2010）。

不言而喻，进一步发展符合学校的战略目标的连贯一致的人力资源管理政策，还需要花更多的时间和精力。例如，如何使教师支持在自己学校实施人力资源管理政策，以及这些政策对教师的专业化发展、职业机会和教师绩效的影响，诸如此类的问题都还需要进一步研究。到目前为止，人力资源管理在职业教育中的作用和影响似乎还是一个研究不足的领域。

第4节 教师队伍的特点及其对专业化发展的启示

本节简要介绍职业教育教师的主要特点，一共介绍了职业教育教师的四个特点及其对教师专业化发展的影响。首先，职业教育教师的特点是，开始教学生涯的新教师群体至少是来自三种不同的背景（参见 De Bruijn，2009；Van der Klink，2012）：

1. 具有扎实的职业背景而从事职业教育的教师。他们的自身工作经历使其能够传授学生基本的相关工作技能和知识，但他们通常没有任何正式的教学资格。他们是熟练的专业人员，但确实仍然是教学新手。他们入职时必须强制参加培训计划。

2. 具有普通学科（如语言或精密科学）的学位、可在中等教育（从大学预科教育到职业预科教育）从教的教师，以及拥有职业学科（如护理、保健或技术领域）教学学士学位的教师。与凭借丰富相关工作经验而从事职业教育的第一类教师相比，这些具有普通学科学位的教师通常要年轻很多，对从事职业教育没有相当的职业工作经验。而具有职业学科学位的教师通常年龄较大，他们对从事职业教育具有相当的职业经验，与第一类教师更相似，只不过他们是在其职业生涯的某一时刻决定结合工作而去学习职业学科的教师教育课程。

3. 拥有学术型学位、具有相关理论与研究知识，能为学生提供综合性背景知识的教师。这些教师通常不具备教学资格，其实践工作经验与其所教授的职业科目也有很大差异。与前面那两类突出的新手教师相比，这个群体相对较小。

针对职业教育入职教师的不同背景，需要有定制化的专业化发展路径，特别是在入职培训阶段。然而，这样的定制化发展路径目前还很稀少，第5节将对此进行进一步探讨。

第二个特点，由于工作量大，教师进行反思的机会往往十分有限。因此，"日常专业化"（Weggeman，2007）这个概念很适合他们，即，为了应对日常工作压力，教师会尽量使用那些标准化的方法，即使实际工作需要他们去创造新的解决方案时也是如此。他们的日常工作经验和不断发展的（但往往是隐性的）相关实用性教学知识，强烈地给他们灌输着这些标准化方法。由于那些由来已久的习惯，以及关于什么是优质教育的根深蒂固的观念，教师们越来越热衷于在既定的日常工作的固定框框内去履行其工作职责。在平衡许多常规工作任务方面他们做得较好，但是往往极容易忽视那些新颖的和非常规的工作，实际上，这些工作需要他们重新审视其现行工作方式的适当性（Kwakman，2011）。最终，巨大的工作量和对常规方法的强烈关注，甚至可能会限制教师积极主动地参与新的具有挑战性的创新机会的意愿和能力，即使为他们提供了更加有利的学习条件也是如此（Boud，2006；Van Eekelen，2005）。

第三个特点，职业教育所谓"好教师"的概念是指教师要具有各种不同的专长（De Bruijn，2009）。传统上，人们强调教师的学科专长和教学专长，但是从长远来看，作为职业教育可持续发展的前提条件，显然需要进一步发展教师的研究专长和创新专长（Nieuwenhuis，2013；Van der Klink，2012）。虽然这并不一定是说每一位教师都应该具备这四种不同的专长，但是这的确意味着，传统上仅仅关注教师的学科专长和教学专长，再也不能充分满足当前和未来职业教育的需要了。承认教师应具有其他专长的重要性，这很可能会在适当时候带来更多的不同的专业化发展路径和职业机会，从而最终形成日益多样化的教师队伍。

第四个特点，教师并没有被视为一个具有较高社会地位的训练有素的职业（Varkey GEMS Foundation，2013），职业教育教师也是如此。2011年荷兰成立了"教育合作组织"，这是一个保障各类学校教师的发言权的专业机构，并且代表教师去维护这个职业的质量和地位。然而，由于目前尚处于起步阶段，从长远来看很难预测教育合作组织会产生什么样的影响，以及它是否会作为首要的专业机构来主导人们关于教师的素质和职业地位的持续争论（Snoek，2014）。目前，教师的职业地位似乎与社工等"半专业化"职业不相上下（Varkey GEMS Foundation，2013），这种状况说明，教师的专业化发展很容易被忽视，也没有真正得到保障，尽管有国家法规和相关协议，但其中教师自己的声音并不是真正的决定因素。

第5节 教师专业化发展：目前实际情形

本节重点介绍教师在进入职业教育后其整个教学生涯的专业化发展。与中小学教师的专业化发展不同的是，有关职业教育教师的政策和实践还没有大量的实证研究基础，也缺乏一种缜密的理论模型来描述和解释各种有利于教师专业化发展的因素与条件。事实上，对职业教育教师的专业化发展领域的研究相当欠缺，尽管近年来正得到学者们更多的关注，但仍然缺乏实证研究基础，例如尼乌文赫伊斯（Nieuwenhuis，2013）就指出了这一点。

本节主要关注的是教师的入职培训和整个教学生涯的终身学习，以及专业化发展与教育创新之间的联系（或者缺乏联系）。最后，本节指出，"研究"是一项新兴而强有力的教师专业化发展活动。

入职培训是指成为一名教师的过程，其时间跨度大约为3年，通常指两个层面上的入职培训（参见Van Velzen，Van der Klink，Swennen & Yaffe，2010）。一个层面是，新教师要在组织上入职，以熟悉其所在学校的规范、价值观、规则和文化。另一个层面，新教师要成为教学职业的一员，而且要掌握作为一名合格教师的必备技能和知识。虽然荷兰对新教师有正式协议安排（职业教育也如此），但教师的入职培训通常是相当不正式的，主要是零星的个人学习，而且强烈依赖于教师个人在新的工作岗位上感知和利用学习机会的意愿（Boyd，2010；Knight，Tate & York，2006；Van der Klink，2012）。在荷兰教育中，入职培训越来越被视为教师职业生涯的一个重要阶段，最近，在地方和国家层面都推出了一些举措，支持各教育领域（包括职业教育）的新手教师参加培训。各种国际研究结果揭示了投资于教师入职培训的必要性，如果入职培训不到位，将会导致人员流动率高、工作满意度低（Ingersoll and Strong，2011），而且可能对教师的绩效带来负面影响。

进行入职培训，尤其对于职业教育的教师来说似乎是有益的，因为职业教育领域相当数量的教师根本没有教师资格证。前一节（第3节）已经区分了进入职业教育的三类新教师群体，由于他们各自不同的背景，最理想的做法是，根据这三个群体的需要进行定制化入职培训，使他们为职业教育的教学生涯做好准备。至于入职培训课程的内容，新教师非常需要与经验丰富的同事和其他新人交流经验。正如霍德金森和泰勒（Hodkinson and Taylor，2002）指出，把正式和非正式的学习机会结合起来似乎最相宜：通过团队教学、合作教学和与同事进行各种交流为新教师提供合作式培训活动，以分享经验和关切，从而把辅导和监督与非正式学习机会结合起来。由于缺乏实证研究结果，目前还不清楚实际上职业教育在如何实施教师的入职培训，以及会对新教师产生怎样的影响。专业化发展首先被视为参加正式的学习活动，例如研讨班、培训和课程等。其中必须增加教师怎样进行教育教学设计等方面的专门课程，这一观点已得到越来越多人的支持。同时，为教师提供修读硕士学位课程的机会，这一点也得到了更多关注。但是，不管哪类正式学习途径，人们对通过正式学习来提高教师的教育水平这种方式显得过于乐观了，因为参加了课程或硕士课程，并不意味着教师就会自动地将新获得的知识和技能转移到自己职业学校的情境之中（Snoek，2014）。目前没有令人信服的证据表明，投资于正式学习就会立即产生预期的结果（如素质优良的教师）。正如"转移理论"所指出（De Rijdt，2011），如果教师缺乏应用新技能的工作机会、高工作量、朋辈教师和管理者的支持及反馈，就会妨碍教师把在培训中所学的知识应用于工作实践的意愿。如果在政策中只包括那些提供参加正式学习活动的机会，这是相当天真的，因为它忽视了同时要适应教师工作情境以促进其所学知识的应用并进一步发展的必要性（Van der Klink，2012）。斯诺克（Snoek，2014）在关于区域职业学院教师参加硕士学位课程的研究中，观察了那些支持在课程学习期间进行学习转移的相关措施的效果。区域职业学院的教师督导和人力资源开发人员参与硕士课程的设计，其中研究性学习占中心地位，这些措施促使了教师更好地把他们在学校的日常工作与硕士课程联系起来。尽管采取了这些令人鼓舞的措施，但其实际效果仍然主要局限在教师自己的课堂实践方面,并没有从整体上对区域职业学院的创新动力作出显著贡献。

虽然目前还缺乏令人信服的研究数据,但是有理由认为,在教师整个职业生涯的学习过程中,教师在自己的工作场所的非正式学习起着主导作用(例如参见 Nieuwenhuis,2012)。然而,这些非正式学习活动的性质及其对教师绩效和未来学习与发展的实际影响究竟如何,这一点仍然还不甚明了,因为在许多情况下,这些非正式学习活动并不被人们认可并认为是"学习",而是被视为诸如解决问题等活动。然而,邻近教育领域的研究表明,总体而言,非正式学习对教师绩效的影响甚微(Van der Klink,Van der Heijden,Boon & Williams van Rooij,2014)。在一定程度上这是因为,教师往往倾向于选择个人学习活动(如阅读文献,网上冲浪)或参加小组活动(如参加实践团体,分享经验),在这些活动中,教师个人可以展示出高度的控制水平(Schildwacht,2012;Van der Klink,Boon & Schlusmans,2012)。而让教师走出舒适区、积极寻求反馈、审视和讨论大家的观点和想法(例如:合作教学,教学成果评估,讨论自己教学活动的视频片段,讨论具体的学生表现),这些活动通常都还没有广泛开展,但毫无疑问的是,这些活动会对教师的专业化发展产生更加显著的影响(Hattie,2009;Hattie & Timperley,2007)。

专业化发展活动是否具有正式或非正式的性质这一点很重要吗?根据维恩等(Veen et al.,2010)的研究,专业化发展活动的性质并不是决定其有效性的显著区分因素。例如,会带来更大影响的是,这些学习活动如何有助于教师应对日常工作挑战,如何促进教师参与积极的探究式学习和团队成员的集体学习。此外,与学校有关的那些因素似乎也有影响。如果教师体会到他们的学习与学校的改进政策密切相关,他们的参与意愿就会相应地增加。虽然学习的正式性或非正式性对其效果并没有决定性影响,但目前似乎有一种强烈倾向,将教师的专业化发展仅仅局限于正式学习。在一定程度上,这也许可以归因于这样一个事实:人力资源官员在给学校董事会的年度报告中,报告正式学习活动的数量要更加方便,而不是深入地去了解教师参与的那些"模糊的"非正式学习活动的情况。而且,对教师自己来说也比较容易做到的是,用参与课程和研讨班的情况来展示自己的学习活动，而不是提供参与非正式学习活动的证据：教师应该报告什么？怎么报告呢？正如教育合作组织指出，当教师认为他们必须注册成为专业教师，并证明他们为保持或提高其专业素养而做出的努力时，非正式学习可能缺乏被认可性和透明度这一困难就更加凸显了。学校非常有必要建立相关的程序和方式，以便了解教师的各种非正式学习活动及其对教师绩效的影响（Van der Klink，2012）。关于教师的专业化发展，尼乌文赫伊斯（Nieuwenhuis，2012）认为，至少出于效果和效率方面的考虑，非常有必要进一步探索如何把专业化发展与教育创新联系起来。不言而喻，教育创新需要教师之间的密切合作和团队集体学习，而不只是个人的学习过程（Teurlings & Uerz，2009）。有效的团队学习应当包含三个过程（Van den Bossche，2006）：（1）分享可用的认知资源，例如思想和观念，（2）共同构建新的理念，（3）可以形成团队事务的某种临时协议的建设性争执。

　　胡斯 – 丹尼尔斯（Goes–Daniels，2011）在她的研究中指出，教师团队在分析和反思目前的教学实践方面遇到了很大困难，他们无法提出由集体思考而形成的新举措。教师团队如果成功地提出了新举措，通常也无法在日常实践中付诸实施。考虑到职业教育的教学工作要求教师之间更加紧密的合作，从而建立起负责任的提供和改进教育课程的教师团队，显然，应该更加重视鼓励和支持教师展示团队学习行为，使他们能将专业化发展与所期望的创新目标结合起来。

　　德布鲁恩（De Bruijn，2009）定义的教师的"研究"专长，是近年来关于专业化发展的讨论中经常提出的一个问题，即教师自主积极地开展研究工作。斯诺克（2014）指出，在经济合作与发展组织（2013）进行的关于专业化发展的教师教学的一项国际调查（TALIS）中，教师们表示，开展研究工作是最强有力的专业化发展形式之一。之所以说开展研究是强有力的专业化发展活动，是因为在研究中教师会面临这样的挑战：自己问自己面临什么问题，想要解决什么挑战，并寻求那些可能有助于改善教学实践的最新科学研究成果。而且，如果没有可用的研究成果，他们要自己进行研究，以积极探寻基于实证的答案。教师开展研究工作的重要性与教师（团队）所承担的提供优质教育这一责任完全吻合，同时也反映了教师尊重和提高其专业素养的愿望。

第6节 本章小结

专业化发展不再仅仅被视为教师个人的自愿努力,相反,它已成为对职业教育教师的必然要求。无论是教师的职前教育还是其整个教学生涯,都需要投资于专业化发展,以确保教师队伍为迎接现在和将来职业教育的挑战持续做好准备,这一点已形成广泛共识。然而,由于政治和学术争论,以及促进专业化发展的那些实施措施尚处于起步阶段,这一共识尚未充分体现在目前教师专业化发展的实践之中。

由本章可见,职业教育包括各种类型,区域职业学院和高等职业教育两者各有特点,同时也有一些共性。在这两种类型中,国家政府扮演的角色有所不同,在维护区域职业学院教师的专业化发展方面,政府的责任更加突出;而对于高等职业教育,工会和雇主在这个问题上的决策更有影响力。不过,近年来,在中等职业教育理事会的统领下,区域职业学院的人力资源管理与发展对教师专业化发展的影响力正日益增强。

荷兰的教师教育似乎还是一盘散沙,难以详述。目前荷兰有一些关于普通科目教学的教师培训课程,也有少数关于职业科目(如护理、保健和技术类科目)教学的教师培训课程,然而,绝大多数职业教育的教师没有教师资格证。大多数教师只是在受聘时接受一些非常基础的教学培训,而且这种培训是获得永久性工作合同的强制要求。尽管政府已经实施了一些政策举措,以确保教师教育与职业教育的教学实践更加契合,但更加专门化的完全面向职业教育的教师教育课程在未来几年之内都不太可能启动。

关于教师的专业化发展,区域职业学院和高等职业教育这两类教育都认为,最重要的是教师整个教学生涯的专业化发展。然而,教师专业化发展计划与学校战略目标的一致性还很差,同时,亟需提高学校的绩效和进一步投资于教师的专业化发展。这些专业化发展计划并不总是能得到教师的欢迎,因为它们被认为是自上而下地履行义务,而不是通过保证资源和支持教师自己专业化发展的选择而支持教师发展的举措。教师的这种反应,在一定程度上是因为,他们觉得自己被降格为学校董事会制定的或教育部推行的那些教育政策的执行者。教师觉得他们的自主权和专业素养不再受到尊重(参见第2节)。学校领导和董事会现在似乎已经意识到了这一点,这可能会促进人们重新评估教师作为一个有价值的专业人员的地位。未来几年的兴趣点仍将是如何在组织的需求与教师的宏愿之间取得适当平衡。

在专业化发展活动方面，几乎没有关于教师实际在进行的各种活动的任何实证研究。专业化发展活动的开展及其对教学、学生成绩表现、教师身份认同和教师职业生涯的影响，这些方面无疑都还需要进行深入研究。目前已有的有限的研究结果表明，教师专业化发展的实践相当有限，而且在这方面的投资力度也非常低。不言而喻，这些研究结果也许有助于人们更准确地洞察教师专业化发展的好处及缺陷，以及与之相关的影响因素和环境。我们主张，未来要拓宽研究视野，不要局限在政策、实践及学校和教师的眼前利益，而是要从整体上去审视：教师的专业化发展如何为提升整个职业教育及教师队伍的地位做出贡献。

第三篇
教育计划：教与学

第 7 章

有价值的生涯对话：21 世纪职场成功所需的职业能力、职业认同和学习环境

弗朗西斯·梅杰斯，马林卡·库依普斯，
瑞纳克·棱格尔，安奈米·温特斯

第 1 节 导言

在后工业社会，雇主正在寻求具有所谓"二十一世纪技能"的毕业生，而在这之前的重点是技术技能（Cedefop，2010；Grugulis & Vincent，2009；Leckey & McGuigan，1997）。荷兰政府已经积极地认识到社会对这些新技能的需求（Bussemaker，2014），并衷心希望发展这些技能（Allen & Van der Velden，2011），但是，政府尚未意识到，发展这些技能需要建立一种不同于以培养技术能力为目标的学习环境（Payne，2000；Smith & Comyn，2004）。尤其是在服务型和知识经济社会，"二十一世纪技能"的一个基本维度是学生的内在动力（Schulz，2008）。实际上，就业能力的核心是，在忠于工作和雇主的基础上，能够灵活地应对不断变化的时代（Hillage，Regan，Dickson & McLoughlin，2002；Lafer，2004）。

也就是说，在目前荷兰职业教育体系中，学生的内在动力和学生可获得的知识及技能水平如何，人们对此存在还严重的疑问（Biemans，Nieuwenhuis，Poell，Mulder & Wesselink，2004；Inspectie van het Onderwijs，2014）。造成这种情况的一个重要原因似乎是大部分学生在学校期间并没有形成清晰的职业生涯愿景，更不用说生涯或职业认同了

（Geurts & Meijers，2009）。研究表明，大多数职业教育院校的学生缺乏完成学业的内在动力（Inspectie van het Onderwijs，2014），他们也不知道自己究竟需要什么才能实现职业成功（Meijers，Kuijpers & Bakker，2006）。这就导致学生对教育的选择非常随意（Plane，2009），进而导致辍学率达到30%—50%（Eurostat，2008）。据荷兰的一项研究（Borghans, Coenen, Golsteyn, Hijgen & Sieben, 2008）估计，由于选择不当，学生往往需要花费更长的时间来完成学业，为此每年付出的社会成本高达57亿欧元。

本章认为，为培养学生的内在动力而需要的学习环境，必须针对特定的生涯能力（Kuijpers，2003）和职业认同（Meijers & Lengelle，2012）的发展。笔者关于荷兰职业教育的一项研究也表明，如果让学生有更多的空间去选择自己的学业，而且拥有工作经验能够进行有意义的生涯对话，就可以成功地发展学生的生涯能力和职业认同（Kuijpers, Meijers & Gundy, 2011；Meijers, Kuijpers & Gundy, 2013）。

近年来，为了解决上述问题，荷兰的职业教育学校对开展生涯指导更加投入。2010年，荷兰教育部门启动了一个职业预科教育的项目（Kuijpers，2011；Kuijpers & Meijers，2011），以促进学校有效地进行生涯指导。2012年，启动了一个为期三年的中等职业教育项目——"促进中等职业教育的职业指导"[①]。该项目一直在进行，尤其关注学校在生涯教育方面的政策发展，并进行教师培训，使教师学会如何与学生开展有意义的生涯对话。也就是说，大多数学校的管理者在生涯指导与咨询方面仍然很少有或根本没有识见；他们只是简单地做着更多同样的事情（即重复着那些既定的雷同但无效的生涯指导活动）（Kuijpers & Meijers, 2013；Meijers, 2008）。造成这种情况，在一定程度上是因为，在国际国内的教育大背景下，人们对有效的生涯指导应当包括哪些方面还缺乏共识，以致学校管理者缺乏清晰的视野（Hughes, Meijers & Kuijpers, 2014）。

[①] 荷兰语：Stimuleringsproject Loopbaanoriëntatie en –begeleiding in het mbo。——译者注

第2节 生涯学习：简史

荷兰（Meijers，1995）及其他西方国家（European Commission & OECD，2004；Irving & Malik，2005；Sultana，2004；Watts & Sultana，2004）的生涯指导教育主要基于"特质-因素适配模型"（trait-and-factor model），其核心是"明智选择"和"作出决策"这两个概念，它对教育领域的生涯指导与咨询的形式和内容产生了巨大影响，尤其体现在荷兰的实践上（1973，1985）。该模式的理念是，如果一个潜在员工的个性和才能与特定工作所需的知识和技能相匹配，他就可以做出良好的生涯选择。根据这一推理，人们期望及鼓励职业顾问和教师给学生提供关于学生才能方面的可靠信息，以及从事特定工作所需要的知识和技能等有关信息。因而想当然地认为，学生据此就能够也将会做出理性的生涯选择。

一直到20世纪60年代后期，上述服务均由独立的生涯指导办公室提供，来自社会经济地位较高的那些家庭的孩子往往受益最多（Pere，1986）。然而，随着社会精英化程度的提高，很快每一个学生都可以获得生涯指导，相应地，支持"机会均等"和"向上流动"这种心态开始占据主导地位。到20世纪60年代后期，每所中等教育学校（包括职业预科教育，但不包括中等职业教育）都必须至少委任一名生涯顾问或所谓"生涯教师"，为学生提供生涯指导服务。独立的生涯指导办公室得到大量的政府补贴，以便将其提供的服务扩大到所有学生，但他们主要在职业教育之外的领域开展服务（Pere，1986：140）。

然而，到20世纪80年代初期，教育与劳动力市场需要之间存在着明显的巨大差异，无论数量和质量均如此。除了独立的生涯指导办公室和生涯教师，另有两个新的参与者加入生涯指导领域。首先，1980年，学徒制区域办事处开始向学生提供关于双元制学习的信息，尽管这些办事处极少为那些走双元制途径的学生提供生涯指导。其次，1985年成立了所谓"联络中心"，主要是通过为学生安排更多更好的工作实习机会的方式，来改善职业教育学校与区域劳动力市场之间的联系。成人则可以通过另一个参与者（就业办公室）得到免费的生涯指导，但这只限于成人处于失业状态和就业办公室认为这种生涯咨询有必要之时。成人也可以向独立的生涯指导办公室寻求咨询，但是费用自理，而且这样做的人也寥寥无几，如沃尔夫（Wolf，1993）所示。

最初，生涯指导非常具有指令性（Pere，1986），但是随着社会民主化程度的日益提高、对小组讨论的重视以及20世纪70年代心理咨询的兴起，该领域更加关注增强人们的自我认知过程（Meijers，1995）。生涯指导服务开始关注"拓宽人们的视野"，即塔博尔斯基和德贺劳夫（Taborsky and de Grauw，1974：116）所理解的生涯指导活动，这些活动"有助于开拓个人视野，使他看到周围的世界、他的社会状况、他所处的位置、决定他视野范围的环境、性别角色对他的影响程度和他的受教育状况（有时这只代表一个非常小的世界）"。然而，尽管出现了这些新进展，在大多数情况下，生涯指导（包括职业教育）的重点仍然是"特质-因素适配模型"，这意味着，生涯指导服务主要关注的是客户心理测试（Blommers & Lucassen，1992；Meijers，1995）。

第3节 日益增加的不稳定感

只要职业结构总体上保持稳定，且在可预测的劳动力市场中有明确定义的职业角色，这种"特质-因素适配模型"就会一直适用。然而，在接下来几十年之中，这种情况迅速发生了变化。1976年，荷兰有5500个被认可的职业和2000个"非特定"工作岗位（例如政策助理，区域顾问，数据工作者）（Wiegersma & Van Bochove，1976）。到2010年，职业的数量已下降至1073个，而"非特定岗位"名单增加至23000余个（CBS，2012）。这样就产生了一种不确定感，因为对非特定岗位的认同要比对职业的认同困难得多，这主要是因为职业有其更加明确的社会"附加值"。同时，劳动力市场也发生了很大变化。20世纪60年代中期，荷兰经济处于工业化时期的高峰。当时，在工业界工作的劳动力占45%。1975年，这一百分比下降至36%，到1985年下降至27%（Dodde，1988，pp.47-48）。人们可获得的就业机会更多地转向了服务和知识型的活动。

在工业经济中，"向上流动"尤其与年龄和工作有关：一个人在一定年数后晋升到下一阶层，但仍然属于同一职业（Mintzberg，1983）。随着服务经济的兴起，这种情况发生了改变。根据科尔比金（Korbijn）的研究（Korbijn，2003，pp.45-46），荷兰有三大发展趋势：

1. 更加以需求为驱动的市场：客户想要最适合自己特定需求和愿望的最实惠的产品；
2. 全球化（即"地球村"）趋势上升——目前，客户、商业伙伴和竞争对手遍布全球；
3. 技术很快就会过时，市场需求瞬息万变。

这些大趋势所带来的影响是，市场以不可预知的方式持续发生着变化，因此，跟上竞争的一个更重要的因素是创新能力，而且知识变得非常重要。换言之，人们希望越来越多的员工成为企业家：他们必须保持自己的"就业能力"，这意味着，他们必须能够自我引导其生涯发展（Savickas, 2013；Steenbruggen，2003）。对于生涯指导来说，这意味着，"情绪劳动"[①]（即必须有意识地展现某种特定情绪的工作）越来越重要（Doorewaard & Benschop，2003；Sennett 1998）。

考虑到上述这些变化，我们可以很清楚地看到为什么"特质-因素适配模型"有其局限性。一个人的生涯道路越来越成为"无界化生涯"（Arthur, Khapova & Wilderom，2005），人们越来越难以做出理性的和基于信息的生涯选择（Guindon & Hanna，2002；Mitchell, Levin & Krumboltz，1999）。加之人们认为，年轻人还不具备做出有意识的和明智的选择的能力（Blakemore, Burnett & Dahl，2010；Krieshok, Black & McKay，2009），这使得传统意义上的生涯指导与咨询正在慢慢被淘汰（Kuijpers et al.，2011；Meijers & Lengelle，2012）。如果考虑到人们在选择过程中每个阶段所做出的那些"错误"选择的绝对数量，上述情形在职业教育中就更加明显了。从职业预科教育过渡到中等职业教育之间，许多学生选择的方向与职业预科教育时的方向根本没有关系。斯蒂纳尔特和波森库尔（Steenaert & Boessenkool，2003）指出："学生选择了自己的学习（即主题或方向），却没有清楚地了解该选择的实际内容，也没有清晰的就

---

① 情绪劳动（emotional labour）是指要求员工在工作时展现出令组织满意的某种情绪状态，以达到其所在职位的工作目标的劳动形式。例如，银行的员工必须表现出礼貌和耐心，酒店的服务员即使被顾客惹怒也应表现出微笑。——译者注

业观。"范埃斯和纳维尔（Van Esch and Neuvel，2007）的研究表明，至少有25%的学生做出的中等职业教育选择是毫无动机的和随意的。这些学生是根据纳维尔（2005，p.9）所谓"垃圾桶模式"而做出的选择："这个我不想要，也不是这个，我真的不想走那条路。好吧，那就选择这个"。该研究还表明，那些无法解释其选择理由的学生，往往也不会被他们所选择的课程所录取。然后，他们就必须接受"第二选择"，而他们在第二选择那里又找不到"家"的感觉。因此，这些学生难以完成学业的概率比平均水平高就不足为奇了。

根据"职业教育学生组织"[①]每年出版的所谓《工作监测》（JOB-Monitor）研究报告，职业教育的学生对其接受的生涯指导也很不满意。大约有13.5万名学生参加了随后进行的研究。2012年，只有30%的学生对自己的学习选择和接受的生涯指导感到满意，24%的学生对这两个方面都不满意，46%的学生持中立态度。该研究还要求学生对实习指导教师（雇主）在实习中对学生的生涯指导进行评价。大部分学生（60%）对生涯指导感到满意，只有11%的学生（非常）不满意。学生对学校的生涯指导工作的评价的满意率则远远落后于此，只有34%的学生感到非常满意，27%的学生觉得非常不满意，39%的学生表示没有意见（Jongerenorganisatie Beroepsonderwijs 2013）。

第4节 浓厚的生涯学习环境

现代生涯学习理论（比如参见Savickas，2002，2013）指出，为了找到自己的发展道路，学生需要对其未来发展形成连贯一致的生涯体验，以便给他们一种认同感和方向感（Wijers & Meijers，1996）。学校不应该给学生提供更多的（甚至是"更好的"）信息以让他们做出所谓"明智的"决定（这几乎在任何情况下都根本不会是很明智的，参见：Van Esch & Neuvel，2007），而是应该帮助学生发展生涯体验。生涯体验产生于生涯对话中，其中，个人意义附属于具体的工作经验（Lengelle，Meijers，Poell

---

[①] 荷兰语：Jongerenorganisatie Bero-epsonderwijs。——译者注

& Post，2014，2015；Meijers & Lengelle，2012）。为了促进和开展这种职业对话，在对话中占中心地位的必须是学生在工作经验方面的想法和感受（Bardick，Bernes，Magnusson & Witko，2006；Philip，2001）。然而，学生似乎并不乐意参加生涯对话；如果它被规定为课程的一部分，学生很少有动力去参加关于自己生涯的反思活动（Mittendorff，2010）。由于学校课程的理论性太强，学生看不到其中规定的那些"反思活动"与"现实生活"之间有什么联系，因此，他们认为借助成长档案（portfolios）或个人发展规划而进行的反思活动基本上没有什么作用（Mittendorff, Jochems, Meijers & den Brok，2008）。

库依普斯等（Kuijpers et al.，2011）、库依普斯和梅杰斯（Kuijpers and Meijers，2012a）的研究表明，通过生涯能力的学习，可以在一定程度上形成学生的生涯体验，但是，生涯能力也是形成职业认同这种学习过程的结果。换言之，职业认同是体验式学习的结果：反思与行动必须携手并进。库依普斯和舍伦斯（Kuijpers & Scheerens，2006）以及库依普斯、施恩斯和舍伦斯（Kuijpers，Schyns and Scheerens，2006）明确提出了五种独特的生涯能力：(1)能力反思（审视对自己的生涯很重要的那些能力）；(2)动机反思（审视对自己的生涯很重要的那些愿望和价值观）；(3)工作探索（研究工作和岗位的可能性）；(4)生涯方向（做出深思熟虑的决定并付诸行动，使工作和学习与能力、动机和工作挑战相一致）；(5)建立关系网络（建立和维护以生涯发展为重点的联系）。

在一项对荷兰的职业预科教育、中等和高等职业教育学生的大规模实证研究中，库依普斯等（2011）、库依普斯和梅杰斯（2012a）指出，构建一个能激发真实工作经验和关于这些经验的生涯对话的学习环境，将有助于学生发展和运用生涯能力。即使考虑到学生的个性特质和他们的教育课程有所不同，这种学习环境的特点对于学生学习和运用各种生涯能力的程度都有影响。特别是在学校的生涯对话和在工作场所的对话是非常重要的。这两者都有助于职业反思、职业生涯形成（工作探索与职业生涯方向）和建立关系网络；事实上，与学生的个性特质相比，这种生涯对话与生涯能力的发展更加密切相关。

该研究中，运用"生涯模式"或所谓"个人发展规划"的组别的学生，反映他们进行的生涯反思活动较多。在参与生涯对话的学生组别（他们叫嚷着要退出研究小组）中，学生发生的反思活动也较多。然而，这并不意味着这些学生有更清楚的职业生涯发展方向（或参与到职业生涯形成中）。也就是说，更多传统的那些生涯指导形式，例如生涯指导顾问谈话和生涯指导测试，并没有明显地鼓励学生去运用生涯能力。为了鼓励学生更加自主地把握其生涯发展，似乎应该让学生自己去选择他们想要学习什么，并要求他们说明为什么想要学习这些。该研究还发现，应该通过工作场所的具体经验和学校的工作任务来促进学生的反思，帮助他们定位自己未来的生涯发展。关于这些经验的对话，对帮助学生应用生涯能力非常重要。

该研究的假设是，浓厚的生涯学习环境不仅可以使学生与工作场所指导教师和学校教师进行关于他（或她）生涯发展的对话，而且必须以实践为基础。这意味着，学生有机会参与大量各种不同的实践工作经验。据参加工作实习比较多的那些学生反映，他们的确对自己的职业生涯发展有了更清晰的方向，而且更频繁地搭建人际关系网。然而，他们并没有比那些没有参加实习的学生进行更多的生涯反思。为了实现反思，必须在学校或工作场所开展生涯对话。换言之，为了学生实际应用生涯能力，课程的组织或使用某些方法和技巧并不重要，至关重要的是要参与和开展生涯对话。

目前，荷兰职业教育仍然很少见到浓厚的生涯学习环境。梅杰斯等（Meijers et al., 2006）进行了一项研究，其中包括职业预科教育87个班、中等职业教育全日制98个班和非全日制41个班。在这226个班级中，只有3个班有浓厚的生涯学习环境，48个班有基本浓厚的生涯学习环境。在职业预科教育和全日制中等职业教育的185个班级中，学生没有讨论自己工作经验的机会，这些工作经验对他们的学业几乎没有什么积极的影响。2006年（Meijers et al., 2006）和2012年（Kuijpers & Meijers, 2012b）进行的两项研究均表明，中等职业教育没有全校性生涯指导政策或规划。这意味着，学校每个单位基本上都在做着自己的事情，而不一定有一个基本规划来指导这些工作。而且，尽管成长档案和个人发展规划等手段的运用在增加，但它们主要是为了促进学生学业的成功，而不是为了反思工作或生涯问题（另参见Mittendorff, 2010）。实际上，当学生在学习上遇到问题时，教师似乎很快就会把他们送去生涯咨询中心寻求帮助。然而，值得注意的是，在护理行业有比较浓厚的进行生涯学习的学习环境。与其他课程相比，专注护理职业的这些课程在实施综合性生涯定位和指导方面做得更加成功。技术类培训课程在这方面的得分最低，在这些课程的教育场景中，生涯定位和指导往往非常传统。该研究还表明，3级和4级课程的教师接受了更多生涯指导方面的培训，学生与教师一起共同进行生涯指导，与之相比，初级培训课程（1级和2级）的生涯指导大部分是由教师完成，其本质上更像是教师在唱独角戏。

在学生实习的那些企业也没有建立起浓厚的生涯学习环境。梅杰斯访谈了管理行业和金属行业的27名学生和18名实习指导教师。据学生反映，实习安排的内容很丰富，但给他们提供的反思性对话或生涯指导的机会太少。学生和实习指导教师之间通常有着积极的关系，但主要侧重于传授"相关工作技能"，以及以就业社会化为目标让学生学习如何依照主流规范和价值观而工作。实习指导教师及其他工人把学生在实习期间是否达到"成熟"这一点当作很随机的副产品。学校指导教师也持这种看法；所有参与者都把这当作是一个巧合过程，而不是有意识地去激发它。该研究表明，学生通常是在由工作场所指导教师"控制"的情况下工作——在这种情况下，第一重要的是工作技能，而几乎没有为职场困惑这一所谓"核心问题"留出空间。

第5节 生涯对话

库依普斯、梅杰斯和温特斯（Kuijpers，Meijers and Winters，2010）在中等职业教育学校进行的一项纵向研究表明，在目前的教育体系下很难实现真正的生涯对话。奎因（Quinn，1991）指出，这些长期以来保持稳定的组织所形成的文化对那些重视产出、控制和管理的人格类型具有吸引力。特别是全日制教育，在1920年至1980年期间，师生互动文化几乎没有发生变化。一切都集中在通过那些既定的课程形式对已有知识进行有效地传授。教师是中心人物，被视为积极地将他（她）精确而明确的专业领域知识传授给学生。尽管1980年以来学校文化发生了一些变化，但荷兰中等职业教育的大部分教师接受培训是在1980年前后。因此，毫不奇怪的是，即使到今天，学校也很少为学生的话语提供发展与表达的空间（Winters, Meijers, Kuijpers & Baert, 2009）。而且，学校的风气依然是以教师一人讲授为主，因此，大多数教师认为自己没有能力帮助学生发展职业生涯体验（Kuijpers & Meijers, 2012b; Kuijpers et al., 2010）。承认教师在这方面没有底气，这一点非常重要，因为正如所有形式的生涯咨询一样，生涯对话这种方式的效果在很大程度上取决于生涯顾问对所选择的方式的信任程度（Cooper, 2008; Wampold, 2001）。

与工作实习相关的对话如何促进职业生涯建构？在一系列的研究中，温特斯等（Winters et al., 2009, 2013）以及温特斯、梅杰斯、库依普斯和贝特（Winters, Meijers, Kuijpers and Baert, 2012）用"对话自我理论"的框架（Hermans & Hermans-Konopka, 2010）来解析这一问题。"对话自我理论"的出发点是，认同的形成在本质上是对话性过程，因为"自我"实际上是"复调小说"，或者说是由一个人身上各种声音（"主我立场"[I-positions]）形成的组合。对话的"自我"并不是静止不变的，而是通过"主我立场"的交流（自己内部的对话）和与他人的交流（外部对话）而带来自己内在的转变。从"对话自我理论"的角度看，从现实生活经验到合适的职业生涯选择，这一轨迹最理想的情况是，从形成一个"主我立场"开始，然后通过与其他相关"主我立场"进行对话的方式，拓宽这个"主我立场"的范围，进而通过连续的对话转换，从各种不同的"主我立场"到形成一个"间位立场"（meta-position），再从"间位立场"到形成"促动者立场"（promoter-position）。我所指的"主我"立场，是要求学生以多种声音的方式进行对话——对经验的讨论可能以各种含糊和矛盾的方式进行（例如，我喜欢和老年人一起工作；他们不互动的时候，我不喜欢和他们一起工作；我们都很安静的时候，我喜欢和他们一起工作）。然而，为了把对话转化为能力和行动，还需要有见证各种"主我"立场的存在及其影响的能力。这正是"间位立场"的价值所在，因为它使个人能从远处审视其"主我"立场。在生涯学习中，这意味着，我们能够发展和表达各种观点，探索各种选择，而不是从一开始就"嫁给"其中任一个选择。通过"间位立场"而获得综合性了解，是为了引导我们采取行动，或者至少是行动的意图，同时我们仍然要意识到工作环境和我们自身的复杂性和可变性。能够采取行动的"立场"——旨在为将来的"主我立场"提供发展动力——称为"促动者立场"。

然而，如前所述，这种生涯对话在学校或工作中是否真正得到了激励，这一点还值得怀疑。温特斯等（2009）研究了荷兰中等职业教育的工作实习中的生涯对话。研究表明，生涯对话的核心不是学生而是课程，而且，学校教师和实习指导教师中，大部分人（65%）是对学生谈话，有的（21%）是谈论学生，只有很少人（9%）是与学生展开交谈。学生、教师和企业实践指导老师坐在一起，并不意味着学生就加入了对话，更不用说借此机会反思其个人学习目标。学生几乎没有机会表达他们对工作场所经验的看法，更不用说从中学习到或者想学习到什么。培训中的谈话内容几乎完全是针对学生评价的，以及给学生传递教师和企业指导教师的专家意见。

温特斯等（2012，2013）进一步探讨了在三种不同文化背景下职业教育的生涯对话的质量：（1）职业预科教育的教师与15岁学生的对话（"职业预科组"）；（2）中等职业教育的教师和工作场所指导教师与18—19岁学生的对话（"中等职业组"）；（3）中等职业教育的工作场所指导教师与18—19岁学生的对话（"工作场所组"）。结果表明，大部分的对话的确有可能构建起职业认同。学生的确形成了"立场"（即"主我立场"、"间位立场"或"促动者立场"），而且主要是由学生自己完成的。与"中等职业组"和"工作场所组"相比，"职业预科组"形成的"主我立场"更多，这可能是由于目前这种关爱文化的原因（即每一个学生的福祉都得到更多关注）。"工作场所组"比另外两个组形成了更多的"间位立场"和"促动者立场"，这可能是由于其中商务文化的原因，即每个人都对其所属工作小组的成功负有责任。"中等职业组"的对话时间最长，但为学生形成"立场"提供的空间甚至比"职业预科组"（"职业预科组"关于学生如何开展实习的谈话询问经欠规范、时间较短）还少。这可能是因为，中等职业教育65%的学生在完成课程学习后就立即进入了劳动力市场。这是中等职业教育的质量之所以受到教育部门严密监督的原因之一；雇主和政治家们强迫学校使用标准化评价程序，这给学生和教师留下的话语空间都很小（读者欲了解美国的同样的趋势，可参见：Nichols & Berliner，2007）。在任一研究案例中，职业对话都没有占主导地位。换言之，当学生形成他（她）的"自我立场"时，教师和指导教师采取的那些回应策略几乎不能激励学生拓宽这些"立场"，更不用说重视"间位立场"和"促动者立场"的形成了。

温特斯等（2013）特别感兴趣教师对学生定位的回应。他们发现，教师有四种不同的回应策略：（1）忽视：忽视学生的"主我立场"；（2）重新定位：在谈话中代表学生重新进行定位；（3）拓宽：拓宽学生的"主我立场"但不得出结论；（4）促进：朝着形成"促动者立场"的方向进行对话。图7.1显示，当分析"忽视"和"促进"策略的使用情况时，上述三种研究情形表现出强烈的相似性。平均一场对话中，"职业预科组"的学生已形成的定位被忽视了2次（"工作场所组"和"中等职业组"为2.5次），同时，每场对话中，"工作场所组"学生的"主我立场"能激励形成"促动者立场"的不到1次（"职业预科组"和"中等职业组"为0.5次）。这三个组中，"重新定位"的策略平均发生2次（"职业预科组"为1次，"工作场所组"和"中等职业组"为3次）。至于"促进"策略的运用，平均一场对话中有2次显示了这种趋势（与"职业预科组"和"中等职业组"相比，"工作场所组"平均高达3.5次）。显而易见："定位"是由学生自己完成的，教师及指导教师往往以非对话式的策略（即"忽视"和"重新定位"）做出回应。

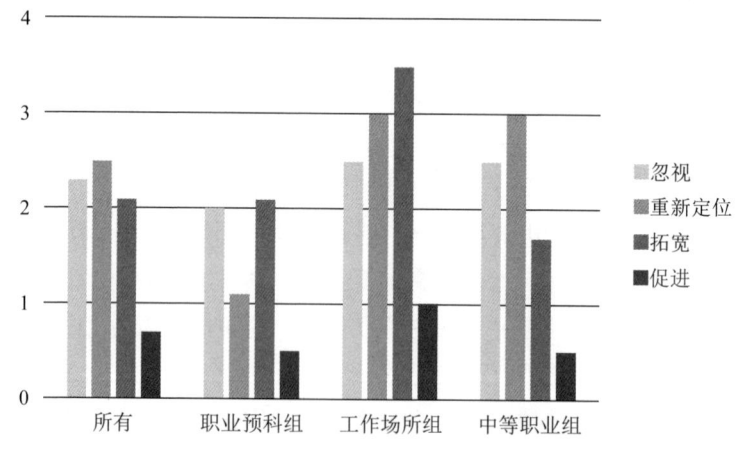

图7.1 三种情形下平均每场职业对话中教师对学生的定位的回应策略（次）

第 6 节　教　师

教师采用非对话方式进行回应，至少在一定程度上是因为教师觉得自己失去了权利。教师们反映，他们和学生的对话通常是关于学生在学校的学业进展，而很少是关于学生自己及其未来发展（Kuijpers et al.，2011；Kuijpers & Meijers，2012b）。值得注意的是，40%的教师认为，作为生涯教师，无论是学校还是在该领域工作的其他专业人士，他们的工作都没有得到充分的支持；63%的教师反映，他们几乎没有得到管理者和同事们的支持；54%的教师反映，他们几乎没有得到雇主或其他专业人士的支持。目前，在西方社会，教育的社会政治氛围所偏爱的那些教与学的方式中，应试教育和照本宣科的课程是首选（Hillocks，2002；Marshall，2009）。在荷兰，这种倾向表现为，每个中等职业学校被迫重新引入荷兰语和数学，它们成为照本宣科课程的一部分。强调标准化和"一考定生死"的考试，导致人们形成了一种关于什么是教与学的狭隘观念（Franciosi，2004；Hargreaves，2003；Lipman，2004；Ravitch，2010）。"标准时代"的那些政策并没有把重点放在腾出时间来让教师与学生进行讲述和对话，这使得教师在这个能带来"合作关系"的"交谈过程"中更加缺乏经验（McIlveen & Patton，2007：10）。然而，许多教师明确要求开展如何与学生进行生涯对话的培训（Meijers，2008；Kuijpers & Meijers，2012b）。

库依普斯和梅杰斯（2011）进行了一项关于进行教师培训对于促进学生职业生涯能力发展的职业对话的影响的研究。在定量研究部分，他们采用准实验研究设计，评价了对2291名学生的影响。在定性研究部分，他们录制了对话视频。该研究的一个重要结论是：从学生层面来衡量，这种为期两天的教师脱产培训项目还不足以实现使生涯对话发生显著变化。然而，脱产培训加上在职的一对一辅导和团队辅导，从学生角度看，证明对于改进生涯对话是有效的。只有当教师根据自己的实际情况应用脱产培训去加以引导时，才能真正改进职业对话。不仅在定量研究部分显示了教师在接受培训之后生涯对话发生了变化（正如学生所反映的那样），而且在对话记录中也看到了这种变化。换言之，教师提出了更多的关于生涯定向的问题，学生也给出了更多的答案。

尽管这些培训产生了积极的效果，而且许多教师要求进行关于生涯对话的培训，但激励教师去参与此类培训并不容易。教师对专业化的需求并不是不言而喻的（Van Driel，2008）。他们通常更喜欢那些短期脱产培训课程，以学习如何运用特定的工具来开展工作。相比之下，库依普斯和梅杰斯描述的上述培训不仅更耗时（脱产培训和在职培训相结合），而且它改变了一个人的职业认同。性格特质和素质的发展（即职业认同感），只有在学习者发现培训内容有意义时才会发生（这与培训内容被视为"是必须的"有很大的不同；参见 Hensel，2010）。当教师与管理者进行协商（Lodders，2013）以共同打造他们自己的培训项目时，他们才会发现培训内容有意义（Van Veen，Zwart，Meirink & Verloop，2010）。

综上可见，对工作和学习环境的要求是：

1.基于实践。教师和中层管理者的学习过程，必须基于实际创新实践中所产生的那些疑问和问题，这些创新实践是有目的的，并回应基于这些实践所产生的具体问题。要解决这些问题，必须"及时地"而且"仅仅按需要"提供解释这些问题的理论。另外，学习环境必须结构清晰，即，教师和中层管理者不应该同时进行太多的创新。在实践中，这意味着，正在进行的那些创新应该精简数量，并且（或者）创新应该更加综合和集中。关于教师实施和继续这种创新的能力，人们应该更多地考虑到教师的学习能力或学习意愿（除了他们所需的学习之外的）。

2.促进对话互动。如果各方之间的对话是关于一个人工作的个人和社会意义，处理具体问题只会导致教师和中层管理者的职业认同的变化（并因此导致真正的创新实践）。肖特（Shotter，1993，p.20）将这种需要的对话描述为"一种社会构建的大量自发的、共鸣的、实用的、自然的但有争论的互动"，这种对话"与最终汇聚到唯一的'真理'的对话的表象完全相反"。从肖特的这番话可以清楚地看到，对话与讨论是完全不同的。对话意味着表达和接受不确定性（参见 Meijers & Lengelle，2012）。

3.基于清晰的战略管理愿景，促进合作和共识。发起并持续推进这种对话，需要改革型的领导（Geijsel & Meijers，2005；Geijsel，

Meijers & Wardekker，2007）。这类领导不但能提供基于战略愿景的指导方向，也为教师和中层管理者创造空间，让他们制定自己的策略以达到预期目标。同时，只有上级管理层就教师和中层管理者的具体工作经验进行对话时，才能创造出这些必要的空间。

第7节 本章小结

综上所述，我们清楚地看到，开展真正的生涯对话非常必要，以支持学生发展他们所需要的"二十一世纪技能"，使他们在当前复杂的劳动力市场取得成功。必须帮助学生发展生涯能力和职业认同，使他们对生涯选择和真实工作环境产生内在动力。同时，我们也清楚地看到，迄今为止，学生在这方面还没有得到多大帮助；在荷兰，几乎所有的职业教育学校都缺乏浓厚的生涯学习环境。通过工作实习，学生的确获得了真实生活中的工作经验，但是，无论在实习期间还是实习之后，他们都没有足够的机会对这些工作经验进行讨论。因此，对职业生涯发展而言，这些工作经验没有多大的意义：大多数学生都无法独自从工作经验中培养出职业认同和方向感。在生涯指导方面，尽管许多教师都认识到需要接受关于如何与学生开展生涯对话的培训，但他们觉得很少得到管理者和同事的支持。为了使这些培训能成功地形成新的生涯指导方式，学校的管理者必须为教师创造一个浓厚的生涯学习环境，尽管在目前荷兰职业教育中占主导地位的"标准时代"那些政策给管理者留下的这种空间并不大。

第 8 章

职业教育课程中知识的作用和性质

艾利·德布鲁恩，亚瑟·巴克

第 1 节 课程中的知识

在知识经济和知识社会，人们普遍认识到，为了使经济更具竞争力，知识对所有员工来说都很重要（Guile，2010；Scientific Council of Government Policies［WRR］，2013）。然而，一旦我们试图去描述这些知识，并认真思考在职业教育中如何开发这些知识时，就会面临很多挑战。首先，很难明确界定员工"应知"什么，因为人们的知识库所需要的不只是陈述性知识，还有情境知识、隐性知识、情节性知识和体化知识。[①] 其

[①] 作者在本章中提到以下几种类型的知识：陈述性知识（declarative knowledge），程序性知识（procedural knowledge），显性知识（explicit knowledge），隐性知识（implicit knowledge），意会知识（tacit knowledge），可编码知识（codified knowledge），情境知识（situated knowledge），体化知识（embodied knowledge），情节性知识（episodic knowledge），分布式知识（distributed knowledge）。其中：(1) 可编码知识指可以用语言、图形、符号、数字等明确地表示、表达、处理和传递的知识。(2) 体化知识（embodied knowledge）是与脑化知识（embrained knowledge）相对的一个概念，指可以体现为个体的具体行为的知识，而脑化知识指可以编码但不体现为个体的具体行为的知识。也有学者将"embodied knowledge"译为"身体知识"，将"embrained knowledge"译为"大脑知识"（参见：菲利克斯·劳耐尔［Felix Rauner］等主编、赵志群等译《国际职业教育科学研究手册》［Handbook of Technical and Vocational Education and Training Research］下册，北京师范大学出版社，2017，第 464 页）。(3) 情节性知识（episodic knowledge）属于陈述性知识的一种。加拿大认知心理学家图尔文（E.Tulving）将陈述性知识分为情节性知识和语义性知识（semantic knowledge）。情节性知识指个人亲自经历的特定事件或特定情境中的具体事实记忆的知识，语义性知识指摒弃了具体的知觉成分的有意义的事件和观念，通过内部符号的记忆表征而被贮存在长时记忆系统中的知识。(4) "分布式知识"是经典认知逻辑中关于"群体知识"的一个重要概念。群体知识包括普遍知识（general knowledge, universal knowledge）、公共知识（common knowledge）和分布式知识等三种知识。分布式知识的直观含义是指将群体中所有认知主体的知识汇总在一起经推理得到的知识，一般可以理解为分布在群体中的隐含知识和联合知识。例如，有主体 1、2 和 3，1 知道 A，2 知道 B，3 知道 A 和 B 蕴涵 C，那么 C 就是群体 {1, 2, 3} 的分布式知识（参见：郭美云《分布式知识的研究进展》，《哲学动态》2007 年第 11 期，第 43—44 页）。——译者注

次，人们所需要的知识不只是个人的事情，这些知识也分布在实践中，在一定程度上属于"外包"给设备并在社会上共享的知识。职业教育是面向职业的教育，面临着在教学计划中如何支持开发这些基本知识的问题。本章分析荷兰职业教育如何处理教学计划中职业知识的定位问题。

1. 方法

本章从三个视角进行论述。首先是历史视角。我们重点关注从 2000 年到 2013 年这个时期，当时，20 世纪 80 年代和 90 年代那些重大改革已经在各个层面得到全面实施（参见 De Bruijn，Billett & Onstenk，2017）。为了理解本世纪第一个 10 年中知识在职业课程中的定位，在此有必要回顾一下过去并展望未来。目前的情形，至少在一定程度上取决于过去的决策，并预示着未来的实践，这样，历史视角就不仅仅只是描述性的了。

第二是课程视角。作为"学习计划"（Taba，1962）的课程是我们的主要关注点，尤其是目标课程（intended curriculum）（参见 Goodlad，1979）。课程包括一系列有理由处于中心地位的要素（参见 Van den Akker，2003）：目标，内容，学习活动，教师角色，资源与教学材料，学生分组，学习情境，学时，评估。知识的定位，首先与"内容"这一要素有关，即把各种类型或形式的职业知识转化到课程内容之中，无论是在教学大纲中加以概括，还是在任务中进行培养。课程内容通常是横向排列（即独立的平行科目或主题）和纵向排列（即按时间排序）。要分析知识在职业课程中的定位，除了"内容"以外，还有两个相关的要素。第一个要素是"任务"，它以特定的方式把内容、学习情境、学时、学生分组、教学材料和资源等课程要素组织起来，从而唤起学习。第二个要素是"评估"，包括"应知"和"应会"两个方面。因此，本章从包含这三个要素的目标课程这一视角来解读职业课程中知识的定位：内容（既包括由职业知识转化而来的课程内容本身，也包括内容的确定、编排和排序）、任务、评估。我们用"职业课程"（vocational curriculum）一词指代"职业课程计划"（vocational programmes），因为它涵盖了上述定义的那些要素。

第三个视角，我们的分析建立在研究的基础之上。我们收集了很多基础研究和实践研究方面的出版物，以获得过去约三十年来关于职业课程中知识的定位的一些数据资料,其中,重点是 2000 年以来这个时期。我们用相关术语的荷兰语——包括"课程、内容、普通科目、职业科目、职业或专业知识、职业教育"——在"Google 学术"上搜索研究成果。我们把"搜索法"和"滚雪球法"结合起来,查阅了所选出版物的那些参考文献清单,尤其是综述研究和博士论文。总之,很难找到关注职业课程本身的研究,特别是过去 15 年来的研究。关于职业课程中知识的定位的研究确实寥寥无几。然而,近年来出现了一些令人鼓舞的案例研究,它们集中在一些非常具体的领域,例如实验室技术人员的数学知识。可见,之所以需要借鉴研究成果,意味着我们在某些方面还存在空白,但随着时间的推移,研究工作仍将是这样,因为政策的重点会随着时间的推移而改变。尽管相关研究成果如此零碎,在本章中,我们的目标是勾画一幅清晰一致的职业课程中知识的定位的图景。

2. 术语

职业教育本身多种多样,各国之间的差别也很大,在这种情况下,我们似乎没有一种共同的国际语言。因此,本节首先概述一下我们使用的一些重要概念。

我们用"职业教育"(vocational education)一词指代所有面向"职业"(occupations)的教育,包括区域职业学院提供的"低技能"(low skilled)职业教育和应用科学大学提供的"高技能"(high skilled)(如理疗或会计)职业教育。我们明确以高级中等职业教育(MBO)和高等职业教育(HBO)为重点。

本章要解决的关键问题是职业课程中各种专业知识来源的定位,职业课程旨在发展和促进学生的个人专业知识(Schaap, De Bruijn, Van der Schaaf & Kirschner, 2009)。这就提出了一个关于知识的社会性与个体性的关系问题。比利特(Billett, 2011)用"occupation"(职业)一词指社会事实和实践，用"vocation"（职业）一词指个体事实和实践。[①] 社会意义上的"职业（occupation）"起源于历史、文化和环境，实际上是工作形式的分类，是社会的产物和必要条件，因此也是制度事实[②]。个人意义上的"职业（vocation）"则起源于个人经验，个人有意识地参与其中并赋予其意义；职业（vocation）是个人成长过程的结果。伊若特（Eraut，2000）定义了个人认知与知识的社会性之间的关系：个人认知是在一系列社会场合中个人学习生涯的独一无二的结果。从社会场合的情境角度看，知识已经存在于这些活动和文化规范之中，并通过参与者的贡献而发展和转化。从个人角度看，人们参与各种社会场合，促进了重新情境化和拓展先前知识及其他知识的过程，这也是社会场合的一部分。我们的观点是，个体事实和实践、社会事实和实践这两者之间并没有明确的区分。不过，为了通俗易懂，本章从社会视角考察知识时，我们用社会意义上"职业（occupation）"一词；从个人视角考察知识时，我们用个人工作意义上"职业（vocation）"一词。因此，我们保留用"职业知识"（occupational knowledge）一词指代"职业课程"（vocational programme）中的知识来源。

根据盖尔和杨（Guile and Young，2003）对职业知识的类型划分，本章着重探讨两类知识的定位问题：(1) 可编码知识，即数学、语言和其他学科知识，如机械学、生理学、经济学、营养学，它们都是职业知识的组成部分；(2) 情境知识、分布式知识和体化知识，与程序性知识和意会知识一样，它们都是人类活动的一部分。因此，在第一类知识中，我们仅包括学科知识，就其表现形式而言它是职业知识的一部分。作为第二类知识的一部分，本章还包括职业信仰、习惯和认知。在分析各类知识的定位时，

[①] "社会事实"（societal facts）是社会学的概念，也称"社会现象"，由法国社会学家和人类学家涂尔干（Émile Durkheim）作为社会学的特殊研究对象而提出。"一切行为方式，不论它是固定的还是不固定的，凡是能从外部给予个人以约束的，或者说，普遍存在于该社会各处并具有固有存在的，不管其在个人身上的表现如何，都叫做社会事实。"简单地说，社会事实就是外在于个人，却能制约个人行为的社会现象。社会事实与"个体事实"（individual facts）的区别在于它以社会为基础和承担者。——译者注

[②] "制度事实"（institutional facts）是哲学家约翰·塞尔（John Searle）提出的一个概念。为了回击社会学上反实在论的观点，约翰·塞尔把制度事实与原始事实做出区分。原始事实独立于人类的态度和情感而存在，它强调物质的客观实在性；而制度事实是规范界定下的事实，同时它又具有目的性和价值性因素，是一种与人类实践有关的事实。——译者注

我们重点关注的是，在课程、任务和评估中呈现给学生的课程内容的定义与结构。这些内容与实践工作过程之间有动态关系吗？在多大程度上体现了科学的逻辑性？有把这些内容变成可学习内容所需要的"转化"吗？即课程内容的呈现符合教育学和心理学的观点吗？（参见 Brandsma，1993；De Bruijn，1995）

首先，我们在下一节对人们对知识定位的不同关注重点进行历史回顾。然后，介绍并讨论一些更具体的案例，这些小型案例研究成果往往为我们的论证提供了支撑。最后一节指出本章所反映出的那些最关键的问题与困境。

第2节 历史回顾：来回摇摆

关于职业教育需要学习的知识类型，过去几十年来，人们一直在极端的立场之间来回摇摆。20世纪80年代以前，人们主要关注掌握陈述性知识、显性知识或可编码知识，尤其是全日制职业教育更是如此。因此，人们普遍抱怨，职业教育的学生知道很多知识，但不能应用于实践（即工作活动）。根据情境认知理论，教育工作者们更加认识到，实践中的认知具有情境性、半隐性、情节性、体现性、分布式的特征。"学徒"和"参与"成为一种较流行的学习隐喻，而且，在2000年左右，"能力本位教育"使这两者在荷兰职业教育中首次亮相。很多能力本位教育的倡导者主张，提供知识和学习内容应该做到"恰逢其时"（just in time），要把真实场景中的综合项目作为学习过程的主要构建部分。技能和态度得到了人们更多的关注，但代价是牺牲了对知识的关注。

然而，过去10年来，至少在政治层面上，人们又摇摆回到了重视显性知识，主要是通识知识。在这个不断变化的环境中，人们也关注职业知识，但态度不那么鲜明。事实上，人们更加重视那些与职业没有什么关系的普通科目本身，在课程中减少了职业知识的学时。然而，职业院校（和企业）并不想回到30年之前的状况，因此，给学生传授与他们将来的职业相关的知识这一问题面临着挑战。同时，人们认为，与能力表现有关的那些知识越来越重要，无论是意会知识、情境知识，还是职业信仰、习惯和认知。

审视这种来回摇摆，至少从政治层面上，我们可以将之大致划分为三个时期。在此必须指出，在实践中，这些发展阶段并非截然分开的，我们看到，不同的举措在同时实施。例如"职业教育联盟"（Consortium Vocational Education，SCB）创新运动，近25年来，一批学校的教师团队为那些联盟成员单位开发教学材料和项目，一直以这样或那样的方式寻求解决职业知识这个问题（Klatter，2011；Mulder，2003）。在描述这三个时期的时候，我们也涉及这些自下而上的举措，但是它们对公众争论或国家和学校的政策影响并不大。因此，我们这里只强调那些主流趋势。

1. 第一个时期：1980—1995年

第一个时期是指从1980年一直到1995年，《职业与成人教育法》的出台是一个主要转折点。正如第一章所述，《职业与成人教育法》对中等职业教育进行了重组，这也影响了人们对课程和知识定位的视角（De Bruijn & Van Esch，2001；Nijhof & Stijnen，2001；Nijhof & van Esch，2004）。这一个时期大约持续15年，人们开始摆脱十分重视学校讲授可编码知识的学科本位职业教育，转而要求学生在实习期间，特别是考试之后（高级程度的全日制课程）或在工作期间（学徒制）如何学习操作和成为一名从业者。

与此同时，在一定程度上属于政治舞台之外的是，初级资格层次的职业教育课程进行了试验性改革，由此产生了另外一种理念（参见De Bruijn，1997；Nieuwenhuis，1991）。这种新课程开发的出发点是：(1)将学习内容与职业实践联系起来；(2)激励学习者积极参与学习可编码知识和情境知识；(3)与企业共同合作设计学习环境，让学生从经验中学习（Klarus & Van den Dool，1989），同时不忽视可编码知识的重要性。随着建构主义教育的兴起，个人的知识发展被视为一个"意义协商"[①]过程，使学习者在职业课程中遇到的那些知识来源产生个人意义。同时，为了拓宽参加这些课程的年轻人的视野，可编码知识、陈述性知识和程序性知识极其重要。任务和评估的设计，旨在激励学习者超越经验、运用多种视角和加深理解（De Bruijn，1997；De Jong & De Wild，1988）。这些新开发的课程具有

[①] 意义协商（negotiation of meaning）是指学习者与其会话对象在理解彼此话语困难时做出话语修正和信息重建。——译者注

试验性地位，不再属于正规教育体系的一部分（参见 De Bruijn，Billett & Onstenk，2017）。教师、设计者和研究者们一起努力，在目前理论下为这种新课程夯实基础，并在此过程中了解试点结果。

这一时期，人们对作为正式高级中等教育的一部分的职业课程（即"长学制"的中等职业教育课程）的一些批评报告中指出，这些课程太死板，主要关注掌握可编码知识，没有充分回应职业实践的变化。与此同时，由单独的政府法案监管的学徒制，由于经济衰退也面临压力。此外，作为一种教育形式的学徒制，因其只关注狭隘的学徒在工作场所的能力表现指标而受到人们的批评（Brandsma，1993；Van Zolingen，1995）。可见，中等职业教育课程内容在知识和技能这两个方面都受到人们的批评。前面提到的初级资格层次的全日制和非全日制职业课程的试验性改革微不足道，难以实现其与那些没有进入正规教育体系和很难获得业界认可的文凭的年轻人进行合作这一雄心壮志（De Bruijn，1997）。

20世纪90年代初期，多种因素促使了中等职业教育的创新。行业和企业施加了强大的压力，他们普遍要求重视学生的能力而不是可编码知识。与此同时，在政治上的目的是拓宽职业教育的培养目标，培养学生具备"三重资格"——职业实践、公民责任和终身学习——是其优先目标。来自多方面的参与者要求对职业课程的目标和内容进行创新，这一压力，反应在作为出台《职业与成人教育法》的一部分的中央政策措施中，即中等职业教育实行一贯制资格结构。紧接着，政府很快就推出了后续政策措施，以强化这一资格结构，特别是，作为《职业与成人教育法》的组成部分的"目标达成体系"被改为"职业导向资格体系"（ACOA，1999），而"职业导向资格体系"很快又被"能力本位资格结构"这一概念所取代（OCW，1999，2000；Onderwijsraad，2000，p.7）。

2. 第二个时期：1995—2011年

20世纪90年代上半叶的发展，集中体现在《职业与成人教育法》的出台，我们称之为第二个时期的开端。正如一份英国文献所述（Smithers，1993），当时的人们认为，荷兰中等职业教育的课程是基于牢固的知识基础。在这份文献中，英国的教育体系因其分散性而饱受诟病，因为它重视与能力相关的那些成绩指标。十年之后，在荷兰也听到了同样的关于荷兰职业课程的批评，尽管荷兰的能力本位教育概念有它一些不同的内涵，而且大多数学校并没有把成绩作为评估学生能力的唯一指标（Onstenk，de Bruijn & van den Berg，2004；Van den Berg & de Bruijn，2009）。

能力本位职业教育包涵各种理念和实践，包括从技术与管理思维（其中教育被缩小为能力培训）到重视全面职业能力发展（其中，发展自主认同至关重要）（De Bruijn & Leeman，2011）。大多数学校都认识到，知识、技能和态度同等重要。

制定这种新的能力本位资格结构花了很多年时间。资格结构对学生毕业时应该具备的知识、技能和态度进行了定义，不过这些仅仅是课程设计的框架。事实上，为这种新的资格做准备的职业课程自然而然地被称为能力本位课程，尽管在课程设计过程中并没有制定或开发任何国家课程。因此，学校之间的课程各不相同，但可以看到一些总的趋势。课程的目的是将可编码知识与学生所学的具体职业联系起来（De Bruijn，2012）。荷兰语或数学的单独教学学时有所缩减（例如参见 Neuvel，Bersee，den Exter，& Tijssen，2004；Onstenk，2002；Van Kleef，Driessen & Jongerius，2007）。评估倾向于更加注重能力表现（Baartman & Gulikers，2017）。许多学校努力在工作场所内外都进行自我导向性学习和真实环境中的学习。在与职业实践直接相关的项目化工作中，任务的特点经常有变化，全日制课程的工作场所学时有所增加。这种重视"通过参与而学习"，意味着承认职业知识的情景性、意会性和体现性。这些变化对高等职业教育和职业预科教育也产生了影响（Van den Berg 和 de Bruijn，2009）。

第二个时期最终结局的标志是，2011年教育部发布《职业与成人教育法》修正案时，高级中等职业教育的资格结构又由"能力本位"改回了"职业本位"（正如1999年ACOA报告的提法）。虽然这种来回摇摆在几年之前就已经开始了，但把一个提法变成法律这种做法也许是其最后一个转折点，它对高等职业教育等其他职业教育的课程也产生了影响，尽管高等职业教育另有管理规定。可见，关于职业课程——包括知识的定位——的政策环境和观念已确切无疑地发生了改变。

3. 第三个时期：2011 年以来

在第三个时期，人们又往回摇摆，以试图找到平衡。大约从 2005 年开始就有了这种迹象。一个非常明显的迹象是人们关于课程中荷兰语和数学的地位的争论。在新世纪之初，学校和专家们就发出信号说，人们对荷兰语和数学等基础知识的学习明显关注太少了（Elbers, 2012; Neuvel et al., 2004; Raaphorst & Steehouder, 2010; Wijers, Jonker, Huisman, Van Groenestijn & Van der Zwaart, 2007）。虽然在具体职业背景下进行荷兰语和数学相关教学这一做法得到了人们的认可，但人们认为，进行独立而明确的荷兰语和数学教学也是必要的。人们这些担忧，主要是针对培养学生的公民责任和终身学习（即中等职业教育"三重目标"中的两个目标），而与培养学生为工作做准备这个目标没有多大关系。

如前所述，荷兰的趋势是强调通识知识本身的重要性，而且由于实行荷兰语和数学的国家统一考试，课程中职业知识部分的学时量减少了。逐渐地，人们的担忧和抱怨也涉及对其他学科知识的忽视问题，例如外语（Van Kleef, 2002），以及与职业更直接相关的学科知识，例如技术类课程的物理知识、护理类课程的生物学知识和贸易类课程的经济学知识（De Bruijn & Leeman, 2011）。在 20 世纪 80 年代，业界的抱怨是毕业生知道很多但不能应用于实践，到了新世纪的头 10 年末，新的抱怨是毕业生拥有很多具体技能但理解太少。不过，对于后一个抱怨，职业领域的那些利益相关者并没有说太多，而是教育界本身的代表和媒体在公开辩论场合中提出来的。

关于职业教育的标准和质量这个公共话题，包括人们认为对知识的忽视问题，不仅涉及中等职业教育，还涉及高等职业教育。对于采用能力本位职业教育理念，高等职业教育要比中等职业教育（2002 年左右）稍晚一些，且目前在许多应用科学大学仍然存在。跟中等职业教育一样，高等职业教育的教育实践也是非常多样化的。在关于中等职业教育的能力本位教育这一公众讨论洪流之中，加之教育督导局的报告对该领域部分负面结果的通报，高等职业教育的质量和标准问题也开始映入人们眼帘。重新思考课程中可编码知识和情境知识、意会知识和体化知识的定位，成为高等职业教育议事日程的重中之重（HBO-Raad，2009）。

可见，在整个职业教育领域，这种摇摆不定正在寻求一种平衡。一个重要标志是，相比 10 年或 30 年前，在评估实践中更加广泛地关注知识、技能和态度（Baartman & Gulikers，2017）。作为职业能力的一部分，知识与技能的单独教学与评估及其综合教学与评估，在中等职业教育的职业课程中均得到了体现（Hermanussen，Verheijen & Visser，2013）。在日常实践中如何保持这种平衡是一个很复杂的问题（参见 De Bruijn，2012）。下一节，我们重点介绍本世纪初至今关于职业课程中知识的定位的一些具体案例。这些案例来自对一些特定主题的研究，并展示了人们在职业课程中如何处理知识定位问题的多样化做法及目前的实践。

第 3 节　课程中职业知识的表现形式

本节中的案例解决职业课程中知识的定位问题，包括教学大纲和任务的制定与实施。职业知识的多样性和复杂性，不仅体现在这些案例本身，尤其体现在课程设计中。如何处理就其表现形式而言是职业知识的一部分的学科知识？杨（Young，2008）和惠勒兰（Wheelalan，2010）指出，学生应该识别并运用各类学科知识及其表现形式。为了理解和运用职业知识，应该向学生讲授学科基本知识，而不仅仅是整合性的职业知识。只有了解这些差异和边界，才能完全充分地开展学习，既有很强适应性，又能定位明确。而且，当前职业实践的动态性和随之而来的人们对终身学习的呼吁，需要这样的专业人员。根据这一论断，课程的问题就是，如何划定课程应包含什么内容，既使学生足以理解学科基本知识，又能理解和使用作为职业知识的一部分的学科知识的表现形式。此外，应该如何定位职业课程中的情境知识、体化知识和分布式知识等职业知识？下面的案例解决了这些问题。

1. 教学大纲中知识的编排

在职业教育中，职业资格或职业能力标准是确定和编排课程内容的出发点。在 20 世纪 90 年代，人们进行了一些研究，以确定职业课程教学大纲中课程内容的设计及编排原则（参见 De Bruijn，1995，2004；De Bruijn & Howieson，1995）。该研究是在模块化课程的背景下进行的，模块化课程是由政策驱动的一项职业教育创新运动，其目的是使职业教育更好地适应职业实践，而且（以后）能适应学生的个体差异和需求。这一时期的关键词是"灵活性"，意指课程内容的组织，虽然它重点关注的是那些影响课程组织的工具性因素。

研究结果表明（De Bruijn，1995，2004），关于课程内容的确定和编排有四种不同的观点；这些观点只是重点不同，并非互相排斥。其不同之处在于课程的资格等级和工作场所的总学时数。这四种课程设计观或逻辑是：

1. 职业实践逻辑。指工作过程的内容和性质，例如任务的内容、连贯性和顺序，还包括工场文化的合作性或典型性和工作的风险；

2. 学习逻辑。指人们的学习方式，比如对复杂任务或不明确的问题的学习，以及课程内容的编排顺序[①]；

3. 教学论（didactics）逻辑（特定领域的教学法）。指教学安排中（如学习材料、环境、任务和学生分组等学习支持）对学科知识的转化；

4. 教育学（pedagogy）[②] 逻辑。指增进学习的那些社会与文化环境和交流。

[①] 此处原文"consequences"（后果）有误，应为"sequences"（顺序）。——译者注

[②] 职业教育体现了国际语言的丰富多样性，但其术语有时令人费解。最明显的例子就是"didactics"（教学论）与"pedagogy"（教育学）的不同含义。"教学论"通常在德国和北欧国家使用，而英国、澳大利亚、美国和其他英语国家则更多使用"教育学"概念（Nordkvelle，2003；Terhart，2003a；Simon，1994）。汉密尔顿（Hamilton）指出，"didactics"在《牛津英语词典》中的定义等同于"既'教条'又'乏味'的死板的教育行为"（Hamilton，1999，第135页）。在英语里，"教学"（teaching）常被认为过分强调以教师为中心。例如，如果只是要求学生坐在那里听讲而不是积极参与，这就被认为是"过于didactics了"。换言之，英语"didactics"的重点是向学生传授知识，而不是强调积极参与和双向对话。正如汉密尔顿（1999）解释的那样，英语的"pedagogy"一词与欧洲大陆使用的"didactics"一词的含义十分接近，因为这个概念包括了更为广义的学习过程，这比"teaching"（教）所包含的意义要丰富得多。两个概念都考虑了学生特征的课程组织，含有"形成"（becoming）之意，这对职业教育非常重要，因为它准确抓住了以下内涵，即职业能力的学习过程包含对特定职业领域的历史文化的学习、建立对该职业的自豪感以及将职业能力代代相传的意愿。（引自：菲利克斯·劳耐尔［Felix Rauner］等主编、赵志群等译《国际职业教育科学研究手册》［Handbook of Technical and Vocational Education and Training Research］下册，北京师范大学出版社，2017，第157页）。——译者注

实践证明，上述这些逻辑有助于教学大纲的范式化。出于注重专题式或完整任务学习（例如问题启发式学习）等教育理念，职业课程试图把上述所有观点都考虑在内。在学徒制的学校学习部分的教学大纲中，"教学法"逻辑往往占上风。目前的做法是，在有真实生产过程的工作模拟或学习型企业中将职业课程情境化，将职业实践逻辑作为课程内容编排的出发点，但同时也结合了教育学逻辑（参见 Aalsma，2011）。职业课程教学大纲中对课程内容的划分、编排和排序，根据所采用的逻辑不同而有所不同。阿尔斯玛（Aalsma）在她的书中非常生动地描述了这一点，其中讲到教师与工作场所的主管一起讨论如何编排针对工艺流程操作员的课程内容时，教师基于教学法逻辑提出建议说，考虑到其复杂性，"输送带扣"（eye of the belt）这个概念应该放在第三年的课程内容中；工作场所的主管则认为，"输送带扣"应该是在课程开始时的一项关键内容，因此他基于职业实践逻辑而提出了建议。

在关于"浓厚的学习环境"这一概念的项目研究中，其结果表明，课程内容的编排还有其他三个原则，更加关注课程内容的实际构成要素（De Bruijn & Leeman，2011）。2004—2005 年，德布鲁恩（De Bruijn）和利曼（Leeman）从浓厚的学习环境这一视角对职业课程进行了研究，明确提出了关于课程内容组织的三个要点：(1) 形成职业认同，以此作为学习的起点；(2) 真实性；(3) 专题内容与学科导向内容之间的协调。第三个要点明确地解决了职业知识的定位问题，他们这样描述道：

> 基础知识学习和特定的技能训练为真实性学习提供了支撑。课程设计使各部分内容尽可能相互联系。数学和科学为职业提供了理论支持，反过来又与实践相关，在实践中学习是课程的永恒要素。其他要素（如语言和通用的创业技能）彼此之间有机联系，无论何时都尽可能地为真实性学习提供支持。如果课程中那些偏学科导向的要素与真实任务和技能训练之间相互联系，将有助于促进学生加深理解和学得更好（De Bruijn & Leeman, p.697）。

研究结果表明，有些课程在围绕综合职业知识以项目形式而组织教学大纲方面做得很成功，并将学科知识作为辅助要素进行编排。

然而，十分明确地关注到课程内容的确定、划分以及各部分之间相互关系的编排（指一天或一周的学习内容）和排序（指一年和几年中的学习内容），这在实践中似乎还很少做到。在大多数情况下，确定与编排课程内容的基本原理并没有在教学大纲中非常清晰地显示出来，协调者和教师往往要拿出资格标准来说明必须学习的内容。高等职业教育的做法有所不同，因为其大多数课程没有国家统一认证的资格要求，其认证程序中要求有一个基础大纲，规定课程内容及其排列或组合顺序。目前，中等职业教育的课程内容的确定与组织问题再次引起人们明确的关注，因为最近政府制定了新的资格结构，其中资格标准更加全面。因此，课程设计究竟应该选择前述哪种逻辑，如何平衡各种逻辑，如何编排各类知识并使之形成有机联系，诸如此类的问题再次成为研究前沿。

2. 任务中分布式知识的融入

在关于"意义协商"和个人专业知识发展的一个研究项目中，沙普（Schaap，2011）组织进行了一系列课堂讨论，教师、学生和职业实践专家坐在一起讨论职业核心问题。这些核心问题由教师和与正式资格标准相关的职业实践专家指定。为了尽可能地使意义协商取得丰富成效，他们一共进行了五次讨论。其中包括小组成员相互熟悉和了解特定场景所花的时间。研究表明，在经验和意义交流方面，小组讨论富有成效，尽管较少出现观点采纳和意义对抗的情形。在今后的研究中要加强干预。这类任务主要关注在社会互动场合中对各种知识来源的运用，为学生提供接触职业知识的多样性和动态性的机会，从而发展职业知识的个人意义（Schaap，Van Schaik & De Bruijn，2014）。

3. 数学

关于数学，我们应该强调一个十分重要的观点：职业任务中涉及的很多数学模型和计算已经以技术作为其媒介（Hoyles，Noss，Kent & Bakker，2010）。这使那些必备的数学知识显得非常隐蔽，但也要求人们重新思考应当如何发展这些必备的数学知识（如解释计算机输出）（Bakker，Kent，Hoyles & Noss，2011；Bakker，Kent，Noss & Hoyles，2009）。

过去几年来，数学教育工作者们一直在努力创新，帮助学生发展针对特定职业的以技术为媒介的情境化数学知识。这里我们举两个中等职业教育的实验室教育方面的例子。

第一个例子是混合物计算机工具。该工具结合了稀释液体所涉及的比例的计算（确定化学物质浓度的必需步骤）（Bakker, Groenveld, Wijers, Akkerman & Gravemeijer, 2014）。该工具可以让学生进行模拟稀释，而且必须先计算稀释倍数，然后才能继续。中等职业教育一年级的实验室教育表明，通过约90分钟计算机工具的简短干预，学生对稀释液比例的计算更加有效和高效。该研究表明，量身定制学习环境是可能的，例如用计算机工具帮助发展职业必备的数学知识。

第二个例子是通过跨界方式发展学生所需的实验室工作统计知识（Bakker & Akkerman, 2014）。即，帮助医院实验室的实习生在返校期间，把他们在学校学到的统计知识和布置给实习生的共同任务中工作相关的知识整合起来：比较测量方法。起初，学生对统计知识及与工作相关的知识掌握得并不好，二者被割裂开来。然而，在五次分别时长一小时的会议中，他们受到鼓励对以前学生的类似报告提出问题；他们向来学校参加会议的工作场所主管提出这些问题，并且他们研究了如何在自己的实验室使用统计数据。本案例研究表明，职业学生在相对较短时间内对各类知识进行拓展和整合是可能的。这种方式似乎可以帮助学生把他们在学校学到的数学或统计知识在工作场所进行重新情境化。

然而，在何种程度上需要针对具体职业而量身定制数学教学材料，这个问题仍然没有答案。霍伊尔斯等（Hoyles et al., 2010）开发了非常情境化的计算机工具和比较通用的工具，但没有评估它们的相对优势。一般来说，如果学生看到为了自己将来的职业而学习数学的意义，他们似乎很喜欢数学学习。然而，开发面向所有未来职业的特定的数学应用是不可能的，也不是很有效。因此，对于那些也许不会立即热爱学习数学的学生来说，在某种程度上，一些通用的典型案例似乎是必要的。

4. 荷兰语

正如数学一样，职业知识的语言成分在职业课程中得到了重视，但大部分时间是属于非常隐性的。这听起来似乎有点矛盾，因为语言是学习和表达职业词汇的工具。关键问题在于,如何显性地讲授这种语言表达,同时铭记前述杨(2008)的观点,即学生应该掌握职业知识的基本学科原理,以便在职业实践中充分运用这些知识。因此,学习职业词汇以及在职业环境中运用到的交流方式,也意味着需要(荷兰语)语言基础。

在关于职业教育的荷兰语学习的一篇评论中,埃尔贝斯(Elbers,2012)明确指出,职业中的语言成分既包括表达职业知识的那些专门术语和论点,也包括工作场所中的日常交流方式和内容。首先,埃尔贝斯指的是学术语言的使用,根据斯切尔博格瑞尔(Schleppegrell)和其他学者的观点(引自:Elbers, pp.95-96),他将学术语言和非正式语言的运用区分开来。其次,工作场所的日常交流方式和内容是指职业知识中那些情境化、具体化和分布式语言知识。关于学术语言运用的理论与研究还提出了与社会活动的性质和目标有关的"风格"(genre)的概念。各种"风格"都有自己特定的语言代码。这也许可以解释职业场景中各种各样的活动。其理念是,要学会识别这些"风格"并加以适当地应用。

埃尔贝斯(2012)在评论中指出,语言是一个素质精良的专业人员的重要工具,因此他强调,每一堂课或每一个任务也往往是一堂语言课。他引用了"系统功能语言学"[①]这一主流理论,该理论的出发点是语言与内容的关系。人们用语言来创造生活和工作的意义。因此,在发展知识的同时也在拓展一个人丰富的语料库。所以,"系统功能语言学"理论对于职业知识的定位来说也许非常贴切。

在荷兰语的设计研究和课程开发中,这种与职业知识相关的语言观是理论化和应用性的,但首先是从语言教学的定位这个角度出发的(Elbers, 2012; Neuvel et al., 2004; Raaphorst & Steehouder, 2010)。教学大纲中并没有对关于职业知识语言的那些任务和评估进行阐述或评估,无论对于学术语言运用、"风格"或情境交流都是如此。在本世纪头10年,中等职业教育实践中流行"三步模式"的概念:(1)在实习及与职业相关的项目和课堂中学习语言;(2)明确注重语法、拼写和文体的辅助课;(3)个人

[①] "系统功能语言学"(systematic functional linguistics),英国著名的语言学家韩礼德(Halliday)创立。系统功能语言学不仅研究语言的性质、语言的过程和语言的共同特点等根本性问题,而且探讨语言学的应用问题。——译者注

练习和补习。研究表明，大多数职业学校都没有把这个模式付诸实践；特别是第一步几乎不存在（Raaphorst & Steehouder，2010；Van Knippenberg，2010）。主要困难是，课程中没有对职业知识本身的语言进行阐述，与职业相关的项目和课堂教师也没有系统地、明确地予以关注。

同样，高等职业教育的课程对职业知识语言也没有明确的规定。然而，职业知识语言这个问题得到了人们的承认，并通常被称之为"特定领域的概念理解"，它指出了职业知识与该领域的学术表达和日常交流模式及内容之间的相关性（参见 Ashley，Schaap & De Bruijn，2013）。

沙普霍斯特（Raaphorst，2007）用"情境行为"（situated action）的概念来定义与职业相关的那些工具性、语言性和沟通交流方面的学习行为，"情境行为"是指作为任务的一部分的一系列连贯的学习行为。这些差异化行为是课程开发的出发点，尤其是课程科目和专题的横向划分。最近，中等职业教育实践中的一些其他案例也表明了关注职业知识语言的可能性，包括学术语言和情景交流模式（Hendrix，Hovens & Kappers，2012）。对于作为职业知识的一部分的外语，尤其是英语，我们也看到了一些类似的案例和讨论（Van Kleef et al.，2007）。在课程层面的核心问题仍然是，如何界定职业实践语言，以及使之避免成为语法、拼写和文体本身的分界线在哪里。至于教学，一个主要难点是教师还没有足够的能力进行职业实践语言教学，无论语言教师还是相关职业科目与技能教师都是如此。

第 4 节　本章小结

本章旨在给人们描述一个总体印象，以了解关于职业课程中知识的作用和性质的诸多争论与实践。我们明确指出职业知识具有多样性和复杂性这一中心问题。本章第 1 节指出，职业知识既是隐性的也是显性的，同时也具有社会性和个体性。此外，职业知识包括两类知识。第一类是与学科知识相关的可编码知识，例如语言和数学，还包括机械学、生理学、营养学、经济学，等等。因此，职业知识包括这种学科知识的那些特定表现形式。第二类职业知识是指在一定程度上属于显性程序性知识的分布式知识和体化知识。

鉴于职业知识的多维性和多样性，课程内容中职业知识的定义、划分和编排绝非易事。同时，培养学生为职业实践做准备显然是职业教育发展非常关键的一部分，在当前知识社会和知识经济中尤其如此。因此，令人相当吃惊的是，关于职业课程中职业知识定位的研究和理论都很缺乏，至少在荷兰是如此。在处理职业教育的知识这个问题上，虽然我们以在政治层面上的极端立场之间的摇摆和公开争论而著名，但这一运动几乎没有在研究和理论中得到反映。我们也许可以得出结论：从实证和根本上解决这个问题的研究少之又少，尽管我们确实偶然发现了一些令人感兴趣的案例。

从本章的研究讨论中还可以得出的结论是，在实践中，职业课程中职业知识的定位目前仍然还没有成为突出关注的问题。在经历了对课程中的职业知识或多或少有些忽略而更加关注技能和能力这个时期之后，人们似乎仍然很少明确地关注职业知识。最受关注的是语言和数学等通识知识。虽然明确地关注通识知识也会导致更加重视职业知识，但与此同时，就课程表的学时来看，这种重视程度却在下降。本章第3节讨论的那些案例表明，在职业课程中明确关注职业知识是可能的。"情境行为"的概念是指作为任务的一部分的一系列连贯性学习活动，它有希望成为对各类相关知识——包括学科知识和情境知识——进行分解学习的一种方式。关于数学的那个案例表明，在阐述学科基本知识的同时阐述其在职业知识中的表现形式是可能的。关于职业课程开发的各种相关逻辑，提供了一个定义、划分和编排各部分职业知识及相关学科知识的框架。在拥有不同观点的参与者参加的小组会上讨论职业核心问题，从而发展职业知识的个人意义，这个案例表明了在任务中融入体化知识的可能性。同时，上述案例也显示了这样做还存在的种种困难与困境。因此，随着这种左右摇摆尽力达到平衡，目前，我们必须从实践和研究两个方面都作出巨大努力，去探索一些卓有成效的方式，以确立职业知识在职业课程中的牢固地位。

第9章

基于工学结合^①的能力本位职业教育课程设计

雷娜特·维瑟琳克，伊利亚·兹特

第1节 导言

基于知识传递的教育，已经向以"学习成果"（即"能力"）为出发点的教育转变（Cedefop，2009；Wesselink，2010）。学习成果可以这样定义：完成学业后，学习者知道了什么？理解了什么？能够做什么？很多国家把这种学习成果称为"能力"。根据一篇国际研究综述，荷兰把"能力"描述为："在特定环境下，通过调动社会心理的先决条件成功地满足复杂需求的能力"（Rychen & Salganic，2003，引自：Cedefop，2009，p.13）；比尔曼斯、尼乌文赫伊斯、珀尔、穆德和韦塞林克（Biemans, Nieuwenhuis, Poell, Muldei, and Wesselink，2004）和温特顿、德拉马雷－勒·戴斯特和斯特林费罗（Winterton, Delamare-Le Deist, and Stringfellow，2006）称之为"整体分析"（holistic approach）。1999年，荷兰教育和劳动力市场咨询委员会（ACOA）发表了题为"向核心能力转变"的提案（ACOA，1999），这标志着重心的转变：把"能力"——而不是学术学科（如数学、历史或科学）——作为职业教育与培训的课程设计的出发点（Mulder, Weigel & Collins，2007）。按这种方式设计的教育计划统称为"能力本位

---

① 工学结合（the School-Work Boundary）。——译者注

教育"（CBE）。能力本位教育之所以得以流行，一个重要因素是，职业教育与培训的很多利益相关者期望引入能力本位教育，以缩小教育与工作场所之间的距离（Biemans et al., 2004）。人们希望，职业教育与培训的毕业生在开始工作时就已经具有专业实践经验并发展了能力，从而基本上不会存在"磨合期"的问题（Velde, 1999）。这些能力对于应对日益复杂的环境非常重要，复杂环境具有以下特点：问题不明确、信息互相矛盾、非正式的合作，以及动态的和高度整合的工作过程（Cremers, Wals, Wesselink, Nieveen & Mulder, 2014; Kirschner, Van Vilsteren, Hummel & Wigman, 1997）。

本章从"课程"（curriculum）的角度研究能力本位教育——"课程"可以定义为"学习计划"（Van den Akker, 2003）——并对能力本位教育的涵义进行评述；包括能力本位课程的设计（目标课程）、利益相关者对课程的解读（实施课程）和课程的实际成果（获知课程）。[1]本章介绍的大多数研究是针对"目标课程"或"实施课程"，因为职业教育与培训尚未在各个不同领域广泛开展关于"获知课程"的研究（参见 Van den Berg & De Bruijn, 2009）。职业学院正致力于广泛开发和实施能力本位课程，可见，能力本位教育正在进行过程之中，但是，在评估这些课程的效果之前，需要全面重新进行课程设计（Van den Berg & De Bruijn, 2009）。这种说法虽然从 2009 年就开始了，但据我们所知，目前依然适用。我们能找到的同行评议研究结果，仅包括能力本位教育的某些特定部分（例如评估，参见 Baartman & Gulikers, 2017），或者职业教育之外的领域（例如医学教育）。关于职业教育与培训完全实施能力本位教育的效果，要么还没进行广泛的研究，要么研究结果目前尚未公布。

本章首先对能力本位教育在荷兰的兴起进行简要的历史回顾，然后评述目前荷兰职业教育与培训的能力本位教育实践和研究现状。我们的评述利用了一些同行评议的研究论文，以及那些更加实用的所谓"灰色出版物"[2]。

---

[1] 目标课程（intended curriculum）；实施课程（implemented curriculum）；获知课程（attained curriculum）。——译者注

[2] "灰色出版物"（grey publications）指未公开出版的或不公开发行的出版物，例如政府文献、学位论文、会议文献、内部刊物等。——译者注

第 2 节 荷兰的能力本位教育：简要历史回顾

20世纪90年代初以来，荷兰越来越重视"工作本位学习"。这是为了回应人们的批评：职业学院提供的三年至四年的全日制职业教育[①]，没有充分培养学生为进入工作场所做好准备（Brandsma，Noonan & Westphalen，2000；Brockmann，Clarke & Winch，2008；Cedefop，2009）。其中年轻人受到的影响最大，因为如果缺乏工作场所经验和不能满足新的工作要求，他们向劳动力队伍的迁移将会受阻。人们认为，荷兰职业教育与培训的全日制职业课程太"学术化"了，且"不切实际"（Cedefop，2010）。1996年，《职业与成人教育法》得以立法（Cedefop，2012），其中一个焦点是将学徒制纳入正规教育体系。所有学生，无论学徒制课程还是全日制教育的学生，都应该有20%~60%的课时在工作场所进行。《职业与成人教育法》具有重大意义，因为它标志着荷兰向更加基于学习成果的资格体系转变，并更加强调劳动力市场的需求（Mulder et al.，2007）。尽管有了这些努力，荷兰社会和经济委员会以及教育和劳动力市场咨询委员会等国家机构分别于1997年和1998年发表报告，再次激起了关于教育与劳动力市场之间的最佳联系的讨论（De Vries，2009）。总而言之，职业资格的数量太多了（700余个），职业学院对劳动力市场的变化不能迅速做出反应（Eurydice，2006），这些因素推动人们重新开发能力本位的资格框架。

由于上述这些抱怨，荷兰的资格结构中职业资格的数量大幅度减少。然而，基于学习成果的职业资格的开发过程也绝非一帆风顺，例如人们批评，这样制定出来的职业资格过于具体和狭窄。也有批评认为，职业资格对那些更普适的能力关注不够，而是过于注重技术工具能力（De Vries，2009），从而导致了高等教育毕业生人数的下降（Nijhof & Van Esch，2004）。许多问题都是源于这种大规模系统性改革所固有的初期阵痛。奈霍夫（Nijhof）和范埃斯（Van Esch）认为，根据以前进行大规模系统性改革的经验，所有参与者和利益相关者都需要时间，以熟悉新角色和新关系，并发展知识和技能以应对这些问题。

[①] 欧洲资格框架的4级、5级职业教育。——原注

至于职业资格数量的减少情况，2012—2013年荷兰职业教育与培训所有612个具体职业资格，被整合到一个更宽泛的包括237个职业资格的资格结构之中（Van der Meijden，Van den Berg & Róman，2013）。这些资格结构，定义和描述了基于工作任务和工作过程的学习成果的25种能力（Cedefop，2012）。制定能力本位资格框架的第一次尝试是在2004—2009年。最初是计划在2009年通过立法引入这个框架，但是被推迟实施，开始是推迟到2010年，然后是2011年，最后直到2012年才实施，因为不是所有的职业学院都有能力及时引入这个框架（De Vries，2009）。事实上，在2004—2005学年，只有2%的职业学院试行能力本位资格结构，在接下来4年之中，这一比例扩大到73%（Van der Meijden，2011）。到2012年，荷兰职业教育与培训的每个课程都要求以能力本位资格结构作为课程设计的出发点。2011年年末，"能力本位资格框架"被宣布更名为"职业本位资格结构"，这反映了向重视职业专门知识和技能的转变（Cedefop，2012）。在2004—2010年期间，职业学院有机会开始实施这个新开发的能力本位资格结构。

荷兰试图进一步减少资格结构中职业资格的数量（Bussemaker，2014a，2014b）。2015年初，教育部长批准了一套新的资格结构，其中仅包括168个职业资格。除此之外，教育部长还批准了另外一项重大改革：在资格结构中丰富选修模块，把它作为核心资格结构的补充，学生可以在几个模块中进行选择。这一改革的目的是丰富学生的课程计划。

应当注意的是，资格框架的内容（"what"）是由国家层面确定的，至于职业学院如何（"how"）设计课程以真正培养学生的能力，这完全取决于院校自己。能力本位资格结构并不代表教学方法，而只是界定课程的学习成果。职业学院自己负责重新设计课程，以实现上述学习成果，所以，能力本位教育缺乏国家标准。能力本位教育缺乏明确的标准或者统一的定义，因此就很难评估职业学院是否真正能够培养学生的能力，而不是使学生仅仅掌握知识和技能。当然，职业学院早已采用的一些教学实践和方法也许是与能力本位教育相一致的，只不过没有采用这样的提法（Biemans et al.，2004）。这就是为什么有些职业学院要被迫对所有课程进行重新设计以符合"能力"要求，而其他一些职业学院只需要对课程进行小范围的调整即可。这些差异，使得人们很难甚至不可能去评论荷兰"能力本位教育的总体水平"（Van der Meijden et al., 2013）。

虽然职业学院负责"如何"实施能力本位教育，但是他们普遍缺乏主人翁意识。而且，舒特、斯尼斯和霍夫斯（Schuit, kennis, and Hövels, 2009）进行的一项政策研究明确指出，在目前这种资格结构中，职业学院在自己的课程开发方面并没有太多余地。由于资格结构的详细程度，职业学院认为，他们几乎没有（重新）设计课程的回旋空间。

此外，政府决定引进这个新规程的方式也值得商榷。政府规定，从2009年起，每个教育课程必须推行"能力"（最终推迟到2012年实施）。然而，政府都等不及看到各个职业教育与培训院校正在进行的能力本位教育试点是否达到了预期效果（De Vries, 2009）。因此，在没有明确的证据表明作为学习成果的"能力"或"能力本位教育"具有附加值的情况下，所有职业教育与培训院校就不得不开始发展能力本位教育，并把"能力"融入到课程之中。

由于研究者（在理念层面）和实践者对于能力本位教育本身还存在困惑（例如，它的含义是什么？它能有作用吗？）（Stoof, Martens, Van Merriënboer & Bastiaens, 2002），能力本位课程设计存在非常大的差异（Van den Berg & De Bruijn, 2009）。有些学者（Sturing, Biemans, Mulde & De Bruijn, 2011; Wesselink, Biemans, Mulder & Van den Elsen, 2007）针对荷兰职业教育与培训提出了理论框架，以明确能力本位教育能有的或应有的涵义；所谓"全面能力本位教育"（CCBE）[①]模式就是一个例子（Sturing et al., 2011; Wesselink et al., 2007）。该模式综合了以下几个原则：（1）学习计划的课程和具体细则；（2）教学方式和教师的角色；（3）评估程序；（4）学生的职业能力。能力本位教育的政策框架也得以明确：（1）将知识、技能和态度融为一体；（2）行动导向（职业领域）；（3）关注学生个体；（4）关注个人职业生涯发展（Inspectorate, 2009）。这些模式关系到"目标课程"及其实施，在实现职业教育与培训的能力本位教育时，教师在多大程度上认识到了上述要素的重要性有什么不同呢？斯

---

① Comprehensive CBE（缩写 CCBE）。——译者注

图林等（Sturing et al., 2011）对此进行了评估。教师们发现对这些要素的重要性很难区分，因为教师们有一个共同的观念，即认为能力本位教育的所有要素同等重要。接下来，我们将详细审视荷兰职业教育与培训的能力本位教育，并特别关注课程视角。

第3节 荷兰职业教育与培训的能力本位教育课程述评

2007年，有十分之三的课程计划认为其属于能力本位课程。这些课程具有以下几个共同特点（Inspectorate, 2009）：

1. 教学方法多样化，从而形成"混合式"学习环境。传统的面对面教学经常与完整任务、项目工作、自学和实践学习在校内和校外交替进行。

2. 课程计划与（区域）劳动力市场的联系更加紧密。这种联系主要通过结合实际真实任务（来自相关区域的企业组织）和与学徒企业的紧密合作而实现。

3. 课程计划的可调节性和灵活性。

如前所述，在2006年至2009年期间，荷兰的职业学院开始试点这种新的能力本位资格结构。范德梅杰登（Van der Meijden）和他的同事一起对这些试点进行了跟踪并发表了几个研究报告，但其中只有两个报告与课程相关，其他研究报告（例如参见Baarda, 2006; Van der Meijden, 2007, 2011）则主要集中在学生方面（学生离开职业学院，学生的动机，等等）。这些研究结果大多都超出了本章的讨论范围；不过，2009年和2010年发表的一些研究结果与本章内容相关。根据那些参与者的反映，这些研究报告提出了以下一系列有助于能力本位教育产生积极效果的特征：

1. 适宜的完整任务
2. 情境学习：在情境中学习专业知识和技能
3. 差异化与定制化的教学
4. 适当的协作学习与自学
5. 清晰的结构化课程
6. 学徒培训期间组织工作的透明化

7. 工作场所主管及技术顾问的培训与发展

8. 关注个人发展的结构化生涯指导

9. 为终身学习的充分准备

教育督导局（2009）对所谓能力本位课程提出了三点批评意见。首先，课程内容和知识的全面性仍然应该是关注重点。特别是据工作场所的培训主管反映，学生的知识不够全面，而且没有充分发展学生的专业技能。其次，要改善与工作场所组织的关系；尤其沟通交流是一大瓶颈。韦塞林克、德容和比尔曼斯（Wesselink，De Jong and Biemans，2010）也指出了这一点。他们研究了在能力本位教育背景下，学生、职业学院教师、工作场所培训主管三方之间的沟通交流情况。该案例研究的主要结论是：上述三方之间究竟相互期望彼此必须做什么，这一点必须更加清晰地表达。不过总的来说，学生对他们在相关职业实践中需要的课程内容感到满意（Inspectorate，2009）；学生能够把教育场景中所学应用于实践。第三，要更加重视课程计划的总体结构。尽管课程计划只是在一定程度上具有灵活性，但学生尤其认为课程计划的结构还不足够清晰。在很大程度上，课程计划的内容是由资格标准决定的，只有32%的课程计划（根据荷兰教育督导局的研究报告）明确考虑了当地各方（区域组织）的需求。此外，只有29%的课程计划考虑了学生的愿望和期望。至于课程计划的可调节性，仅在10%的案例中有学生反映说，他们可以申请额外的理论课或专题班。据学生反映，仅在16%的案例中如他们期望的那样，那些更加通识的科目（如荷兰语或外语）是与（真实）任务相一致的。

德布鲁恩和利曼（De Bruijn and Leeman，2011）的研究结果与上述情况类似。他们发表了一份关于荷兰职业教育与培训的课程计划的研究报告，该研究以"浓厚的学习环境"为出发点收集相关数据；围绕课程的实施分析了实施状态、困境以及客观存在的矛盾。正如能力本位教育学习环境一样，浓厚的学习环境也是建立在（社会）建构主义学习理论的基础上（Wesselink，2010）。在德布鲁恩和利曼的研究中，课程计划的学习环境只能说"有点浓厚"；如果按照4分制，平均得分略微超过2分。在11个课程中只有3个课程得分超过2.5分。相比之下，"适应性教学"和"职业认同"这两个方面得分较高，德布鲁恩和利曼（2011）认为其原因是，这两个方面更加容易融入到传统课程之中。"教练指导"（coaching）和"反思学习"等方面得分相对较低，只有少数课程真正融入了"结果反思和学习过程反思"，仅有少数几个案例的教学风格可称之为典型的"教练指导"风格。真实性学习和自我导向性学习（self-directed learning）相结合的案例也屈指可数（De Bruijn & Leeman, 2011）。总之，在推行能力本位教育或其他基于（社会）建构主义学习理论的发展方面，职业学院正在取得进展。不过，人们本希望可以在过去几年之中看到更多的进展。

我们已向您介绍了能力本位教育的特点、积极方面和改善能力本位教育的一些建议。但是，正如前面所述，我们还没能分享很多关于"目标课程"的成果。职业学院正在广泛而持续地努力推行一定程度上的能力本位教育，他们还不情愿或者尚未准备好参与到能力本位教育的研究中来。因此，研究者还无法评估能力本位教育的成果（例如更有能力和动力的学生）。下一节，我们讨论能力本位教育在实施过程中面临的诸多困难。

第4节 能力本位教育及面临的困难

职业学院满腔热情地着手实施能力本位教育；然而，向能力本位教育的转变从来都不是一帆风顺的事情。实施能力本位教育，要求对影响教育体系的很多方面进行改革。例如，课程设计，学校和工作实习中的课程实施（Jonnaert, Masciotra, Barrette, Morel & Mane, 2007），等等。比尔曼斯等（Biemans et al., 2004）在针对荷兰职业学院进行的几项应用研究的基础上，总结了能力本位教育在实施中存在的一些重大缺陷。2009年，与以上大致相同的一批作者（Biemans et al., 2009）继续进行了这项工作。本节讨论的这些缺陷包括教学、理念和文化问题（Biemans et al., 2004, 2009）。这些是使荷兰的职业教育与培训复杂化的核心问题，而且在一定程度上也许可以将之归咎于能力本位教育迟迟未能全面实施。

1. "能力"（competence）的概念。早在2002年，斯托夫等（Stoof et al., 2002）进行了一项由荷兰教育委员会组织进行的研究，以厘清"competence"（能力）和"competency"（胜任力）这两个概念。对这些概念的涵义，研究者一直没有达成共识。在教育实践中也同样如此；学生、教师、导师和工作场所培训主管，以各种不同的方式理解和体验能力本位教育（Biemans et al.，2009）。这种歧义为教师和教育设计者提供了空间，导致他们只是把目前的一些标签（例如知识、技能）换作更为时髦的标签（例如"能力"）而已，在教育实践中几乎没有真正的改变（Wesselink, Dekker-Groen, Biemans & Mulder, 2010）。这样就带来了一些问题：能力本位教育是否真正得以实现？职业学院的日常实践在何种程度上真正发生了变化？因此，在教育实践中，日益紧迫的是要在理念上达成更多共识；这就是为什么荷兰要在国家和各地教育机构层面开展大讨论，以实现这一目标。

2. 标准化。如果使用过于标准化的"胜任力"概念，就忽视了能力本位教育的要义（Biemans et al., 2004），因为对于学生而言，脱离真实实践的那种抽象概念使"胜任力"变得不适用和不可捉摸。虽然由国家批准的资格框架的主旨在于劳动力市场交换价值，但对于职业学院来说，重要的是要保持与特定（区域性）工作场所的同频共振。在促进国家标准与当地劳动力市场的平衡方面，教师队伍有着重要作用。根据比尔曼斯等（2009）的报告，教师和工作场所的培训主管（代表职业实践）都认为，较之以前，目前的课程计划更加符合当前与未来职业实践的需要，尽管仍然有尚待改进的空间。

3. 学校学习和工作场所学习。不能低估将学校学习与工作场所学习两者结合起来的难度（Wesselink et al., 2010; Zitter & Hoeve, 2012）。然而，人们应当重新思考这两种场景的区别。韦塞林克等（Wesselink et al., 2010）对职业教育与培训的实习的三个主要利益相关者（即学生、教师和工作场所培训主管）进行了研究，他们指出，上述利益相关者都认识到，需要更加重视工作场所学习，并坚信其具有附加值。他们提出的问题与疑问是工作场所学习应该"怎样"支持学习过程，而不是"是否"应该成为课程的一部分。然而，应当注意的是，这三个利益相关者群体对学习有着不同的观点，在工作场所学习的责任分工方面也缺乏共识。这些都还需要加以改进，以便更充分地运用好工作场所学习（Wesselink et al., 2010）。

4. 确定学习活动。将能力本位学习目标转化为真正的学习活动，对于能力本位教育的实施至关重要。如果在准备阶段就卡住了，而且（或）不能推进到执行阶段，则不会有真正的创新（Biemans et al., 2004）。应该让学生意识到自己的能力和学习方式，但这需要在工作场所和学校这两种场景中采用不同的方法。真正的学习活动应该尽可能地跨学科,并在真实环境中进行。比尔曼斯等(2009)指出,设计、开发和实施基于关键工作情境的新的能力本位学习活动及评价,从而支持实现学校与职场相衔接的学习及评价,在这方面,生命科学职业学院取得了长足进步。刚开始时,任务直接来源于传统的学习素材,现在,学校正越来越多地在使用真实任务作为课程的基石,这些真实任务由一个或多个区域参与方(如当地政府、农场主或研究机构)提供(Oonk, Beers & Wesselink, 2013)。

5.胜任力评估。评估很难标准化;国家标准与地方灵活性之间的截然对立,导致形成了一种紧迫的困境(参见 Nieuwenhuis, Van Berkel, Jellema & Mulder, 2001)。本章不讨论评估的太多细节,因为本书另有一章专门讨论能力本位评估,可以说,人们已经采取了一些重要步骤。许多颇有前景的能力本位评估已经得以发展并实施,包括观察法和标准访谈等各种评估方法(例如参见 Gulikers, Baartman & Biemans, 2010)。

6.教师角色和身份的转变。在能力本位教育中,教育工作者还包括"教练"角色:指导学生的学习过程,而不仅仅是扮演"专家"角色向学生传授知识。学生必须逐渐为自己的学习过程负起责任,相应地,教育工作者必须提供必要的支持和"支架"①。这个过程要求双方都要采取一种不同的态度,甚至可能是"范式转变"。在这方面,比尔曼斯等(2009)指出,随着学生更加擅长自主学习(independent learning),他们似乎更加需要提高自主性和自律性。

7.院校层面的条件。发展能力本位教育,非常重要的一点是对教师和

---

① "支架"(scaffolding)原指建筑行业中使用的"脚手架",这里用来形象地描述一种教学策略。20世纪70年代,美国教育心理学家、认知心理学家杰罗姆·布鲁纳(Jerome Seymour Bruner)等人在吸取前苏联著名心理学家维果斯基(Lev Vygotsky)"最近发展区"思想的基础上,提出"支架式教学"(ScaffoldingInstruction)这一新的教学理念和策略。支架式教学是基于建构主义学习理论的一种以学习者为中心,以培养学生解决问题的能力和自主学习能力为目标的教学策略,即一步一步地为学生的学习提供适当的、小步调的线索或提示(支架),让学生通过这些支架一步一步地攀升,逐渐发现和解决学习中的问题,掌握所要学习的知识,成长为一个独立的学习者。欧共体"远距离教育与训练项目"(DGXIII)有关文件将支架式教学定义为:"支架式教学应当为学习者建构对知识的理解提供一种概念框架(conceptual framework)。这种框架中的概念是为发展学习者对问题的进一步理解所需要的,为此,事先要把复杂的学习任务加以分解,以便于把学习者的理解逐步引向深入。"——译者注

学校管理者的能力发展进行结构化关注。比尔曼斯等（2009）指出，教师致力于实施能力本位教育，而学校的管理却没有提供足够的支持。能力本位教育顾问麦克丹尼尔（McDaniel，2012）进行了一项由职业学院共同发起的研究，结果表明，大部分教师并不觉得他们自己有足够的能力来开展能力本位教育。在教师看来，能力本位教育的设计、发展和实施，给他们的日程安排带来了很大的压力，正确地推动这一进程有赖于学校的管理。

尽管上述诸多困难都是顺利实施能力本位教育的障碍，但对于在职业学院课程中实施能力本位教育来说，在学校学习与工作场所学习的衔接方面所存在的缺陷，可以说直指问题的核心；比尔曼斯等（2004）认为，如果在这个层面上没有什么改变的话，就不会有真正的创新。因此，本章下面重点讨论学校学习与实践学习之间的关系。

第 5 节　工学结合

在实践中学习是能力本位教育的一个显著特征（和困难），并表现为多种形式，例如问题启发式学习、真实任务、仿真实训、模拟工作场所、项目以及其他促进在真实环境中学习的形式。这些形式跨越了学校与工作场所的传统边界；我们用"跨界"理论（Akkerman & Bakker，2011）来说明这种边界跨越的复杂性。跨界理论包括四种学习机制：认同、协作、反思、转换。下面介绍这四种学习机制的定义，并举例说明其表现形式。这些定义和例子，有助于我们更加深入地理解"学校—工作"跨界的复杂性，同时也是进行必须跨界的课程设计的立足点。

"认同"是指了解学校和工作场所这两个学习地点相互之间的特殊性（Akkerman & Bakker，2011，2012）。学校本位学习和工作本位学习对于不同的学习目的有所助益。在能力本位教育课程中，工作本位学习是理性准备（preparatory rationality）的一部分，通过学习为工作做准备（Nieuwenhuis & Van Woerkom，2007）。学校本位学习则提供一个更适于知识获取和过程反思的安全环境。例如，波特曼、伊列雷斯和尼乌文赫伊斯（Poortman，Illeris，and Nieuwenhuis，2011）指出，课程中那些工作本位的元素为学生提供了把理论应用于实践的机会，从而培养学生更多的实践技能。"协作"是指在各种教学活动之间建立合作和常规交流。例如，在教育场所与工作场所之间达成互动合作协议，以帮助教育机构和工作场所（企业、政府或社区组织）更加有效地开展合作，指导学生在工作场所期间的学习（Blokhuis，2006；Onstenk & Blokhuis，2007）。"反思"是指从其他教学活动的角度加以审视，从而学习新的教学活动知识。在关于荷兰高级中等职业教育实验室教育的一项研究中（Akkerman & Bakker，2012），通过组织业界代表有计划地到教育机构访问，把工作场所带进学校，从而有意识地引发了这种反思机制。第四个（最后一个）机制是"转换"，它被视作为了彼此呼应而进行教学活动的改变，或者创造一个介乎两者之间的全新的教学活动。总的来说，设计这种跨越传统边界、交叉互通的学习环境，需要学校和职业工作场所进行合作发展。下面深入分析这种合作发展的各种实践，其中，我们尤其关注"转换"这一实现跨界的最难的机制。

第6节 转换：教育机构和工作场所的合作发展实践述评

在荷兰职业教育与培训中，教育机构和工作场所合作发展的新实践已经起飞，其目的在于改进在职业学院的学习与工作场所学习之间的交叉互通。2002年，荷兰政府出台了面向职业学院的"国家创新计划"，该计划于2015年结束。通过国家创新计划，职业学院的项目可以申请国家用以资助教育实践创新试点的政府补助。该计划的主要目标之一是促进学校与职业实践（工作场所）的合作。这些创新项目由外部研究人员进行监测，最近几年，政府要求这些试点项目的代表开展自己的研究（例如参见 De Bruijn，Hermanussen & Van de Venne，2008）。

斯马尔德斯、霍夫和范德米尔（Smulders, Hoeve and Van de Meer, 2012）对国家创新计划100余个项目进行了案例研究，并选取其中10个项目进行了深入研究。通过这些项目，职业学院和企业共同参与教育实践的设计和（或）实施，这种共同合作结构化植于职业学院和企业组织之中。在该研究的基础上，荷兰职业教育与培训的校企合作发展的具体形式得以明确，这些项目可分为以下五种形式。

1. 厂中校（School at work）。这种合作发展形式的特点是，数量有限的合作伙伴之间进行长期而紧密的合作。这种形式是为一批学生提供公司内部的工作（学习）环境，例如医院或疗养院。主要由工作场所的资深员工负责监管。此外，教师也经常到这些工作场所去指导学生进行批判性反思或提供"及时"的知识穿插教学。

2. 新建实体。这种形式的特点是，一所或两所职业学院与少量企业伙伴合作。职业学院和企业伙伴共同投资开发新建独立实体。新建实体为学生个体和（或）学生群体提供工作（学习）环境。这种学习环境也为企业伙伴或其他区域的企业提供（批量）员工培训的机会。

3. 校中厂（Work at school）。这种形式的特点是，职业学院与少量企业伙伴合作。在校内场地为学生提供有吸引力的工作环境，使更多的正式学习过程与工作场所学习明确地交织在一起。

4. 临时项目。这种形式的特点是，职业学院和企业伙伴通过临时项目进行合作。企业伙伴是项目的客户。项目由学生个人或学生项目小组执行。项目可能涉及单一或跨学科或跨专业。这种形式建立了学校和（小型）公司的区域性网络，可以作为支持区域经济增长的知识发展的载体。

5. 职业教育与培训的行业委员会。[①] 这种形式的特点是，国家职业教育与培训行业委员会在其中发挥枢纽作用。他们协调职业学院和企业伙伴的合作，包括区域层面和国家层面。行业委员会致力于发展在不同区域或中心地带的职业学院的校内工作（学习）环境。通过国家层面的运作，行业委员会通过技术联合投资、共享工作空间和提供走进大型企业网络的便利，创造出规模经济。

上述五种形式，展示了过去10年来在荷兰兴起的多样化的校企合作发展类型。

第7节　转换：工学结合学习环境述评

如上所述，过去10年来在荷兰涌现了一些学校学习与实践学习相结合

---

① 应当注意的是，由于严重的预算削减（Coalition Rutte II，2012），行业委员会正在重组。2015年8月以后，17个行业委员会将合并为一个合作组织。——原注

的新实践。现在我们介绍一种设计模型，它有助于我们更详细地考察工学结合的实践。这个新模型运用前述"跨界"理论和五种校企合作发展形式，论述了在教育机构层面的复杂性和目前校企合作发展的实践情况，以及产教合作伙伴关系的水平，这将有助于我们深入地了解这些合作发展所建立的学习环境。该模式是在高等职业教育的背景下发展起来的（Zitter，2010；Zitter，De Bruijn，Simons & Ten Cate，2011，2012；Zitter，Kinkhorst，Simons & Ten Cate，2009），并在高级中等职业教育中得到了进一步发展（Zitter & Hoeve，2012）。

该模型由两个维度构成（图9.1）：(1) 获取—参与（Acquisition-Participation），(2) 建构—真实（Constructed-Realistic）。第一个维度（获取—参与）的一个方向意指"知识获取"，即知识是可以获取、转移并与他人共享的产品；另一个方向意指"参与式学习"，即个体学习者的学习过程，其特征是"成为职业共同体中的一员"（Sfard，1998）。第一个维度解决了学习过程的类型及预期学习成果的问题。第二个维度（建构—真实）意指学习发生的环境的特点。"建构式"环境的特点是仿真度低，缺乏丰富的真实性，或者充其量算是模拟。当向该维度的"真实"一侧移动时，学习环境就变得更加高仿真；例如，仿真模拟技术，内部员工或外部参与者扮演客户或患者等角色。当向该维度右侧移动时，学习环境就更加与真实职业场景密切接近。在这种学习环境下，学习者沉浸于真正的工作生活中。这两个维度的结合点落在四个象限之一，分别表示学习（工作）场景的具体类型。

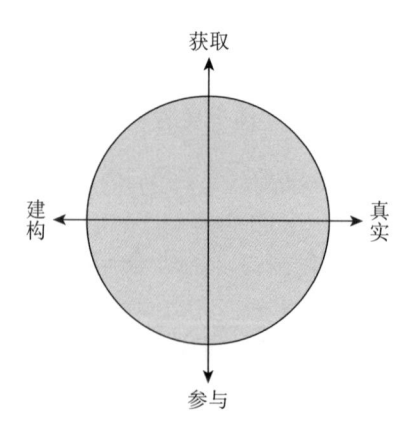

图9.1 能力本位的学习环境的两个维度

荷兰职业教育与培训的学习活动可以用这四个象限来进行区分。教育督导局（2009）的报告中指出了实现职业学院与实践之间互通的多种表现形式。以下是其中几种著名的形式（括号里的数字表示2009年该形式的参与者所占的百分比）：一种形式是聘请来自实践领域的客座讲师（79%），位于"真实—获取"象限。显然，聘请客座讲师这种形式得到了经常运用，尽管我们必须指出，聘有客座讲师这种场景并不能真正使学生可以在真实环境中进行实践和发展能力。其他形式还有：模拟仿真（66%）；学生在教育机构完成真实工作任务（41%）；学生在企业完成真实工作任务（56%）；学生在"校中厂"（36%）和所谓"小企业"（20%）工作。沿着"建构—真实"这个维度，后面这几种形式可以定位在"参与"象限之中。

第8节 荷兰职业教育与培训的"知识获取"

图9.1上面两个象限的学习场景（"建构—获取"和"真实—获取"）是注重知识"获取"，包括职业知识和通识知识（例如语言和数学）。从德布鲁恩（De Bruijn）和巴克（Bakker）撰写的本书第8章可见，究竟应该重视学校学科形式的知识，还是重视强调技能和态度的方法知识，对此人们摇摆不定。如前所述，这种摇摆目前正在寻求"上"（"获取"）"下"（"参与"）之间的平衡。关于职业教育与语言教育相融合的一项综述研究，介绍了寻求这种平衡的一个典型案例（Elbers，2012），它以某种形式把语言学习与职业能力结合起来。从课程的角度看，该研究令人感兴趣的一点是，它介绍了把通识元素和职业元素进行整合的各种不同方式；例如，运用职业文本来促进语言发展；在语言课上用工作场所经验来进行语言输入。应当注意的是，由于"关注职业2011—2015"这一部长行动计划（Bijsterveldt-Vliegenthart，2011）更加重视语言和数学，所以寻求上述这种平衡是在一个妨碍发现这种平衡的政策环境下而进行的。

例如，"成长记录袋"（development portfolios）这种方式可以定位在图9.1的右上角（即"真实—获取"象限）。成长记录袋是学生用来描述和记录随着时间的推移自己在多方面专业发展的一种工具。关于职业学院三年制美发课程的一项研究表明，把"综合任务法"（whole task approach）（类似"职业核心问题")——在学习任务的复杂性、真实性和支持力度方面有所不同（Van Merriënboer & Kirschner，2007）——和"成长记录袋"（帮助学生对自己的学习过程负责）这两种方式结合起来，可以形成一种很有前途的提高学生自我导向性的方法。这种方法帮助学生形成自己未来学习的方向，从而提高他们主动实践的质量（Kicken，Brand-Gruwel，Van Merriënboer & Slot，2009）。

第9节 荷兰职业教育与培训的"参与式学习"

人们的创新和研究往往倾向于关注图9.1下方的（"参与"）象限，这与把学校学习与工作场所学习衔接起来这一明确的核心难题相吻合。一项纵向监测表明，荷兰职业教育与培训的特点是，学生所从事的完整任务或项目主要集中在学习如何完成核心职业任务和工作过程（Van der Meijden，2007）。此外还有，在职业导向课程中运用仿真实训，以创造有意义的、与职业相关的学习体验（Khaled，Gulikers，Biemans & Mulder，2014）。与此类似的一个概念是"模拟工作场所"：将传统的职业技能、通用技能和领域知识[①]融为一体的真实实践导向的学习环境（Jossberger，Brand-Gruwel，Boshuizen & Van de Wiel，2010）。

"纯粹的"工作场所学习可以定位在图9.1右下象限（"真实—参与"）的最远端。本书另有一章讨论在真正现实生活中工作场所的个体学生的教育。下面我们讨论一种更具建构性的实践学习，它与以"知识获取"为特征的学习也交织在一起。

第10节 职业教育与培训的混合式学习环境

至此，我们以上述模型为框架，评述了荷兰职业教育与培训的课程所采取的各种举措。下面，我们结合荷兰职业教育与培训的有关研究（Zitter

---

① 领域知识（domain knowledge），指由个体关于某个特定领域的陈述性知识、程序性知识和条件性知识组成的所有知识，可以理解为背景知识。每个行业都有自己独特的领域知识。——译者注

& Hoeve，2012），以其中一个教育创新案例研究对"混合式学习"的概念进行实证论述。"把不同的正式与非正式的元素编织起来，形成连贯一致的学习方案和单个的学习环境，而不是为了给学生提供更加诱人的学习菜单而对不同的要素进行简单组合"（Zitter & Hoeve，2012，引自：OECD，2013，p.138），这样的课程在某种程度上可以称为"混合式学习环境"。

在荷兰，人们开展了相关研究对各种新兴实践进行评鉴，并对混合式学习环境进行深入研究（Huisman，De Bruijn，Baartman，Zitter & Aalsma，2010；Zitter & Hoeve，2012）。在此基础上，我们乐意向读者介绍"水厂"这个案例研究。该水厂位于一所高级中等职业学院（1.4万名学生）的校园内。该学习环境提供5个（高级）中等职业教育的学习项目，其中3个属于工艺技术类，2个属于市场营销类。水厂与学校的这种合作发展可称为"校中厂"模式。混合式学习环境位于校内。

图9.2 四个象限（水厂的混合式学习环境）

水厂是作为一个运营工厂而成立的，有为外部客户提供纯净水和瓶装水的生产线。设有市场营销部，销售带有定制设计标签的瓶装水。本文将重点放在其生产线上，它借鉴了国营啤酒厂的生产线。生产所需的时间要远远多于实际需要的时间，从这一点可以验证水厂的混合式学习环境。因为当学生有需要的时候，教师会提供更多的监管，而且学生在生产线上工作时，教师会给予一步一步的指导。在建构更具体的情形时，左边房间（图9.2）有模拟软件，用于学生针对生产线的复杂部分而进行练习。当有问题发生时，教师可以暂停生产线（即移至"获取"象限）。通过这些"中断"，这一小群学生参与到系统性地协作解决问题的过程（"真实—获取"象限）。教师也可以停下生产线，走出低矮的大门，移步到一张讲桌前，那里右边墙上固定有电脑屏幕。停止生产以实现"即时"知识穿插，这是"建构—获取"象限的一个例子。该课程的实施可以说是积极而成功的。首先，这种学习与工作相联系的方式深受学生欢迎。其次，教师可以观察学生运用理论联系实践的情况。第三，学生在（后来）进行学徒培训（在水厂以外）时，外面工作场所的培训主管表示对学生通过在水厂学习而培养出的能力水平感到满意（Aalsma，2011）。所以，该水厂是一个出色的"校中厂"形式的校企合作发展项目。能力本位学习环境的"获取—参与"和"真实—建构"维度，为分析这些为了激励学生学习而采取的干预措施（的效果）提供了可能。

第11节 本章小结与讨论

总体来说，荷兰的职业学院和利益相关方都确信能力本位教育的附加值。职业学院正在全力以赴缩小学习和工作之间的距离，因为这是能力本位教育最具挑战性的方面之一。能力本位教育的实施在国家层面上已迈出一大步，促进了学校学习与工作场所学习之间的联系。正如本章所示，为了缩小工作世界与学习世界之间的差距，荷兰采取了无数的举措。

尽管目前的研究成果少之又少，尚不足以说服那些对能力本位教育更加挑剔的人们，但是，职业学院正在取得进步。已有的研究探索往往倾向于概念化（目标课程），几乎没有提供任何实证基础。关于如何理解课程、如何操作（实施课程）的实证研究，以及关于能力本位教育的学习成果（获知课程）的研究，这些都还很难找到。很多较大规模的研究项目尚在进行之中，这是可以理解的，因为职业教育与培训涉及如此众多的不同的教育层次，而且覆盖了所有行业领域，例如生命科学、技术领域和医疗保健，等等。此外，实施能力本位教育会比预期需要更长的时间。能力本位教育在实施中还存在很多缺陷，因此，只有在对职业教育与培训的课程进行全面重新设计（De Bruijn & Leeman，2011），使学生经历了整个能力本位教育的课程之后，才能真正评估其实施效果。我们期望，到2018年能够分享关于能力本位教育的附加值的大规模实证研究成果。

  本章突出强调了能力本位教育实施中的一个重大绊脚石和挑战：如何把学校学习与工作场所学习相互结合起来，以强化学生的学习过程。不要把需要协调（或"融合"）的学校和工作场所视为对立面，从跨界的视角来看，我们可以发现，大量的学习过程发生在教育机构与工作场所结合的边界之处。这一更加细致微妙的视角，有助于我们洞察在这边界的两侧职业教育与培训的持续进展，特别是在特定学习环境这个"中间空隙"处。毫无疑问，对于职业教育与培训，尤其是能力本位教育，学校和工作场所都扮演着自己独一无二的角色。阅读本章之后，无论研究者还是实践者均可从中汲取经验教训，这就是，研究与实践告诉我们：在工作世界和学习世界的交汇点上，正在发生着令人兴奋的进展，通过课程设计、学习环境设计和学习活动设计，可以挖掘出这些交汇点所带来的学习潜力。

第 10 章

促进学生参与和发展的教学策略

特鲁斯·哈姆斯，阿里美·霍夫，彼得·邓波儿

本章认为，除了传统的教学策略（如课堂教学、与学生交流学习进展），当前荷兰职业教育工作者主要运用三种教学策略：(1) 创造真实性学习环境，(2) 创造灵活性学习环境，(3) 创造支持学生自我导向性（self-direction）的学习环境。本章表明，过去几十年来，荷兰的职业教育机构（区域教育中心）在大力发展真实性学习与自我导向性学习相结合的灵活的学习安排（De Bruijn et al.，2005）。我们可以举出各种例证来支持这一说法。然而，兹特和霍夫（Zitter and Hoeve，2012）指出，发展这种学习安排是一项复杂的工作，因为真实性学习、自我导向性学习和灵活性学习模式包含广泛的"概念模型"，这些概念模型虽然提供了指导思想和思维方式，但没有告诉我们如何有选择而明智地加以应用。所以，这些学习模式本身并没有提供任何关于课程设计和（或）教学实践的指导方针，因此给人们提出了挑战：如何运用这些理念并从零开始把它们转化为教育实践。目前，许多区域教育中心已欣然接受这一挑战。在努力把这些理念付诸实践的过程中，区域教育中心常常得到"国家创新计划"（荷兰语：het Innovatiearrangement）的支持。本章所引用的研究包括范德梅杰登等（Van der Meijden et al.，2009，2013）对国家创新计划试点项目的研究。

灵活性和自我导向性是现代荷兰职业教育[①]的主要策略。以下各节描

[①] 除非另有说明，本章把"职业教育"和"职业教育与培训"作为同义词，表示荷兰的全日制职业教育和学徒制培训。——原注

述了人们如何把这些宽泛的理念转化为教育实践的努力。在可能的情况下，我们从国家创新计划试点项目中借鉴一些出色的案例。不过，我们事先指出，这些案例并不代表荷兰职业教育实践的全貌。荷兰职业教育的很多日常实践仍然是传统教学法的延续，其中下列方法仍然盛行：在课堂上照本宣科；基于"学习基础知识"的观念，学生按照教师或书本布置的校内任务进行练习。不过，如上所述，教育实践正在发生变化。因此，要遴选出那些可作为荷兰职业教育教学实践标准的实证还为时尚早。本章小结一节将对此进行详细阐述。

第1节 当前荷兰职业教育的教学策略及其理念简析

本章要回答的关键问题是：目前荷兰职业教育工作者正在运用哪些教学策略？这些教学策略的运用情况及其对学生的影响如何？要真正解决这个问题，需要有一个关于职业教育教学的总体理论框架。然而遗憾的是，与德国〔其职业教育学（Berufspädagogik）是一个颇受尊重的教育科学分支〕不同，荷兰职业教育还缺乏这样的总体理论话语体系。不过，过去几十年来，一些学者已经开始辩论，并努力建立理论框架（Geurts, 2003; Geurts & Meijers, 2006; 以及近期的 De Bruijn, 2012）。他们发表的文章的关键要素是过去40年来一直持续的三大主题。第一个主题是工作场所学习及其与校内学习的关系或融合，通常称之为"真实性学习"或"在真实环境中学习"。第二个主题是学生进入和完成荷兰职业教育有多大的灵活度。最后一个主题涉及学生的自我导向程度，它要么作为对学生的要求，要么被确定为职业教育的首选成果。这三大主题可视为当前荷兰职业教育"行动导向"教学策略的基石。关于这些主题的争论和研究主要集中在学校本位职业教育（BOL），但另一方面也影响到学徒制学习（BBL）的教学思想。本章以这三大主题为参照系而展开讨论。

在讨论上述三大主题如何形成教学策略之前，我们简要回顾一下它们如何服务于荷兰职业教育的主要目标：培养年轻人掌握娴熟技能、继续接受（高等职业）教育和履行公民责任的能力。教学策略应该是有助于实现这些目标的手段。设计一种既真实又灵活的学习环境，就是这样的教学策略。但是，成为自我导向型学习者既是实现这些目标的手段，也是职业教育本身应有的目标。当然，对于劳动力市场的入门技工和正常公民来说，自我导向性是一个很重要的要求。雇主和生涯教练都认为，那些对自己的工作和职业生涯都不能自我引导的工人是没有什么吸引力的。其他很多学者（比如 Meijers，2011；Trilling & Fadel，2009）也提到，这些技能是在21世纪生存的必要条件。因此，培养学生的自我导向性应该是职业教育追求的目标之一。那么，本章要回答的问题是：什么样的教学策略能实现这个目标呢？同时，作为一种"元认知"①能力，自我导向性应该是职业教育本身的一种手段，以使学生在校内和校外都取得更大的成就。在讨论"元认知行为"时，有些学者使用"自我调节"（self-regulation）的概念，而不是"自我导向"。本章将对这两个观点都进行讨论。

本章使用"教学策略"的广义概念。即教学策略是对如何塑造学习环境（包括教师的角色和教学行为）而进行精心谋划的结果。这些策略，先于学习情境中教师的实际行为并为其提供支撑。这一广义概念涵盖了各方面的教学策略，包括课程设计，它们对于教学策略上述三大主题或主题群来说非常重要。

关于过去40年来荷兰各类职业教育机构是如何实施这三种教学策略的，尽管有很多方面值得一提，但本章重点关注过去15—20年来的发展，当时，区域教育中心已经成立。以下各节将介绍真实性学习、灵活性学习和自我导向性学习领域的发展。在最后一节的小结中，我们将总结从荷兰对这三个主题的思考经验中可以汲取的重要经验教训，并反思将这些经验教训作为荷兰职业教育发展性总体教学论的潜在基石的价值。

第 2 节 真实性学习

当你第一次拜访奈梅亨区域教育中心主楼时，可能会感到困惑：这是

---

① "元认知"（Metacognition），即对认知的认知，是美国心理学家弗拉维尔（J.H.Flavell）提出的概念。学生在学习中，一方面进行着各种认知活动（感知、记忆、思维等），另一方面又对自己的认知活动进行监控和调节，这种对自己认知活动本身的再感知、再记忆、再思维就是元认知。——译者注

学校大楼还是购物广场？穿过健身中心、面包店、理发店、餐厅、日间护理中心，最后到达就业中心。这里是学校企业的所在地"区域教育中心广场"，学校的企业伙伴可以在这里开设经营机构。这些商店和小企业，由学生在教师或资深专业人员的指导下经营管理，为消费者提供服务并向普通公众开放。虽然该区域教育中心广场的规模和知名度颇高，但奈梅亨区域教育中心并不是荷兰唯一一所在校内设有学习型企业的区域职业学院。荷兰全国各地的区域职业学院一般都在校内设有学习型企业，例如餐厅、食品加工厂、日间护理中心和行政办公室。

荷兰奈梅亨区域教育中心这个例子，代表了学校应与职业实践更加紧密合作的发展趋势。这一问题在 BOL 课程（学校本位学习途径）中最为凸显。因为这些课程虽然有大量临时学徒形式（荷兰职业教育称之为"实习阶段"）的工作场所学习内容，但是 2001 年国家评估委员会的结论指出：这些课程太理论化了（Stuurgroep evaluation WEB，2001）。最近，BBL 课程（工作本位学习途径）也开始考虑这个问题，因为学生和企业伙伴都反映说，学校的课程与各种工作场所的要求存在巨大差距。

1. 混合式学习环境

斯马尔德斯、霍夫和范德米尔（Smulders，Hoeve，and Van der Meer，2013）的研究表明，学校和职业实践组织的合作形式多种多样，最近新出现了各种旨在共同设计和实施职业教育的合作形式。这些合作形式的共同之处在于，它们都致力于开发跨越学校与工作的传统边界的学习环境，促进从教育机构到工作场所的过渡，以培养学习者成为更广阔社会的一分子，应对当前工作场所的需求（Zitter & Hoeve，2012）。许多学者指出，促进与学校外部世界的联系非常重要（例如参见 Billett，2011；Dumont & Istance，2010）。雅维拉和沃尔特（Järvelä and Volet，2004）的研究表明，在这样的学习环境中，学习者可以进行一些更复杂形式的学习，有意识地推动学习与工作更好地结合起来。其他一些学者也强调，有必要让学生参与解决真实世界的问题或概念模糊的工作任务，这些任务具有复杂性、真实性和挑战性，从而引发学生积极的学习过程（Baartman & De Bruijn，2011；Könings，Brand-Gruwel & Van Merriënboer，2005）。

正如第九章所述，兹特和霍夫（2012）提出了"混合式学习环境"的概念，把它作为职业教育课程设计的出发点，其中课程内容由职业实践构成。混合式学习环境的基本要素之一是"真实任务"。真实任务来自特定的职业领域，例如建筑与施工、工艺技术、酒店业、医疗保健或运动与休闲。围绕职业任务而组织学习，需要职业教育机构和企业伙伴的紧密合作。企业伙伴带来特定领域关键任务的最新专业知识，教育机构通过教学专业知识使这些任务适合于课程教学。

2. 真实任务

因此，混合式学习环境中的教学也围绕真实任务而安排。源于职业实践的那些真实任务可能需要进行重新设计，使之成为学习者可以学习的任务（例如分解成若干组成部分或子任务），但是，"真实复杂性仍然应该是任务的基本特征"（De Bruijn & Leeman，2011，p.697）。这对教学实践的重要影响是，教师的"设计"角色变得更加重要。为了对真实任务进行重新设计，范麦里恩博尔、德克拉克和德科若克（Van Merriënboer，De Clark，and De Croock，2002）开发了"四元教学设计法"（4C/ID[①]），其中，学习任务是"具体、真实、完整的任务"。基施纳、马滕斯和斯特伯斯（Kirschner，Martens，and Strijbos）（引自：Zitter，Kinkhorst，Simons & Ten Cate，2009）从下面这样一个维度描述了"任务"的特征，即一端是较传统的学校任务（结构合理，定义明确，简短），另一端是真实任务："大多是现实生活中那些非结构化和（或）棘手的问题，一般需要团队合作加以解决。"在这种方式中，学习领域应该作为一个连贯一致、相互联系的整体来分析，在教学时，从整个领域中那些更简单但有意义的典型任务开始，然后逐步过渡到更加复杂的任务。

教师的"设计角色"的一个重要方面是必须对真实任务进行序化。进行真实任务的序化应当考虑以下两点：

    1. 任务的序化要使学生从外围参与进而到全面参与（Lave & Wenger，1991），从而培养学生的技能、态度和职业认同；

[①] Four Component Instructional Design（简称 4C/ID）。——译者注

2. 根据问责程度从"低"(出了错并无大碍)到"高"(完全负责)的原则进行任务排序。

任务的序化通常是出于质量和教学目标这两方面的考虑,类似于在教育场景中进行的课程设计(Billett,2006)。例如逐渐增加复杂性这一教学目的,对此,也有人使用"精细排序"(elaborative sequence)这一术语(Reigeluth & Stein,引自:Van der Sanden & Teurlings,2003)。特尔琳丝(Teurlings,1993)在她的研究论文中,介绍了对真实任务进行精细排序将对学习者的学习技能产生怎样的影响。真实任务最好是能在真实情境中进行。这些任务不仅涉及工具技能应用,还涉及安排、计划和组织等一些更普适的能力。围绕真实情境中的真实任务而组织职业课程的时候,教师也应该在真实情境的现场。斯马尔德斯等(Smulders et al.,2013)描述的创新项目中那种学习环境,是为容纳较大的学生群体(10~30名学生)而设计的,其中1~2名教师在现场指导该组学生。在工作中指导学生,教师需要采取与课堂教学不同的行为方式(action repertoire)。阿尔斯玛(Aalsma,2011)指出,学习者需要得到专家的直接指导,专家是工作过程知识的大师,他们愿意而且能够向学习者清楚地讲述工作过程知识并与之分享。

3. 教师的角色

完成一个真实任务,学习者需要对各类不同的知识进行整合,包括正式知识[1]、工作过程知识和实践知识。沙普、德布鲁恩、范德沙夫和基施纳(Schaap,De Bruijn,Van de Schaaf,and kirschner,2009)以及沙普、德布鲁恩、范德沙夫、巴特曼和基施纳(Schaap,De Bruijn,Van de Schaaf,Baartman,and kirschnev,2011)指出,为了实现这一目标,教师应该促进学生发展"个人专业化理论"(PPT)[2]。通过发展个人专业化理论,学生可以进入专业或职业领域。个人专业化理论可以作为一个人的"坐标系",其中存储特定领域的共享知识、集体规范、价值观和职业信仰。人们通过

---

[1] 在课程领域中有"正式知识"(formal knowledge)和"非正式知识"(informal knowledge)之分。正式知识指课程计划、课程标准或教科书中明确要求教师教和学生学的知识;非正式知识指学生个体建构的、非结构化的真实生活环境中的知识,泛指在日常社会中所获得的经验。——译者注

[2] personal professional theories(缩写PPT)。——译者注

参与某个职业领域内不同的背景和情境而获得的知识,在"个人专业化理论"中得以内化。沙普等(Schaap et al., 2011)认为,在阐明个人专业化理论的过程中,建构和适当的提示都很重要。

教师在为学生提供必要的构建方面很重要。然而,目前人们还不清楚教师应该采用何种策略。这一问题正在研究之中。德布鲁恩(De Bruijn, 2012)报道了一项有5所职业学校10名教师参与的创新型能力本位教育研究。在该研究中,德布鲁恩将职业教育背景下的"建模"和"支架"策略描述为与教学行为和教学方法相关的新技能。"建模"是指那种关注自适应形式的建模,即适合学习者个人的可能性和需求的建模。该研究结果表明,这些策略有必要形成实例、规范、备选方案和进行良好实践。德布鲁恩总结道:"改革教学实践需要大量的试验、批判性反思、对困境和实际冲突的思考及适应新的习惯。"她建议,鼓励专业学习共同体在这方面帮助教师。

4. 对学生的影响

由上可见,真实性学习环境对教师的角色和教学范式产生了显著影响。另一个重要问题是这种真实性学习环境对学生的影响。人们最期待的效果是整合学生的知识和技能,以及发展"个人专业化理论"。最终目标是改善从学校到工作场所的过渡。除了上述基本理念和心理学方面的研究以外,关于其整体效果的实证研究还很有限。造成这一缺陷的一个重要原因是,设计一种让学生在真实任务中学习的混合式学习环境非常困难(Zitter, 2010; Zitter & Hoeve, 2012)。目前大多数研究都集中在混合式学习环境的设计问题和实施方面的困难上。成功实施混合式学习环境以帮助学生理论联系实践和整合知识与技能,在这方面有两个案例研究(Den Boer & Stukker, 2011; Zitter & Hoeve, 即将发表)。下面我们较详细地介绍一下这两个案例,用以说明创造一个促进真实性学习的混合式学习环境的复杂性,及其对教师和其他员工的要求。

5. 荷兰职业教育的两个案例

在关于一个区域教育中心的工商管理职业课程的研究中,邓波儿和斯达克尔(Den Boer and Stukker, 2011)描述了一个培训课程的安排。该课程基于两个要点：(1)工作任务（最好是来自本地区的真实业务）；(2)实习阶段。在这种方式中，该学习环境使完全个性化的教育途径得以实现，要么通过真实实践，要么也非常相似。课堂教学中只安排英语和数学等辅助课。对于因工作任务而不能参加课堂教学的那些学生也采取了相应的措施。其他所有科目都在学生完成工作任务期间"教"，包括在学校和实习阶段的工作任务。在所有时间里，学生都可以利用书籍和互联网等信息资源来解决问题，或者向教师请教。教师把自己当作既是教练又是教师。他们根据学生自己的课程进度，决定给哪些（组）学生分配哪些工作任务，并指导学生完成这些任务。当学生或教师确定需要更好或更深入地了解手头上问题的背后知识时，教师也会讲授学科知识。该课程开发了一种数字化工具以跟踪学生的进度。教师们认为，要利用好这种对学生有利的教育环境，教师某些方面的能力至关重要。首先和最重要的是：教师"对你所教的科目烂熟于心"；其次是"认识你的学生""教学态度""懂得如何最恰当地给每一个学生提出挑战""灵活性"和"能够在有利时机改变计划"。根据邓波儿和斯达克尔（2011）的研究报告，与获取同样职业资格但按传统方式组织的那些高度规范的培训课程相比，本课程的学生显得更有学习动力，在职业生涯中也有更好的自我导向性和更好的创业态度。报告中提到的唯一的负面影响是"学生理解掌握理论知识的重要性"，这可能是因为，该试验课程的学生认为，他们学到的知识属于"实践知识"而不是"理论知识"。然而遗憾的是，由于财务问题（在组织中属于更高层级），该培训课程仅实施5年之后就结束了。

　　根据2010—2013年关于混合式学习环境设计的一个研究项目，兹特和霍夫（2012，2016）描述了荷兰南部一个区域教育中心[①]酒店管理学院的烹饪课程的运行模式。该课程根据混合式学习环境的原则进行了重新设计。酒店管理学院有三个不同的营业点：午餐厅、健康食品吧和正式餐厅；提供各类餐饮服务（既对内也对外）。其环境空间设计体现了业界工作的空间要求，例如有接待区、厨房和储物空间，以及配有电脑的常规工作空间。所有工作空间都配有各种专业用具和工具，例如专业的厨房设施、玻

[①] 指蒙德里安职业教育学院（ROC MONDRIAAN），位于南荷兰省的省会海牙市。——译者注

璃器具和优质原材料。酒店管理学院每周大约接待 1.4 万名消费客人。为了把学习和工作紧密结合起来，酒店管理学院采取了以下措施。首先，工作空间是为支持学习而设计的，例如，可以穿插讲授理论知识，或者在工作中直接进行穿插教学。此外，为了方便转换，在靠近工作空间的地方定制了理论教学活动（acquisition activities）空间。午餐厅厨房必须在一段短时间内（午餐）为大量的顾客提供服务，这要求学习者共同合作，在短时间内提供高质量的服务。晚间，正式餐厅内人头攒动，需要提供高质量的服务，这有助于学习者逐渐习惯酒店业不规律的工作日程。

为了利用好这样设计的环境，教师们正在开发新的例程。其中一个重要方面是，他们采用了一种新的课程内容排序原则。全部课程内容都围绕餐厅的菜单而编排，根据"即时"原则，即准备这几周的特定菜肴需要些什么知识或能力而提供理论和技能培训。这要求所有老师和主管全面了解餐厅车间的真实要求，以及这些"学生工人"在多大程度上能够达到这些要求。为此，理论教师在车间进行观察，对学生的实操也录制了视频。主管和教师作为一个团队来准备理论课和技能课，并一起讨论每周需要哪些理论和技能训练。

根据"合法的边缘性参与"[①]原理（Lave & Wenger，1991），新手们逐渐进入复杂工作。通过一个金字塔组织，新手与经验更丰富的"学生工人"结伴。一年级学生按 8 名初级专业人员为一组而构成若干团队。二年级学生按 8 人为一个团队进行合作。三年级和四年级学生管理 2 组协同合作的学生，即管理 16 名学生。参照餐厅操作间的真实环境，学生从助理厨师开始走上职业道路，并逐步承担更多责任。为了让学生走上个性化（学习）职业生涯道路，该课程进行了模块化设置。

上述案例研究也表明，在实践中，本章所指的三种教学策略相互之间

---

① "合法的边缘性参与"（legitimate peripheral participation）是莱夫（Jean Lave）和温格（Etienne Wenger）在《情境学习：合法的边缘性参与》（Situated Learning：Legitimate Peripheral Participation）一书中提出来的，它是情境学习理论的中心概念和基本特征。"合法"是指学习者是实践共同体中的合法参与者而不是被动的观察者，"边缘性参与"是指新手的学习、模仿和练习，不充分地参与共同体的活动，新手通过与专家和同行互动而逐渐达到充分参与，从而形成学习的意义。"合法的边缘性参与"并不是一种教育形式或教育策略，而是对学习的一种理解方式。——译者注

密切相关。上述学习路径与荷兰目前应用的第二个主要教学策略（即灵活性）是相联系的，我们在下一节讨论。

第3节 荷兰职业教育的灵活性学习和灵活性学习的环境

在20世纪70年代和80年代，荷兰首次尝试推行需求导向的职业教育。例如20世纪80年代，教师们在当时所谓"短学制中等职业教育"（KMBO[1]）中进行了各种差异化教学的改革尝试，其中主要是使用模块化学习材料（De Bruijn，1997；Harms 1995）。然而，德布鲁恩（1997）指出，这种做法并没有得到广泛推广，并且它高度依赖于国家职业教育机构（即知识中心[2]）和参与试验的那些教师的努力。

在目前职业教育中，关于灵活性和定制化教育的争论非常激烈。人们经常强调定制化教育的好处，但是对如何将之付诸实践却几乎没有认识，甚至互相矛盾。根据温克、奥斯特林、维尔梅伦、艾默斯和凯尼斯（Vink，Oosterling，Vermeulen，Eimers，and kennis，2010）的说法，实现灵活性的职业教育是一个很复杂的问题，组织成本很高，因此人们倾向于追求高质量的标准化课程而不过多地强调定制。其他一些学者则强调灵活性的重要，以使能力本位教育取得成效（Van den Berg & De Bruijn，2009；Van Kuijk，Vrieze，Peek and Smit，2010）。

1. 目前职业教育中的案例

吉伦、邓波儿和瓦斯兰德（Gielen，Den Boer，and Waslander，2011）对4个区域教育中心进行了为期4年的研究，在一份研究报告中，他们介绍了6个关于中等职业教育的灵活性的案例，其中包括"全院范围整合模式"和针对具体问题的"局部解决方案"。全院范围整合模式大致包括两种方式。在第一种整合方式中，区域教育中心开发了一个基本模型或（数字化平台）工具，其中包括对区域教育中心目前所有课程的介绍。这种方

---

[1] Short Tracks in Secondary Vocational Education（荷兰语缩写KMBO）。——译者注
[2] 荷兰语：Landelijke Organen / Kenniscentra。——译者注

式的目的是，使学生从学校提供的所有可选课程中进行选择，不管这些课程是否属于他们训练课程和职业领域的一部分。其中一所职业学院报告说，在一个星期天晚间，仅仅在学院启动选课一个小时之后，就有一半的学生已经选定了其中一门课程，可见，学生对这种灵活性有需求。

第二种整合方式的重点是在学生的训练课程或职业领域内部的整合。在这种方式中，不但要求课程要有灵活性，而且组织、人事、规划和教辅系统也都需要有灵活性。根据以前的试点，该学院已经认识到，如果在一个领域有灵活性而其他领域没有，结果就会导致失败。关于灵活的课程及其相关支持体系要同步发展的必要性，前面提及的邓波儿和斯达克尔（2011）的案例研究提供了一个很好的例证。在该案例中，课程的灵活性使学生的任务在内容及所需的技能水平等方面有很大差异。为了让学生和教师能跟踪每一个学生的课程进度，学院开发了一个数字化平台，使教师把任务与课程内容联系在一起，从而确保在为期三年的训练之后，所有学生都接受到了包含该课程所有要素的训练。而且，该数字化平台允许每一个学生完成课程所需的学时有差异。该案例也体现了这种教学方式对教师提出的要求（参见上一节）。这一点，强调了课程的灵活性和教师的必备技能要同步发展。

除了这些整合方式（也包括内部整合），吉伦等（Gielen et al., 2011）还发现了各种局部解决方案。这里我们简要介绍其中两种解决方案。其一，在一组培训计划中，培训开始时，每组由4名教师组成的若干小组带领每组由100名学生组成的若干小组。[①] 设计两个场地对学生进行训练，一个进行理论教学，一个进行实践训练。因此，教师可以根据学生的需要而分配自己对各组学生的注意力。根据场地来建立参加4小时单元（校内）实践或理论课的学生名单。这种灵活性与学生能够完成的任务及自我调节学习结合起来。因此，教师可以根据每个学生的教育需求，在场地上的4名教师团队之间及对每位教师单独地分配时间。

另一个培训项目则结合了各种灵活的规划和组织方式。第一学年的"导论课程"包括固定的必修课，每年提供4次。在这种方式中，学生在本学年期间都可以进入课程，然后视情况加快或放慢课程学习进度。因此，

[①] 瓦斯兰德和克斯瑟尔（Waslander and Kessels, 2008）将这种灵活性称为"范围经济"（economy of scope）。——原注

学生可以在6个月之内成功完成第一学年的课程。第二阶段的课程包括30个模块，其中17个是必修模块，其他13个模块中每个学生至少要选择8个模块。对于学生完成其中任一模块和参加课堂学习的顺序，没有硬性规定。在这种方式中，学生可以将科目学习与实习阶段的主题结合起来。学生在最后半年独立完成一个写作任务。教师通过计算必需的提供给学生的教学空位数来计划安排课程模块（即用学生总人数乘以课程模块数，然后除以每个班的学生人数）。根据经验，如果在必需的空位数和可提供的空位数之间创造一些富余，似乎可以使选课和学生名册制作程序变得相对简单。据学校反映，学生对此满意度很高。

2. 经验教训

上述关于灵活的课程计划的案例研究表明，提供灵活的教育需要满足四个条件（Gielen et al., 2011）。在学校层面，必须要有关于教育和其中定制化教育的作用的共同观念。如果没有这样一种共同观念，很有可能学校每个单位都去发展自己的定制方式。后一种情况已被证明会导致学生在学年期间想要改变课程时出现问题，而能够灵活改变课程是我们一开始推行定制化教育的原因之一。其次，学生能够表达其教育需求是需要引导的，教师和管理者对此引导过程要有一个清晰的观念。先假定学生有明确的需求的话，这一过程通常会被认为是理所当然。然而事实往往并非如此（Meijers, Lengelle, Winters & Kuijpers, 2017）。第三，教师和管理者要有一个清晰的观念，知道提供什么样的差异化教育是学生需要的和（或）切合实际的。这涉及定制化的课程内容、时间和教学方法。此外，提供差异化教育应该以灵活的教学组织为支撑，包括人员、计划、名册、教室、系统（如学生跟踪系统）、出勤率、电子学习环境，等等。最后，学校应该对满足学生需求和提供教育的范式有一个清晰的观念。对此，吉伦等（2011）发现大致有两种模式：(1) 一次性选择模式，在这种模式中，每个学生都可以得到最佳的支持，使他们有充分根据地去选择训练课程，但这种模式不支持在课程进行期间的调整变化，并经常会导致学生失去一年的时间；(2) 持续调整模式，这种模式一直支持对学生的需求评估，并满足学生新出现的教育需求。

3. 可行、可控、可负担的解决方案举隅

其他学者提供了一些关于灵活教育的不同的案例、综述和分类（参见 Van Gelder，2007；Van Kuijk et al.，2010；Waslander & Kessels，2008）。其中，大多数研究是在荷兰中小学普通教育层面进行的。这些研究成果大多不容易转化到职业教育中。范奎基克等（Van Kuijk et al.，2010）列举的几类"可行、可控、可负担"的灵活的教学组织方式也许最有效，他写道：

1. 在每年的多个时间点开始训练的可能性；
2. 根据学生的需求量身定制课程，且大部分在入学期间建立；范格尔德（Van Gelder，2007）称之为"已知实践"（known practice），它与在学生训练期间的生涯指导相结合；
3. 通过生涯教练让学生走上正轨，防止辍学或浪费时间；
4. 认可先前能力，免修部分课程；
5. 在训练期间转向更高层次的训练；
6. 学生一旦准备好就可以参加考试的可能性。

4. 对学生的影响

如上所述，目前关于（各类）灵活性学习的效果的研究仍然很少。在这方面，通常是关于混合式学习环境和灵活的学习环境相结合的效果研究，因为在实践中，这些方法通常是结合在一起的（Den Boer & Stukker，2011；Zitter & Hoeve，2016）。上述两个案例表明，定制型真实性学习对教师的要求很高，并需要满足其他条件，例如要有跟踪学生进度的数字化工具。对教师的要求，包括教学内容、教育学和心理学、教学法、教练、组织和即兴发挥、与学生进行（生涯）对话等方面的技能和态度。人们也许会说这些要求太高了，教师个人无法集于一身，所以，教学越来越成为团队合作。

第 4 节　学生的自我导向性

在前述酒店管理学院的案例中，学校管理者选择使用了模块化课程设置，以使学生能走上个性化（学习）的生涯道路。所有新来的学生都从助

理厨师开始，在密切的监督下执行和学习简单的任务。后续课程模块中的任务则逐渐变得更加复杂，让学生学会承担更多的责任。在能胜任助理厨师岗位后，他们进入厨师岗位，承担不同程度的责任（按照行业职能结构涉及不同的分类，如厨师 1、厨师 2、主厨，等等）。但是，学生并不只是固定在一条生涯道路。有些学生决定成为一名更专业的厨师，他们按照厨师等级的路线先后通过这些等级，而有些学生可能决定更希望扩大自己的范围，因此他们跟着课程模块在比如"厨师 1"的另一个实践场景中操练或者获得更多的经验。酒店管理学院希望学生能够自己思考和组织个人的生涯道路。这个案例隐含地表明，自 20 世纪 90 年代引入能力本位教育以来，学生的自我导向性一直是荷兰职业教育的一个重要目标。

1. 理念与争论

然而，自我导向性这一理念引发了在工作坊很多不同的实践方案，从延续那些传统的教育实践，到几乎完全"放任自流"（参见 Harms, G., 2010, 2011; Harms, T., 2009; Van den Berg & De Bruijn, 2009）。与此同时，过去 10 年来，在普通教育和职业教育，学生的自我导向性一直都是一个争论激烈的话题。

自我导向性教育理念既有倡导者也有反对声。那些普遍重视"认知学习"目标的人们大多相信指导性教学，他们认为，到目前为止，自我导向性学习还没有带来更好的教育结果（Kirschner, Sweller & Clark, 2006; Van der Werf, 2005）。在一定程度上赞成学生自我导向性的人们则认为，自我导向性是实现更实用和更与职业相关的教育目标和发展学习潜能（学习承担责任）的出色手段。其中一些人认为，独立自主（self-reliance）和自我调节是现代职业实践的要求，因而也是学生个人未来职业生涯发展的要求（Den Boer, 2009; Kuijpers, Meijers & Bakker, 2006; Van den Berg & De Bruijn, 2009）。因此，在教育背景下，自我导向性是一种学习目标：学会独立、对自己的学习负责、进而认识到自己是"学习者和认知者"，这是对学生的教育目标之一。希莫洛-西尔弗、邓肯和钦（Hmelo-Silver, Duncan, and Chinn, 2007）将这一教育目标称为"自我导向性学习"。其他学者认为，在实践中的学习需要有自我导向性：必须通过实践经验而学习,"与传统的实训室相比,学生需要更加积极地搜寻信息和学习机会"(Jossberger, Brand-Gruwel, Boshuizen & Van de Wiel 等, 2010)。而且,在教育中,学生自我导向性这一理念符合更广泛的社会观和教育观,其中,学习者自己的责任得到更多的重视。这种观点认为,允许学习的自我导向性将增进学习者的投入程度和动机(Van Emst, 2002)。上述两种观点都认为,自我导向性是改进学习成果的一种手段,要么直接在实践中学习,要么通过增进学习者的动机和投入程度。

此外,关于自我导向、自我导向性学习和自我调节的概念总是定义不明确。自我导向或自我导向性学习与自我调节不同。自我导向性学习包括制定学习目标,而自我调节没有(Khaled, 2014; Luken, 2008)。自我调节是在给定的学习任务(微观层面)中的一个元认知过程(例如定位、计划、监控、调整、评估、评价,等等),而自我导向性学习则超越它(宏观层面),意味着诊断学习需求、制定学习目标,以及确定人力和物力资源(Jossberger et al., 2010)。在教育中,人们可能会把学生的自我导向性学习与"教师主导"对立起来(Knowles, 1975)。在完全教师主导的情况下,教师负责引导学习的过程,而在自我导向性学习中,学生自己启动和管理学习过程。在极端形式下,这个统一体的两极代表着诸如学习者的定位、经验的作用、学习者的目标和动机等的不同原理。然而,这两个极端也不应该被视为绝对的对立面:教育状况与学生的发展水平应该决定对于一个学生来说天平的最佳点在哪里。在实践中,这些理念很少得到充分阐释,并用来支持选择解决方案。

无论如何,自我导向性作为一种手段或目标,必须通过学习而形成,人们的这种认识正在上升,实际上,这一点可能一开始就被忽略了(另见 Dijsselbloem, 2008)。有的人压根儿就怀疑,自我导向性能否通过学习而形成。也许,在职业教育那些目标人群中,青少年的确很难做到,因为他们能够承担责任的大脑结构仍在发育之中,这限制了他们的自我导向能力(Jolles, 2007)。沃蒙特(Vermunt, 1998)声称,应该尽可能地让学生对自己的学习承担他们能够承担的最大责任:应该有一些"建设性摩擦",以挑战他们日益增长的独立性。因此,对学习情境的每一个要素都要进行精心选择。但是,谁来确定学习的目标、内容、活动、材料、标准或评估呢？应该是教师吗？能是学习者吗？抑或是教师与学习者共同承担责任，以求达到天平上的某个最佳点呢？迄今为止，荷兰的一个重要经验教训是，要学生变得更加具有自我导向性，他们必须得到教师的充分支持。形成自我导性向必须通过学习，放任自流不是一种选择。正如一些理论家（Newman，2008；Vermunt，2003，1998；Vygotsky，1935，1978）指出，学生需要接受一些具有挑战性的安排，但不要因目标不切实际而使他们感到沮丧。在大多数情况下，如果师生之间具有共同方向，确实能带来丰硕的成果。在这种情况下，学习功能会在学生和老师之中传播，包括学习准备、学习活动本身和学习管控。一旦学生的发展许可，他们将逐渐接管这些学习功能。反过来，教师必须逐步转变教育方式。开始时，教师完全掌控这些学习功能，然后教师逐渐转入"激活"的角色，最后把控制权交给学生。这样，教师就只需要在不同的阶段给予学生必要的支持并逐步放手（正如"支架式教学"）。同时，教师可以试图让学生不断去面对他们"最近发展区"[①]的挑战。

2. 教师的角色与技能

因此，毫不奇怪的是，在这个问题上，最近荷兰职业教育的争论和研究越来越关注教师的角色。克劳德、范登伯格、维尔贝克和德布鲁恩（Glaudé，Van den Berg，Verbeek and De Bruijn，2011）在其文献综述中认为：自我导向性学习给教师带来了新的挑战。教师应该通过激励和支持学习，帮助学生发展自我导向性学习的能力。他们必须重视学生的自我导向性学习、独立学习，以及自我调节认知、元认知和情感技能的发展。一方面，教师应该欢迎把自我导向性作为社会变革提出的一个新的学习目标，这个新的学习目标应该激发学生的职业和工作认同；另一方面，把自我导向性作为帮助学生发展和促进学生的知识、技能和态度相融合的手段。但

[①] "最近发展区"（zone of proximal development）理论是前苏联教育家维果茨基提出的教育发展观。他认为学生的发展有两种水平：一种是学生的现有水平，指独立活动时所能达到的解决问题的水平；另一种是学生可能的发展水平，也就是通过教学所获得的潜力。两者之间的差异就是"最近发展区"。教学应着眼于学生的最近发展区，为学生提供带有难度的内容，调动学生的积极性，发挥潜能，超越最近发展区而达到下一发展阶段的水平，然后在此基础上再进行下一个发展区的发展。——译者注

是，教师应该怎么做呢？职业教育教师在提高学生的自我导向性方面的实际技能如何呢？总体来说，人们对此还知之甚少（Van den Berg & De Bruijn, 2009），许多学者倡议要进一步加强教师在这方面的培训。从生涯指导的角度看，许多学者认为，目前劳动力市场和社会都要求学生能够掌控自己的职业生涯（Den Boer, 2009；Kuijpers, 2012；Meijers, Kuijpers & Gundy, 2013）。这些学者的立场主要建立在理论的基础上。但也有些实证研究表明，当教师与学生进行旨在建立学生的职业认同的生涯对话时，学生表现出的退学倾向则较少（Kuijpers et al., 2006），他们的学校学习和工作目标都有了更多的方向性和意义（Den Boer, Jager & Smulders, 2003），并更加强烈地认同他们所选择的领域的工作（Winters, 2012）。卢肯（Luken, 2008）认为，那些旨在建立职业认同的生涯指导过份依赖于反思了，这种反思有成为"反刍"的危险。他还认为，大多数教师对怎样与学生进行这样的生涯对话并不娴熟。关于初等职业教育，琼斯伯格（Jossberger, 2011）建议，教师要从"激活"学生开始，并逐渐转向"协助"学生。哈利德（Khaled, 2014）在她关于中等和高等职业教育仿真实训的一项研究中建议，教师要积极指导学生的学习活动，以激发学生的自我导向性，教师扮演激活者而不是促进者的角色，这样可能更有效。在"激活"学生时，老师给予学生反馈，发出直接指令，并讲授元认知策略。此处所指的"促进"，是允许学生逐渐接管对学习的控制，并根据学生的能力而调整教师的支持程度，以增强学生的自我导向性。根据琼斯伯格（2011）的观点，自我调节是自我导向的前提条件，因此，自我调节在教育中占首要地位。在自我调节式教学中，"反馈"发挥着核心作用，必须加以重视并及时适时地给予反馈，因此，基于有关研究，教师的支持和反馈对于培养学生的自我导向性至关重要，这一观念越来越盛行（Jossberger, 2011；Khaled, 2014；Kicken, 2008）。

教师们坚持认为，给予学生充分的反馈很困难（Jossberger, 2011）。此外，德布鲁恩（2012）对教师中10位"先行者"进行了研究，她在报告中指出，中等职业教育的教师认为，自我调节是当代能力本位教育最重要的方面之一。他们声称运用了各种方式来激发学生的自我调节，而且认为，必须以适应性和渐进性方式来实现这一点。但在实践中，这些努力并不总是能得到学生的认可（Harms, G., 2011）。德布鲁恩（2012）也报道了教师的理想与真实实践之间的差距：他们经常回到老办法上去，并没有成功地实现把各种适应性和灵活性真正结合起来的可用的教学方法。这种做法，凸显了目前教育实践中在贯彻新理念时通常会面临的问题。此外，该研究表明，教师们似乎将新习惯局限在某一学习环境，而不是以他们所教授的职业为参照系，在所有学习情境中都灵活地进行教学活动。这些教师也发现，难以在控制与撤离之间建立适当的平衡以充分激发学生的自我导向性，并有条不紊和逐步地改变教师的教学方式。鉴于目前缺乏一些基于实证研究的有效的教学策略，卢肯（2008）建议，教师要把自我导向性学习的教学和指导向学生个人发展方面调整，并且要意识到，对学生来说，变得更加具有自主性是一个艰难的个人过程，甚至可能会引起对社会的抵制和恐惧。

综上可见，开发自我导向性学习的教学策略仍然需要进行大量的工作和努力（另见 Khaled, 2014）。有的人压根儿就怀疑，自我导向性学习这种方式是否可以成功地被传授？因此，关于自我导向性学习对学生究竟有多大的影响，我们现在还不得而知。

3. 对学生的影响

迄今为止，实际上在中等职业教育几乎没有证据表明，学生的自我导向性对其动机或辍学率、个人发展、学习收获或生涯能力产生了直接有益的影响。不过，确有证据表明，通过增强学生的自我导向性这一媒介，教师的支持——尤其是生涯指导——带来了各种有益的影响（Den Boer et al., 2003; Kuijpers et al., 2006; Winters, 2012）。范登伯格和德布鲁恩（Van den Berg and De Bruijn, 2009）发现，一些小规模的主要关于自我调节的深入研究表明其对学生并没有产生显著影响。然而，这些研究暗示，即使有影响也并不是积极方面的。不过，在范德伯格和德布鲁恩（2009）报道的其他一些研究中，确实显示产生了一些积极的影响。鉴于这些分散而相互矛盾的研究结果，学者们得出的结论是，迄今为止，还没有足够的证据可以证明中等职业教育的这些新的教学实践是切实可行的。最近，哈利德（2014）对 516 名学生进行了实证研究，其中三分之二是中等职业教育的学生，该研究表明，自我导向性学习活动确实提升了学生的能力发展，但仅仅是发生在学生自己认可它们且可以进行自我导向之时。这种情况促使她呼吁，在对学生的感知进行评估的前提下，教师要继续努力创造自我导向型学习环境，为学生想要如何执行工作任务提供选择，并积极引导学生的学习活动，从而激发他们的自我导向性。哈利德还报道了一个有趣的发现：如果教育目标是知识和技能，自我导向型学习活动并没有带来回报，但如果教育目标是"能力"，自我导向型学习活动就如愿以偿。这一点，似乎为本节前面提到的那些争论中的正、反两方面立场都提供了支持。对于初等职业教育，琼斯伯格（2011）在关于"反馈"对自我调节的影响的研究中发现，学生取得了一些进步，但她指出还有很大的改进空间。此外，琼斯伯格认为，人们也许会对成绩不好的那些学生感到担心："他们可能需要得到更多的帮助和支持，以达到约定的独立性和发展自我调节学习技能。"这也是其他许多学者所得出的结论，而且不仅仅是针对那些成绩不好的学生（Kicken，2008；Luken，2008；Van den Berg & De Bruijn，2009），这些都一再表明，需要采取恰当的教学策略。

第 5 节　本章小结

本章引用了一些学者的研究，多年来，他们确立了作为职业教育教学框架基础的三大支柱，因为荷兰职业教育至今还缺乏这样一个框架。这三大支柱，正在创造真实性学习环境、灵活性的学习环境、支持自我导向性学习的环境。在 21 世纪国家创新计划的财政刺激下，荷兰职业教育课程正全力以赴地开发灵活的学习安排，把真实性学习和自我导向学习结合起来（De Bruijn et al.，2005）。正如本章前面所述，开发这样的学习安排一直受阻，因为那些宽泛的概念模型虽然提供了理想方向和思维方式，但没有提供课程设计和（或）教学实践的路径指导。范德梅杰登等（2013）指出，人们对这些概念有多重解释，但如何根据真实性、自我导向性和灵活性学习的原则来设计课程，这样的成功模式目前依然还不存在。

此外，在人们将这些模式转化为教育实践的努力过程中，有时还伴随着关于这些理念和模式的意义的激烈争论。其中一个明显的例证是，自我导向性学习的概念是应该解释为提高学生成绩的手段呢，还是使毕业生在劳动力市场找到自己的道路而必需的教育目标？尽管一些相近研究领域为研究者和开发者提供了依据，但由于缺乏整体教学理论，阻碍了人们对真实性学习、灵活性学习和自我导向性学习在实践中的可行性进行深入彻底的研究。极少量的一些零散研究成果，几乎不能为建立理论提供共同基础（参见 Mulder, 2014）。一个复杂的因素是，正如韦塞林克和兹特（Wesselink and Zitter, 2017）指出，任何模式的实施都需要不同组织层面的改革（参见 Hoeve & Nieuwenhuis, 2006）。而且，正如本章"真实性学习"一节中所述，这些模式的实施需要学校和企业伙伴的共同合作。斯马尔德斯等（2013 年）指出，关于合作伙伴关系的研究表明，校企合作往往遇到问题且常常不成功。此外，决策过程也相当复杂，因为没有人负责决策，每个伙伴都有自己的自主权。在进行了上述这些总体观察之后，下面我们对荷兰职业教育当前运用的教学策略的三大主题作一些具体的评论。

过去几十年来，人们十分关注真实性学习环境的开发，以及除了正式学徒期以外的真实性学习的课程安排的开发。这一直是全日制"学校本位学习"的一个主要问题，人们认为，学校本位学习太理论化了，缺乏获得实践经验的可能性。这一发展，对教师的角色和教学范式（repertoire）产生了重大影响。它带来的一个重要后果是，由于人们日益关注真实性学习，"设计者"角色被强加给教师，他们必须在课程层面对理论与实践之间的联系进行设计，必须仔细通盘考虑真实任务的排序，并且把工作任务重新设计成为学习任务。

与此同时，人们试图根据学生的个人需求来定制职业教育。相关文献表明，尽管人们采取了各种各样的形式，但是关于定制化教育对学生的态度、动机和成就的影响，这些方面的研究很少。目前能找到的少量研究介绍了一些出色的效果。相关文献也表明，定制化教育应以一种整体方式进行，它不只是关乎教育内容或课程，辅助工具与系统、组织支持、教师技能与态度的发展等方面的同步发展似乎是"必要条件"。与实现真实性学习一样，定制化职业教育并不仅仅是一个教育问题。提供定制化职业教育，与雇主的合作似乎必不可少。在这方面，建筑领域提供了最清晰的例证。在建筑领域，作为一项规则，雇主几乎都与各种不同的机构合作，从而为学生提供充足的多样化的工作任务，通过让学生在不同场所之间流动，使他们成为熟练工人。

发展学生的自我导向性和让学生以自我导向的方式而学习，这已被证明是一个很艰难的过程，对于学生和老师都是如此。过去几十年来的经验表明，由于发育、社会和心理等方面的限制，大多数学生不会独立地去形成自我导向性学习方式，也不会塑造自己的教育和职业生涯。他们需要教师提供适当的支持和反馈，例如通过（适当的）生涯指导，决不能选择对他们放任自流。与非全日制教育相比，全日制教育中的自我导向性更是一个问题。在荷兰，教育行政管理者已经付出了很大的努力来遏制辍学率，尤其是全日制初等和中等职业教育。在一定程度上，人们可以争辩说，至少有一些辍学者是非常自我导向型的。研究表明，当学生理解到教育可以如何帮助实现他们所追求的工作时，几乎有一半辍学者后来又回到了学校（Van Wijk et al., 2011）。很显然，他们的自我导向能力直到那时一直都被低估了。在全日制教育中，关于教师的支持和"反馈"对于学生自我导向性的重要性的理解，也同样对教师的教学范式（repertoire）产生了重大影响。为了引导学生去面对适当水平的挑战，教师必须根据学生的个人情况而量身提供支持。在此，我们再次指出，只有少数教师具备了做到这一点所需要的所有技能，所以，其他教师必须要有意识地去发展这些技能。反过来，教师也需要得到支持，以（逐渐）用新习惯去取代旧习惯。

我们认为，这些发展要求教师应该具备三大综合能力。首先，他们要能掌控自己所教的科目，使之在各种不同的学习环境中得以灵活地呈现，包括学科型科目（如语言、算术）和更多跨学科的领域（如实践领域的业务流程）。其次，教师应能根据学生的学习需要和学习情境的实际需求而调整自己的学科知识（同时跟上学科的发展）。第三，教师需要懂得在什么时机和为什么要允许或激发学生的自我导向性，并能一次又一次地对每个学生自我导向性的最佳水平做出决策。

最后，鉴于在真实性环境、灵活性环境和自我导向型环境中的学习对教师产生的影响，我们谈一谈应该汲取的一些教训和仍然存在的问题。

首先，在这些学习环境中，教师的角色比以前要广泛得多。教师必须同时兼任职业专家、教练、生涯顾问、理论专家和教育工作者等角色。然而，所有这些角色是否应该让一个人集于一身，或者说，把这些角色分散到教师团队成员中去是否有必要、有用和有效，对此，目前人们并不清晰。

其次，开发真实性学习、灵活性学习和自我导向性学习的环境需要大量的财务投资。这种学习环境是否具有财务投入的可持续性，这一问题经常被人们提及。据报道，在有些案例中，由于财务原因，这种学习环境的试点已经停止了［参见本章根据邓波儿和斯达克尔（2011）以及斯马尔德斯等（2013）的研究工作介绍的案例］。然而，仔细考察就会发现，这些财务方面的原因并不总是与试点本身有关，而是与组织的其他方面的发展有关。而且，其他一些经验表明，开发这种学习环境，在最初投资之后几乎再没有额外的成本。但是，与传统的学习环境相比，人们对真实性学习、灵活性学习、自我导向性学习环境的成本还没有系统的认识。

本章认为，即使到现在，职业院校仍然在课程设计和实施问题上挣扎，因而相关教学实践仍处于建设之中。因此，毫不奇怪的是，关于这些新的教学实践及其对学生的影响的研究，还没有揭示出在教育安排和预期效果方面的明确结果，也许在不久的将来也不会有（参见 De Bruijn et al., 2005）。此外，我们想提出的一个问题是：为了给提出这些理念和模式提供所需要的知识，并测试其有效性和效果，究竟需要开展哪种类型的研究？对此，人们一直热衷的是进行大规模的有效性研究。正如本章所示，这些研究极少为所谓"基于实证"的课程带来所需的证据并因此使之值得广泛推广实施。在此，我们愿意呼吁，开展一些与实践紧密合作的研究。这类研究，应该揭示学校或教师团队把理念或模式转化为教学实践的背后的理论基础，并考虑到课程情境。因此，这类研究的目的不应是证明理念或模式正确与否，而是应说明在某种课程情境下，如何将理念或模式转化为教学实践，以及在这种情境下的成果是否得以实现，如果可能的话，还应该说明，这种成功是因为设计者预设了哪些机制（Van Aken & Andriessen, 2011）。一般来说，这类研究的范围很小，但是，如果开展一些同一理念在不同情境下如何转化为教学实践的研究，这些研究的总体结果定当对理念和模式的有用性、一致性和有效性有所启发。这，也许是荷兰职业教育基于实证的教学理论的开端。

第 11 章

荷兰职业教育的工作本位学习：衔接学习场所、学习内容和学习过程

杰伦·奥斯腾克

第 1 节　导　言

本章分析荷兰职业教育与高等专业教育[①]在融合工作场所学习方面的进展和存在的问题。工作本位学习能给职业教育、终身学习及对职业教育学生在职业发展中存在的一些严峻问题带来些什么？人们对此寄予厚望。正反两方面的观点都主要从学校的角度出发，关心工作场所能给职业教育带来什么，而不是把工作场所本身视为一种学习环境。许多批评家（Bronneman-Helmers, 2006; Nijhof & Nieuwenhuis, 2008）认为，在工作场所不能进行丰富而有深度的学习，尤其是理论学科知识的学习。其他一些研究者（比如参见 Billett, 2001）和很多学生则报告说，学生在工作场所取得了良好的学习成果，并引发了强烈的学习动机。实际上，有人争辩道，扎实掌握知识并不是教育场景教学活动的垄断专利，而是取决于这些教学活动能给学生提供什么样的学习活动和互动，以及如何让学生融入其中。

本章将工作场所视为一种学习环境，通过工作场所教学活动，可以实现丰富的、适应性强的和扎实全面的学习。学校和工作场所都能提供获得

[①] 高等专业教育（HPE）此处指应用科学大学提供的高等职业教育（HBO）。——译者注

各类特定知识的物理和社会场景，这些场景之间的联系更加充分地丰富了学习。本章关注荷兰职业教育中工作本位学习的地位，旨在强调这一主题。这是一个令人颇感兴趣的案例研究，因为荷兰职业教育的独特之处在于，它主要是一个学校本位的体系，同时有强大的工作本位的成分。

本章试图描述和分析过去 20 年来，荷兰职业教育与高等专业教育中工作场所学习的发展和存在的问题。荷兰职业教育体系主要是一个学校本位的体系，尽管它也包含学徒制成分（Onstenk，2004；Smulders, Cox & Westerhuis，2013）。不过，无论学校本位还是学徒制教育途径，工作场所学习都是其课程的一个重要组成部分。荷兰高等专业教育的课程也包含相当多而且越来越多的工作场所学习的成分，因为学生需要感受真实的学习环境。

本章分析了人们关于职业教育和高等专业教育中工作场所学习的价值和质量的诸多讨论，并在简要进行历史回顾之后，主要分析以下 4 个问题：

1. 职业教育工作本位学习的学习成果；
2. 开发工作本位学习的有效教学法；
3. 从可供性（affordances）和能动性/参与的角度，讨论工作场所学习的质量提升；
4. 探讨工作本位学习的组织模式。

第 2 节　荷兰职业教育的工作本位学习：简史

荷兰职业教育中工作本位学习的独特地位有其历史渊源。作为工作本位学习的一种制度，学徒制在荷兰有悠久的历史。随着 18 世纪末行会制度的正式废除，学徒制几乎完全消亡。经过这一时期的间隔之后，在第二次世界大战前夕，学徒制得以小规模再生，直到 1945 年之后才再次腾飞。可以说，荷兰这个再生的学徒制（一直到 1996 年）实际上是"新学徒制"，而不是古老学徒制的延续甚至遗留。一直到 20 世纪 80 年代，学徒制集中在技术行业（如金属加工、造船、电子工程、建筑），是技能型生产工作的首选途径。护士行业也有基于医院的实习制度，它在很多方面与学徒制很相似。然而，与德国相反，荷兰的小型手工艺行业没有强大的学徒制传统,只有面包师、金匠或眼镜师培训等少数例外。而且,与英国或德国等国家相反的是,荷兰的学徒与工会之间没有很强的联系。在学徒制和正规中等职业教育体系中,工会曾经并至今仍然有正式影响力,但是他们认为,学徒制只是一种培训途径,并不是劳动力市场问题或保护会员的一种手段(Wolbers,2003)。

20世纪80年代以来,荷兰学徒制的地位和参与率都有所下降,尽管也曾有过阶段性复苏(Fleur & Van der Meer,2012)。造成这种情况,既有经济方面的原因(经济危机,金属工业和造船等传统行业的消亡,新的能力要求),也有社会方面的原因(普通教育的人数日益增加,技术工作的受欢迎程度下降)。

20世纪90年代,工作本位学习和学徒制再次被"重新发现",但它是一种新的学习和工作安排,也形成了学校本位学习与工作本位学习之间一种新的联系。1996年,各种职业学习途径和各类学校(学徒制和学校本位职业教育;初始和成人职业教育)被整合为一个职业教育与培训体系。在荷兰,《职业与成人教育法》首次建立了一个完整的高级中等职业教育(MBO)体系,将以前单独的学校本位职业教育与培训体系和工作本位学徒制整合为一个体系(Nijhof & Van Esch,2004,Onstenk,2004)。

1996年以前,荷兰的学校本位全日制中等职业教育(即初级技术教育)已经有或多或少的实践成分。然而,1996年以后,大多数课程的实践成分得以进一步扩大,并采取了一些措施提高工作场所学习的质量。实习阶段的指导和评价由职业学院负责,原来一直负责此项任务的区域学徒制机构被解散。随着实践实习质量体系的形成(尽管在某些行业还只是初步形成),企业的角色也变得更加正式了。职业教育的相关国家机构开始认证实习企业,并对其提供适宜的工作任务的可用性和工作场所指导教师进行检查,从而对作为学习环境的实习企业进行正式的质量管控(Onstenk,2004;Smulders et al.,2013)。

《职业与成人教育法》使工作场所学习成为高级中等职业教育与培训的所有课程必不可少的组成部分。该法案引入了两种"学习途径",一是学校本位途径,一是工作本位学徒制。这两种途径,都将学校学习和工作场所学习结合起来,不过程度有所不同。在学校本位途径中,工作场所学习占总学时的 20%—60%。《职业与成人教育法》出台之前，学校本位职业教育的工作场所学时为 12 周（3 年制行政管理培训课程）至 1 年（4 年制高级技术职业教育课程）。1996 年以后，工作场所学习的实际学时数有所上升。2005 年，所有行业所有课程的工作场所学时数已平均提高到 50% 以上。然而，由于人们又重新重视语言和数学等普通"学校知识"，这一比例后来有所下降（Bronneman-Helmers，2006）。不过，无论学生的学习动力还是在问题解决和工作过程知识等目标的达成方面，工作场所学习的附加值越来越高（Onstenk，2003）。另一方面，工作本位的途径包括至少 60% 的企业学徒时间和 1 天或 2 天的学校学习。在这两种途径中，学校学习这部分内容都由区域职业学院（ROC）负责提供，而且，学院对整个学习过程负责，并颁发职业资格（Smulders et al.，2013）。

很多区域职业学院对推进工作本位课程（学徒课程）不是很感兴趣。他们更愿意做的是，增加属于学校本位途径的一部分的、在企业或模拟环境中进行的实践学时。一个重要缘由是，在设计这些学习途径（trajectories）时学校有更大的自由度。也就是说，学生不需要像传统学徒制那样与企业签订就业合同。此外，学校本位学习课程得到的财政支持也更多。这种趋势带来了一个问题：事实上工作场所的学习就缺失了。

除了学时以外，这两种途径的工作场所课程中，企业的角色和责任也不同。学校本位学习途径的参与者是学院录取的学生。他们参加一段或长或短（3 个月至 1 年）时期的工作场所学习，通常是在很多不同的劳动机构进行。通常来说，工作本位学习途径的学徒是企业的员工，他们是在一家企业中把非全日制教育与学徒结合起来，且大多在同一岗位和部门。然而，那些公共训练中心（collective training facilities）的学徒人数越来越多，无论他们是否有就业合同。例如，20 世纪 80 年代以来，建筑行业几乎所有的学徒都受雇于所谓"区域实习中心"，该中心是由建筑公司合作建立的。然后，各公司可以为了特定任务或在特定时期招聘学徒。在经济危机时期，该中心被制度化为一种反周期[①]措施。然而，在经济向好的时候它也得以保留下来，因为它被证明是根据荷兰新的宽泛性职业标准来培训学

[①] 反周期（countercyclical）：经济周期中产出、收入和就业等经济变量与经济波动状况成相反方向的变动。这些变量在衰退中上升而在复苏中下降。——译者注

徒的一种好方法，而不是只专注于那些更狭窄的专业建筑公司的特定过程。

过去15年来，高等专业教育中工作场所学习的学时数也有显著增加，有的高达总学时的40%（例如教师和护士培训课程）。而且，真实工作任务已成为很多课程及评估程序的一部分。作为职业与专业教育的特色，高等专业教育中的工作场所学习通常被认为是必须的但属于"低端"的实践学习形式，这一点与学术学习形成了鲜明对比。然而，工作场所学习实际上在"学术型"大学也非常重要，它属于正式教育（training）的一部分，例如医学，或者属于精细的（elaborated）大学后教育（training），例如法学（法官、律师）。即使在实验室或研究机构做研究工作，也需要有大量（非正式）的工作场所学习，哪怕只是学习如何应对研究工作中的文化与政治（Latour，1988）。

与其他国家和地区一样（OECD，2010），荷兰拓宽了职业与专业教育的目标，其中包括，培养学生在工作中有效解决问题的能力和工作过程知识，以及为正式和非正式的终身学习做准备（见第2章），这使工作场所学习变得更加重要，职业课程中对工作本位学习的学时分配和人们对学习成果的期望均体现了这一点。

人们一致认为，在真实工作生活环境中的学习，对于培养学生的能力、技能和职业认同（Tynjälä，2008）以及生涯能力都非常重要。2014年，荷兰教育部长甚至建议重新引入中世纪时期的学徒实践（学徒—熟练工人[①]—大师）的概念，以提升职业教育学生的技能和学习动力（OCW，2014）。虽然这一建议颇受欢迎，因为在长期以来更多地注重通用能力之后，人们意识到了技能的重要性，但是，这样做是否只是把一个"可信赖"的旧概念套用于新事物而已呢？这一点还值得怀疑。然而，它确实很适合成为荷兰职业教育的工作本位学习发展过程中应当采取的下一个步骤。因为，相对而言，荷兰学徒制中的工作本位学习在逐渐衰落，而在学校本位的职业教育和高等专业教育中，工作本位学习正日渐兴起。

[①] Journeyman，荷兰语：gezel。——译者注

第3节 工作本位学习的学习成果

人们对工作本位学习的学习成果寄予厚望,但也有争议,其中包括从学校到工作场所的顺利过渡,以及更深入和更有效地掌握专业知识(参见第7章)。大多数荷兰教育工作者和研究者都同意比利特(Billett,2011)的观点:职业与专业教育应该让学生获得并参与真实的实践案例。他们希望,将工作和学习融合在一起,为学生提供实践场景中的经验,从而帮助学生更有效地进入他们所选的职业或专业实践。

所有的职业教育与培训体系的一个核心问题是,学习者必须从教育向工作场所过渡或"跨界"的复杂性和难度(Bakker & Akkerman,2013),对于荷兰这种学校本位的体系来说更是如此(Tuomi-Gröhn & Engeström,2003)。研究表明,在当今日益复杂的世界中,要成为一个称职的专业人士,人们的所学与所需之间还存在差距(Baartman & De Bruijn,2011)。专业知识包括三个密切相关的基本要素:理论知识、实践知识和自我调节知识(第7章)。人们希望学习者能够整合各类不同的知识,例如正式知识(formal knowledge)、工作过程知识和实践知识。学习者的综合知识库的形成是在不同情境下的终身学习过程,包括各种正式和非正式场景中的学习,例如学校、业余爱好和兼职工作(Schaap et al.,2009)。

对于工作本位学习可实现的学习目标,人们也有诸多批评(Bronneman-Helmers,2006)。为了发生或促进学习,工作场所必须满足一系列条件(Fuller & Unwin,2003a,2003b)。奈霍夫和尼乌文赫伊斯(Nijhof and Nieuwenhuis,2008)把贝利、休斯和摩尔(Bailey,Hughes,and Moore,2004)的研究结果与荷兰的情况进行比较之后,对于在工作场所获取(学术)知识和进行深入学习的可能性表示严重怀疑,尽管他们同时也承认在工作场所获得实践技能、自信心和工作过程知识的可能性。工作场所的学习过程更关注相关工作过程的参与,而很少关注系统地获得理论知识(Nieuwenhuis,Poortman & Reenalda,2014)。如果在课程中融入更多的工作场所学习,而牺牲以学科为中心的学校本位学习,在某种程度上,语言和数学等核心科目就有被边缘化的危险(Tynjälä,2008)。荷兰的政策制定者们经常表现出这种担忧(Bronneman-Helmers,2006;OCW,

2014）。在一些看起来很矛盾的政策声明中，强调职业教育对"普通"科目和技能课程都要更加重视，而且最好学程更短。

但是，正如荷兰有些学者（De Bruijn, Leeman & Overmaat, 2006; Onstenk, 2003, 2009; Schaap et al., 2012）强调指出，这个问题并不排斥必须在理论知识与情境知识之间建立有效的联系。与工作相关的学习应该是课程的有机组成部分，并与课程中那些更理论化的部分相联系。在荷兰，人们的诸多讨论和实践似乎在不同的模式之间摇摆，包括从传统的经验模式到最近的工作过程模式。然而，向"衔接模式"（connective model）却只迈出了很小的步伐（Griffiths & Guile, 2003）。在职业教育课程中，工作本位学习不仅与任务和相关工作的职业实践科目相关，而且也与核心理论科目相关（Guile, 2014）。

波特曼（Poortman, 2007）指出，尽管目前荷兰职业教育在工作本位学习阶段培养了学生一定的能力，但是，在理论与实践之间建立紧密的关系，或者为终身学习奠定基础，这些目标大多还没有实现。其原因之一是，为了生产性工作，很多参与工作场所学习的学生规避了外显学习[①]行为（Poortman, Illeris & Nieuwenhuis, 2011），特别是学习技能的发展。然而，工作和学习这两个过程之间也许本来并没有什么区别。但是，在任一真实工作场所学习地点，生产逻辑和学习（教育）逻辑之间的矛盾却促进甚至引发了这种规避行为（Nieuwenhuis, Poortman & Reenalda, 2014, Nieuwenhuis & Van Woerkom, 2007）。当然，正如许多教师所承认的，其实规避外显学习这种情况在学校也经常发生。而且这一观点似乎认为，单纯地工作没有提供学习的机会。很多职业教育的学生和学徒证实，他们在工作中学到了很多东西，但他们往往意识不到这与学校的教学有什么关系

[①] 外显学习（explicit learning，也译为"显性学习"）是指有意搜寻或把规则应用于刺激物领域的学习。在外显学习的过程中，人们的学习行为受意识的控制、有明确目的、需要注意资源并作出一定的努力。与之相对的概念是内隐学习（implicit learning，也译为"隐性学习"）。外显学习和内隐学习都属于学习的范畴，最直接的区分标准是自动性。自动性主要是指知识的获得是无意识的。内隐学习是自动的，外显学习是靠意志努力的。内隐学习和外显学习在自动性上的区分意味着，外显学习是学习者自始至终意识到的，而内隐学习是学习者意识不到的，没有直接知识获得目的。（参见：梁宁建著《当代认知心理学》，上海教育出版社，2014）——译者注

(JOB, 2012; Onstenk, 2003)。

所以,很难用职业资格来描述学生的学习结果。人们可以计划和认定新的任务,但是,作为一种强而有效的学习资源,工作场所发生干扰或意外之事却是天生就无法计划的。因此,学生在工作场所学习"什么"和"什么时候"学习,这既不可预测,也不是仅仅通过明确制定学习目标能指导的。但是,工作场所学习仍然可以是一个非常强而有效的学习过程。根据有些学者对荷兰职业教育工作场所学习的效率的系统性回顾研究,诸如更高的工资、更好的劳动力市场机会和业务流程的改进等,这些都是相关的间接收获(Poortman, De Grip, Nieuwenhuis & Kirschner, 2012)。

总而言之,荷兰职业教育的工作本位学习,确能带来大量相关的真实性学习和重要的学习成果。但与此同时,关于学习的质量和深度也还有很多方面值得探讨。

第4节 工作本位学习的教学法

工作本位学习的特征难以把握,这对认识工作场所学习是一大挑战,并呼吁开发所谓"工作场所教学法"(Nijhof & Nieuwenhuis, 2008; Onstenk, 2009),在国际研究文献中这也是一个备受关注的主题(Billett, 2002, 2006; Fuller & Unwin, 2003a, 2003b; Tynjälä, 2008)。工作场所教学法的开发,既要激励工作场所学习,又要使之成为课程的组成部分。不同工作场所具有的学习可能性差异极大,因为工作的要求并不是统一的,每个工作场所都可能非常特殊,甚至在同一职业领域也是如此。工作场所"理想"的目标课程包括对工作活动的确定和排序,这些工作活动代表"将要实施的课程",以使学生充分参与特定的工作实践(Billett, 2006)。杨(Young, 2008)强调指出,现代工作场所学习不仅是一个"参与"过程,其中也有"知识获取",这些知识,也许能够从人们发现自我的那些"实践共同体"中获得,也许不能。如果学习仅仅被视为一个"参与"过程,工作场所学习中存在的知识、课程和教学法等问题就无法得到解决。

荷兰职业教育工作本位学习的特点是,它至多只是部分课程,是"大课程"的一部分,而大课程一直都包含学校学习的部分,无论以学校本位还是工作本位为主的学习途径都是如此。在荷兰的职业教育课程中，课堂教学的知识获取和职业工作实践的参与式学习，这二者之间实现了结合（combination）但不一定实现了"衔接"（connection）。然而，应该将这些学习过程"衔接"起来。仅仅把学校场景与工作场景中那些没有什么关联的方面结合在一起，还不足以确保学习者形成综合知识库（Zitter & Hoeve, 2011）。教育场景和工作场所之间的知识转移是个问题。因此，有必要开发一种综合教学法（Tynjälä, 2008）。在工作场所学习情境中，应当把专业知识的那些关键要素——即理论、实践和自我调节——融为一体。要将工作本位学习融入教育之中，必须开发一种教学模式，其中既要考虑学习的情境性，也要考虑与专业知识发展有关的那些通识知识（参见第7章）。重要的是要认识到，这不只是在实践中简单地应用理论知识的问题，而是关系到个性化综合知识的发展。任何特定情境所需要的理论知识，主要是通过参与实践和获得对自己行为的反馈而学习得来的（Eraut, 2004）。因此，向实践场景的知识转移，可能意味着比当初获取"学术"知识需要多得多的学习。学习理论知识时，必须把它运用到解决问题的实践情境中——真实的或假设的——从而形成综合性专家型（expert-like）知识（Tynjälä, 2008）。同样很重要的是，学生参与顶岗实习时，无论作为实习生、学徒还是学生项目参与者，他们都应该有足够的"即时"机会，根据理论知识来反思其工作过程和工作场境。这种教学法，把正式学习和非正式学习联系起来，并促进反思能力和"跨界"技能的发展（Guile & Griffiths, 2001）。然而，尽管荷兰已经普遍认识到需要开发工作场所教学法，并在这方面已经采取了一些重要的步骤，但是，工作场所教学法究竟应该是什么样的，迄今还没有一个被人们普遍接受的模式。

第 5 节　学习潜能

工作场所的学习潜能有很大差异（Nijhof & Nieuwenhuis, 2008; Onstenk, 2003）。由于结构、文化和教学法等综合因素，学习机会在学徒之间和各工作场所之间也存在很大差异（Billett, 2006）。学生（工人）的技能与资格（正式教育、工作经验、学习技能）、进行学习和能力发展的能力与意愿、在工场车间学习的可能性（任务、合作、控制、自主性、培训政策、组织变革等），这些条件共同决定了学生（工人）的学习过程和能力发展。工作情境的学习潜能是指在特定工作情境中发生学习过程的可能性的那些决定因素（Onstenk，2003）。这种可能性取决于以下两个方面：

1. 工作中的学习机会和在岗培训的"可用性"或"可供性"（Billett，2003，2006）；

2. 学员具备的能力、学习能力及其学习动机和意愿，即"能动性"和"参与"。

学习机会取决于真实工作的内容（范围和变化形式）、要解决的问题的数量和程度，以及学生处理这些问题的自主权。工作的内容和变化形式差异很大。必须考虑到特定职业的社会实践构成的多样性，例如护理、美发和金属加工（Billett，2003）。此外，在组织方面，企业也有很多选择；同样的工作可以用不同的方式来设计，因此使得学习机会更多或更少。工作场所的学习潜能，主要由三方面的学习机会而决定：工作场所的工作内容、社会学习环境、知识和信息的可用性。

1. 工作内容

学习是在工作活动中并通过参与实践而进行的。因此，学习的可能性取决于工作场所内部的结构、规范、行为标准和实践（Billett，2003，2006）。最好的学习机会是由下面这样的工作提供的：在惯常的和公认的基础上，学徒可以遇到新情况、新问题和新"事件"，并从中学习新方法、新技术或新产品。开发从边缘性参与到全面参与所需要的所有任务，并按此进行排序，可以强化"做中学"。此外，应该根据问责程度从"低"（出错了无大碍）到"高"（假定是完全责任）的顺序对任务进行排序。这种任务排序方式的一个实例是：逐渐增加工作中遇到的问题的复杂性（Van der Sanden & Teurlings，2003）。让学生面对严肃的工作问题，培养学生解决这些问题的兴趣，学生有对这些问题及其解决方法进行反思的机会，这些，都可以带来强烈的学习动机。

有些学习场所比别的场所的范围更广阔。根据富勒和昂温（Fullen and Unwin，2003a，2003b）的研究，面向学徒（以及职业教育的拓展实践学习者）的广阔的学习环境包括："在岗和离岗"学习，参与多个实践共同体以发展知识和技能，以及获得知识型资格（knowledge-based qualifications）和结构性进步的机会，还可以包括指导。相反，那些限制性学习环境的特点是："在岗"培训的范围狭窄；没有促进学生进步和获得新技能的组织结构；学生没有获得知识型资格的机会；限制性地参与单一的实践共同体（Fuller & Unwin, 2003a, 2003b）。当然，正如前面强调的，在即使较差的学习环境中，那些积极主动的学生也能够发现学习机会，这就像工人会想方设法在所谓"低技能"工作中学习一样（Kusterer, 1976）。由此可见，要完成的真实工作内容是工作场所"可供性"的最重要的来源。

2. 社会学习环境

但是，工作内容并不是唯一的学习来源。就像工作一样，学习由个人完成，但总是在社会背景下进行的。学徒必须成为社会环境和实践共同体中——比如团队、部门、劳动组织或专业团体——的一部分，并从合法的边缘性参与开始（Lave and Wenger, 1991）。与学校学习相比，许多职业学校把这一点视为工作学习最重要的贡献（Onstenk, 2003）。职业学习可以视为一个在实践共同体中的文化熏陶和参与过程，其中，成员们共同分享活动和承担责任（Wenger, 1998）。这种社会交流型工作环境，可以提供或多或少的学习诱因（Onstenk, 2003, 2010）。集体学习及互相学习的量与工作的问题丰富性（有时是危险性）是密切相关的，这是指在作为实践共同体的工作场所中向他人学习以及与他人一起学习。有经验的同事、专家和主管可以提供学习（解决问题）的社会线索。集体解决问题，给予支持和反馈，讲述有关工作经历，所有这些都十分有利于学习。有经验的同事和提供支持的主管必须在场且易于接近。语言是实践的一部分，这是工作场所学习的前提，这不仅是因为学徒可以从交谈中学习，而且因为学徒必须学会交谈才能进入实践共同体（Guile & Griffiths, 2001）。李等（Lee et al., 2004）强调，学习涉及讲述，因为实际的学习可能是"回顾性"或"假设性"的，是通过一系列关于自我和个人工作经验与实践履历的交织性叙述来实现的。

布洛克惠斯（Blokhuis, 2006）深入分析了荷兰不同行业的学徒情况，他发现，在建构这种讲述的过程中，实践导师能起到激励作用，条件是，在工作场所整个学习阶段都有实践导师，而且他们谙熟完成工作任务所要求的知识，参与日常工作过程，并做好充分准备愿意寻求互动方式，而不是简单地例行公事。但是，布洛克惠斯也发现，这些条件并不总是能得到满足。有时候，为学生正式配备的训练有素的实践导师是人事部门的领班或员工，而实际进行指导和监督的是那些未接受过培训的经验不足的工友（Onstenk & Janmaat，2006）。但这并不一定是坏事。年轻和经验不足的工人甚至可能是更起作用的教练，这想必是因为，他们在年龄上与学徒更加接近，而且由于他们刚刚经历过，对自己的学习过程记忆更深刻（Blokhuis，2006）。综上所述，作为（边缘性）参与社会过程的学习（Tynjälä，2008；Wenger，1998）是工作具有的学习潜能的一个重要方面。

3. 信息可用性

一个很重要但经常被人们忽视的方面是学徒和学生在工作情境中可以获得的相关信息（Onstenk，2003，2009）。这些信息，可以是通过辅助工作、数据库、指导书、说明书等形式提供的信息，或者是生产过程本身所产生的信息，即自动化和信息化的结果。相关信息也可以嵌入到工作情境中的物理设施之中。在工作中运用的学习策略是特定的和情境化的，取决于怎样尽量以最小的努力而获得最大的成果，积极利用社会和物理工作环境提供的可用信息和线索。当然，这些信息不仅必须有，而且要作为工作场所"可供性"的一部分而被学习者利用（Billett，2006）。

4. 个人能动性

即使具有广泛可供性、最有吸引力的工作场所，也会被学习者个人忽略。实际上，在达到了工作所要求的最低常规水平之后，很多学生就停止了外显学习（Nijhof & Nieuwenhuis，2008；Poortman et al.，2011）。实际的学习，取决于学习者（学生、学徒、员工）具备的能力和学习能力，以及学习者的学习动机和意愿（Onstenk，2003）。很多学习属于"反应性学习"（reactive learning），也就是说，这些学习虽然属于外显学习，但大多是为了回应最近、当前或迫在眉睫的情况而自发地发生的，并不是特意留出时间而进行的（Eraut，2000）。这种学习是强而有效的，因为它与参与者的需求、期望和"生活世界"一致（Cullen et al.，2002），而不是由学校计划的旨在达到一般性目标的学习。

个人能动性，往往通过工作场所的"可供性"而对学习者发出参与学习的"邀请"（Billett，2002，2006）。在教学和完成工作任务的过程中，一般是由实践导师、实践工作主管或教师在主导。他们决定学徒做什么，什么时候做，如何去做。然而，只有在学徒以某种方式参与其中时，学习才会发生，所以，工作场所的学习机会绝不是仅取决于组织或工作场所特有的流程、结构或特征。一个有利于学习的结构化工作环境，并不一定能保证员工或学徒"接受"其提供的学习机会（Billett，2002；Fuller & Unwin，2003a，2003b），也不能保证参与工作场所活动的人们去学习那些已经计划或制定好的内容。实际上，很可能是由人们自己在决定如何参与那些具体社会实践提供的"可供性"（Billett，2006）。

事实上，许多学徒和职业教育学生确实是自己在决定参与和利用提供给他们的学习机会。他们在工作场所往往比在学校更加积极主动地去利用这些机会（JOB，2012）。因此，在荷兰职业教育中，工作本位学习中的能动性只是最近才引起人们的特别关注，这也就不足为奇了。然而，这正是对话式生涯指导所强烈倡导的，对话式生涯指导建立在对实践学习进行反思的基础上（参见梅杰斯和库珀斯撰写的第7章）。例如，在奥斯腾克（Onstenk，2010）报道的一个项目中，通过让学生根据分派的任务以团队的形式工作，并事先给予朋辈辅导和训练，把团队合作与学习结合起来，从而激发了学生的能动性。

最近，行政管理职业教育知识中心与一些区域职业学院合作支持的一个项目，开发了一种激发学生能动性的方法，并进行了测试（Klarus & Van Vlokhoven，2014）。该方法（简称WISH）基于"心理对照与执行意向"（MCII[①]）模型（Oettingen & Gollwitzer，2009，引自：Klarus & Van Vlokhoven，2014）。MCII是一种元认知策略，参与者可以将其应用于自己的学习目标。在"执行意向"部分（II），学生设定一个目标；例如，我

[①] Mental Contrasting with Implementation Intentions（缩写MCII）。——译者注

想做好……。另一方面，在"心理对照"部分（MC）形成目标承诺。"心理对照"激发人们准备形成"如果—那么"（if-then）式计划。通过强调目标的可取性和可行性，确保取得更大的学习收益，从而形成更大的动机和目标承诺。"心理对照"允许通过增加自我调节或自我规划以实现设定的目标。MCII 对实现目标的影响是即时的和长期的。此外，MCII 对人们的自律和自信也会产生影响。受 MCII 的启发，WISH 方法被人们应用于工作场所学习阶段的预备课程和真实实践训练阶段本身。WISH 方法包括四个步骤：愿望（Wens），想象（Inbeelden），障碍（Struikelblokken）和行动（Handelen）。该方法旨在让学生铭记这四个步骤，并激励他们在工作场所学习期间，把这四个步骤应用于所有大大小小的学习目标。职业院校实施 WISH 取得了良好的效果（Klarus & Van Vlokhoven，2014）。学生把这种方法应用到实习中。除了区域职业学院制定准备阶段的具体学习目标，更重要的是，让学生学习如何运用 WISH 方法，以便在实习期间加以运用，并且原则上要针对他们设定的在工作场所或在学校的每一个学习目标。学校教师和工作场所导师都接受了相关培训，以学会运用这些激励措施，并以激发学生的能动性为目标来引导学习过程。然而，很多职业院校和教师并不足够重视激发学生的能动性和参与，而是指望工作场所本身有足够的激励性。

第 6 节 改进工作场所学习：作为职业课程的一部分

在荷兰，提高工作场所学习的质量是人们反复讨论的一个职业教育主题（Bronneman-Helmers，2006）。因为工作本位学习是荷兰职业教育的正式学习途径的一部分，可以获得国家认可的资格以及职业层面（而不是企业层面）的工作机会，很多人认为，仅靠单个企业的可供性或学生的能动性是不够的。因此，要建立关于工作本位学习的实习安排和学徒制的正式要求，并加以管控。但是，在实施中，职业教育的工作本位学习似乎有两个严重"棘手"的问题：（1）工作场所学习本身（内容、指导、评估）的质量参差不齐，（2）工作场所学习与学校学习之间的相互联系的质量问题。在很多情况下，工作场所学习与学校学习之间似乎相互割裂而不是相互联系（Onstenk，2003；Poortman，2007）。人们对这两个问题有广泛的讨论，下面介绍其中一些主要论点。

1. 建立质量标准

工作场所学习的质量是一个长期而持久的讨论话题，无论学徒制还是学校本位（讨论得甚至更多）的职业教育都是如此。在政策层面，政府、国家机构和雇主组织解决这个问题的方式是制定旨在提高学徒培训质量的新规定，其中包括内容、指导和评估等方面。企业为此将获得财政补贴。但是，似乎很难保证那些工作实习企业的质量标准。在学习场所出现周期性短缺（与经济周期相关）期间，这一问题甚至更为迫切，使得人们很难去坚持质量标准。

目前，在设计、管理和指导等方面，工作场所学习仍然存在一些问题（Nieuwenhuis et al.，2011；Onstenk，2003；Poortman，2007）。其中包括：有关各方之间缺乏合作；区域职业学院对工作场所学习疏于管理和评估；组织能提供高质量的学习机会和高素质的指导教师的可能性不足（Blokhuis，2006；Nijhof & Nieuwenhuis，2008；Poortman，2007）。采用的质量标准部分侧重于工作场所作为学习环境的正式特征上，从提供符合资格标准的适宜的工作内容、提供最好是经过了培训的工作场所指导教师等方面提出要求。另一方面，制定质量标准的目的是强化教育机构在确定学习内容和进行工场现场指导等方面的作用。

2. 改进学习指导

衔接式工作本位学习的前提是，学生不只是被送进工作生活，而且要得到辅导和指导，以促进学习。学生配备了教育机构指导教师和工作场所导师或培训师。这些指导者应定期见面和交流（Tynjälä，2008）。实际上，职业教育与培训（Onstenk，2003；Onstenk & Janmaat，2006；Poortman，2007）和高等专业教育（Reenalda，2011）的学校教师，往往对实践导师甚至企业不甚了解。在很多情况下，学校教师很少去企业探访学生。大多数学校明确了工作学习阶段的目标，但往往非常笼统，而且主要是针对工作过程知识，而与理论知识没有什么联系。学校觉得自己无法控制，甚至无法确知工作场所发生的事情，因此，学校试图通过布置学校任务的方式来控制和促进学习。尽管荷兰关于工作本位学习的一项最早的研究项目（De Vries，1988）已经表明，这种方式其实适得其反，并对真正的工作参与和团队合作带来了干扰。

为了解决这些问题，人们正在努力加强学校教师与工作场所导师之间的沟通，争取理论与实践能协调一致，并着力培养工作场所学习的学校指导教师和劳动组织的实践指导教师的指导能力。"职业教育学生与学徒协会"委托在学徒中进行了一项大型调查，结果显示，尽管学徒表示，在大多数情况下工作场所学习非常令人满意，但是在工作经验准备、工作中完成的学校任务和学校提供的指导等方面质量欠佳（JOB，2005，2012）。有关各方之间往往缺乏合作和互动，结果导致出现信息缺乏、学习任务的相关性不足、根据实践而调整理论的协调性不足等问题（Blokhuis，2006）。作为职业教育的一部分，人们期望工作场所学习能带来学习成果，这在"培训—就业合同"中提及的资格文件中有明确的规定。人们期望用这些目标来指导学徒、实践导师和"远处"那些学校导师的活动。然而，实际的工作场所学习往往涉及更多不同的学习过程。特定的工作与较通用的资格标准之间的联系并不总是那么清晰。因为资格标准只是大概介绍与之相关的职业并描述职业教育的达成目标（Onstenk & Janmaat，2006）。

布洛克惠斯（2006）开发了一套指导准则并进行了测试，以支持学徒、学校导师及实践导师和其他同事之间的互动。该指导准则分为四个阶段：

1. 明确任务（选择一项任务，与学生/学徒一起讨论，明确已有的相关知识，讨论学习过程，给出指导意见）；

2. 准备执行任务（讨论意见，一起准备，提供必要的工具和材料）；

3. 监督和讨论学生的表现与进展；

4. 通过重复和反思进行改进。

这些手段的运用，使实践导师和工友更加意识到他们对学徒的实践指导，并增加了他们与学徒进行高质量的一致互动的机会。目前，这套指导准则已被很多职业学校和企业采用。

3. 学校本位和工作本位学习的衔接

职业教育的特点是学校学习和工作学习相结合。为了获得最佳学习成果，必须把在职业学校获得的抽象的编码知识与特定工作场所的真实实践结合起来（Guile & Griffiths，2001）。学徒或实习阶段的学习不应该与其他课程教学的学习相割裂，而是应该与其相关联（Tynjälä，2008）。学徒必须调整自己的知识、技能和态度，按工作场所要求的或习惯的方式去完成工作任务。为了跨越学校与职业的边界，学生或学徒必须把职业学校的语言转化成实践语言，反之亦然，并且他们理应得到相关支持以做到这一点。

荷兰的学徒制和学校本位职业教育的工作场所学习，可以为富勒和昂温（2003b）提出的所谓"广泛参与"提供良好机会。其前提条件是，职业学校通过学习课程以及学徒组织通过语言及人为物品（artefacts）（如文件、工具、任务、书籍或个人发展规划），为更深入、更具研究性和富有想象力的学习提供便利（Blokhuis，2006；Onstenk & Janmaat，2006）。这些工具，可以视为有助于实现把学校和工作场所衔接起来的"跨界"手段（Akkerman & Bakker，2012）。

学习者的工作经验课程应该得到相关支持，以促进其理解和运用那些作为"概念工具"的学校科目的潜力（Griffiths & Guile，2003）。应该让他们明白作为整体的一部分的工作场所经验与学习课程之间的关系。荷兰的职业教育往往没有实现这样的衔接关系和反思活动。学校学习与工作场所学习之间究竟应该形成什么样的密切而有效的联系，对此人们还有很多认识上的差异。研究表明，很多工作场所的实践导师并不了解学校所教授的内容和科目（Onstenk & Janmaat，2006），甚至更为糟糕的是，实践导师认为学校所教授的那些内容与解决职业问题没有什么关系（Poortman，2007）。在工作场所，学徒很难实现深入学习的目标，虽然这并不一定就比在学校更难。许多教师对职业实践缺乏足够的了解，无法帮助学生理解这些联系。他们不去工作场所探访学生实习。学校教育场景往往几乎没有为工作场所学习经验作好准备或有效地利用它（Onstenk & Janmaat，2006；Poortman，2007）。学生缺乏体验不同职业实践案例的机会，以了解实践的多样性。通过参与不同的工作组织，学生有可能更好地理解包括特定职业的职业实践的多样性。但另一方面，这也增加了学生进行的是肤浅学习而不是深入学习的风险，因为在进行深入学习之前，学生需要一些时间去适应工作场所（熟悉情况）。

除了反思以外，如果学习者能得到学校或企业的支持，另一个有助于学习的策略是与其他学徒进行讨论和交流经验。然而，极少有学校教师或实践导师能够激励学习者去思考和讨论他们参与的那些不同实践的特定要求，以了解不同工作场所的职业实践的不同之处（Billett，2003）。新的环境，往往很少能支持对现有知识和技能的重新情境化。"回校的日子"也很少用来交流实践经验，或者将实践经验与理论概念联系起来，而是被一些额外的教学取而代之了（Onstenk & Janmaat，2006）。

因此，虽然荷兰职业教育的工作场所学习常被人们视为激励学生和学徒接受理论的一种方式，但是，理论本身却很难用作更好地理解工作经验的方式。换言之，学校这种运用理论的方式（寻求可以论证理论的实践，而不是利用理论来解决实践问题），带来了"实践—理论"的整合问题。通过建立更具衔接性的模式则有望抵制这一危险，这种模式的特点是，它是一种以实践和能力为导向的新的课程方式。在越来越多的项目和实践中，雇主和职业学校之间正在形成各种不同的互动模式，其目的在于，改善学校学习与工作场所学习之间以及新的专业人才的能力培养与职业实践创新之间的联系（Onstenk & Janmaat，2006）。职业教育的课程内容和教学方法正面临多重挑战（Onstenk，2001）。学生要求根据他们的背景、特点、兴趣、偏好或他们习惯的学习方式而采取不同的教学方式。此外，社会发展也对作为未来公民的学生提出了新的要求。职业教育的内容和设计也面临着组织和职业变化的挑战，且这种挑战比对普通基础教育、中等或高等教育来得更加直接。在企业和学生对职业教育（二十一世纪技能）日益提出更高要求的背景下，学校正在进行课程创新，既在课程内容上回应新的资格结构，也在教学方法上回应学生对广泛职业能力和学习技能的需求，同时，培养学生为正在加速推进的变革和终身学习做好准备。关于学与教的一些新见解正在流传。总而言之，职业教育的毕业生必须能够选择和诠释知识与信息，必须能够解决问题、进行计划和合作。简言之，他们需要拥有广泛的专业能力。职业教育要培养学生的这些能力，必须开发一种综合性的职业教育教学法，把学校本位和工作本位这两种不同场景的学习衔接起来。

第 7 节 工作本位学习的组织模式：学习场所的衔接

然而，在荷兰职业教育体系中，这种综合性和衔接性的教学法，只有通过教育机构（职业院校和应用科学大学）与工作场所之间的紧密合作才能实现。教育机构应该与工作场所合作，一起来规划工作本位学习。但是，大多数工作场所的实践导师几乎不清楚学校学习的那部分课程的内容，因而很难构建共同的目标和行为模式（Tynjälä，2008）。所以，职业学校与实践之间的合作是一个至关重要但常常还存在问题的因素（Onstenk，2009；Onstenk & Janmaat，2006；Onstenk & Blokhuis，2007；Nieuwenhuis，Poortman & Reenalda，2014）。

但是，最近以来，职业院校一直在与企业合作，努力利用机会去定制课程，以满足当地企业的需求。工作本位学习被视为实现这一目标的重要途径。人们进行了很多尝试，以扩大和改进职业教育课程中的实践成分，从而强化职业教育与职业实践之间的关系。而且，提供学徒学额或培训实习的企业，必须得到国家行业机构的认证，也就是说，这些企业在工作内容与质量（水平）、可提供的实践指导等方面必须达到正式要求。《职业与成人教育法》规定，学徒、区域职业学院、劳动组织必须签订"培训—就业合同"。该合同明确了工作场所学习这一学习阶段，劳动组织要在该阶段对学徒进行必要的指导，并明确了该阶段的学习目的。然而，学校本位学习的课程没有这样的劳动合同。

为了支持将一般目标与具体学习经验衔接起来，人们采取了一些策略，通过开发行业数据库来完善荷兰学徒学额的认证程序，其中，对学习内容和指导方面的数据都进行了登记。正式的要求将以更多实质性内容作为补充，其中要考虑组织方面和实践指导的质量。实践指导质量很难从外部进行规范，因此，工作场所导师的职业资格就成为衡量指导质量的主要指标。区域职业学院和高等专业教育机构往往与那些"优选"培训企业的合作更多，就学生数量和对指导质量的投入达成长期协议。这也使得职业学校能更加密切地监控工作场所的学习机会（Onstenk & Janmaat，2006）。

这种监控是当务之急，因为根据《职业与成人教育法》，区域职业学院负责提供符合政府规定要求的职业资格，而有一部分学习发生在那些对学习成果没有任何正式责任的企业，尽管这些企业对于提供学习成果也非常重要。区域职业学院负责合同的实施和评估学习目标是否实现。企业必须提供学习环境并指导学徒，必须确保学生参与课程培训所需要的工作机会，并配备具有教学技能的实践导师，必须同意与学校一起交流和讨论学生的表现。在工作场所，学徒由实践导师进行培训或指导。只有在学徒需要其他员工的帮助，或者需要观察他们的工作时，其他员工才会参与进来。企业主管可以为学徒指派实践导师，并为学徒提供实践和参与工作过程的机会，从而促进学习过程（Blokhuis，2006）。实践工作主管（实践导师）也对学徒的经验及其在工作中的进步进行评估。

人们期望，区域职业学院的教师能帮助学徒掌握必要的知识和技能。教师（学校导师）也负责指导和监控工作场所学习阶段的进展，尽管他们主要是远程指导而且很少有真正的交流和互动。不过，在有些合作项目中，例如健康与护理，区域职业学院的教师经常定期到工作场所去探访。最后一点，学徒也可以在学院与师兄弟交流工作和学习经验。

职业教育行业知识中心代表着教育与有组织的企业和行业之间的联系，这一直持续到2013年。他们的首要任务是，把职业实践的变化和劳动力市场迅速变化的新要求转化为教育要求（职业资格）。其次，负责监督和提升职业实践学习的质量。这些国家机构必须确保经过认证的那些企业有足够的学徒和工作学习的学额。他们鼓励和促进雇主对学徒进行全面培训。这些为学徒和学员的学习提供实习的企业要接受国家机构的定期监督。在新的形势下，截至2013年，一个新的国家机构（职业教育行业协会—SBB）被赋予在工作场所学习、资格结构开发和质量监控等方面的法定职责。行业知识中心被解散，这引起了人们的担忧，即教育与行业企业之间的距离是否会因此而变得更加遥远？

"振兴职业教育"框架的一大目标是，使企业成为职业教育的设计（共同设计者）和实施（合作者）的真正伙伴。实现这一目标相当困难；然而一旦成功，学校和企业都对此给予了非常积极的评价（Inspectorate of

Education，2007；Onstenk & Janmaat，2006；Zitter & Hoeve，2011）。另一方面，在知识经济框架下，人们强调，在保障员工的就业能力和工作过程的创新等方面，区域职业学院能够而且应该发挥更加积极的作用（Smulders et al.，2013）。

目前，职业教育有一系列不同的实践学习形式。除了传统的学徒或实习生安排，也出现了一些教育和企业之间的其他合作形式，例如学校和企业建立平等的伙伴关系，其中主要是与本区域其他利益相关者建立合作关系网络。关于工作本位学习设计的一些新概念，例如混合式或模拟仿真学习环境，为研究和实践提出了新的挑战（Nieuwenhuis，Poortman & Reenalda，2014）。关于这种混合式设计安排，目前已有的一些做法包括：区域综合实习中心、共享设施或开发共用学习设施；最近出现了一些新的做法，例如，把企业和机构的一个部门作为学习单位（即"学习岛"）。除了这种"真实"工作场所阶段之外，还出现了一些新的旨在让学生体验职业生涯中的真实问题和程序的教学解决方案。其中包括模拟工作本位学习的教学法，例如"问题启发式学习法"（PBL）、"案例学习法"和"项目学习法"。如何在更广泛的社会背景下实现学校与工作场所之间的过渡？作为攻克这一难题的一种方式，兹特和霍夫（2012）提出了"混合式学习环境"的概念。他们强调，混合式学习环境力求把学习和工作融为一体。一个重要的基本理念是，混合式学习环境跨越了传统的学校边界，从而进入工作生活。兹特和霍夫发现了越来越多的将正式学校学习与工作场所经验结合起来的所谓"混合式学习环境"。这些学习环境主要是校内模拟仿真，或者与职业教育及高等专业教育学校联系紧密的特定的学习型工作场所。此外，企业有大量的项目，通过提供额外的指导和教师参与而丰富了"真实"工作场所，从而创造混合式学习环境。在教育和护理行业的工作实习中有若干这样的案例。在技术领域也出现了越来越多的混合式学习环境的实例，例如，与区域职业学院合作建立的国家铁路工作坊。在某种意义上，这可以看作是行业企业学校（如飞利浦）、医院护士在岗培训等旧式工作本位学习形式的复兴。由于经济危机和产业环境的变化（例如造船厂的消亡），以及职业教育学校在提供职业资格方面的垄断地位，这些旧式工作本位学习形式很多已经在 20 世纪 70 年代和 80 年代销声匿迹了。

1. 学习部门

兴起于 2009 年的混合式学习环境，其中一个很好的案例是医疗卫生行业的"学习部门"[①]现象。职业教育学校与医疗卫生机构（如医院、老人院）紧密合作而建立的这些"学习部门"是工作实习的一种新形式，通常 6—8 名学生或学徒一组，安排在医疗卫生机构一个单独的部门。在荷兰，大约有 150 家医疗卫生机构与区域职业学院和高等专业教育合作建立了这样的"学习部门"。与日常生产过程中那种忙碌和喧嚣相比，学生在这种丰富的工作本位学习环境中可以更加从容地发展实践经验（Van den Berg, De Jongh & Streumer, 2011）。与大多数位于校内的混合式学习环境（Zitter & Hoeve, 2012）不同的是，"学习部门"是位于工作机构内部的混合式学习环境，学生与真实顾客或客户在一起工作，并有教师和培训师监督和提供支持。对于经常出现的理论与实践脱节问题，这似乎是一个出色的解决方案。该项目面向学校本位的课程。在课程的实习阶段，一组学生负责"学习部门"的运作。他们进行协作式学习，内容包括"学习部门"任务的所有方面（学科知识和工作过程知识）。区域职业学院和工作机构共同负责这些"学习部门"的工作场所学习的质量、内容和指导。在"学习部门"，学生由学校教师和工作场所导师辅导，学生之间也可以互相辅导（因为学生往往来自若干不同的层次，有的来自高等教育）。理论课部分由区域学院的教师在企业讲授。学校教师和工作场所导师在一起工作，因此至少从理论上讲，那些发展性"任务"的设计应该比常规学徒实习要更加协调一致。

对于课程实习阶段的有效的学习情境，"学习部门"是一个令人颇感兴趣的补充形式，这种形式可能会成为职业培训课程的中坚（Poortman & Graus, 2011）。因为学生共同运作"学习部门"，例如学生可以互相咨询和提建议，这比起向毕业指导教师发问要更加容易。这种学习环境的其他一些方面也很有吸引力，例如实践导师对学生个人学习目标的指导。就来自同事和教师的那些理论和指导模型和概念而言，这种学习环境的各方面与"初学""高级"和"胜任"等对"学生工人"各个阶段的要求描述是一

[①] learning department（荷兰语：leerafdeling）。——译者注

致的。"学习部门"的学生也明确地利用了对他们在学校获得的理论知识进行反思的可能性,例如利用"教育下午"(education afternoon)时间。此外,通过运作一个有真实关切和真实人群的真实部门,他们有机会集中精力并与同辈合作,以培养自己的日常工作习惯,并探索如何突破其中的局限。他们有承担责任的机会,从而变得更有自我引导性(self-steering)。"学习部门"这一经验表明,在共同设计和实现工作场所学习的创新形式方面,确实还有进一步探索的空间。比常规实习相比,在"学习部门",学校对学生的指导更加集中。区域学院的教师在企业提供理论课教学。教师必须定期到工作场所探访。然而,尽管工作机构和学校(包括参与的教师)都非常欢迎这种安排,但学校有时候却很难派出教师到工作场所去。有时候,课程表安排太死板,不能适应工作场所的需要。此外,虽然工作机构提供了额外的工作指导(与常规学徒相比),但教师有时候并不清楚自己在工作场所的角色。不过,"学习部门"是组织和加强工作场所学习的一种宝贵方式。研究(Poortman & Graus, 2011; Streumer, 2010)表明,通过在浓厚的学习氛围中进行这种以技能为基础的协作式学习,与在常规企业中那些学徒相比,"学习部门"的学徒取得了更好的学习成果。学习成果评价表明,这些"学习部门"的学徒,确实发展了工作过程知识,并获得了更高水平的自我导向性和自主性。此外,学徒的学习技能也得到明显提升。学徒更好地学习到如何进行计划和合作,培养了更强的解决问题的能力。

第 8 节　本章小结

本章描述了荷兰职业教育和高等专业教育的工作本位学习的最新进展。关于对工作本位学习的学习效果和学习成果的期望,人们也有热烈的争论。总体来说,在荷兰职业教育及高等专业教育中,学校本位和工作本位这两种职业教育途径中的工作场所学习,确实为发展广泛的职业能力做出了不可或缺的贡献。然而,并非在所有方面、所有内容和所有情况下,这一切都自动发生。工作和学校这两种不同场景中的学习,为应用与发展知识和技能提供了各种不同的可能性,从而有助于提高学生将其所学应用于不同情境中的能力,这是职业教育学习丰富性的重要标志。

关于工作本位学习的研究文献（包括国际上和荷兰），大多数属于描述性和理论性的，以致这方面的实证研究非常零散。作为职业能力综合发展的一部分，工作场所学习与学校学习之间的联系非常重要，但目前这一点往往只是在一定程度上得以实现。人们正在开发新的学校教学的内容和教学方法，以及企业和职业学校之间各种不同的更加紧密的互动模式，从而改进学校学习与工作场所学习之间的联系。雇主和职业学校一起努力，力争获得高质量的学习成果。

作为学习环境，各工作场所的吸引力（可供性）差异很大，因此，学徒参与学习的机会也因人而异（Billett，2001，2006；Poortman，2007）。这一点，可归结于组织、结构、文化和教学等方面的综合因素。此外，学生能够和愿意利用或甚至创造学习机会（能动性）的方式也不尽相同。

目前，学校、国家机构和那些支持组织已经开发了几种组织模式，有助于监控和提升荷兰职业教育的工作场所学习的质量。工作场所学习是落实和"定制"荷兰职业教育新的广泛性资格框架的重要途径。在大多数情况下，工作场所学习非常丰富，深受学徒和学生欢迎。然而，很多学校对工作场所学习的情况似乎过于乐观了。研究表明，工作场所学习的质量并没有得到保证，学校学习与工作场所学习的融合度还不够。各种不同的学习成果（例如学科知识、隐性知识和工作过程知识）之间往往缺乏联系。

因此，职业教育与培训的创新应该着眼于提高质量，以及促进在工作学习与学校学习之间建立更好的衔接，即建立工作学习场所的质量标准、丰富工作场所的学习内容、设计工作本位的课程，从而把不同的学习场所和学习经验融合起来。荷兰的职业学校应该更加关注构建、支持和评估学校、企业（工作）导师和学生（学徒）之间的沟通过程，了解在一个特定学习型工作场所能够和应该学习什么，学徒想要学习什么，如何才能符合职业资格的要求，当然还有一点是，学生真正学到了什么。此外，还应该对所有参与方的责任和角色进行讨论和划分，其中，应该确定企业是否要对最终学习成果和学生表现至少负起共同责任。

工作场所学习和学校学习之间必须建立更好的联系，这不仅可以使实践经验有助于解释理论概念的意义和价值，而且更重要的是，可以使概念和理论知识成为解释与改变世界的工具。应该给职业与专业教育的学习者——包括职业预科教育、高等专业教育的学校本位和工作本位这两种途径——提供充分的机会，使他们的实践知识能够得以显性化，并将之与以前的实践经验相联系。反过来，应该支持学习者发展他们根据在学校掌握的理论概念（或应用这些概念）对工作场所的新情况进行解释以及"反向解释"的能力。

我们必须让学徒和学生尽早面对企业的新发展和新问题，以使他们做好准备，为发展新知识和新的社会实践作出贡献。否则，就会有风险把教育目标仅仅局限于适应目前的实践，而不是发展学生的知识基础，使学生对目前的工作实践进行批判，并通过构思和在可能的情况下实施替代方案，从而承担能与他人合作共建开展工作的责任。这一基础的缺乏，限制了职业教育的工作本位学习对个人成长和社会经济发展与创新的贡献。由此看来，把教育建立在实践问题和解决问题的相关概念与理论的基础之上，是实现把理论与实践联系起来这一目标的强大战略。

第12章

荷兰职业教育评估：
近十五年的回顾与困境

利斯贝特·巴特曼，朱迪思·格来克斯

第1节 导言

本章介绍过去15年来荷兰职业教育[1]评估领域的发展，从实施《职业与成人教育法》[2]的视角，描述了从1996年一直到2013年这期间所发生的变化。随着该法案的颁布，职业教育废除了"中央考试"，评估实践（包括考试）由职业院校自己负责（Nijhof，2008）。此外，建构主义学习观得到人们更大的关注，尤其重视学生以自我导向和自我调节的方式进行积极和真实的学习（Elshout-Mohr, Oostdam & Overmaat, 2002）。在很大程度上，学生的学习取决于人们采用的评估方式，因此，建构主义学习观对职业教育课程的评估实践产生了广泛影响（Elshout-Mohr et al., 2002；Tillema, Kessels & Meijers, 2000）。

总体而言，本章描述了过去15年来对职业教育评估实践产生严重影响的两大发展。第一，职业教育国家资格结构的发展。国家资格结构明确了职业教育的最终目标，是课程开发和评估的基础。第二，职业教育评估质量保证体系的改革。然后，本章指出和描述了人们经常提及和讨论的职业教育评估研究与实践中的五大困境。为了阐明和描述这五大困境，本章对

---

[1] 即VET（职业教育与培训），属于高级中等职业教育，荷兰语缩写MBO。——译者注
[2] 荷兰语：Wet Educatie en Beroepsonderwijs（缩写WEB）。——译者注

一些主要学者关于荷兰职业教育评估的研究进行了综述。他们的科学研究报告和过去15年来的政策文件（例如对《职业与成人教育法》和教育督导发展的评价），形成了本章对这些困境进行阐述的基础。我们根据突出存在的五个问题来界定和描述这五大困境：（1）新的教育目标需要新的评估方法；（2）一次性评估与连贯性方案评估；（3）提升劳动力市场在职业教育评估中的参与度；（4）在评估的发展与质量保证方面，确保政府控制与职业院校责任的平衡；（5）实现形成性评估与总结性评估的平衡。在本章结语部分，我们将目前职业教育评估实践的最新发展称为"过程评估体系"（Process Architecture Assessment），并提供了职业教育整个评估过程的示意图。

第 2 节　国家资格结构的改革

过去15年来，荷兰职业教育的国家资格结构发生了巨大变革，这深刻地影响了职业教育的评估实践。改进职业教育与劳动力市场之间的一致性，是政府立法《职业与成人教育法》的目标之一。这意味着，职业教育不仅要关注特定的职业知识和技能，还要关注终身学习的技能和能力，以适应不断变化的社会与工作环境（Brandsma，2004；Tillema et al.，2000）。引入职业教育国家资格结构是实现这些目标的措施之一。在国家资格结构中，职业资格标准描述和规定了荷兰职业教育的不同教育路径（trajectories）的培养目标。职业资格标准是政府正式认可的一整套关键技能（即认知、合作、心理和沟通等技能），是形成一个职业或相关职业的持续就业能力的基础。对于资格结构，更广泛的政策目标和期望还包括：为学生提供缩短学习路径的机会，以及在进行先前学习评估的基础上调整教育路径的机会，从而提高职业教育的可及性和效率（Brandsma，2004；Joosten-ten Brinke，Sluijsmans，Brand–Gruwel & Jochems，2008）。

当初，国家资格结构建立了数量庞大的详细而具体的职业资格标准（大约800个），对于一个教育路径和职业来说，这些资格标准非常具体，其中包括体现学习成果的具体知识或技能要素，但这些要素大多不全面，相互之间也缺乏关联（Mulder，Nieuwenhuis & van Berkel，2004）。人们抱怨道，这些过于具体和详细的职业资格标准，导致形成了大量具体而狭窄的课程（Borghans & Heijke，2004），从而限制了职业教育的灵活性。劳动力市场对这些资格标准并不理解，他们希望学生具有更加综合或更加全面的能力（Mulder et al.，2004）。

这些抱怨，推动荷兰开发更加以劳动力市场为驱动的能力本位资格标准。能力本位资格标准的开发始于1999年（ACOA，1999），到2005—2006年左右，形成了第一代能力本位资格标准。到2010年，所有的教育路径都必须实行这套新的资格标准（后来推迟到2015年实施）。能力本位资格标准既包括相关职业能力，也包括更多面向终身学习的相关社会能力。人们从综合职业化的视角来看待"能力"（Mulder，2014）。这意味着，能力的重点不是指狭隘的岗位技能，而是基于这样一种理念：培养学生具有核心职业角色和情境所需要的一整套全面、普适、综合的知识、技能和态度。为了提高职业教育及毕业生的灵活性，并确保资格标准更加标准化，第二代职业资格标准（2008年以来）建立在"通用能力框架"①（Bartram，2012）的基础上。该框架以巴特拉姆（Bartram，2005）提出的"基于实证的工作"为前提，确定了一个包含8大"主要"能力的因子结构，这8大能力进一步被划分为20个维度和多达120个要素。基于这个框架，荷兰职业教育形成了一个由25项能力构成的能力框架。这25项能力是职业资格标准的核心组织框架。例如，这些能力包括：专业知识的应用，以客户为本的工作，合作，作出决策与采取行动，计划与组织。在每个职业资格标准中，这些能力与具体职业的核心任务（例如饲养动物）和工作过程（例如喂食动物、护理动物）相关联。把能力与核心任务和工作过程联系起来，使得能力本位资格标准与职业实践之间的关系更加清晰和具有可辨识性。

能力本位资格结构的主要优势表现在其普适性、可转换性和可互换性上。然而，事实证明，这也正是它的最大缺陷。职业院校对这种普适性能力模式进行了试点，觉得它们主要是一些"空洞"的概念（Nijhof，2008）。"能力"一词被太多不同的解读所曲解了，职业院校主要关注绩效评估，而忽视作为能力的重要组成部分的知识和态度（Ministry of

---

① Universal Competence Framework（缩写UCF）。——译者注

Education，2011）。因此，职业院校、雇主、政策制定者和研究者对作为一名专业人士所必备的"知识"问题进行重新讨论（例如参见 Elshout-Mohr et al.，2002；Schaap，de Bruijn，van der Schaaf & Kirschner，2009）。2011 年，"能力本位资格标准"这一术语被改为"职业导向资格标准"，其中明确提出，职业教育的目标学习成果应包括职业核心任务和工作过程，以及基本知识、技能和职业态度等要素。目前，"能力"被提升为"情境职业化"（Situated Professionalism）（Mulder，2014），意指只有在一定职业情境下，"能力"才有意义。具体职业的核心任务和工作过程赋予某种特定形式"能力"的意义，因此提供了比普适能力更好的评估量度。

第 3 节 职业教育质量控制体系的改革

《职业与成人教育法》的核心目标之一，是给职业院校提供更大的课程与评估的自主权，以激励职业院校具有更大的自我引导性，并为职业院校建立自己的评估方案和质量监督负起更大的责任。通过进行周期性自我评价（包括内部和外部评价），政府要求职业院校必须提供关于其评估质量的佐证材料，然后由政府对评估的合理性进行审计，并在必要时强制要求职业院校进行整改。目前，荷兰教育督导局很重视这种自我评价，因为适宜的自我评价可以使外部评价不需要广泛开展（Janssens & Van Amelsvoort，2008）。

1996 年开始实施《职业与成人教育法》之时，政府开放了对评估质量进行评价的自由市场。后来，这种方式变成了一种官僚体制，职业院校必须付费才能使其评估得到确认，而学校得到的服务却很糟糕——对评估质量本身几乎没有产生什么影响（Nieuwenhuis，Mulder & Van Berkel，2004）。例如，1999 年和 2000 年，教育督导局指出，形成性评估被职业院校用作总结性评估，而且大多数评估内容没有效度。职业院校最常使用的是由理论性问题组成的"书面考试"，即使在应该测试学生的其他技能时也是如此。而另一方面，职业院校却说他们提高了对评估质量的重要性的认识。因此，国会强制颁布实施了新的关于职业教育评估的质量保证体系：

2001年成立了考试质量中心[1]。从2003年起，所有职业教育评估的质量都由考试质量中心负责认证，由教育督导局负责监督，从而实行内阁责任制。

针对评估质量问题，考试质量中心建立了一个含有详细评价清单的标准体系，根据职业院校必须提交的评估实践书面材料进行勾选。考试质量中心只负责审查总结性评估（Mulder et al., 2004）并给予质量评判，其产生的巨大影响可以直至撤销职业院校对学生进行正式认证的权力。成立考试质量中心，是为了确保职业教育评估的外部质量控制，同时也是为了激励职业院校的创新和改进。然而事实证明，很难把外部控制和激励院校创新二者结合起来（例如参见 Baartman, Prins et al., 2007）。至2007年，由于在考试质量中心对职业教育评估的作用和不利影响——而不是激励——等方面职业院校有诸多抱怨，教育部长决定解散了考试质量中心。职业教育评估的质量保证由教育督导局直接监管。

在经历了考试质量中心这段时期之后，为了寻求一种更好的方式对职业教育进行适度外部评估，教育督导局不懈奋斗了数年，结果是，质量标准和控制程序几乎每年都在改变。同时，职业院校一方面想努力争取自主权，另一方面又指望教育督导局的指导和明确的质量标准（Baartman, Prins et al., 2007）。关于质量控制程序，教育督导局于2002年建立了"比例性监督"（proportional supervision）制度（Janssens & Van Amelsvoort, 2008），即根据质量和质量下降的风险来决定检查的频率和形式。对那些执行不力的职业院校进行更早、更频繁地检查。这种方式目前更普及、更全面，它仅包括三项标准：

标准1：评估方法与毕业要求（即资格标准）一致并遵从评估质量标准。

标准2：绩效或考试评估过程及其评判有效而合理。

标准3：文凭或证书认证有效并得到保证。

上述三项标准具体体现在量少但更加全面的指标中，这些指标更具包容性，不能仅以二元方式（"是"或"否"）进行勾选。例如，指标1.1"形成性评估与总结性评估的区分"，指标1.5"评估程序"，等等。每一项指

---

[1] Quality Centre for Examinations（荷兰语缩写KCE）。——译者注

标都附有对其可达到的理想状态的描述。如果学校的评估实践大幅度接近理想状态，则对该项指标"打勾"。虽然学校关注的仍然是评估的总结性部分，但从"指标 1.1"可以看出，教育督导局要求学校深入到评估的形成性部分。形成性部分被视为总结性部分的准备，也是保证总结性评估的质量的先决条件。而且，上述新标准对评估方法（标准 1）和评估过程或实施（标准 2）同等重视。至于评价过程，首先，职业院校必须根据上述三项标准对学校的评估体系进行自我评价。然后，教育督导局通常会到学校进行实地考察，并访谈不同的利益相关者（即教师、校长和学生），或者要求学校提供其他任何补充信息。教育督导局把所有这些数据与评估指标的描述进行比较，从而形成关于学校的评估质量的建议和判断。

总之，职业教育国家资格结构和质量控制体系的发展，对职业院校的评估实践产生了重大影响。下面，我们介绍在职业教育的评估实践中，因上述政策转型而带来的五大困境，职业院校如何努力去应对这些政策转型，以及科学研究如何影响人们关于这些困境的讨论。

1. 困境 1：新的教育目标需要新的评估方法

国家资格结构的上述所有改革，都强烈地指向缩小职业教育与劳动力市场之间的差距。（新的）资格标准仅仅描述了教育轨迹的最终目标。职业院校可以自由决定评估的方式：即实际运用什么评估方法来测定这些最终目标。这种自由意味着，职业院校既可以自己开展评估，也可以从专门从事考试建设的机构那里购买评估服务（Mulder et al., 2004）。事实证明，这两种想法都比预料之中更难。因此，这一困境事关新的评估方法的开发，使之更适合去评估不断变化的职业教育的最终目标。

职业院校努力尝试调整评估方法，以适应不断变化的国家资格框架的要求，这一发展过程人们有目共睹。这种调整，涉及评估内容的效度和对职业教育最终目标的覆盖面（Baartman, Bastiaens et al., 2007; Baartman, Kloppenburg & Prins, 2013），以及评估目标的适应性（van der Vleuten et al., 2012）。马尔德（Mulder）及其同事（Mulder et al., 2004）在关于《成人与职业教育法》实施第一年的评价研究中指出，所有职业院校都主要采用书面考试的方式，而不论其采用的教学方法是怎样的以及是在岗还是离岗培训。该研究指出，这些考试的标准很明确，但对实践性评估而言则不然。这些新的评估实践与那些著名的关于考试的心理测量质量标准不符，尤其是评估的信度（Baartman，Bastiaens et al.，2007），而且在开发非书面知识的考试方面，教师也没有多少经验。

职业教育的能力本位资格标准和建构主义学习观的发展（Biemans，Nieuwenhuis，Poell，Mulder & Wesselink，2004；De Bruijn & Leeman，2011），促使职业院校对其评估实践进行重新思考（Tillema et al.，2000）。随着向建构主义学习观的转变，评估实践也发生了转变，以便更加关注个性化和以学生为中心的评估方法，并利用真实性学习情境（Elshout-Mohr et al.，2002）。在荷兰语境中，"能力"是指人们以适当的、以过程和产品为导向的方式处理复杂专业任务的特质（Westera，2001）。这使得人们热衷进行真实性学习的绩效评估（Gulikers，Bastians & Kirschner，2004；Klarus，2000）。这些评估通常是"在岗"进行，要求学生在真实职业环境中展现他们发挥作用或完成复杂任务的能力。然而，要根据资格标准中对25项能力的非常普适性的描述来设计真实性学习的绩效评估，学校对此感到非常纠结。学校很难制定出具有效度和信度的绩效评估指标（Nijhof，2008）。这一困难导致，要么把绩效评估与大量具体的但往往无关紧要的那些功能性绩效标准相结合，要么把绩效评估完全放开而使之成为没有信度和效度的完全非标准化的基于评估专家"直觉"的"个性化"评估（Elshout-Mohr et al.，2002；Van der Vleuten，1996）。与其把那些普适能力作为评估的参照，不如以核心任务和工作过程为参照，对真实性学习场景和评估任务进行更富有成果的讨论。然而，资格标准数量的持续减少使其变得更加宽泛而具体职业更少，因此对这种评估方法再次形成了挑战。这种更加宽泛的资格标准，给绩效评估标准提供的清晰抓手更少，但给职业院校提供的自由度更大，使学校可以调整其评估，以适应劳动力市场的持续发展，并可以评估学生的灵活性和应对新情况的能力（即"转换"，不断重新情境化；Van Oers，1998）。

除了热衷进行绩效评估，能力本位资格标准及随后的职业导向资格标准引发产生了一些新的评估方法，这些评估方法使学生能够展示其学习过程（Roelofs，2006），以及在较长一段时期内的发展和自我反思的能力（Dierick & Dochy，2001；Elshout-Mohr et al.，2002）。例如，"成长记录袋"这种方法被越来越多地用作纵向评估，[①]以深入了解学生的学习过程及其最终作品。关于同伴互评和自我评估的一些研究也清楚地表明，作为评估的一部分，学生的学习过程越来越受到人们关注（Dochy，Segers & Sluijsmans，1999）。研究表明，参与自我评估或同伴互评的那些学生，他们往往在其他测试中也得分较高，对工作质量进行了更多的反思，对其学习过程也表现出更多的责任感。不过，这些研究的背景主要是高等教育而不是职业教育。关于职业教育评估方法的最后一个重大变化与评估目的有关，即培养学生为终身学习做好准备，并运用先前学习评估（APL）来提高职业教育的可及性。关于先前学习评估的研究，揭示了人们如何制定对先前学习经验进行评估和认证的程序，其中，正式、非正式和非正规学习均可被认定。大多数评估认证程序综合运用多种方法，让学习者提供关于先前学习的佐证，并要求学习者具有高度的责任感（Joosten-ten Brinke et al.，2008）。2001年，教育部成立了"先前学习评估知识中心"，负责开发先前学习评估的方法、程序并进行培训，从而保证雇主和社会具有进行外部评估的高度合法性。在先前学习评估程序中，参与者可以根据相关的正式、非正式或非正规（工作）经验而获得职业资格。通过成长记录袋和标准化访谈，证明其具有针对某个资格标准的能力，经独立的评估专家或评估小组评判后，可以获得（其中部分）资格或免除部分评估。

在这段时期，能力本位资格标准属于普适性的，不那么具体，因而人们对这种缺乏标准化和缺乏对学生知识基础的严格检查（例如成长记录袋评估）的做法有诸多抱怨（Elshout-Mohr et al.，2002）。随着向职业导向资格标准的发展，知识、技能和职业态度都被纳入职业核心任务和工作过程的评估中，这导致人们又从主要运用绩效评估这种方法往回摇摆，再次允许进行基本知识和（或）技能测试。目前，这些基本知识和技能再次被

[①] 成长记录袋评估（portfolio assessment），又称"档案袋评估"，即以成长记录袋为依据对评价对象进行的客观的综合的评价，是20世纪90年代伴随着西方"教育评价改革运动"而出现的一种新型教育教学评价工具。成长记录袋是指学生在教师的指导下搜集起来的可以反映学生的努力情况、进步情况、学习成就等一系列的学习作品的汇集，它展示了学生在某一段时间内、某一领域的技能的发展。——译者注

视为评估学生专业能力的关键要素（Miller，1990；Schaap et al.，2009）。为此，国家评估对数学和语言等基本技能的重新重视也得到了人们的认可。人们发现，学生及毕业生在这些基本技能方面有缺陷，而这些基本技能被视为学生成功完成所有职业课程的先决条件。但是，研究者对这一激进的政策转变和基本技能的这种归并有所质疑。

总之，这一困境描述了职业院校如何应对挑战，开发和运用能对不断变化的资格标准的内容进行有效测评的评估方法。由于资格标准数量的减少，职业院校的评估实践也变得更加宽泛，针对的具体职业更少。从单独的知识和技能评估，到对非常普适性的能力和具体职业核心任务和工作过程的评估，一直到重新关注知识评估的发展历程由此可见一斑。

2. 困境2：单一测评与连贯性评估方案

在创建新的评估方法的同时伴随着另一发展：关于评估方案的讨论。职业院校和科学研究关于"能力"这个概念的诸多讨论，使人们认识到，无论知识测验还是绩效评估，运用单一的评估方法都无法对能力进行充分地评估（Baartman，Bastiaens et al.，2007；Van der Vleuten，1996）。例如，埃尔斯豪特-莫尔（Elshout-Mohr）及其同事（Elshout-Mohr et al.，2002）指出，教师和学生重视在"成长记录袋"中呈现那些关键的职业情境，但他们同时也指出，其他评估方法（例如常规的知识测验）能更充分地测评学生的知识领域覆盖面。目前，职业院校需要综合运用多种评估方法或评估方案。关于评估方案的开发，范德弗勒腾（Van de Vleuten）及其同事（1996，2010，2012）提出了有助于能力测评的4种评估方法：多项选择题；书面模拟或基于案例的评估；学习过程测评；现场模拟。通常，人们用米勒金字塔（Miller，1990）对这些评估方法进行分类和选择。米勒把评估的内容（"the what"）和适合测评该内容的评估方法（"the how"）联系起来，区分了对"应知"、"应会"、"实操"和"实践"的评估（图12.1），其中，评估方法越来越接近于真实和复杂。职业教育的评估方案应该包括米勒金字塔所有层面的评估方法。

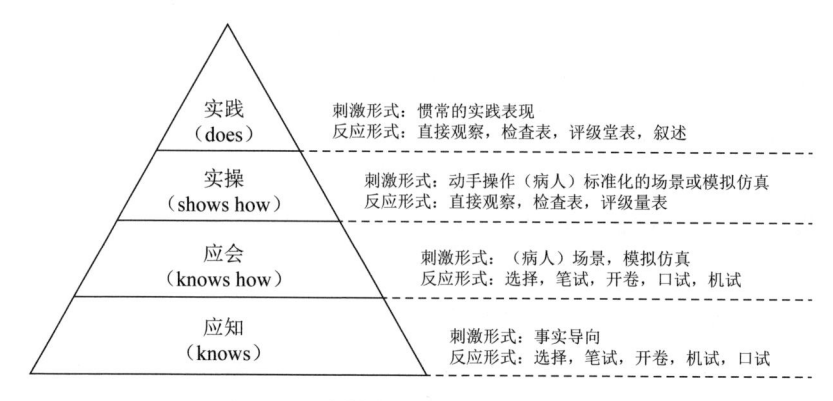

```
          实践
         (does)        刺激形式：惯常的实践表现
                       反应形式：直接观察，检查表，评级堂表，叙述
         实操
       (shows how)     刺激形式：动手操作（病人）标准化的场景或模拟仿真
                       反应形式：直接观察，检查表，评级量表
         应会
      (knows how)      刺激形式：（病人）场景，模拟仿真
                       反应形式：选择，笔试，开卷，口试，机试
         应知
        (knows)        刺激形式：事实导向
                       反应形式：选择，笔试，开卷，机试，口试
```

图 12.1　米勒金字塔（Miller，1990）

人们关于开发职业教育评估方案的若干观点，从有关研究中可见（例如参见 Van der Vleuten et al., 2010, 2012）。首先，不能用单一的评估方法对能力进行评估，因此，评估的效度或评估内容的覆盖面取决于该课程运用的所有评估方法。其次，根据概化理论[①]，学生在（真实）职业任务上的表现具有高度的任务特定性：即学生在一项任务中的表现，对于其在另一项任务中的表现其实没有什么预测价值。这一结果，类似于在很多研究中所提及的"转换"问题（例如参见 Tuomi-Gröhn & Engeström, 2003）。对于评估来说，这意味着需要有大量的职业任务样本，而且在评估方案中，对学生能力的评判应该建立在纵向测评的基础上。第三，评估方案可以有意识地用来引导学生整个课程的学习（Boud, 2000）。例如，在学习生涯中，学生可以将其得到的反馈和新的学习目标带进更复杂的任务之中。最后，研究表明，至于要测评什么，主要取决于测评方法的内容或任务，而不是方法本身有什么特点（van der Vleuten, 1996）。例如，不能用多项选择题的方式来对学生的真实知识进行测评，因为多项选择题是要求学生从

[①]　概化理论（generalizability theory，简称GT）是1963年由美国教育测量学家克龙巴赫和格莱塞首先提出的一种现代教育测量理论。概化理论认为，测量的信度和效度取决于测量所处的情境关系。情境关系由测量目标和测量面构成。测量目标是指测验分数所要描述、刻画的心理特质，测量面是指测量所处的环境条件。一个测量面是一些相类似的测量条件的集合，集合中的各个测量条件称为面水平（参见：顾明远主编《教育大辞典》，上海教育出版社，1998年）。概化理论又译"概括化理论"或"拓广理论"，它主要解决测量误差的问题。概化理论（GT）与经典测量理论（CTT）、项目反应理论（IRT）并称教育测量三大理论，是现代人才测评的理论基石。——译者注

一个选项列表中进行选择，而题目本身对真实知识就有提示作用。同样，基于关键职业情境的标准化访谈法不能用来对学生的能力本身进行评估，因为实际要测评什么取决于评估专家提出的问题。

总而言之，对新的教育目标的评估，鼓励人们去运用新的更加多样化的评估方法。对评估方案的研究，起因于人们在运用各种不同的单一测评方法时所遇到的问题，尤其是人们认识到，能力评估本来就涉及更多的主观性，因此，评估的信度取决于有大样本的评估方法或任务（而不是客观性）。在这个意义上，范德弗勒腾和舒维特（Van de Vleuten and Schuwirth, 2005）指出，评估不是一个测评问题，而是一个教学设计问题：就像课程一样，评估方案需要进行规划、准备、实施、协调、评价和改进。在一个评估方案中，评估方法的优势与劣势可以互补："没有可以包办一切的方法"（Van der Vleuten et al., 2010）。在一个完整的培养方案中，当人们专注于所有的评估方法时，就会缓解对于那些利害关系轻（low-stake）的评估的信度压力，并且释放出来的资源可以投入开发成本高、信度高的总结性评估。巴特曼和巴斯蒂亚恩斯等（Baartman, Bastiaens et al., 2007）认为，在"能力评估方案"（CAPs[①]）中，新近的这些评估形式并不是传统测试的替代，而是对传统测试的补充。巴特曼及其同事（2011）也提供了关于荷兰职业教育的评估方案及其质量的一些案例，其中展现了人们如何把米勒（Miller, 1990）金字塔不同层面的那些方法综合运用到一个连贯性评估方案之中。该研究还揭示了各职业院校之间评估方案的差异：有些院校主要运用绩效评估，不单独对知识进行评估，有些院校确实在进行单独的知识测验或尝试使用成长记录袋评估。

综上所述，"困境2"表明，除了单一的评估方法之外，职业院校和科学研究如何转向"评估方案"这一理念。之所以有这种转变，是因为职业教育的目标是根据"能力"而制定的，而人们认识到，单一的评估方法不能对能力进行充分地评估。然而有趣的是，在政策制定中并没有明确强调"评估方案"理念，教育督导局也没有特别从评估方案层面来判定评估质量。所有职业院校都被要求在对整个资格标准进行评估的评估方案中综合

[①] Competence Assessment Programmes（缩写CAPs）。——译者注

运用不同的评估方法,但如何做到这一点、采用什么样的评估方法,由他们这些教育实践者自行决定。

3. 困境3:职业教育评估中工作领域的参与

对于职业院校和外部质量控制机构(考试质量中心及后来的教育督导局)来说,真实性评估(authentic assessments)和工作领域的参与更加重要。然而,企业往往希望学生掌握具体的能力,以直接应用于具体的企业生产活动。相反,学校则希望培养学生的灵活性和从总体上为劳动力市场做准备(Borghans & Heijke, 2004; Mulder et al., 2004)。职业教育不能、也不应该一味地去满足雇主单方面的所有要求,而是要培养学生具备可迁移能力和终身学习的技能,使他们能够灵活地适应新情境(Nijhof, 2008)。然而,企业和学校这两种要求有着天然的冲突。至于培养学生为具体职业做准备,在任何企业或工作场所进行的评估都只能部分地代表资格标准希望覆盖的那些职业领域。在这些具体情境中的评估,可以评判一个学生在特定职业环境下的工作能力,但它并不鼓励、也不评估学生重新情境化的能力和不同情境的迁移能力(van Oers, 1998)。因此,为了将这两者结合起来,那些更具普适性的资格标准(即针对更多的职业)需要仔细选择真实性评估和企业,以充分代表整个资格标准的广度。事实证明这很困难,因为资格标准的整合主要是出于诸如有共同科目等课程方面的考虑,只是在一定程度上考虑了劳动力市场真实职业的"近亲关系"。

早在1996年颁布《职业与成人教育法》之时,职业教育就致力于更好地满足劳动力市场需求。然而,在定义学习成果、评估方法或评估实施等方面,学校与当地劳动力市场几乎没有什么合作。随着能力本位资格标准的实施,真实工作任务和评估的数量急剧增加(Gulikers et al., 2004)。劳动力市场更加直接地参与资格标准的建立和认证:课程和评估的"内容"("what")。自2011年以来,通过考试大纲的规定,这一共同责任得到了进一步强化。在每一个职业教育领域(例如健康、经济等),职业院校与劳动力市场代表直接合作,共同制定应该"如何"设计、实施和调整评估的指导方针。学校和劳动力市场企业就以下方面签署协议:(1)劳动力市场企业如何参与评估的设计、认证和(或)实施;(2)评估的内容和范围;

（3）质量改进和专业化发展。例如，资格标准中哪些工作过程应该进行评估和真实性评估，或者哪些知识要素需要单独进行评估，每一个考试大纲都对此进行了描述。除了关于如何进行评估的协议之外，考试大纲的第三条显示，在评估的质量保证和结构化改进方面，学校负有越来越大的责任。学校与劳动力市场代表达成协议，这提高了劳动力市场和社会的外部评估的合法性。

"真实性评估"概念成为职业教育的一大热点。在职业教育课程中，真实性评估至关重要，因为它让学生面对职业情境，其中，学生需要展示出与专业人员在同样情境下同样的能力和基本思维过程（Gulikers et al., 2004; Klarus, 2000）。对真实性的再次重视，表明选择适宜的职业任务对于达到评估目标的重要性，因为这些任务要能够代表资格标准的广度（Van der Vleuten et al., 2010）。在荷兰职业教育中，学习和工作从第一年开始就交织在一起，这意味着，学生入学后将立即面临着与他们的教育水平相吻合的职业任务。为了提高评估的真实性，职业院校大多只是将评估"简单转移"到工作场所，而很少去关注这些工作场所或评估任务对于资格标准的代表性。当然，在实施《职业与成人教育法》的第一年，学校几乎没有介入工作场所评估（Mulder et al., 2004）。然而，这样做并不能自动地带来良好的和高质量的真实性评估（Mulder et al., 2004; Poortman, 2007）。工作本位学习和评估的内容，在很大程度上取决于工作岗位和企业的特点，以及企业指导教师的能力。职业院校把真实性评估与工作场所评估等量齐观。然而，格来克斯（Gulikers）及其同事（2004）指出，真实性评估的含义远远不止是指评估的物理环境（即工作场所）。他们开发了一个用来描述评估的真实性的五维框架，其中评估任务、社会环境、结果和标准也应该具有职业工作情境的代表性。职业院校或工作场所主管往往不考虑这些评估特征。自2007年以来，职业教育与培训理事会接纳了这一更广泛的真实性评估观，鼓励和要求学校改进真实性评估的实践，包括在学校和在工作场所的评估。

总之，职业院校与企业之间的合作和协议日益增多，这为职业院校提供了更多的外部评估的合法性。然而，在可预见的未来，所有（总结性）评估的责任仍将留在教育机构。资格标准数量的减少与合并带来了一种新的困境。一方面，它提高了职业教育路径的透明度，并提供了学生为劳动力市场更广泛的可能性做好准备的机会。另一方面，对于真实性评估和工作场所评估而言，需要在评估方案层面（见"困境2"）制定规则，以便充分地选择评估任务，使之广泛地覆盖这种宽泛性的职业资格标准。

4. 困境4：政府控制与学校责任的平衡

文凭是能力的正式声明，所有相关参与者都应对此有信心。文凭和证书应反映潜在员工具备的真实能力的信息。此外，雇主对文凭的赏识程度决定了学生获得工作的机会。这表明（职业教育）文凭的社会信心的重要性。问题是，什么样的质量控制能够充分地成就这一社会信心呢？职业教育质量控制体系的发展表明，一方面是政府控制、标准化和国家评估，另一方面是职业院校的自主权和责任，这二者之间如何达成平衡？人们为此陷入了困境。

首先，这一困境与《职业与成人教育法》赋予职业院校更大的责任有关。职业院校要对自己的选择负责（包括发展学校自己的评估），并向考试质量中心或教育督导局"交差"。职业院校必须证明他们可以用好法律赋予的自主权，包括他们并不熟悉的"工作任务"。《职业与成人教育法》颁布以后，职业院校往往指望考试质量中心或教育督导局"告诉他们要做什么"，而这些质量控制部门往往并不给职业院校的自由和责任以真正授权，而是强制推行他们自己的标准，没有把职业院校当作平等讨论的伙伴。考试质量中心或教育督导局的外部评估对职业院校具有严重的后果和刺激作用，意欲成为对学校自主权和刺激评估质量的天然补充（Mulder et al., 2004）。然而，许多学校觉得被国家规定捆住了手脚，尽管《职业与成人教育法》的真正目的是激励学校的自主权，但理想与现实并不一致。结果，教育督导局的主要职能是进行外部评估和问责。这种外部评估束缚了职业院校内部以改进为目的的自我评价职能（Janssen & Van Amelsvoort, 2008），这一问题在世界各国普遍存在（Popham, 2008）。

其次，职业院校没有进行自我评价的经验。荷兰职业教育的研究表明，即使有适当的和强有力的质量佐证材料，也难以证实职业院校的评估决策的质量（Baartman, Prins et al., 2007）。然而，职业院校越来越重视运用旨在内部质量改进的自我评价，研究表明，这种自我评价具有附加值。例如，在教师团队中详细阐明评估实践并让那些主要利益相关者参与其中，这带来了更多的具体入微的自我评价以及更多的改进评估实践的主意（Gulikers，Baartman & Biemans，2010）。此外，自我评价，特别是评估实践中的团队讨论，促进了职业院校对评估质量的认识，凝聚了评估者之间的共识（Baartman，Prins et al.，2007）。

第三个方面是关于用来评价职业教育评估方法的质量标准的。建立一个让雇主对职业教育成果有信心的评估体系，需要达到以下几个条件（Mulder et al.，2004）：评估必须有效和可信；文凭的意义必须清晰透明；评估体系必须成本效益好。从职业院校的角度看，评估对学生学习和教学策略——强调评估的形成性功能——有重要影响，教师应该接受并对评估方法有信心，按计划实施和加以运用。从学生的角度看，最重要的是公平。考试质量中心及后来的教育督导局不断变化的那些标准和一些科学研究（例如参见 Baartman，Bastiaens et al.，2007；Dierick & Dochy，2001），都对质量标准这一进退两难的困境进行了讨论。例如，对于书面考试、"困境1"所述那些"新近的"评估方法和整体评估方案而言，评估质量指的是什么（Baartman，Bastiaens，Kirschner & Van der Vleuten，2006；Wools，Sanders，Eggen，Baartman & Roelofs，2011）？这样的讨论并不奇怪，因为对于米勒金字塔（1990）中那些较高层级的能力的评估，必然会涉及领域专家的判断，而人们对于职业教育能力评估的信度的主要疑虑，恰恰就是这种对于人的主观判断的依赖（Baartman，Bastiaens et al.，2007）。范德弗勒腾和舒维特（2005）认为，评估的信度并不取决于评估的结构化或标准化，而是取决于作为评估方案要点的工作任务"抽样"。随着荷兰这种宽泛性资格标准的发展，工作任务的抽样变得更加困难，因为评估任务必须涉及更广泛的评估标准。对评估的信度形成挑战的其他可变因素（例如评估专家之间的差异）通常可以通过一些方式进行更好地控制，例如，培训评估专家、使用简单透明的评分规则和明确的协议条款、制定所有权共享的标准（Sluijsmans，Straetmans & Van Merriënboer，2008）。可见，确保能力评估的信度，需要大量不同来源的定性和定量信息，以及多个评估专家对这些信息的专业判断。

除了信度之外，另一个关于职业教育评估的质量标准的激烈争论是评估的形成性功能。建构主义学习观和新的评估方法关注学生的学习过程、发展和反思，并没有考虑到效度和信度等心理测量方面的质量标准（Baartman, Bastiaens et al., 2007; Dierick & Dochy, 2001）。巴特曼等（Baartman et al., 2006）提出了一个新的关于职业教育评估方案的质量标准框架，其中明确强调评估的形成性功能。该框架增加了关注评估与学习之间的联系的那些质量标准，例如评估的意义、对学生学习过程的影响和对自我调节学习的激励，从而拓展了评估的效度和信度方面的标准（使之仍然和以前一样重要）。

总之，职业院校和质量控制机构（考试质量中心和教育督导局）仍在努力寻求外部的政府控制与学校的责任之间适当的平衡，以及一套适宜的质量标准和程序，以确保职业教育评估的质量。职业教育人员在评估的发展和质量保证等各个方面的专业化问题，仍然是政治议程上的重要议题。另一方面，职业院校正在逐渐习惯通过开展良好的自我评价在质量保证中发挥更加积极主动的作用，本章结论部分描述的"过程评估体系"这一最新举措，清楚地表明了这一点。目前，教育督导局更加全面的标准和草案轮廓促进了这一积极发展态势，以赋予职业院校真正采取这些举措所需要的自由。

5. 困境5：总结性与形成性评估的平衡

随着职业教育的最终目标向能力、核心任务和工作过程以及更向（社会）建构主义学习观的转变（De Bruijn & Leeman, 2011; Elshout-Mohr et al., 2002; Nijhof, 2008），出现了一些新的对职业教育学生进行评估的方式。此外，评估内容和方法对学生学习过程的强大影响也日益得到人们的认可（Segers, 2004）。许多学者强调指出了评估方案对学生学习所产生的影响。评估定义了学生的成功，因此，学生要使其取得成功的机会得以最优化，这一点本无可厚非（Van der Vleuten, 1996）。这一困境表现在，职业院校应该如何应对这种挑战，既要运用总结性评估以颁发文凭，也要运用形成性评估以激励学生的学习。为了实现这种平衡，职业院校既受到为着质量保证目标而重视总结性评估实践的教育督导局的影响，也受到那些更加关注主要对教与学产生影响的形成性评估的科学研究的影响。

自1998年布莱克（Black）和威廉（Wiliam）的综述研究以来，评估在学习中的作用和对于监测学生学习过程的重要性大大增加。这意味着，仅仅是学校对学生进行学习结果评估（或总结性评估）要转变成：为了学生并和学生一起进行学习过程评估（或形成性评估），要求学生更加积极地参与评估，并对评估过程负起责任。布莱克和威廉（1998）早已指出，在学生对学校和学习的态度、学生的动机、高阶思维[①]和自我调节等方面，评估还有对之产生更加积极影响的潜力。斯鲁基斯曼斯、约斯腾－腾布林克和范德弗勒腾（Sluijsmans, Joosten-ten Brinke and Van der Vleuten, 2013）在一篇综述评论中指出，国际上很关注形成性评估实践，但是，许多国际项目表明，在教育实践中真正实现形成性评估是很困难的（例如参见Shavelson et al., 2008; Smith, 2011）。而且，荷兰也没有针对形成性评估实践的国家支持体系和政策，外部质量保证主要侧重于总结性评估实践。这个问题在世界各地很多国家都存在，特别是那些进行大规模全国性评估的国家（Popham, 2008）。在荷兰，职业院校长期置于教育督导局的指导之下，教育督导局只顾及他们的总结性评估实践，并强烈强调，不能接受那种对形成性和总结性评估不进行严格区分的做法。但是，这并没有激励学校去开展高质量的形成性评估，或者说其实导致了学校采取模棱两可的做法。例如，格来克斯及其同事（2009）指出，学生、教师和工作场所的评估人员在其最终评判中，既考虑了形成性评估也考虑了总结性评估的数据，而对于教育督导局的总结性评估目的，他们假装进行了完全独立的考虑。同样，巴特曼、普林斯（Prins）及其同事（2007）指出，在运用总结性评估时，职业院校往往也给它们贴上"形成性"标签，从而避免被要求把这些评估提交给外部质量控制。除了这些模棱两可的做法，还有一个问题是，学校的教学与评估之间相互割裂，结果往往导致两者脱节（Gulikers et al., 2009; Gulikers, Biemans, Wesselink & van der Wel, 2013; Sluijsmans et al., 2008）。显然，这种方法对于目标学习成果的保证

---

① 高阶思维（higher-order thinking）指发生在较高认知水平层次上的心智活动或认知能力，在教学目标中表现为分析、综合、评价和创造，主要指创新能力、问题求解能力和批判性思维能力等。——译者注

和评估是没有效果的，而学习成果是教育的关键目标。形成性评估和总结性评估应当面向同一学习任务（Gulikers & van Benthum，2013）。形成性评估应当融入日常教育实践之中，而且评估不应该只是一次性测评，这一点再次强调了评估方案对于促进学生长远学习的重要性（Sluijsmans et al.，2008）。目前，在教育督导局的质量保证体系中，职业院校必须证明他们落实了形成性评估实践。然而，质量评判本身并没有考虑这些，只是教育督导局需要进行这种深入的考察，以了解学生是否为他们的总结性评估做好了准备。

为了探索使评估成为教学的有机组成部分的可能性，荷兰职业教育出现了若干案例。斯鲁基斯曼斯等（Sluijsmans et al.，2008）通过把全面"四元教学设计模型"（4C/ID model；Van Merriënboer，1997）和"协议档案评分"（Protocol Portfolio Scoring，PPS）的要素整合起来，形成了一种对评估进行持续监测的方法。其中，要求学习者完成一系列代表其未来职业领域的真实的"完整"任务（Van Merriënboer，1997）。一个重要理念是，这些任务既是学习任务，也是评估任务，它们在不断变化的评估条件下进行，在学习期间或多或少地具有独立性和定期间隔性。把结果收集在为学生整个学习期间建立的电子评估档案袋中。使用"协议档案评分"时，所有结果都进行加权并用于总结性评估。通过混合式的评估任务这一堪比评估方案中所倡导的方法，评估的效度和信度得以保证（Baartman，Bastiaens et al.，2007；Van der Vleuten et al.，2010，2012）。评估体系包括评估任务的系统化和预先限定的结构（涵盖预先确定的评估标准），以及一个对所有任务的复杂的、预先限定的权重分配体系，还包括评估专家培训。该体系虽然复杂，但它提供了把评估任务和学习任务结合起来的机会，因为它为学习者个人提供了选择下一个合适的学习任务的信息。在接受教育的过程中，学习者选择下一个学习任务时的责任感可能会增加，从而激发学习者的自我评估和自我调节能力。蒂勒玛等（Tillema et al.，2000）介绍了另一个案例，他们开发了旨在将评估与教学结合起来的"教育发展与评估体系"（Educational Development and Assessment System，EDAS）。该体系从一开始就以评价学生的学习成果为目标：(1)以个人和学生为导向；(2)保持一个较长时间的不受课程约束的学习期；(3)专注于精选能力和个人能力的学习进程;(4)基于绩效。可见,教育发展与评估体系侧重于监测学生在较长一段时间内的学习进展,并增加学生在此过程中的责任——类似上述斯鲁基斯曼斯等(2008)开发的体系。教育发展与评估体系采用综合方法对能力进行评估,将发展性成长记录袋与相关工作模拟发展中心相结合,将自我评估与同伴反馈相结合,从而揭示了学生的自我感知与他人感知之间可能存在的出入。这些都应该直接反馈给学生,并为进一步的发展活动提供启示。

上面两个案例,与范德弗勒腾及其同事描述的"评估方案"模式有点类似(Van der Vleuten et al., 2012)。该模式也是建立在4C/ID模型(Van Merriënboer, 1997)的基础上,把学习任务视为形成性评估任务,从而将评估和教学结合在一起:这些任务的主要目的是提供即时和丰富的反馈。开始时用于形成性评估的那些同样的学习任务,也可以用于后来的总结性评估,从而确保总结性评估的评判建立在多个任务和丰富的学生信息的基础之上。人们采取若干措施,将评估的形成性功能与总结性功能分开,由于评估的结果影响深远[利害关系重(high-stakes)的评估],这些措施将变得更加严格。例如,在利害关系重的那些决策中,教师的角色和评估者的角色被严格区分开,并有多个评估者参与。

总之,这一困境表明,荷兰职业教育非常重视形成性评估,但其实施和(外部)认证还缺乏后盾支持(Sluijsmans et al., 2013)。人们正在努力探求各种有效和高效的方法,把形成性和总结性评估结合起来并使之达到平衡,从而既保证评估的质量,又保证其对教与学的积极影响。荷兰职业教育已经形成了各种系统性的基于实证的案例,为评估的持续发展提供了充足的契机。

第4节 现状:职业教育评估实践的最新发展

本章描述的五大困境,展示了荷兰职业教育评估实践的一系列发展、趋势和进退两难的困局,这些问题在其他国家也很明显。最重要的发展可以总结为以下5个方面:(1)运用新的评估方法;(2)将评估视为综合运用各种方法与策略的评估过程和方案,而不是一次性测评;(3)在评估过程的不同阶段，提升企业或职业实践的重要性和参与度；（4）职业院校对评估方案的开发和质量保证负起更大的责任；（5）把形成性评估和总结性评估视为两个同等重要的评估目的。

毫无疑问，上述这些改革对荷兰职业院校的整个评估过程，以及其中教师、学生和劳动力市场代表的角色产生了巨大影响。工作场所主管作为评估者更多地参与其中，学生的角色也更加活跃。特别是，职业院校的角色和任务发生了巨大变化。他们有责任对整个课程的评估、方案或计划形成自己的见解，并要在未经培训如何开发和运用的情况下构建新的评估方法。教师也有了新的任务和责任（Tigelaar, Dolmans, Wolfhagen & van der Vleuten, 2004），同时，为"评估者""评估构建者"和"质量保证"制定了具体的工作说明（Kenniscentrum EVC, Kenniscentrum, 2011; MBO-raad, 2008）。此外，在国家、政府和机构的支持下广泛开展脱产培训和企业内部培训。职业教育评估的改进和质量保证问题，以及教师专业化发展在其中的关键作用，仍然是（政治）议程上的重要议题，这体现在国家"职业教育专业化发展行动计划2011—2015"[①]（Ministry of Education, 2011）之中和国家"职业教育考试"[②]服务点的建立。相关举措旨在提高不同职业院校评估实践的透明度和标准化，并通过培训、仪器设备和服务文件等为职业院校提供支持。

最后，本章介绍一下荷兰职业教育评估实践的现状：国家职业教育考试服务点与职业院校、相关支持机构和职业教育与培训理事会合作开发的"过程评估体系"。从该过程体系中可见本章所述的困境，以及职业院校如何应对这些困境和改进职业教育评估。该过程体系是职业教育整个评估过程的示意图（图12.2）。它从过程（1）框架设置开始，意指职业院校必须决定和描述其评估观，制定评估规则，制定整个课程的评估计划。接着是过程（2a）和（2b），其中包括开发或购买（总结性）评估方法，以及激励学生的学习，使他们为总结性评估做好充分准备。过程（2a）和（2b）一起，使拟采用的评估方法和学生的充分准备二者相得益彰。接着进行过

---

① Action plan VET Focus on professionalism 2011–2015（荷兰语：Actieplan MBO Focus op vakmanschap）。——译者注

② VET Examination（荷兰语：Examinering MBO）。——译者注

程（3），即真实性评估，对学生在职业核心任务和工作过程中的表现做出评定。最后，在过程（4）由考试委员会决定认证，确保学生获得被认可的文凭或证书。为了表明评估过程和评估质量保证应该是学校不断反思和持续改进的过程，这 4 个阶段构成"计划—执行—检查—行动"[①]质量控制循环。在荷兰，很多职业院校已经开始使用这个质量控制循环，因为他们在评估过程开发与质量保证方面的责任增加了。

"过程评估体系"描绘了荷兰职业教育评估体系的最新发展。它包括所有的评估过程、任务和责任，也反映了自 1996 年《职业与成人教育法》颁布以来人们对评估创新和困境的因应之策。它为职业院校提供了应对本章所述困境的抓手。该过程体系提供了职业教育整个评估过程的透明度和标准化。虽然职业院校必须包括该过程体系的所有阶段，但在标准化与外部控制的边界之内，该体系也提供了一定的自由度。最后，该体系既重视"促进学习的评估"（assessment for learning）（过程 2b），也重视"学习成果的评估"（assessment of learning）（过程 2a），这表明了职业院校对于自我评价和改进职业教育评估方案的责任。

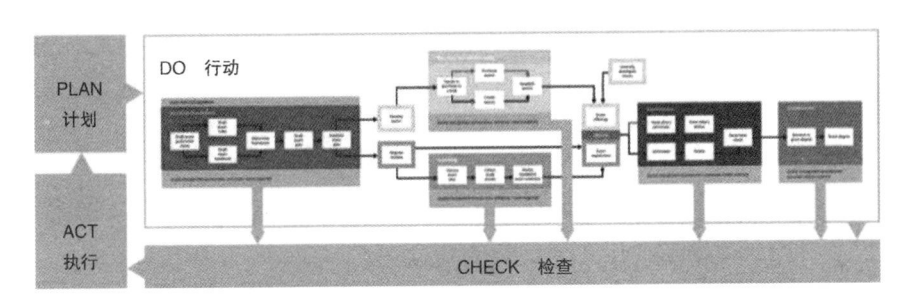

图 12.2　过程评估体系[②]

[①] "计划—行动—检查—执行"（Plan-Do-Check-Act）即 PDCA 循环，是美国质量管理专家休哈特博士首先提出的全面质量管理的思想基础和方法依据，它将质量管理分为"计划""行动""检查""执行"四个阶段。PDCA 循环经戴明的采纳与宣传而得到普及，又称"戴明循环"。——译者注

[②] 原著中此图十分模糊，因此该质量控制循环四个阶段的具体内容未译出。读者可结合正文的叙述加以理解。——译者注

第四篇
结　论

第 13 章

荷兰职业教育体系：体制焦点与转型

史蒂芬·比利特

第 1 节 荷兰职业教育体系：影响因素与目标

对于外界而言，荷兰职业教育体系因其广泛性、复杂性和对体制的强烈倚重而引人注目。荷兰职业教育体系之所以难以剖析和理解，决不只是因为描述其目前的形式及其背后的教育机构的一长串缩略词。也不仅仅是荷兰职业教育体系才如此难以被外界理解。不过，要理解荷兰职业教育体系并对其进行比较和评判，必须理解那些促使其形成特定的目标、形式和结构的复杂因素。然而，如果认为只有荷兰职业教育体系才需要进行这样的探究，那可就错了。人们在谈及欧洲职业教育体系的起源和形式时，必须要明确和理解那些促使其形成特定的形式和不同特征的一系列影响因素（Hanf，2002）。阐明了这些因素，就有助于凸显职业教育体系的制度、形式和实践及其相互关系的独特之处。基于此，本章评述了过去 20 年及未来可能出现的改革浪潮对荷兰职业教育体系产生的影响。此外，通过对这些因素的分析，我们可以洞察那些在全球职业教育体系中共同存在的或者使之与众不同的影响因素。

为此，本章首先提出和论证了一个解析框架，其中包括用来描述职业教育体系本身特定的制度、形式和实践的三组影响因素。我们根据这一解析框架，用这些因素来探讨荷兰职业教育体系的特色与特征。本章对当前荷兰职业教育体系独具特色之处的讨论，在很大程度上借鉴了本书其他各章的内容。总体来说，人们认为，在应对那些真实的或预期的社会和经济危机的过程中，中央机构（即政府和社会伙伴——工会及雇主组织）与地方机构和社区之间的协商谈判，促进了荷兰职业教育体系形成特定的目标和形式。对于荷兰职业教育体系的形成，社会伙伴一直而且仍将非常重要。然而，我们不能天真地以为，国家政府的指令、社会伙伴和地方实践（例如特定企业的需求）之间一直存在着紧密的联系或者一致的利益。这种错位导致形成了荷兰职业教育体系的动态性，使之受制于持续进行的那些关于各种利益与关切的坦率的谈判、交锋甚至抵制，这些利益和关切既有国家层面也有区域层面的。其他国家的情况也与此类似，但荷兰的方式独具国家特色，以下各节将对此进行详述。

第 2 节　职业教育体系解析框架

与其对职业教育体系进行相互间的比较，不如从其自身的基础和前提出发去理解每一个职业教育体系。这种方式，不仅对于进行明智的和均衡的比较很重要，而且确保了其前提不至于不够严谨甚至错误。例如，在英语世界，"school"（学校）一词有其特定的含义，通常指孩子就读的小学、中学或高中。然而，在英语国家，对于支持年轻人进入职业生涯和具体职业的教育机构，人们往往不使用"school"一词（当然也有例外）；例如，职业教育学院（vocational education colleges）、高等专科学院（senior colleges）、社区学院（community colleges）或职业教育机构（vocational education institutions）。因此，当讲英语的读者看到"school""scholen"[①]"hogescholen"[②]这些词汇时，经常错误地把它们当作是孩子完成义务教育的机构，只不过其中嵌入了职业教育课程而已。但是，在非英语背景下，这些词汇则意指完全不同的机构，例如在德国、荷兰、奥地利、瑞典、瑞士，当然，还有北欧国家。因此，我们不仅有必要阐明影响这些国家的职业教育体系形成的历史发展和社会因素，而且还要弄清其关键概念和词汇的涵义，从而对之进行正确的理解和评价。这种方式，似乎比那种不进行

---

　① Scholen：荷兰语，意为"学校"。——译者注
　② Hogescholen：荷兰语，意为"高等专业学院"，后来更名为"应用科学大学"。——译者注

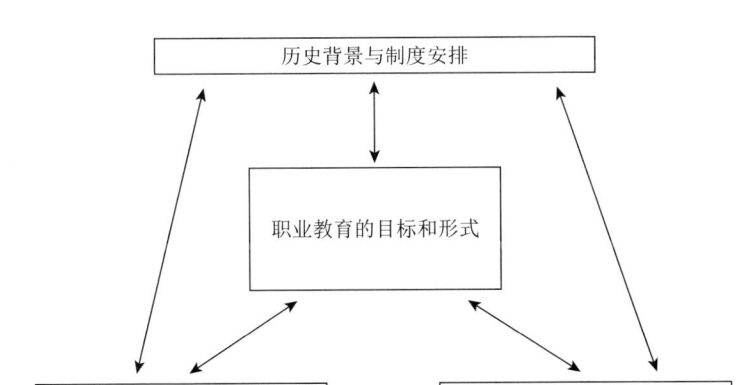

这样的理解就试图进行比较和评价的做法更为明智一些。

图 13.1 职业教育的目标和形式的影响因素

因此，当试图去理解或者让其他国家的读者能够理解一个特定的职业教育体系时，提供一个有助于描述该体系的框架是有益的，更不用说把它与其他体系进行比较了。根据笔者之前对职业教育的目标、传统和形式的研究（Billett，2011）并以此来描述和勾画这些职业教育体系，本章明确提出下列几组影响因素。如图 13.1 所示，这些影响因素分为三组：(1) 历史背景与制度安排，(2) 社会、政治和自然因素，(3) 文化观念。每一组因素都可以进一步地进行细分和论述，从而共同形成了理解"(4) 职业教育的目标和形式"的基础。图 13.1 以图解方式描绘了这些影响因素，并揭示了其相互之间的联系。我们也用这个框架来描述本章所述的荷兰职业教育体系。

下面首先简述以上各组影响因素。

第 3 节　历史背景与制度安排

职业教育体系通常与应对特定的经济与社会危机有关，这些危机源自影响国家制度形式的那些重大历史事件。汉弗（Hanf，2002）指出，欧洲职业教育体系大多与工业化同步，起源于导致形成这些民族国家的那些社会与经济体制变革。当然，工业化导致了已有各种工作和工作场所的消亡和被取代，从而使许多国家产生了建立职业教育体系的需要（Greinert，2002）。这在一定程度上是因为，现有技能发展模式是建立在19世纪以前行会管理的小型家庭式作坊的基础之上的，大部分已经被取代，但同时也是因为，这种技能发展模式不能很好地适应工业化工作需要的各种技能的发展（Greinert，2005）以及因工业化而诞生的那些新兴职业的需要。因此，发展工业化需要的各种新技能和新职业，这一点往往促使了职业教育体系的发展，因为除此之外，欧洲没有保证这种学习的传统或社会实践。然而，职业教育体系的产生，并不仅仅是为了发展新兴工业化国家需要的各种新技能和新职业，而是还有其他一些需要实现的目标，主要是国家制度方面的需要，其中很多与支持现代民族国家的形成有关（Gonon，2009b）。例如，希望确保人民能臣服于新成立的民族国家，使他们抛弃对"庄园"的效忠。也就是说，正如产业工人对行会的忠诚一样，在向民族国家过渡的过程中，很多工人都效忠于他们赖以栖身的贵族（Stratmann，引自：Heikkinen，1994）。因此，新成立的民族国家建立教育体系的一大目标，是帮助将人民的归属和忠诚从庄园转向国家。人们还担忧，社会主义运动或无秩序的行为可能会破坏或者分裂这些新生而脆弱的民族国家（Heikkinen，1994；Troger，2002）。此外，对大量失业和闲散年轻人群的关切也推动了以教育供给为焦点的改革，以便促进这一批人就业（Gonon，2009b）。当然，在各民族国家，这些趋势的表现方式各不相同。荷兰除了在对普及教育非常激进的短暂的巴达维亚共和国这一时期（1795—1806年），一直到19世纪才有中央政府。荷兰的工业化起步非常晚，第一个教育体系是为满足阶级社会的需要而建立的。职业教育在被国家接管之前，最初是由私人倡议而发展起来的，尽管是以一种分散而独特的方式。

上述种种关切和结果并不仅仅限于欧洲。在美国，人们关于构建职业教育体系的诸多争论及其随后的各种努力，在一定程度上也是出于下面这样的关切：如何满足那些成千上万的即将从第一次世界大战返乡的年轻军人的就业能力需求，因为他们缺乏融入平民生活的就业技能（Gonon，2009a）。同样，澳大利亚之所以努力构建国家职业教育体系，首先是因为20世纪40年代为了准备军需物资而需要发展技能教育，其次是为了回应对从第二次世界大战返乡的男女军人们提供就业技能的需求（Dymock & Billett，2010）。因此，在这些国家，促进职业教育体系形成的原因，是出于提供让年轻人参与、能提供就业技能的教育计划等国家迫切需要，而不仅仅是为了发展职业技能。在所有这些国家，重点都是培养年轻人可以就业的职业技能，而不是工人继续教育，即使真的有工人继续教育，也通常是由产业利益集团和专门机构开展的，而不是直接通过政府资助的课程来开展。

对于类似的迫切需求，基于特定的国家因素，各民族国家采取各种不同的方式和制度安排。在德国，技术学校的开设和工作场所的利益促成了学徒制，为学徒提供包括在工作场所和教育机构的跨界经验（Deissinger，1994）。然而，这种方式在美国却没有取得进展，因为他们担心这种制度安排行不通（Gonon，2009a）。美国人认为，他们的工作场所缺乏协助和有效地支持及维持学徒制——作为一种获得初始职业能力的模式——的能力。特定的制度环境，导致各民族国家的职业教育方式有着显著区别。英国和美国实行去中心化和非管制化的方式，从而形成了多样化的特殊的制度安排，而德国则通过立法制度形成了规范一致的方式（Deissinger，1994）。在英国、德国和法国，不同的制度安排形成了各种迥然不同的职业教育形式和形态（Greinert，2002）。尤其是，正如葛侬（Gonon，2004）所说，瑞士特定的州郡制导致在其国内形成了另一种形式的职业教育。再如，大多数国家的学徒主要是16至18岁的离校生，而由于特定的制度安排，加拿大的学徒在开始学徒学习时的平均年龄为26岁。这是因为，加拿大没有国家教育部长这一职位，职业教育由各省负责管理，劳工组织（即工会）在其中发挥着关键作用。简言之，在每一个民族国家，一系列的历史与制度因素决定了其各种形式的职业教育供给。

第4节 社会、政治和自然因素

社会、政治和自然因素似乎包罗万象，虽然它们各自都分别提供有益的见解，但是，把这些因素综合起来考虑也不失为一种方式，可以用来考察那些特定的国家因素或环境如何影响职业教育供给。不同的社会，往往有其与众不同的重视职业的方式、教育体系的重点（如职业教育与普通教育）、特殊的政治与政府体制（如集权式与分权式）、国内的文化与语言差异（如瑞士国内的语言区^①）、多样化的地理因素（如地理位置和人口分布）。其中，有些因素对职业教育的设计和实施会产生重大影响。例如，在那场最著名的职业教育之争中，美国的联邦制对该辩论的结果起到了特殊而戏剧性的作用。众所周知，1917 年左右，斯内登（Sneddon）提出一种美国职业教育模式，并得到产业利益集团的强力支持，哲学家杜威（Dewey）则与斯内登针锋相对。杜威主张，职业教育应当主要以普通教育为前提，只不过是以职业为重点。另一方面，斯内登主张高度职业专门化的职业教育形式。人们通常认为，在强大利益集团的支持下，斯内登赢得了这场辩论。他随即被任命担任政府高级职位，负责实施这种专门化形式的职业教育。然而，美国联邦政府的意志并非总是能够在那些负责和资助教育的各联邦州得以实现（Labaree，2011）。事实上，尽管斯内登极力主张在美国的学校教育体系之外单独建立职业教育体系，但各联邦州拒绝了这一主张。联邦州认为，他们已经有了一个教育体系，而且成本太高，没有必要单独建立职业教育体系。相反，他们选择将职业教育整合到现行教育体系之中，从而形成社区教育体系。实际上，这种社区教育体系更接近于杜威提出的体系。由此可见，联邦制国家这种社会政治体制，意味着中央机构决策的影响力很有限。

也许，在另一种政治体制下，例如澳大利亚的联邦制，可以通过捆绑资金资助和国家立法等方式，使中央的意志得以强制推行。特别是澳大利亚历史上的一个法律先例，它赋予联邦政府首先收取所得税和其他税收的权利，这就意味着，联邦政府可以主要通过控制资金资助的方式而直接影响职业教育。相反，加拿大没有国家教育部，所有决策必将在省级进行，因此，其政策和制度就取决于各省的优先发展事项及关注重点。荷兰的"教育自由"传统使其具有不同的特点，加之荷兰有更高层级、更广泛的谈判与论争，这两者都会导致产生截然不同的结果。中国有 3000 万余名学生参与职业教育，有 1.35 万所职业教育机构和 200 万余名教师，因此，中国

---

① 瑞士是一个多民族、多语言、融多种文化于一体的国家。德语、法语、意大利语及拉丁罗曼语 4 种语言均为官方语言，居民中讲德语的约占 63.3%，法语 22.7%，意大利语 8.1%，拉丁罗曼语 0.5%，其他语言 5.4%。信奉天主教的居民占 37.7%，新教 25.5%，其他宗教 7.4%，无宗教信仰 23.1%（资料来源：中华人民共和国外交部网站）。其中，讲德语的人口主要分布在北部地区，讲法语的集中聚居在西部地区，讲意大利语的在南部地区，讲拉丁罗曼语的多居住在东部少数地区。——译者注

需要的某种形式的治理安排和参与方式，与那些人口较少和社会参与方式不同的国家有所不同，例如只有1800万人口的荷兰。

此外，还需要考虑地理等自然因素。例如澳大利亚，由于地理因素，学徒制模式在各州不尽相同。在西澳大利亚和昆士兰等幅员辽阔的大州，学徒离最近的职业学院可能就有数千公里的距离，在这些州，学徒的参与率依赖于集中脱产学习（即脱产一段时间去职业学院学习）。即他们每周在工作场所工作5天，然后在一年中某个时间节点去职业学院集中学习一段时期。而在其他地理面积较小的州，大多数学徒可以在数小时之内从学院往返。因此，这些州的学徒可以脱产1天去职业学院学习，通常每周1天，每年数周。在荷兰，城镇之间的距离相对较近，公共交通系统四通八达，人口稠密，这些因素也许不需要过多考虑。然而，即使在这样的环境下也有一些担忧，例如师生的路途时间和经常拥挤的公共交通，如果忽视或低估了这一点可就错了。由上可见，在特定的民族国家，社会、政治与地理因素表现为情境化和国家特有的方式，从而影响着职业教育供给。

第5节 文化观念

文化观念对职业教育的结构、目标和形式有强大的影响（Billett，2014）。例如，德国职业教育（berufconzept）有这样一种文化观念：肯定和支持人们发展技能，并把它当作共同的社会责任（Deissinger，2000）。这种文化观念是德国职业教育各项要素的基础，例如：企业有提供高质量培训的义务；学徒在培训期间可以接受较低的薪水；因为学徒的薪水低，家长懂得在整个学徒期都支持孩子；工作场所与当地职业教育机构建立合作关系，确保为学徒提供适当的经验，使学徒能够有效地学习。德国职业教育这种强大的文化，在一定程度上省却了政府的监管和检查，因为人们公认职业教育有价值和非常重要，而且是共同的社会责任。这种文化观念，不仅仅限于德国，也体现在瑞士的德语地区以及荷兰部分地区（Onstenk，2017a）。法国的共和主义是文化观念影响力的又一例证。这场伟大的社会革命，使法国人对工作可能存在的潜在不公平或剥削性十分敏感（Greinert，2002）。这种文化观念带来的一大后果是，形成了把教育和工作相互割裂的文化倾向。这就是为什么法国不像德国和瑞士等邻国那样把学徒制作为一种普遍的职业准备形式的原因之一。实际上，在法国，作为初始职业准备而引入学徒制模式的努力经常遭遇到阻力，而且由于缺乏共同的社会责任，学徒制模式的实施常常被先发阻止和加速消亡（Veillard，2015）。此外，在法国，在学术型教育机构取得的成就备受人们尊崇，它是就业和晋升的基础（Remery & Merele，2014）。因此，虽然提供工作场所经验是一些国家很多高等教育课程的核心特征，但在法国却很鲜见。

另一种不同的文化观念对瑞典的教育乃至整个斯堪的纳维亚半岛都产生了直接影响。"人权"（Logom）这一观念（即人人生而平等，你并不比别人优越）意味着，教育的重点是确保学生通过课程要求即可，而不是一定要评定学生成绩的等级。在那些重视竞争、优势和学生排名等社会观念的国家，这种模式是不可接受的。读者可以想想看，美国的自由主义观念是如何影响教育的。美国这种观念主张提供人人免费参与的教育，只不过强调个人有义务充分利用这个机会。能否确保最大限度地利用机会，最终取决于每个人自己（Labaree，2011）。下面即将详述的荷兰"教育自由"观念也值得注意，它对各类教育和中央集权的控制能力产生了广泛影响。"教育自由"观念源自20世纪之交那一场因宗教原因而引发的"学校战争"。这一冲突的最终解决使荷兰产生了三种教育自由：(1)择校自由；(2)建校自由（即基于特定的人生观开办学校的自由）；(3)组织自由（即学习内容、方法和人员安排等教学组织的自由）(Frommberger & Reinisch, 2002）。它们是在职业教育的实施过程中形成中央政府、社会伙伴和社区之间的关系的基础。重要的一点是，在荷兰的文化观念中没有国家规定或国家课程这个概念（在1800年以前，荷兰还是没有中央政府的若干个省[①]）。仅仅在短暂的法国占领时期出现过国家规定。这场为着教育自由的

[①] 在16世纪前，荷兰长期处于封建割据状态，1568年爆发为时80年的反抗西班牙统治的战争，1581年北部7省成立荷兰共和国（正式名称为尼德兰联省共和国）。1648年《威斯特伐利亚和约》签署后，西班牙正式承认荷兰独立。17世纪，荷兰是海上殖民强国，经济、文化、艺术、科技等各方面均非常发达，被誉为该国的"黄金时代"。18世纪后，荷兰殖民体系逐渐瓦解，1795年法国军队入侵，1814年荷兰脱离法国，1815年成立荷兰王国（The Kingdom of the Netherlands，het Koninkrijk der Nederlanden）。1848年，荷兰宪法正式确立君主立宪制。——译者注

"学校战争",还可以理解为这样一种观念:教育的组织实施是在地方层面而不是国家层面。因此,"国家"的形成和形式与荷兰如何制定法规之间的这种格格不入或许体现在"polderen"(圩田)一词之中,它意味着,一切都必须经过谈判。

第 6 节 职业教育的目标和形式

上述三组影响因素,使民族国家的职业教育形成了特定的目标和形式,虽然与其他国家相比,荷兰中央政府的权力受到更大的省级因素的制约。与其他教育领域一样,职业教育供给通常应该是有目的、有意图的,最理想的情况是,它应该是明智决策、深思熟虑和广泛参与的产物(Billett,2011)。也就是说,职业教育供给应以特定的、深思熟虑的意图为引导和指导。然而,如前所述,教育体系的建立、发展和转型等广泛目标,往往对中央政府因想要取得特定的成果而产生的那些预期的或真实的危机的回应。逐渐地,职业教育的目标能够成为与社会伙伴的利益相关的社会辩论的产物。然而,当有紧急需求出现时(这种情况似乎越来越多),政府所明确表达的期望则推动进行当务之急的变革和改革,它们也许契合或者并不契合雇主、工人代表以及工作和学习者的利益。可见,由上述各组因素而生发了职业教育各种特定的目标,这些目标反过来又影响职业教育供给。

1. 目标

上述一系列特定因素,以特定的方式主导着职业教育体系的目标或国家意志。例如,在历史上——虽然有些国家和职业教育体系至今仍然如此——职业教育曾经选择的重点是培养学生为职业生涯作准备(Dewey,1916),但不一定与具体职业相关。然而,在当今时代,在越来越多的国家,甚至是那些赞成在后义务教育阶段实行普通教育模式的国家,人们日益关注直接针对初始职业能力培养的职业教育,荷兰就是如此。例如,政府要求年轻人在有资格享受福利入读应用高等教育之前必须拥有可就业的资格,就是这方面的明证,尽管这是荷兰特有的方式。在有些国家,职业教育的目标进一步延伸到期望学生和毕业生"为岗位做准备"（OECD，2010）。也就是说，不仅仅是为具体的职业做准备，而且延伸到为具体工作岗位的具体能力做准备。当然，即使是这类目标也各不相同，它取决于提供教育的是专门的职业教育机构还是主要关注普通教育的学校，荷兰即是如此。在职业教育课程中，也有一些关注社会参与（有效参与社会的公民责任）方面的内容，在某种意义上，这是对那些义务教育学业不佳的学生的回应或补偿。在这种情形下，职业教育包括培养学生的算术、读写、沟通和公民责任等相关能力。因此，即使是最职业化的专门课程，比如学徒制，也有上述这些方面的教育目标，正如澳大利亚以前的学徒制课程。至于职业教育这些目标是如何发生变化的，这里有一个例子：由于雇主抱怨这些科目与工作场所需要的有效技能没有直接关系，结果，澳大利亚的学徒制课程取消了这些普通教育方面的目标。

然而，并不是每个职业教育目标都是直接针对年轻人的初始职业准备。通常，职业教育的教育目标与成人教育是一致的，最近它又与终身学习的相关目标联系在一起，也与继续教育的相关目标联系在一起，无论是普通的还是更专业的继续教育（如社会、经济改良）。在澳大利亚的技术与继续教育（TAFE）体系中，关注文化与社会改良是"继续"教育最初的焦点。一直到全球对终身教育及其改革的重视（OECD，1996），继续教育都是其中一个重要组成部分，这意味着，成人教育的目标必须日益转向经济方面（Edwards，2002）。目前，正如经济合作与发展组织（OECD，2006）指出，在很多国家（例如澳大利亚、新加坡、加拿大、芬兰、瑞典、丹麦），作为广泛的教育议程的一部分，积极响应工作和工作场所那些不断变化的要求，已日益成为继续教育与发展或专业化发展的一个重要因素。也就是说，教育不必只专注于初始职业能力的发展，而是要保持和发展学生进一步的职业能力（即就业能力）。可见，一系列各种不同的教育目标引领着职业教育供给。

上述因素，也会对职业教育的形式及治理产生影响。

2. 形式

各国职业教育体系的形式、形态及治理方式，都受到上述因素的影响。其中一个广泛的区别是，职业教育体系的治理是否采用"自上而下"的方式，或者说，是否以及在多大程度上鼓励和实行"自下而上"的决策和自主权。虽然大家都认可绝大多数职业教育供给是通过国家来组织的（Skilbeck，1984），但是问题在于，教育工作者在多大程度上能够和有权对学生和业界提出的需求作出因地制宜的回应，或者说，中央机构是否会下达这些方面的指令，以及在不同的职业教育体系和时代有何不同之处。当前，在许多国家，职业教育的自上而下决策的政府干预日益强化，这往往使地方教育工作者（例如教师）被边缘化，他们的自主权被削弱。有时候，业界的参与和控制是合乎情理的，因为这些决定太重要了，不能全部都丢给教师（Billett，2004）。这一点在有些职业教育体系中似乎更为普遍。由于政府对可用资源的管制，在教什么、如何教、如何评估学生的学习、如何评价课程计划等方面明显呈现出行政干预和管理日益强化的趋势（Vähäsantanen，Hökkä，Eteläpelto，Rasku-Puttonen & Littleton，2008）。

然而，即使在这种趋势下，有些职业教育体系似乎也给教师提供了较大的自主权。例如，人们常说，德国职业教育体系的一个关键因素是它赋予职业教育的教师以地方自主权，其中不仅包括课程内容，也包括与当地企业建立伙伴关系，以确保有效的和定制化的学徒制安排（Deissinger，1994；Deissinger & Hellwig，2005）。但是，这些制度安排远没有固化下来。实际上，如果政府试图对职业教育教师的工作施加更多的控制，这可能就会成为受挫、抵制和紧张关系的根源（Baverstock，1996；Vähäsantanen et al.，2008；Warvik，2013），结果导致教师施教和学生受教都受到限制。因此，如果主要采取中央集权和自上而下的决策方式，职业教育的形式就是在这种重视统一性和遵守中央决策方式与手段的过程中而形成的。国家教学大纲变得更加详细（即为教师"打样"），更加严格的认证和统一的认证方式占主导地位。这些方式，逐渐形成了职业教育的形式。同理，在教师拥有自主权、允许与社会伙伴进行地方谈判的那些职业教育体系中，职业教育也呈现出不同的形式。

因此，对一个国家职业教育体系的特点而言，一个关键指标是赋予教师自主权的程度和教师角色的范围，并进一步延伸到对职业教育教师专业化发展的要求。其次，在那些对技能发展有着强烈的社会责任的国家，教学及教辅人员必须满足严格的要求和达到很高的期望（Deissinger，1994）。相反，在那些对职业教育坚决实行集权管理的国家（Brennan Kemmis & Green，2013），对教师专业化发展方面的要求似乎正在消失，而代之以教学技能培训的短期课程。长此以往，将会导致教师队伍的专业化程度有限，这与迎合职业教育体系改革需要的那些花哨辞令是背道而驰的，例如：具有反应性和灵活性；能够吸引并留住正在为职业作准备的年轻人的完善的职业教育供给。当前这种新兴的自上而下的职业教育治理模式的一个主要特点是，在应该教什么、如何教、评估什么和如何评估等方面，职业教育教师的话语权被最小化。所有这些都特别令人费解，因为在很多国家职业教育体系中，例如德国、瑞士和澳大利亚，职业专业知识一直是聘用教师的基础（Billett，2013）。

职业教育体系的另一个特点，是职业教育与所谓"产业"之间的关系的性质和质量。这种产教关系，是很好地建立在相互尊重与信任的基础之上并共同合作以提供适宜的教育经验的产物吗？还是在产业决定了需要教什么的前提下，教育系统通过高度强制性的规范标准、准则、指示和文件去尽力实现这些要求？其次，这些关系所发挥的作用也许会因环境、时代和职业关注重点而有所不同（Billett，2013）。例如在前一段时期，澳大利亚经济蓬勃发展，雇主几乎不期望对课程内容、教学方法和教学内容有什么直接影响。相反，他们认为这是教师的事情（White，1985）。然而，在不同的经济环境下，同样也是这些雇主，他们则要求严格控制课程内容、教学、谁来教和教什么。此外，与职业要求紧密相关的那些课程，特别是受到高度管制许可的职业（如电气与管道），与那些受管制较少的职业（如现代音乐）相比，很可能有比规定标准多得多的指定内容和评估。

职业教育供给要考虑的另一个要素是学生的地位，无论是主要作为教育计划组成部分的学生，还是到教育机构参加学习的企业员工，比如很多国家的学徒员工。此外，在规划、制定和评估职业教育的开展时，到底倾听了多少学生的声音，他们的参与程度究竟有多高。我们确实很少见到有这样一种系统化的过程：了解学生需求，为课程、学习体验和评估讨论的决策提供信息，从而捕捉到这些学生需求。在学校教育的正统观念中，学校并不注重倾听学生的声音，包括课程开发；这种传统对于成年人教育似乎没有什么合理性。事实上，当职业教育的学生被问及时，他们表示自己有明确的目标（Billett，1996），并且对于为达到这些目标而设置的教学内容之成效以及学习体验之质量（即毕业生成果）也有所评判（Billett，1998）。实际上，来自毕业生的有关数据有力地表明了学生重视教育的哪些方面以及是什么使他们能够就业，他们一致赞赏教师为此所做出的贡献（National Centre for Vocational Education Research，1997）。

本章提出的上述因素及其对职业教育的目标和形式的影响，实证描述了一个解析框架，可以用来解析荷兰职业教育体系。笔者认为，按照这样一个框架，可以阐明促进形成职业教育体系的那些因素和迫切需要，从而理解该职业教育体系，也可以把它与其他职业教育体系进行有根有据的比较。因此，下面我们运用同样的方法来解析荷兰职业教育体系。

第7节 荷兰职业教育体系解析

一个国家职业教育体系的起源、变革和转型，通常都是因社会和经济危机而引发的，荷兰职业教育体系似乎也不例外。荷兰职业教育体系的形成及最初的形式，源自工业化带来的变革和民族国家的介入，尽管荷兰这个民族国家之前有过短暂的法国占领和巴达维亚共和国时期（Frommberger & Reinisch，2002）。然而，随着时间的推移，荷兰职业教育体系的形成受到与邻国（法国和德国）截然不同的观念的影响。最初，职业教育是由私人（即公民）和雇主组织推进的，后来，在危机或危机感的推动下发生了改变，形成目前这种通过地方社区与中央政府互相谈判而形成的职业教育体系，但其方式与德国等联邦制国家截然不同。社会伙伴（如雇主和员工）及当地社区对此也一直表示关切，本书多位作者都指出了这一点。随后，人们一直关心教学质量、学生成果和职业教育机构在管理中实行的各种治理安排（van der Klink & Streumer，2017）。因此，正如在其他国家一样，范德米尔、范得塔和李（van der Meer，van den Toren，& Lie，2017）所指的"制度领域"一直起着关键作用。实际上，有人提出，荷兰中央政府和职业教育系统之间的交道关系的特质——尽管是通过谈判而得来——重点在于国家政府和社会伙伴的一系列期望。然而，正如目前流行的大量陈述报告指出的那样，这些谈判的结果并不总是能与以下方面充分匹配：（1）采纳的课程安排（Meijers, Lengelle, Winters & Kuijpers, 2017；Wesselink & Zitter, 2017），（2）教师实施的教学实践（De Bruijn & Bakker, 2017；van de Venne, Honigh, van Genugten, 2017；van der Klink & Streumer, 2017），（3）实现对职业教育所要求的各种成果（van der Meer et al., 2017）而必需的教育治理模式（Westerhuis & van der Meer, 2017）。正如前面诸多文献所述，在回应那些真实的或预期的社会和经济危机的过程中，中央政府、国家社会伙伴和地方机构之间的谈判，促进荷兰职业教育体系形成了特定的目标和形式。

因此，在主要借鉴本书其他各章内容的基础上，本部分旨在抓住这些危机所带来的某种动态性，分析它们如何影响荷兰职业教育与培训的供给，内容延伸至荷兰职业教育与培训最初的形态和使其形式与目标发生变化的那些因素。如前所述，这些因素包括：（1）历史背景与制度安排，（2）社会、政治和自然因素，（3）文化观念。每一组因素都可以进一步地分解和论述，它们似乎提供了理解（4）荷兰职业教育的目标与形式的基础。

第 8 节　历史背景与制度安排

与其他很多民族国家一样（Greinert, 2002），荷兰职业教育体系的发展是社会和经济结构以及工业化带来的变革的产物，荷兰的工业化起步较晚（Onstenk, 2017b）。实际上，历史和环境因素以特定的方式发挥着作用，催生了独特的荷兰职业教育体系。弗龙贝格尔和赖尼希（Frommberger & Reinisch, 2002）指出，虽然在废除古代行会和强化政府干预方面，荷兰与德国有某种相似之处，但在形成各自职业教育体系方面还是有明显差异。法国对荷兰的短暂占领及随后的巴达维亚共和国时期，导致了荷兰古代行会的衰落和行业管制的放松。人们注意到，在其他国家，德国的行会被官僚体制取代，而法兰西共和国的行会则被彻底废除，被视为旧制度中令人厌恶的成分（Troger, 2002）和在个人和国家之间具有潜在破坏性的中介组织（Frommberger & Reinisch, 2002）。同时，与其他国家不同的是，鉴于存在就业剥削性的观念，法兰西共和国解除了行业管制，人们对于使教育与工作保持一致这一点也强烈不满（Remery & Merele，2014；Veillard，2015）。因此，当时法国短暂占领荷兰所带来的这些观念，极大地影响了荷兰职业教育最初方式的形成，后来又被强烈的自由主义传统所重塑。在荷兰职业教育体系的形成过程中，人们强烈地更倾向在教育机构（即"技术学校"①）内部对学生进行初始职业准备教育，并不是通过学徒制（Frommberger & Reinisch，2002；Onstenk，2017b）。当初，技术学校是作为私立机构而建立的，以回应人们对于基本工作技能和劳动纪律的需求的关切，并纠正普通教育在充分培养所谓职场角色方面存在的缺陷。后来，技术学校被国家接管。然而，很久以后，即第二次世界大战结束之后，在国家控制之下（1968 年），这些机构的教育重心却转向了普通教育。

当前，与其他许多国家一样，荷兰的职业教育一直是政府密切关注和周期性改革的主题，这些改革经常扰乱既定计划，而不管人们的感知价值②如何。这导致强制出台了一系列新的目标和规定，而它们本身就是人们批驳的对象（De Bruijn & Bakker，2017）。随后的一些改革回应了人们对这些举措的一些批评，但又推出一些其他举措。特别是，与控制方式有关的、寻求职业教育供给与劳动市场之间直接对接的那些举措得到了推进，但其方式常常与这些职业教育供给和当地劳动力市场的实际情况相去甚远。也许，荷兰职业教育体系的独特之处就在于，历史形成的制度安排和与"教育自由"有关的社会观念迫使在中央政府的指令和行为与职业教育的实施环境之间进行谈判与和解。实际上，这一运动与法国的情形截然不同。在法国，这种自由来自封建主义，包括宗教信仰。在荷兰，这种自由是 20 世纪早期天主教徒与新教徒之间冲突的和解，也是一场关于所有群体都有自由组织自己的教育的斗争，而且以荷兰特有的方式进行。

在荷兰，"自上而下"与"自下而上"改革之间的区别很复杂。例如，中央机构和地方教育提供者之间的谈判，可以导致修改甚至撤销中央的既定政策。其中包括改变职业教育的相关术语，例如从"能力"到"职业"

---

① 荷兰语：Ambachtscholen。——译者注
② 感知价值（Perceived Value）是指顾客所能感知到的利益与其在获取产品或服务时所付出的成本进行权衡后对产品或服务效用的总体评价，它体现的是顾客对企业提供的产品或服务所具有价值的主观认知，而不是产品和服务的客观价值。——译者注

（Wesselink & Zitter，2017）。这种改变经由谈判过程而推进，谈判过程与其他民族国家不同，特别是中央政府更加强势甚至中央集权的那些国家。

  这种制度性割裂的一个方面的反映便是，在整个20世纪，荷兰建立了至今仍在长期坚持的职业教育机构与产业合作的传统。这一传统是"区域模式"得以发展的基础，继而，荷兰在20世纪90年代建立了区域教育中心（ROCs），它是对当地学校进行合并的直接结果（Westerhuis & van der Meer，2017），尽管合并是在国家资格框架之内进行的。地方层面的制度安排和谈判（即学校与当地企业之间的私人关系）维持了这种伙伴关系，这对于提供职业教育来说至关重要。而且与其他国家不同的是，荷兰很多职业教育学校是私营机构（即产业集团）建立的，政府提供部分资助，因此荷兰在这方面表现出了与众不同的传统。

  然而，国家资格结构的引入及其对课程（Wesselink & Zitter，2017；Westerhuis & van der Meer，2017）和评估实践（Baartman & Gulikers，2017）的影响，是为了回应人们对于加强职业教育及其成果与劳动力市场需求之间的一致性的关切，这些关切与在其他国家同样推动了变革的那些关切相类似。德布鲁恩和巴克（De Bruijn & Bakker，2017）详细介绍了过去30年来荷兰如何推进这些制度安排。他们注意到，那些不断演变的历史事件和危机是如何带来改革的：作为职业教育焦点的各类知识如何被审视、争论和转变，然而荷兰采用的方式的特点是中央政府、社会伙伴和当地社区之间进行谈判。这些谈判导致荷兰职业教育目标的性质及其实施方式发生了一系列变化，包括质量保证体系的引入。这些资格结构，旨在确保教育与劳动力市场的要求更加一致（Baartman & Gulikers，2017）。通过以具体职业资格标准的形式提出评估需要关注的那些"关键技能"，这一目标在一定程度上得以实现（Wesselink & Zitter，2017）。荷兰职业教育体系强烈的以教育机构为导向的关注点在本书第一章有所阐述。然而，课程计划的复杂性和多层次性，使其难以对产业（即当地企业）需求作出灵敏反应，例如迫切需要确保年轻人获得与职业一致的毕业资格。而且，区域教育中心之间的竞争带来了一种非正常的市场化，这与区域教育中心成立时人们希望其融入当地社区这一初衷背道而驰（Westerhuis & van der Meer，2017）。此外，这些改革对整个职业教育体系产生的影响也不尽相同。例如，尽管这些改革对高等职业教育（专业学士学位）也有影响，但其方式与其他职业教育不同。因为高等职业教育是单独管理的；比如，高等职业教育不像其他职业教育那样按国家资格结构提供课程（De Bruijn & Bakker, 2017）。

因此，以荷兰职业教育体系为核心的那些历史演变和制度安排形式独具特色，它们推动了荷兰职业教育的治理进程，包括中央政府和地方机构之间的关系，且在这两个层面都以荷兰特有的方式受到社会伙伴的影响。然而，在中央政府致力于进一步加强控制公共资源和资产利用的时代，这种关系已成为构建职业教育的目标和形式的核心焦点。重视主要依靠教育机构来提供职业教育，并提供进入高等职业教育的途径，以及期望为年轻人提供与就业相关的学习成果，这些，都对荷兰职业教育的种类和形式产生了直接影响。

第9节 社会、政治与自然因素

如上所述，与其他国家一样，荷兰在20世纪90年代政府改革的目的是，确保职业教育更加符合国内劳动力市场需求（De Bruijn & Bakker, 2017）。1996年《职业与成人教育法》的一个重要提议是，让学生获得更多的工作场景经验，以逐步理解工作要求，培养他们在工作场所进行有效实践的能力（Wesselink & Zitter, 2017）。然而，当职业教育体系主要建立在教育机构内部并且广泛的结构化的入门级培训（包括工作场所经验）——像学徒制那样——并非该体系的核心要素时，上述提议就不一定能很好地与职业教育体系相契合。

区域教育中心的建立，推动形成了目前的职业教育供给（Westerhuis & van der Meer, 2017）。在荷兰，"区域"和"区域主义"的含义有点特别。在其他一些国家，区域往往是政治实体，而在地域较小和人口稠密的荷兰，区域的含义更多是与当地社区、工作场所和机构以及职业教育如何为它们服务相关。因此，与其说教育决策权属于政治实体（即国家、州、县），不如说主要是在各地因地制宜进行的。因此，国家强制性标准与地方灵活性要求之间的紧张关系已开始受到讨论，并可能通过区域教育中心阻挠职业教育部门本身的兴起（Westerhuis & van der Meer，2017）。

区域与国家决策之间的这种紧张关系，人们期望用审议职业资格这一办法加以解决，但往往并不奏效。例如，国家开发的资格标准被视为太具体、不灵活（Baartman & Gulikers，2017；Mulder，2014）。这导致他们重新进行谈判，实施带有通识教育侧重点的资格标准，而不是先前高度专门化的职业资格标准，其中包括所谓"通用职业能力指标"。然而，人们发现，通用职业能力指标又太宽泛、不适用，需要通过一个转换过程使其与特定职业、工作场景相关，继而与评估相关（Baartman & Gulikers，2017；Wesselink & Zitter，2017）。这个问题在其他地方也被指出来过，即，人们发现宽泛地谈及"行业标准"是不切实际的，因为该术语本身带有模糊性，行业工作标准的实际构成具有多样性（Nijhof，2008）。因为行业工作标准的差异极大，其要求也可能很不一致。因此，使用"通用职业能力"这样的术语虽然可以进行评判，但评判的可靠性怎么样就很难说了（Baartman & Gulikers，2017）。

这种紧张关系的另一个例证是国家试图管控评估实践这一发展过程：为了对职业教育内部评估的质量进行监督和审计，中央政府建立了国家考试质量中心（后来撤销了）。然而，中央和地方教育机构之间的这种责任分工形成了这样一种局面：评估实践被视为区域职业学院的一种责任，在自我评价和政府审计的框架内进行（Baartman & Gulikers，2017）。然而，与上面描述胜任力那个例子一样，国家考试质量中心这一角色在执行中遇到了新的困难和问题，对有效监管评估过程的质量显得无能为力，因而最终被撤销（Baartman & Gulikers，2017）。

由此可见，荷兰有一系列特定的政治、文化和人口方面的因素，包括中央与地方利益之间以特定方式展开的各种性质的谈判。尽管这是围绕探讨一种高度制度化的职业教育方式，但这些因素对荷兰职业教育体系所采用的各种治理结构和教育过程产生了影响。

第 10 节　文化观念

如前所述，荷兰有悠久的"学校"自治传统，这一传统得到源于"教育自由"的社会观念的支持（Westerhuis & van der Meer，2017）。当人们感到由文化观念衍生而来的对教育供给的期望与政府提供资源的能力或意愿之间有差异时，中央与地区之间的诸多不协调就会产生（Westerhuis & van der Meer，2017），直至推动涉及中央对职业教育的控制的改革。特别是，自由主义和新自由主义政策框架的抬头，加剧了中央政府与教育自由这一"戒律"之间的紧张关系，例如那些有违教育自由"戒律"目标的关于竞争的政策规定（Westerhuis & van der Meer，2017）。

然而，虽然这种社会观念在荷兰很强烈，但哈姆斯、霍夫和邓波儿（Harms，Hoeve，& den Boer，2017）指出，它并不像德国"职业教育"观念那样对与培养技能相关的教育科学有着强烈的社会责任。荷兰通过经济杠杆，用"专注技艺"（2011）这一计划来推进国家政策的实施。因此，由于在培养初始职业能力方面缺乏广泛的社会支持、参与和责任，加之职业教育主要是在教育场景中实施这一事实，导致人们强烈关注教育机构内部的教学实践，下面对此进行讨论。

很可能就是因为这样一种社会观念，使得1996年《职业与成人教育法》在颁布之前经历了一个漫长的调查咨询过程，对于同类事件来说，这种情况是很少见的。正如威斯特霍斯和范德米尔（Westerhuis & Van der Meer，2017）指出，这就是政府指令与地方层面教育自由的社会观念之间的制度性紧张的一个例证。在其他国家，政府可以强迫对小型教育机构进行合并，而在荷兰这只能是谈判协商的结果，不可能采取像其他国家那样的强制行为。这样就使得教育自由的社会观念可以与中央政府的意志针锋相对。然而，正如要求年轻人获得与就业相关的教育资历的荷兰法律所强调的那样，这种谈判也许并不总是激励和支持职业教育供给的最佳手段，以使之实现确保更加符合劳动力市场需求并培养学生为具体的职业和特定的工作场所做准备这一目标。

第11节　荷兰职业教育的目标和形式

上述三组因素的综合作用，成为形成荷兰职业教育特定的目标和形式之基石。荷兰职业教育的目标，源于旨在通过国家职业教育供给（这些供给是特定法律和教育要求的结果）来实现的那些意图。这些因素，也导致形成职业教育的具体形式、实践和方式,并随着时间的推移和在特定环境下可能发生一些变化。在借鉴本书各章内容的基础上,以下两节对荷兰职业教育的目标和形式进行阐述。

1. 目标

教育供给应以清晰的预期目标为导向和指导,其中大部分来自政府、业界等关键机构的利益和社会需求。有些教育目标属于普适性的,比如教育年轻人并使之为职业生涯做好准备。有些教育形式有其特殊性,需要按政府要求培养年轻人为专门职业做准备。在荷兰,这类教育形式以特殊方式表现出来。例如,年轻人必须一直接受教育,直至成功获得就业资格[①]或确保就业。因此,国家政策关注的是使年轻人能就业,这意味着,教育结构要重视职业教育体系内部学生的可流动性;从初级中等职业预科教育(VMBO,即面向中学低年级学生的职业预科教育)到中等职业教育(MBO,即中等职业资格),一直到高等职业教育(HBO)(van der Meer et al., 2017)。这些目标,是以荷兰特有的方式对支持公民就业能力和促进经济活动这两个相关政策目标的回应。实际上,至今 25 年来,整个西方世界都存在着一种使教育供给向劳动力市场看齐的强烈的紧迫感。诸如形成课程标准、统一的和一致的(即可靠的)评估程序等行动,都是希望缩小劳动力市场需求和职业教育体系之间的差距,尽管荷兰采取的是自上而下的方式(Wesselink & Zitter, 2017)。然而,随着雇主介入课程内容和学生绩效评估,在某种意义上,这些创意扰乱了当地职业教育机构之间看似富有成效的关系。巴特曼和格来克斯(Baartman and Gulikers, 2017)详细分析了这类紧张关系,以及它们是如何在决策过程中以及与学生绩效评估相关的实践中表现出来的。在整个职业教育体系中,这些规定有所区别,高等职业教育在一定程度上不为其所制,因为它们不受国家资格体系的约束(De Bruijn & Bakker, 2017)。

更具体而言,正如范德米尔等(Van der Meer et al., 2017)指出,诸如创新之类的迫切需要已成为政府政策的核心要素,引导教育机构和课程

[①] 此处原文"unemployable qualification"(失业资格)有误,应为"employable qualification"(就业资格)。——译者注

强调这些方面的目标。如前所述,在国家规定与追求本地相关性和反应性之间,职业教育的目标往往陷入两难困境(Westerhuis & van der Meer, 2017)。例如,国家针对特定产业领域的那些政策重点,在地方层面很可能难以实施。随着荷兰劳动力越来越依赖就业合同以及自主创业更加普遍,通过职业教育培养沟通交流和创业等相关能力的需求也日益增加,其中包括所谓"二十一世纪技能"(Westerhuis & van der Meer, 2017)所必需的数字能力。这些技能还包括,学生在学习期间需要培养的有效工作的各种素质,特别是在工作环境中与他人合作的品质。梅杰斯等(Meijers et al., 2017)指出,学生需要所谓"内在动力"。他们认为,由于学生需要在课程中学习如何与他人互动、做出决定、提升自己的学习,同时作为对其职业生涯要求的预演,这些品质的培养是重要的教育目标。然而,正如梅杰斯等(2017)指出,职业教育的形式往往非常单一。也就是说,它提供的各种学习体验并不能很好地实现各种预期成果。

杜威(1916)指出,职业教育有两大关键目标。首先是确定人们适合什么样的职业,其次是帮助人们发展其选择的职业所需要的各种能力。近年来,荷兰教育系统内部的改革已开始重视生涯指导,为学生提供关于职业和生涯发展方面的建议。然而,梅杰斯等(2017)认为,生涯指导目前还只是教育的一个"附加物"而不是其核心内容,因此并不完全有成效。杜威指出,人们在选择课程之前必须了解自己适合什么样的职业,荷兰似乎忽视了这一观点。很多国家的职业生涯指导老师也普遍有这样的抱怨。这些问题的存在,决不是因为提供的信息不足;如果学生没有职业体验,关于他们是否有可能和有能力做出理性的生涯选择的任何假设都仍然是个问题(Meijers et al., 2017)。当然,年轻人在其性别认同正在形成之时做出了生涯选择,而后来证明这种选择显然不合适,这样的例子也很多。

2. 形式

如前所述,在荷兰,大多数形式的职业教育供给都是基于教育机构。也就是说,与瑞典和丹麦等国家一样,这些职业教育供给大多由职业教育机构主导并在其内部进行。与德国和瑞士相应的方式相比,使职业教育供给延伸到工作场所型情境中去的一套制度安排在荷兰还相对有限,尤其是那类结构化的情境,诸如学徒制(其中学徒便是雇员)。实际上,正是由于缺乏这一传统,才导致建立"区域实习中心"这一制度安排,以创建工作本位学习,例如与区域教育中心合作的学徒制。虽然在课程中也有基于工作场所的成分,但是,荷兰没有采用邻国即德国特色的广泛的学徒制教育。

即使雇主并不情愿,且全球金融危机已经消退,建筑行业的区域实习中心[①]至今仍继续在招收学徒(Onstenk,2017b)。相反,教育机构更感兴趣的是模拟工作活动或实习——这是教育机构的偏好(Onstenk,2017b)。然而,尽管建立本地合作伙伴关系对于提供这种学习体验非常重要——正如邻国德国那样,但是,荷兰的区域职业教育供给越来越以市场模式(即竞争)——而不是伙伴关系——为前提(Westerhuis & van der Meer,2017)。在某种程度上,这就把职业教育定位于应政府要求而承担任务,而不是因地制宜做出反应。威斯特霍斯和范德米尔(2017)指出,荷兰职业教育没有建立在伙伴关系的基础之上,而是被区域职业教育通过来自各方的操纵和指令而提出的要求侵蚀掉了。实际上,中央与地方教育机构之间的谈判和紧张关系表现在:区域教育中心在努力做到与区域相关和反应灵敏时,国家统一的制约因素使地方层面这种关系面临着压力(van de Venne et al.,2017;Westerhuis & van der Meer,2017)。最终,由于区域教育中心与工作场所之间缺乏合作,使得有效的工作场所学习很难建立、实施和坚持(Onstenk,2017b)。

这些紧张关系和强烈地关注教育机构的结果便是,教学活动的范围局限于利用和尽力增加在教育场景中的学习经验(Harms et al.,2017),以弥补工作场所经验的缺乏。由此可见,德国"职业教育"的方式是基于特定职业的要求,而荷兰采取的方式在很大程度上跟教育科学相关,主要关注教育机构内部的教学活动的供给。由于缺乏长期的结构化的工作场所教学活动,荷兰这些方式具有三重特征:(1)提供工作场所教学活动并把它融入课程计划;(2)通过课程计划为学生创造灵活的路径;(3)促进学生的自我导向性学习。总之,所有这些策略都非常依赖于教育机构。例如,这种情形促使教育机构内部产生了一系列学习企业,如餐馆、食品工厂、日间

---

① 参见第 11 章第 2 节。——译者注

护理中心和行政管理办公室（Harms et al.，2017）。上述这些情形，使人们产生了探究如何改进和加强职业教育供给的需要。荷兰研究人员正在开展混合式学习环境的研究（Zitter et al.，2017）。

这种体制的另一个方面是以"胜任力评述"（competency Statements）的形式注重具体的学习成果，并以此指导教育工作（De Bruijn & Bakker，2017；Wesselink & Zitter，2017）。由此便产生了一系列与成果鉴定相关的考量，然后通过实施教育活动来达到那些成果。这一方式重点在于清晰地表达并抓住这些对能力的陈述，这些陈述准确地反映了其意图彰显的业绩表现（De Bruijn & Bakker，2017）。对此，人们普遍的抱怨是，这类测评只是讲到了在业绩表现中那些可观察、可测评的方面，没有讲到另外一些方面，而这些没有讲到的方面虽然很难捕捉到，但它们对于诸如包括有偿就业在内的那些高要求的任务来说是极为重要的学习成果。也就是说，支撑学生的思维和行动的那些方面是观察不到的，而且无法在一次性评估中就被有效捕捉到。另一方面，如果能力陈述太宽泛的话，就会由于其过于概括和笼统而失去意义（Harms et al.，2017）。然而，人们广泛致力于发展可应用的那些学习成果（即意会知识、情境知识和体化知识），这是整个职业教育体系一贯的焦点，包括高等职业教育（De Bruijn & Bakker，2017）。此外，梅杰斯等（2017）指出，发展"二十一世纪技能"（包括积极参与和个人能动性）的要求，与目前盛行的这种最受行政重视而非教育重视青睐的职业教育模式之间存在冲突。也就是说，这种注重可测量的能力陈述的评估方式（De Bruijn & Bakker，2017），以及有利于节约教育成本的教学方式（比如大班制），对于实现这些成果也许会适得其反（Meijers et al.，2017）。这些学者指出，除非具有与有效生涯选择相关的基础，并且培养学生有效地、能动地参与相关工作活动的能力，否则接下来的教学大部分都可能是不恰当、不适宜的。例如，他们指出，人们强调学生要有工作经验，这一点虽然可贵，但人们可能忽视了在这些教育场景中缺乏支持性学习环境。相反，工作经验取决于学生的参与和有效学习，但它与课堂式的参与方式是截然不同的。除非培养学生为各种经验做准备，否则他们可能很难充分地运用这些经验。

因此，这些学者认为，教师的关键作用是培养学生上述各种能力，而且单一的教育方法不能很好地实现这一目标。相反,他们强调师生之间的双向互动(即对话)以及在这些场所中实施教育过程的重要性。他们指出,重要的是,无论是教育机构还是工作场所都需要有下面这种学习环境:(1)基于实践;(2)促进对话互动;(3)促进共同合作与形成共识(Meijers et al., 2017)。其中关键是教师和教师的角色。教师的角色很可能必须超越教育机构而延伸到工作场所。因为,这些学者虽然指出了在工作场所进行实践的重要性,但他们担心是否能够和将会真正做到这一点。所以,教师也许有必要进入工作场所,或培养学生为工作场所经验做准备。所有这些,都再次强调了教师的角色:教师不仅是工作场所经验的设计者,而且要了解在工作场所的师生互动,通过"对话"而不是"说教"的方式与学生接触交流。

然而,尽管人们如此关注和依赖教师的素质和教学质量,但职业教育教师的专业化发展问题往往被忽视,并(或)被视为"低优先级"资源(van der Klink & Streumer, 2017)。我们这样说,明显的言外之意是,与其他许多国家一样,职业教育虽然在谆谆告诫人们进行有效的职业准备的重要性,但实际上这主要是针对学生的培养目标而言的;而极少针对职业教育的教师。但是,鉴于政府特别重视教育活动的质量,并关注教育机构,而实际上对职业教育教师的培养居然如此有限,这似乎让人感到很奇怪。实际上,人们的假设是,如果教师在知识储备方面拥有应用型大学本科学位,就能够有效地教授这些内容(van der Klink & Streumer, 2017)。一般来说,在教育领域,职业教育涉及的学生范围最广,与义务教育和大学教育相比,要求教师"教"更加广泛的不同学历层次的学生。职业教育的同届学生,在年龄、教育背景和语言能力等方面也存在广泛差异。而且,考虑到工作和具体职业要求的不断变化,要培养学生有效地参与这些职业和当前工作生活,教师需要有维持其职业能力的专业化发展的机会,并了解学生和毕业生即将从事的各种工作情境。然而,尽管政府要求在院校层面制定教师专业化发展计划,但是,系统化和有针对性地促进这种专业化发展的计划似乎仍然很少(van der Klink & Streumer, 2017)。

因此,荷兰正在付诸巨大努力并开展研究,重点关注如何创建学习环境,挑战那些传统的学校相关教学活动,设计使学生能够轻松地实现向工作场所过渡的学习环境,以便为他们提供学习成果,使他们在离开学院而开始其职业生涯之时，能够有效地应对他们所面临的种种情况（Harms et al., 2017; Meijers et al., 2017; Wesselink & Zitter, 2017）。

看来，职业教育这种体制和相关学术研究，正在对职业教育尤其是高等职业教育的"荷兰方式"做出重要贡献。例如，很多致力于在教育机构内部提供混合式学习体验的教学设计方法、研究及评价，都专注于荷兰并由荷兰研究人员进行。同样，随着对教学法实践的关注，教育的提供将依靠教师的能力。例如，由于教师的能力对于组织这些学习体验很重要，关于"个人专业化理论"（PPT）的重要性的研究和讨论已成为热门话题（Harms et al., 2017）。

令人有点好奇的是，关于教师的能力和强调教师专业化发展的诸多问题，在职业教育治理模式的有关问题上得到了演练。也就是说，虽然荷兰职业教育的治理强调权力下放或区域模式，但是，治理的预期目标和框架及其评价仍然集中在中央，而中央设定的目标与地方能够实现的程度之间的关系非常紧张（van de Venne et al., 2017）。仅仅把责任推给学校的董事会和建立一套绩效测评标准，这种做法一再被证明是无效的。因为他们都程度不同地远离实际，或者不能直接影响职业教育的组织和实施（van de Venne et al., 2017）。实际上，本书的相关作者明确指出了一系列相关影响因素，包括：学校董事会管理多层级组织的能力，职业教育学校的结构化与组织结构，学校教育环境，以及学校董事会与管理人员和教师进行交流的适宜方式以充分地掌握他们的工作活动和迫切需求（van de Venne et al., 2017）。在很多方面，中央政府处理的面对学校董事会的那些问题，与学校董事会处理与其业务单位之间的关系所面临的那些问题是同样的。

第 12 节 荷兰职业教育体系评价

综上所述，在应对真实的或预期的社会和经济危机的过程中，荷兰职业教育体系目前及未来可能的表现形式仍将是中央政府、社会伙伴和地方教育机构之间的复杂谈判的产物。这些谈判，将推动荷兰职业教育体系形成特定的目标和形式。随着时间的推移，通过这些谈判以及来自荷兰外部的经济与社会需求的持续压力，历史与制度环境因素将继续被人们阐释并发生转型。对此，政治、社会和自然因素将给出答案，我们此时也许还不得而知，也不可预测。当然，最近人们从经济、文化习俗和就业类型都截然不同的那些国家纷纷迁入欧洲，这一史无前例的欧洲移民模式，要求荷兰等国家的职业教育必须作出相应的回应。荷兰职业教育体系最有可能、最有能力成为回应这些移民需求的最佳选择。

假如果真如此，那么与其他行动一样，中央政府的指令与各地社区之间的紧张关系仍将持续，各地社区生活着各种不同数量和密度的移民。因此，如果仅仅基于职业和职业生涯中那些更可预见的发展，例如新技术和新的工作方式，以及仅仅关注诸如创新等流行的元政策[①]，我们就不可能对未来职业教育的目标与形式有所预见。相反，社会、政治和自然因素可能会促使职业教育的目标和形式发生转型。重要的是，我们需要通过荷兰各级各类职业教育的布局及其相互之间错综复杂的关联，帮助和指导年轻及年长的成年人不断进步。

[①] 元政策（meta-policy），也称总政策，是对用于指导和规范政府政策行为的一套理论和方法的总称。元政策对其他各项政策起指导和规范作用，是其他各项政策的出发点和基本依据。——译者注

参考文献

前言

Billett, S. (2011). *Vocational education: Purposes, traditions and prospects.* Dordrecht, The Netherlands: Springer.

Dewey, J. (1916). *Democracy and education.* New York: The Free Press.

Nijhof, W. J., & van Esch, W. (2004). *Unravelling policy, power, process and performance: The formative evaluation of the Ducth adult and vocational education act.* Taylor & Francis.

第 1 章

Aalsma, E., Van den Berg, J., & De Bruijn, E. (2014). *Verbindend persectief op opleiden naar vakmanschap. Expertisegebieden van docenten en praktijkopleides in het MBO.* s-Hertogenbosch, The Netherlands: Expertisecentrum beroepsonderwijs(Ecbo).

Billett, S. (2011). *Vocational education. Purposes, traditions and prospects.* Dordrecht, The Netherlands: Springer.

Borghans, L., Fouarge, D.,de Grip, A., & van Thor, J. (2014). *Werken en Leren in Nederland.* Maastricht, The Netherlands: ROA.

Bronneman-Helmers, R. (2011). *Overheid en onderwijsbestel. Beleidsvorming rond het Nederlandse onderwijsbestel 1990-2010.* PhD thesis. Den Haag, The Netherlands: Sociaal en Cultureel Planbureau.

Christoffels. I., & Baay, P. (2016). *De toekomst begint vandaag. 21 ste-eeuwse vaardigheden in het beroepsonderwijs.* 's-Hertogenbosch, The Netherlands: Ecbo.

Colley, H., James, D., Tedder, M., & Diment, K. (2003). Learning as becoming in vocational education and training: Class, dender and the role of vocational habitus. *Journal of Vocational Education and Training, 55,* 471–498. doi: 10.1080/13636820300200240

Committee for flexible higher education for employee [Commissie Flexibel Hoger Onderwijs voor Werkenden]. (2014). *Flexibel hoger onderwijs voor volwassenen. Adviesrapport.* Den Haag, The Netherlands.

De Bruijn, E. (1995). *Changing pathways and paricipation in vocational and technical education and training in the Netherlands, SCO-rapport 393.* Amsterdam, The Netherlands: SCO–Kohnstamm–Instituut.

De Bruijn, E. (1997). *Het experimentele en het reguliere: Twintig jaar voltijds kort middelbaar beroepsonderwijs.* Een studie naar de relatie tussen onderwijskundige vormgeving en rendement. PhD thesis. SCO–rapport 477. Amsterdam, The Netherlands: SCO–Kohnstamm–Instituut.

De Bruijn, E. (Ed.). (2004). *Beroepsonderwijs in ontwikkeling.* Onderwijskundig Lexicon Editie III. Actuele thema's in het onderwijs. Alphen aan den Rijn, The Netherlands: Kluwer.

De Bruijn, E. (2006). *Adaptiefberoepsonderwijs. Leren en opleiden in transitie.* Inaugural address. Universiteit Utrecht. Utrecht's–Hertogenbosch, The Netherlands: Universiteit Utrecht/CINOP.

De Bruijn, E., & Bakker, A. (2016). The role and nature of knowledge in vocational programmes. In E. de Bruijn, S. Billet, & J.Onstenk (Eds.), *Enhancing teaching and learning in the Dutch vocational education system: Reforms enacted.* Dordrecht, The Netherlands: Springer.

De Bruijn, E., & Howieson, C. (1995). Modular vocational education and training in Scotland and The Netherlands: Between specificity and coherence. *Comparative Education, 31*(1), 83–100. doi: 10.1080/03050069529227E

De Bruijn, E. & Leeman, Y. (2011). Authentic and self-directed learning in vocational education: Challenges to vocational educators. *Teaching and Teacher Education,* 27, 694–702. doi: 10.1016/j.tate.2010.11.007.

De Bruijn, E. & Voncken, E. (1998). Chapter 9. The Netherlands. In C. Pair & D. Raffe (Eds.), *Pathways and participation in vocational and technical education and training in OECD countries* (pp. 259–303). Paris: OECD.

De Graaf–Zijl, M., Josten, E., Boeters, S., Eggink, E., Bolhaar, J., Ooms, I., et al. (2015). *De onderkant van de arbeidsmark in 2025*. Den Haag, The Netherlands: Centraal Planbureau/Sociaal en Cultureel Planbureau.

De Jong, M., & De Wld, J. (1989). *Het KMBO onder de loep. Een programma-evaluatie van de proefprojecten volletijd KMBO, Eindrapport.* 's–Gravenhage, The Netherlands: SVO.

Doets, C., Van Esch, W., & Westerhuis, A. (2008). *Brede verkenning van een leven lang leren.* 's–Hertogenbosch, The Netherlands: CINOP.

European Commission. (2012). *Rethinking education, investing in skills for better socioeconomic outcome.* Communication from the Commission to the European Parliament, the Council, the European Economic and Social Committee and the Committee of the Regions. COM (2012) 669 final.

Fazekas, M., & Litjens, I. (2014). *A skills beyond school review of the Netherlands, OECD reviews of vocational education and training.* Paris: OECD.

Huisman, J., De Bruijn, E., Barrtman, L., Zitter, I., & Aalsma, E. (2010). *Leren in hybride leeromgeving in het beroepsonderwijs, Praktijkverkenning, theoretische verdieping.* 's–Hertogenbosch, The Netherlands: Ecbo.

KBA. (2014). *Benchmark middelbaar beroepsonderwijs 2013. Bouwsteen studiesucces* [Online research report].

Marsden, D. (1990). Institutions and labour mobility: Occupational and internal labour markets in Britain, France, ltaly and West Germany. In R. Brunetta & C. Dell'Aringa (Eds.), *Labour relations and economic performance* (pp. 414–438). London, UK: Macmillan.

Meijers, F. (1983). *Van ambachsschool tot LTS: onderwijsbeleid in het kapitalisme.* PhD–thesis. Nijmegen, The Netherlands: SUN.

Meijers, F., Lengelle, R., Winters, A., & kuijpers, M. (2016). A dialogue worth having: Vocational competence, career identity and a learning environment for 21st century sucess at work. In E. de Bruijn, S. Billett, & J. Onstenk (Eds.), *Enhancing teaching and learning in the Dutch vocational education system: Reforms enacted*. Dordrecht, The Netherlands: Springer.

Mertens, F. J. H. (2001). *Meer van hetzelfde? Over de beweging van onderwijs*. Utrecth, The Netherlands: Lemma.

Ministerie van Onderwijs, Cultuur en Wetenschap (OCW). (2014a). *Leven lang leren, Kamerbrief*. Den Haag, The Netherlands: OCW.

Ministerie van Onderwijs, Cultuur en Wetenschap (OCW). (2014b). *Ruim baan voor vakmanschap: een toekomstgericht mbo*. Den Haag, The Netherlands: OCW.

Ministerie van Onderwijs, Cultuur en Wetenschap (OCW). (2015a). *Een responsief mbo voor hoogwaardig vakmanschap*. Den Haag, The Netherlands: OCW.

Ministerie van Onderwijs, Cultuur en Wetenschap (OCW). (2015b) .*De Associate degree krijgt een steviger rol in het onderwijsgebouw*. Den Haag, The Netherlands: OCW.

Moerkamp, T., & De Bruijn, E.(1999). *De gevolgen van veranderingen in het VMBO en de tweede fase HAVO/VWO voor de BVE*. Amsterdam, The Netherlands: Max Goote Kenniscentrum.

Müller, W., & Shavit, Y. (1998). The institutional embeddedness of the stratification process. In Y. Shavit & W. Müller (Eds.), *From school to work: A comparative study of educational qualifications and occupational destinations* (pp.1–48). Oxford, UK: Clarendon Press.

Neuvel, J., & Westerhuis, W. (2013). *Stromen en onderstromen in vo, mbo en HBO*. 's–Hertogenbosch, The Netherlands: Ecbo.

Nieuwenhuis, A. F. M. (1991). *Complexe leerplaatsen in school en bedrijf. Een studie naar de implementatie en effecten van participerend leren in het middelbaar beroepsonderwijs*. PhD thesis. Groningen, The Netherlands: RUG.

Nieuwenhuis, L., Coenen, J.,Fouarge, D., Harms,T., & Oosterling, M. (2012). *De creatie van publieke waarde in het middelbaar beroepsonderwijs. PROO Review studie.* Den Haag, The Netherlands: NWO PROO.

Nijhof, W. J., & Van Esch, W. (2004). *Unravelling policy, power, process and performance. The formative evaluation of the Dutch adult and vocational education act.* 's-Hertogenbosch, The Netherlands: CINOP.

Nijhof, W. J., & Streumer, J. H. (Eds.). (1998). *Key qualifications in work and education.* Dordrecht, The Netherlands/Boston/London: Kluwer Academic Publishers.

OECD. (2014a). *Education at a glance 2014.* Paris: OECD.

OECD. (2014b). *Skills beyond school: Synthesis report.* OECD Reviews of Vocational Education and Training, OECD Publishing. http//dx.doi.org/10.1787/9789264214682-en

Onderwijsraad. (2015). *Kwaliteit in het hoger onderwijs. Advies.* Den Haag, The Netherlands: Onderwijsraad.

Onstenk, J. (1997). *Lerend leren werken. Brede vakbekwaamheid en de integratie van leren, werken en innoveren.* PhD thesis. Delft, The Netherlands: Eburon.

Onstenk, J. (2001). Broad occupational competence and reforms in vocational education in the Netherlands. *Australian and New Zealand Journal of Vocational Education, 9* (2), 23–45.

Onstenk, J. (2016a). VET and lifelong learning. In E. de Bruijn, S. Billett, & J.Onstenk (Eds), *Enhancing teaching and learning in the Dutch vocational education system: Reforms enacted.* Dordrecht, The Netherlands: Springer.

Onstenk, J. (2016b). Work based learning (WBL) in Dutch VET: Connecting learning places. learning contents and learning processes. In E. de Bruijn, S. Billett, & J.Onstenk (Eds), *Enhancing teaching and learning in the Dutch vocational education system: Reforms enacted.* Dordrecht, The Netherlands: Springer.

Statline/Central Bureau of Statistics. (2015, October). *Statistics Netherlands, theme education.* [Online databank].

Turkenburg, M., Van den Bulk, L., & Vogels, R. (2014). *Kansen voor vakmanschap in het mbo*. Den Haag, The Netherlands: Sociaal en Cultureel Planbureau.

Van de Venne, L., Honigh, M., & Van Genugten, M. (2016). Improvement of educational quality in VET: What is next? In E. de Bruijn, S. Billett, & J.Onstenk (Eds), *Enhancing teaching and learning in the Dutch vocational education system: Reforms enacted*. Dordrecht, The Netherlands: Springer.

Van den Berg, N., & De Bruijn, E. (2009). *Het glas vult zich. Kennis over de vormgeving en effecten van competentiegericht beroepsonderwijs; verslag van een review*. Amsterdam/'s-Hertogenbosch, The Netherlands: Ecbo.

Van den Berg, W., & ter Weel, B.(2015). *Middensegment onder druk, Nieuw kansen door technologie, CPB Policybrief 2015/13*. Den Haag, The Netherlands: Centraal Planbureau.

Van der Kink, M., & Sureuner, J. (2016). Professional development of teachers in vocational education. In E. de Bruijn, S. Billett, & J.Onstenk (Eds), *Enhancing teaching and learning in the Dutch vocational education system: Reforms enacted*. Dordrecht, The Netherlands: Springer.

Van der Meer, M. (2015). *Het MBO naar 2025: twee verhaallijnen. Een achtergronddocument voor een verkenning van de toekomst*. Woerden. The Netherlands: MBO-Raad.

Van der Meer, M., & Smulders, H. (2014). *OECD review: Skills beyond school. National background report for the Netherlands*. 's-Hertogenbosch, The Nethertands: Ecbo.

Van der Meijden, A., & Petit, R. (2014). *Evaluatie kwalificatiedossiers mbo, analyse op bestaande databronnen. Ervaringen van betrokkenen*. 's-Hertogenbosch, The Netherlands: Ecbo.

Van der Meijden, A., & Van der Meer, M. (2014). *Sectorfondsen voor opleiding en ontwikkeling: van pepernoten naar spekkoek. Vierde meting van de Monitor O&O-fondsen*. 's-Hertogenbosch, The Netherlands: Ecbo.

Van der Sanden, J. M. M.,De Bruijn, E., & Mulder, R. H. (2002). *Het beroepsonderwijs, Pngrammeringsstudie*. Den Haag, The Netherlands: NOW, Programmaraad voor het onderwijsonderzoek.

Van Kemenade, J. A. (Ed). (1981). *Onderwijs: bestel en beleid*. Groningen, The Netherlands: Wolters–Noordhoff.

Van Lieshout, H., & Scholing, A. (2009). *Marktordening in de bve-sector, A review*. 's– Hertogenbosch /Utrecht, The Netherlands: Ecbo.

Van Lieshout, H. A. M. (2008). *Different hands: Markets for intermediate skills in Germany, the US and the Netherlands*. PhD–thesis. Groningen, The Netherlands: Hanze Hogeschool.

Van Wijk, B., & Schouten, S. (2013). *Stapelen op het startkwalificatieniveau*. 's–Hertogenbosch, The Netherlands: Ecbo.

Vink, R., Oosterling, M., Vermeulen, M., Eimers, T., & Kennis, R. (2010). *Doelmatigheid van het middelbaar beroepsonderwijs*. Tilburg, The Netherlands: IVA.

Wesselink, R., & Zitter, I. (2016). Designing competence–based vocational curricula at the school–work boundary. In E. de Bruijn, S. Billett, & J. Onstenk (Eds), *Enhancing teaching and learning in the Dutch vocational education system: Reforms enacted*. Dordrecht, The Netherlands: Springer.

Westerhuis, A., Christoffels, I., Van Esch, W., & Vermeulen, M. (2015). *Balanceren van belangen. De Onderwijsraad over beroepsgericht opleiden*. 's–Hertogenbosch, The Netherlands: Ecbo.

Westerhuis, A., & De Bruijn, E. (2015). *De positie van het vmbo in de educatieve wedloop. Startdossier Onderwijsraad*. [Online report].

Westerhuis, A., & van der Meer, M. (2016). Great expectations: VET's meaning for Duch local industry. In E. de Bruijn, S. Billett, & J. Onstenk (Eds), *Enhancing teaching and learning in the Dutch vocational education system: Reforms enacted*. Dordrecht, The Netherlands: Springer.

Wetenschappelijke Raad voor het Regeringsbeleid (WRR). (2013). *Naar een lerende economie. Investeren in het verdienvermogen van Nedeland*. Amsterdam, The Netherlands: Amsterdan University Press.

第 2 章

Billett, S. (2006). Constituting the workplace curriculum. *Journal of Curriculum Studies, 37* (3), 31–48.

Borghans, L., Fouarge, D., de Grip, A., & van Thor, J. (2014). *Werken en leren in Nederland.* Maastricht, The Netherlands: ROA.

Bolhuis, S. (2009). *Leren en veranderen.* [Learning and changing]. Bussum: Coutinho.

Buisman, M., & Van Wijk, B. (2011). *Een leven lang leren. De vraag en het aanbod van het beroepsonderwijs.* Utrecht, The Netherlands: ECBO.

Cedefop. (2002). *Lifelong learning in the Netherlands. The extent to which vocational education and training policy is nurturing lifelong learing in the Netherlands, Cedefop Panorama.* Luxembourg, Luxembourg: Office for Official Publications of the European Communities.

CFHOW. (2012). *Flexibel hoger onderwijs voor volwassenen. Adviesrapport (2012).* Den Haag, The Netherlands: Commissie Flexibel Hoger Onderwijs voor Werkenden.

Delies, I. (2009). *Verbindingskracht & Combinatievemogen Een empirisch onderzoek naar kennisallianties tussen beroepsonderwijs (ROC) en bedrijfsleven.* Thesis. Rijks Universiteit Groningen, Groningen. ISBN.

Dets, C., van Esch, W., & Westerhuis, A. (2008). *Een brede verkenning van een leven lang leren.* s-Hertogenbosch, The Netherlands: Cinop.

Duvekot, R. (2016). *Leren waarderen. Een studie van EVC en gepersonaliseerd leren.* PhD. Centre for Lifelong Learning Services, Houten.

Duvekot, R. C. (2014). Breaking ground for validation of prior learning in lifelong learning strategies. In R. C. Duvekot, B. Halba, K. Aagaard, S. Gabrscek, & J. Murray (Eds.), *The power of VPL. Validation of prior learning as a multi-targeted approach for access to learning opportunities for all, Series VPL biennale 1* (pp.21–39). Vught,

Duvekot, R. C. & Brouwer, C.J. (red.) (2004). *Het brede perspectief van EVC.*

Utrecht, The Netherlands: Lemma.

Duvekot, R. C. & Brouwer, C.J. (2015). *Valideren van leeruitkomsten in het hoger ondenwijs.* Houten, The Netherlands: CL3S.

EC (2014). *European inventory on validation of non-formal and informal learning: Country report Netherands,* by Ruud Duvekot. http://libserver.cedefop.europa.eu/vetelib/2014/87070_NL.pdf

Ecorys. (2012). *EVC gemeten. Actualisatie 2010-2011.* Ecorys: Rotterdam, The Netherlands.

Eraut, M. (2004). Informal learning in the workplace. *Studies in Continuing Education, 26,* 173–247.

European Commission (EC). (2010). *Lisbon strategy evaluation document.* Brussels, Belgium: European Commission.

Fazekas, M. & I. Litjens. (2014). *A skills beyond school review of the Netherlands.* OECD reviews of vocational education and training. Paris: OECD. http://dx.doi.org/10.1787/9789264221840-en

Fleur, E., & van der Meer, M. (2012). *Patronen van bekostigd volwassenenonderwijs: Volwassen deelnemers in het middelbaar beroepsonderwijs van 2005/2006 tot en met 2011/2012.* Utrecht, The Netherlands: ECBO.

Golsteyn, H. (2012). *Waarom groeit leven lang leren in Nederland niet sterker ondanks de vele adviezen erover?* Den Haag, The Netherlands: Onderwijsraad.

Honingh, M., & Thomsen, M. (2011). *Contractactiviteiten in het mbo.* Utrecht, The Netherlands: ECBO.

Learning and Working, 2009 Projectdirectie Leren & Werken (PLW). (2011). *Resultaten Leren en Werken 2005-2011.* PLW: Den Haag, The Netherlands.

Nelen, A., Poortman, C., Nieuwenhuis, L., De Grip, A., & Kirschner, P. A. (2010). *Het rendement van combinaties van leren en werken: een review studie.* Den Haag, The Netherlands: NOW-PROO.

Nieuwenhuis, L., Gelderblom, A., Gielen, P., & Collewet, M. (2011). *Groeitempo Leven Lang Leren; een internationale vergelijking.* Tilburg/Rotterdam, The Netherlands: IVA/SEOR.

Nieuwenhuis, L. F. M., & Nijhof, W. J. (Eds.). (2011). *The dynamics of VET and HRD systems*. Rotterdam, The Netherlands: Sense.

Nieuwenhuis, L., & Van Woerkom, M. (2007). Goal rationalities as a framework for evaluating the learning potential of the workplace. *Human Resource Development Review, 6*(1), 64–83.

Nijhof, W. J., & Nieuwenhuis, F. M. (Eds.). (2008). *The learning potential of the workplace*. Rotterdam: Sense.

OCW. (2014). *Leven lang leren. Kamerbrief.* Den Haag. The Netherlands: OCW.

OECD. (2000). *Education at a glance 2000*. Paris: OECD.

OECD. (2007). *Qualifications systems. Bridges to lifelong learning.* Paris: OECD.

OECD. (2012). *Better skills, better jobs, better lives. A strategic approach to skills policies.* OECD: Paris.

OECD. (2014). *Skills beyond school: Synthesis report.* OECD reviews of vocational education and training. Paris: OECD Publishing. http//dx.doi.org/10.1787/9789264214682-en

Onderwijsraad. (2003). *Werk maken van een leven lang leren.* Advies. Den Haag, The Netherlands: Onderwijsraad.

Onderwijsraad. (2009). *Middelbaar en hoger onderwijs voor volwassenen.* Den Haag, The Netherlands: Onderwijsraad.

Onderwijsraad. (2012). *Over de drempel van postintieel leren.* Den Haag, The Netherlands: Onderwijsraad.

Onstenk, J. (1997). *Lerend leren werken. Brede vakbekwaamheid en de integratie van leren, werken en innoveren.* PhD. Eburon, Delft, The Netherlands.

Onstenk, J. (2004). Innovation in vocational education in the Netherlands. VOCAL, *Australian Journal of Vocational Education and Training in Schools*, 5(2004–2005), 20–24.

Poell, R. (1998). *Organizing work-related learning projets. A network approach.* Nijmegen, The Netherlands: Katholieke Universiteit.

ROA. (2015). *Schoolverlaters tussen onderwijs en arbeidsmarkt 2014.*

Maastricht, The Netherlands: ROA.

SER. (2012). *Werk maken van scholing. Advies over de postinitiële scholingsmarkt.* [White paper on the post initial training market]. Den Haag: SER.

UNESCO. (2009). *Global report on adult learning and education.* UIL: Hamburg,Germany.

UNESCO International Commission on Education for the Twenty-first Century (UNESCO). (1996). *Learning: The treasure within.* Paris: UNESCO.

Van den Dungen, M., Heuts, P., & Venema, A. (2012). *Onderzoek naar verzilvering van ervaring-scertificaten.* KC–EVC: Utrecht, The Netherlands.

Van der Meer, M., & Smulders, H. (2014). *OECD review: Skills beyond School. National background report for the Netherlands.* s–Hertogenbosch, The Netherlands: Ecbo.

Van Maanen, D., Van Gestel, N., & Visscher, K. (2009). *Marktwerking in het inburgeringsonderwijs.* Utrecht, The Netherlands: Capgemini Consulting.

Wetenschappelijke Raad voor Regeringsbeleid (WRR). (2013). *Naar een lerende economie. Investeren in het inverdienvermogen van Nederland.* Amsterdam: AUP.

第 3 章

Bartelsman, E., Haskel, J. & Martin, R. (2008): *Distance to which frontier? Evidence on productivity convergence from international firm-level data.* CEPR Discussion Paper No. DP7032.

Busemeijer, M., & Trampusch, C. (2012). *The political economy of skill formation.* Oxford, UK: Oxford University Press.

Cooke, P., Uranga, M. G., & Etxebarria, G. (1998). Regional systems of innovation: An evolutionary perspective. *Environment and Planning, 30,* 1563–1584.

Crouch, C., Schröder, M., & Voelzkow, H. (2009). Regional and sectoral varieties of capitalism. *Economy and Society, 38*(4), 654–678.

Di Giovanni, J. & Levchenko, A.A. (2009, September). *Firm entry, trade, and welfare in Zipf's world* (RSIE Discussion Paper 591).

Gregersen, B., & Johnson, B. (1997). Learning economies, innovation systems and European integration. *Regional Studies, Taylor and Francis Journals, 31*(5), 479–490.

Hall, P. A., & Soskice, D. (2001). *Varieties of capitalism: The institutional foundations of comparative advantage.* Oxford, UK: Oxford University Press.

Heemskerk, E., & Zeitlin, J. (2014). Public–private partnerships in Dutch vocational education and training: Learning, monitoring and governance. *InAnnex 3 to Platform Bèta Techniek, midterm review.* The Hague, The Netherlands: PBT.

HPBO. (2016). *Innovizier: Twaalf jaar vernieuwen in het beroepsonderwijs. [Innovizier: Twelve years of renewal],* juli 2016, Het Platform Beroepsonderwijs.

Iversen, T. (1999). Decentralization, monetarism, and the social–democratic welfare state in the 1980s and 90s. In T. Iversen, J. Pontusson, & D. Soskice (Eds.), *Unions, employers and central banks: Macroeconomic coordination and institutional change in social market economies.* Cambridge, UK: Cambridge University Press.

Katzenstein, P. J. (1985). *Small states in world markets. Industrial policy in Europe.* Ithaca: Cornell University Press.

Leydesdorff, L., Dolfsma, W., & van der Panne, G. (2006). Measuring the knowledge base of an economy in terms of triple–helix relations among 'technology, organization, and territory'. *Research Policy, 35*(2), 181–199.

Lundvall, B.-Å. (1985). *Product innovation and user-producer interaction, industrial development* (Research series 31). Aalborg: Aalborg University Press.

Musiolik, J., Markard, J., & Hekkert, M. P. (2012). Networks and network resources in technological innovation systems: Towards a conceptual framework for system–building. *Technological Forecasting and Social Change, 79*, 1032–1048.

Nauta, F., & Gielen, M. (2009). *Regionale innovatie als economische strategie*

[Regional innovation as economic strategy] (pp. 9–17). Arnhem: HAN Business Publications.

Onderwijsraad. (2010). *Ontwikkeling en ondersteuning van onderwijs [Development and support of education]*. Den Haag: Onderwijsraad.

Panteia. (2013). *Technologische en sociale innovatie in een concurrerende markt. Innovatie- en concurrentiemonitor topsectoren 2012. [Technological and social innovation in a competitive market. Innovation and competitiveness monitor for the top sectors]*. Zoetermeer: Panteia.

Platform Bèta Techniek (2014). *Dynamiek onderweg- Midterm review centres of expertise & Centra voor innovatief vakmanschap* [Dynamics underway- Midterm review centres of expertise & centres for innovative craftmanship]. Den Haag, The Netherlands: PBT.

Porter, M. E. (1990). *The competitive advantage of nations*. New York: Free Press. (Republished with a new introduction, 1998.)

Porter, M. E. (2000). Locations, clusters, and company strategy. In G. L. Clark, M. P. Feldman, & M. S. Gertler (Eds.), *The Oxford handbook of economic geography*. Oxford, UK: Oxford University Press.

Schmitter, P. & Streeck, W., (1999). *The logics of collective action* (Max Planck Institute Working Paper).

Smulders, H.,Hoeve, A., & van der Meer, M. (2012). *Krachten bundelen voor vakmanschap: over co-makership tussen onderwijs en bedrijfsleven. [Joining forces for craftmanship: on comakership between education and business]*. 's–Hertogenbosch: ecbo.

Streeck, W. (1997). Beneficial constraints: On the economic limits of rational voluntarism. In J. R. Hollingsworth & R. Boyer (Eds.), *Contemporary capitalism: The embeddedness of institutions* (pp. 197–219). Cambridge, UK: Cambridge University Press.

Tödtling, F., & Trippl, M. (2005). One size fits all? Towards a differentiated regional innovation policy approach. *Research Policy, 34,* 1203–1219. Amsterdam: Elsevier.

Touw, van der– Committee (2013). *Publiek-private samenwerking in het beroepsonderwijs* [Public– private cooperation in vocational education], 17 juni.

Traxler, F. (1995). Collective bargaining and industrial change: A case of disorganization? *European Sociological Review, 12*, 271–287.

Traxler, F., Brandl, B., & Pernica, S. (2007). Business associaility, activities and governance: Cross national findings. In F. Traxler & G. Huemer (Eds.), *Handbook of business interest associations, firms size and governance. A comparative analytical approach.* London/New York: Routledge.

Van den Toren, J.P., Hessels, L.K., Eveleens, C., & van der Meulen, B.J.R. (2012). *Coördinatie in de topsectoren. De geplande TKI's en hun uitdagingen.* [Co-ordination in the topsectors. The foreseen Top–institutes and their challenges]. Den Haag, The Netherlands: Rathenau Instituut. SciSA rapport 1226.

Van der Meer, M. (2014). *Vakmensen en bewust vertrouwen.* [Craftspersons and conscious trust]. Tilburg, The Netherlands: Tilburg Law School, inaugural lecture.

Van der Meer, M., & van der Meijden, A. (2013). *Sectoral training and education funds in the Netherlands – a case of institutional innovation?* Amsterdam: ILERA–conference.

Van der Meer, M., & Pétit, R. (2010). *Naar een verbindende leerarchitectuur. Strategische verkenning van de aansluiting tussen onderwijs en arbeidsmarkt. [Towards a joining learning architecture. Strategic exploration of the connection between education and the labour market].* 's–Hertogenbosch: Ecbo.

Van der Meer, M., Visser, J., Wilthagen, T., & van der Heijden, P.F., (2003). *Weg van het Overleg? De Nederlandse overlegeconomie twintig jaar na Wassenaar.* [A(way) of consultation. The Dutch consultation economy twenty years after Wassenaar]. Amsterdam: Amsterdam University Press.

Van Lieshout, H. (2008). Different hands. Markets for intermediate skills in Germany, The US and The Netherlands, dissertation, Groningen: Hanze Hogeschool.

Veerman–Committee. (2010). *Differentiëren in drievoud, [Differentiation in three dimensions]*. The Hague, The Netherlands: Ministerie OCW.

Visser, J. (2003), 'Arbeidsverhoudingen na de kanteling', [Industrial relations after toppling]. In W. de Nijs & A. Nagelkerke (Eds.), *Sturen in het laagland – Over continuïteit en verandering van de Nederlandse arbeidsverhoudingen.* [Steering in the low lands– On continuity and change in Dutch industrial relations] (pp. 15–52). Alphen aan de Rijn, The Netherlands: Samson.

Visser, J., & Hemerijck, A. (1997). *A Dutch miracle: Job growth, welfare reform and corporatism in the Netherlands.* Amsterdam: Amsterdam University Press.

WRR. (2013). *Naar een lerende economie. [Towards a learning economy].* Amsterdam: Amsterdam University Press.

第 4 章

Allen, M., & Ainley, P. (2014). *A great training robbery or a real alternative for young people? Apprenticeships at the start of the 21st century.* London: Radicaled.

Anderson, K., & Oude Nijhuis, D. (2012). The long road to collective skill formation in the Netherlands. In M. Busemeyer & C. Trampusch (Eds.), *The political economy of collective skill formation* (pp. 101–125). Oxford, UK: Oxford University Press.

Brignall, S., & Modell, S. (2000). An institutional perspective on performance measurement and management in the 'new public sector'. *Management Accounting Research, 11*(3), 281–306.

Bronneman–Helmers, R. (2011). *Overheid en onderwijsbeleid. Beleidsvorming rond het Nederlandse onderwijsstelsel (1990–2010)* [Government and Education policy. Policy formation in Dutch education]. Dissertation. SCP, Den Haag.

Buisman, M. & van Wijk, B. (2011). *Een leven lang leren. De vraag en het aanbod van het beroepsonderwijs* [Lifelong learning. Demand and supply of VET]. 's–Hertogenbosch/Utrecht, The Netherlands: ecbo.

Buitelaar W. L. & van der Meer, M. (2008). Over de nieuwe rol van HRM en medezeggenschap in de Nederlandse kenniseconomie'. [On the new role for

HRM and co-determination in the Dutch knowledge economy]. *Tijdschrift voor HRM,* nr.3, pp. 79–89.

Busemeyer, M., & Trampusch, C. (2012). *The political economy of collective skill formation.* Oxford, UK: Oxford University Press.

Chin-A-Fat, N., Scherpenisse, J., van der Steen, M., van Twist, M. & Schulz, M. (2013). *Amarantis. Het verhaal achter een vertraagde val* [Amarantis, the story of a delayed collapse]. Den Haag, The Netherlands: NSOB.

Commissie-Oudeman. (2010). *Naar meer focus op het mbo! Advies van de commissie onderwijs en besturing BVE* [Towards more focus on VET! Advice of the committee education and management VET]. Den Haag, The Netherlands: Ministerie van OCW.

Delies, I. (2009). *Verbindingskracht & Combinatievermogen. Een empirisch onderzoek naar kennisallianties tussen beroepsonderwijs (ROC) en bedrijfsleven* [Connective power and ability to combine. An empirical investigation to knowledge alliances between VET and business]. Dissertation. Rijksuniversiteit, Groningen.

European Commission. (2007). *School autonomy in Europe. Policies and measures.* Brussels: Eurydice.

Fleur, E. & van der Meer, M. (2012). *Patronen van bekostigd volwassenenonderwijs; volwassen deelnemers in het middelbaar beroepsonderwijs van 2005/2006 tot en met 2011/2012* [Patterns of public VET; adult participants in VET from 2005/2006 to 2011/2012]. 's-Hertogenbosch/ Utrecht: ecbo.

Hemerijck, A. (2009). The institutional legacy of the crisis of global capitalism. In A. Hemerijck, B. Knapen, & E. van Doorne (Eds.), *Aftershock. Economic crises and institutional choice.* Amsterdam: University Press.

Hooge, E. (2013). *Besturing van autonomie. Over de mythe van bestuurbare onderwijsorganisaties* [Steering of autonomy. On the myth of manageable education organisations]. Tilburg, The Netherlands: Tilburg University.

Hövels, B., den Boer, P. & Klaijsen, A. (2007). *Bedrijven over hun contacten met beroepsonderwijs in de regio. Uitkomsten van onderzoek in drie regio's*

[Companies about their contacts with VET in the region. Results from research in three regions]. 's–Hertogenbosch: Cinop.

Keep, E., & Brown, A. (2004). Paradoxes, pitfalls and the prospects for a dynamic VET system. In W. Nijhof & W. van Esch (Eds.), *Unravelling policy, power, process and performance: the formative evaluation of the Dutch adult and vocational education act*. s–Hertogenbosch, The Netherlands: CINOP.

Lenssen, L. (2011). *Hoe sterk is de eenzame Fietser? Een onderzoek naar de relatie tussen individuele ontwikkeling en de toegankelijkheid van het onderwijsbestel in Nederland* [How strong is the lonely bike rider? A research into the relation between personal development and the accessibility of the education system in the Netherlands]. Dissertation. Garant, Antwerpen–Amersfoort.

MBO Raad. (2015). *Het MBO in 2025*. {VET in 2025]. Woerden: MBO–Raad. www.mbo2025.

Ministerie van O & W (1993). *Kernpuntennotitie over de Wet educatie en beroepsonderwijs* [Policy note on core issues on the VET Act]. Zoetermeer: Ministerie van O&W.

Ministerie van OCW. (1997). *Advies inzake versterking van het Secundair Beroepsonderwijs. BVE-B/9700 2879*. [Advice to strengthen VET] Zoetermeer, Ministerie van OC&W.

Ministerie van OCW. (2005). *Koers BVE. Het regionale netwerk aan zet*. [Course VET. Initiative to the regional networks]. Den Haag: Ministerie van OCW.

Moore, M. (1997). *Creating public value: Strategic management in government*. Cambridge, MA: Harvard University Press.

Nieuwenhuis, L. F. M. (2006). Vernieuwend beroepsonderwijs. Een drieluik over beroepsonderwijs en innovatie [Renewing craftmanship – Three views on VET and innovation] Inaugural Lecture. Enschede: Universiteit Twente.

Noordegraaf, M. (2004). *Management in het publieke domein: Issues, instituties, instrumenten.* [Management in the public domain: Issues, institutions and instruments]. Bussum, The Netherlands: Coutinho.

Onderwijsraad. (1990). *Brief aan de staatssecretaris van OCW betreffende het ontwerpfusieplan SVM* [Letter to the junior Minister of Education Dr J. Wallage concerning a draft merging plan SVM]. Den Haag, The Netherlands: Onderwijsraad. http://www.onderwijserfgoed.nl/static/ pdf/or/ ADVIESOWR–1990–01–31–1369.pdf

Onstenk, J., & Janmaat, H. (2006). *Samenwerken aan leren op de werkplek* [Cooperation learning on the work floor]. 's–Hertogenbosch, The Netherlands: Cinop.

Platform Bèta-techniek. (2014). *Dynamiek onderweg. Auditrapportage 2014. Midterm review Centra of expertise & Centra voor innovatief vakmanschap.* [Dynamics on the road. Audit report 2014. Centres for Expertise & Centres for Innovative Craftsmanship]. Den Haag, The Netherlands: Platform Bèta-techniek.

SER. (1997). *Versterking secundair beroepsonderwijs, Advies Versterking secundair beroepsonderwijs, uitgebracht aan de Staatssecretaris van Sociale Zaken en Werkgelegenheid.* [Strengthening secondary VET. Advice strengthening VET to the Secretary of State of Social Affairs and Employment]. Publicatienummer 34. Den Haag, The Netherlands: SER.

Smulders, H., Hoeve, A., & van der Meer, M. (2012). *Krachten bundelen voor vakmanschap* [Joining forces for Craftsmanship]. Utrecht, The Netherlands: Ecbo.

TNO (2015). *Dynamiek op de Nederlandse arbeidsmarkt. De focus op flexibilisering.* [Dynamics on the Dutch labour market. The focus on flexibilisation]. Hoofddorp, The Netherlands: TNO.

Van den Berge, W., & ter Weel, B. (2015). *Baanpolarisatie in Nederland* [Job polarisation in the Netherlands]. Den Haag, The Netherlands: CPB.

Van der Meer, M. (2014). *Vakmensen en bewust vertrouwen* [Craftspeople and conscious trust]. *Inaugural lecture,* Tilburg, The Netherlands: Tilburg Law School.

Van der Meijden, A., Westerhuis, A., Huisman, J., Neuvel, J., & Groenenberg, R. (2010). *Beroepsonderwijs in verandering: op weg naar competentiegericht onderwijs* [VET in change: The road to competency-based education]. 's-Hertogenbosch/Utrecht, The Netherlands: ecbo.

Van der Ploeg, T. J., & van Veen, W. J. M. (2001). Juridische aspecten van de non-profit sector. [Juridical aspects of the non-profit sector]. In A. Burger, P. Dekker (Eds.), *Noch markt, noch staat. De Nederlandse non-profit sector in vergelijkend perspectief* [Neither state or market. The Dutch non-profit sector in comparative perspective]. Den Haag, The Netherlands: SCP.

Van Dyck, M. E. (2000). Onderwijsbeleid sinds de jaren zeventig deel 2: BVE-Sector [Education policy since the 1970s]. In M. J. M. van den Berg (Ed.), *Onderwijsbeleid sinds de jaren zeventig. Werkdocument bij het advies Dereguleren met beleid, studie naar effecten van deregulering en autonomievergroting* [Education policy since the 1970s. Policy document attached to the advice deregulation with policy, study to effects of deregulation and autonomy enlargement]. Den Haag, The Netherlands: Onderwijsraad.

Van Gestel, N., de Beer, P., & van der Meer, M. (2009). *Het hervormingsmoeras van de verzorgingsstaat* [The swamp of the welfare state reform]. Amsterdam: Amsterdam University Press.

Van Lieshout, H. (2008). *Different hands: Markets for intermediate skills in Germany, the U.S. and The Netherlands.* Dissertation, Hanze Hogeschool, Groningen.

Van Lieshout, H., & Scholing, A. (2009). *Marktordening in de bve-sector* [Market order in the VET-sector]. 's-Hertogenbosch/Utrecht, The Netherlands: ecbo.

Van Wieringen, A. M. L. (1996). *Onderwijsbeleid in Nederland* [Education policy in the Netherlands]. Alphen aan den Rijn, The Netherlands: Samsom HD Tjeenk Willink.

Vermeulen, M., (2013). *Commissie Macrodoelmatigheid Amarantis, 'Slimmer samen'* [Committee macro-efficiency Amarantis, 'smarter together']. Den Haag, The Netherlands: Ministerie van OCW.

Visser, J. (2002). The first part-time economy in the world, a model to be followed? *European Journal of social policy, 12*(1), 23–42.

Westerhuis, A., & van den Dungen, M. (2011). *Leren & Werken; de balans opgemaakt. Integrale eindrapportage van de monitoring voor PLW.* [Learning and working: The balance made. Integral monitoring report for the national programme for learning and working] 's- Hertogenbosch/Utrecht, The Netherlands: ecbo.

Wilthagen T., Verhulp, E., Dekker, R., Gonggrijp, L., & van der Meer, M. (2012). *Naar een nieuw Dutch Design voor flexibel én zeker werk* [Towards a new Dutch design for flexible and secure employment]. Tilburg, The Netherlands: Celsus juridische uitgeverij.

Wolfson, D. J. (2005). *Transactie als bestuurlijke vernieuwing.* [Transaction as administrative renewal]. WRR-Verkenningen nr. 9, Amsterdam: Amsterdam University Press.

第 5 章

Biesta, G. J. J. (2008). Good education in an age of measurement: On the need to reconnect with the question of purpose in education. *Educational Assessment, Evaluation and Accountability, 21*(1), 33–46.

Braithwaite, J., Makkai, T., & Braithwaite, V. (2007). *Regulating aged care: Ritualism and the new pyramid.* Cheltenham, UK: Edward Elgar.

Bronneman-Helmers, R. (2011). *Overheid en onderwijsbeleid. Beleidsvorming rond het Nederlandse onderwijsstelsel (1990–2010).* Den Haag, The Netherlands: SCP.

Bryk, A., & Driscoll, M. E. (1985). *An empirical investigation of the school as community.* Chicago: University of Chicago Press.

Clarke, L., & Winch, C. (2007). Introduction. In L. Clarke & C. Winch (Eds.), *Vocational education: International approaches, developments and systems.* London: Routledge.

Coburn, C. E. (2004). Beyond decoupling: Rethinking the relationship between the institutional environment and the classroom. *Sociology of Education, 77*, 211–244.

Commissie Oudeman. (2010). *Naar meer focus op het mbo!* Den Haag, The Netherlands: Ministerie van Onderwijs Cultuur en Wetenschap.

Daly, A. J., & Finnigan, K. S. (2010). A bridge between worlds: Understanding network structure to understand change strategy. *Journal of Educational Change, 11*, 111–138.

De Heus, R. S., & Stremmelaar, M. T. L. (2000). *Auditen van soft controls.* Deventer, The Netherlands: Kluwer.

Dutch Council of Education. (2013). *Publieke belangen dienen.* Den Haag, The Netherlands: Onderwijsraad.

Dutch Education Council. (2006). *Hoe kan governance in het onderwijs verder vorm krijgen?* Den Haag, The Netherlands: Onderwijsraad.

Dutch Education Council. (2007). *Leraarschap is eigenaarschap.* Den Haag, The Netherlands: Onderwijsraad. Ehren, M. C. M., & Honingh, M. E. (2012). Risk-based school inspections in the Netherlands: A critical reflection on intended effects and causal mechanisms. *Studies in Educational Evaluation, 37*(4), 239–248.

Fountain, J. E. (2001). Paradoxes of public sector service. *Governance, 14*, 55–73.

Geijsel, F. (2015). *Onderwijsleiderschap vereist wijsheid in de praktijk.* Amsterdam: Nederlandse School voor Onderwijsmanagement (NSO) (Oratie).

Hallinger, P. (1989). What makes a difference? School context, principal leadership and student achievement. *The Elementary School Journal, 96*(5), 527–549.

Hanson, E. M. (2001). *Educational administration and organizational behavior.* Boston: Allyn and Bacon.

Hofman, R. H., Hofman, W. H. A., Gray, J. M., & Daly, P. (2004). *Institutional context of education systems in Europe. A cross-country comparison of quality and equity.* Dordrecht, The Netherlands/Boston/London: Kluwer Academic Publishers.

Honingh, M. E., & Karstanje, P. N. (2007). Aansturen op zelfsturen in het onderwijs. *Bestuurskunde, 16*(4), 41–48.

Honingh, M. E., & Karsten, S. (2007). Marketization in the Dutch vocational education and training sector: Hybrids and their behaviour. *Public Management Review, 91*(1), 135–143.

Honingh, M. E., & van Thiel, S. (2014). Kwaliteit als sleutel tot overheidsinterventie: Een reflectie op de beleidsassumpties van autonomievergroting in het primair onderwijs. *Bestuurskunde, 23*(1), 18–26.

Hooge, E. (2013). *Besturing van autonomie. Over de mythe van bestuurbare onderwijsorganisaties*. Tilburg, The Netherlands: Universiteit van Tilburg (Oratie).

Hooge, E. H., Nusink, F., & Van der Sluis, M. E. (2006). *Zicht op intern toezicht; theorie en praktijk van toezicht in de bve-sector, MGK-rapport 06–80*. Amsterdam: Max Goote Kenniscentrum bve.

Inspectorate of Education (2010a). Risicoanalyse: Risico's in beeld. [*Risk-based school inspections: Identifying risks*]. Utrecht, The Netherlands: Inspectie van het Onderwijs.

Inspectorate of Education. (2010b). *Besturing en Onderwijskwaliteit in het MBO*. Utrecht, The Netherlands: Inspectie van het Onderwijs.

Inspectorate of Education. (2011). *2012 Supervision framework for vocational and adult education (BVE)*. Utrecht, The Netherlands: Inspectie van het Onderwijs.

Inspectorate of Education. (2012). *De staat van het onderwijs*. Utrecht, The Netherlands: Inspectie van het Onderwijs.

Inspectorate of Education. (2013). *De staat van het onderwijs*. Utrecht, The Netherlands: Inspectie van het Onderwijs.

Janssens, F. J. G., & De Wolf, I. (2009). Analyzing the assumptions of a policy program: An ex– ante evaluation of "educational governance" in the Netherlands. *American Journal of Evaluation, 30*(3), 411–425.

Kaptein, M. (2007). *Developing and testing a measure for the ethical culture of organizations: The corporate ethical virtues model, Erim report series research in management*, ERS–2007–084– ORG. Rotterdam, The Netherlands:

Erasmus Research Institute of Management, Erasmus University.

Karsten, S. (1999). Neoliberal education reform in the Netherlands. *Comparative Education, 35*(3), 303–317.

Koretz, D. M. (2002). Limitations in the use of achievement tests as measures of educators' productivity. *The Journal of Human Resources, 37*(4), 752–777.

Land, D. (2002). Local school boards under review: Their role and effectiveness in relation to students' academic achievement. *Review of Educational Research, 72*(2), 229–278.

Lückerath-Rovers, M. (2011). *Mores leren: Soft controls in corporate governance. Oratie.* Breukelen, The Netherlands: Nyenrode Business University.

MBO Newspaper. (2015). *Dertig MBO-opleidingen zeer zwak.* Retrieved on July 4, 2015, from http://mbo-today.nl/dertig-mbo-opleidingen-zeer-zwak

MBO Raad. (2014). *Branchecode Goed Bestuur Mbo.* Woerden, The Netherlands: MBO Raad.

Meyer, H. D., & Rowan, B. (Eds.). (2006). *The new institutionalism in education.* Albany, NY: State University of New York Press.

Meyer, M., & Gupta, V. (1994). The performance paradox. *Research in Organizational Behavior, 16*, 309–369.

Ministry of Education and Science. (1991). *Hoofdlijnennotitie ROC's: een notitie over de vorming van regionale opleidingencentra.* Zoetermeer, The Netherlands: Staatsuitgeverij.

Mintzberg, H. (1979). *The structuring of organizations: A synthesis of the research.* Englewood Cliffs, NJ: Prentice-Hall.

Newmann, F. M., King, B., & Rigdon, M. (1996). *Accountability and school performance: Implications from restructuring schools (Deliverable to OERI).* Madison, WI: Center on Organization and Restructuring of Schools.

Petit, R., Van Esch, W., Van de Venne, L., & Groenenberg, R. (2012). Leren of profileren? De Mbo Benchmark. *In Meso Magazine*, 185.

Powell, W. W., & Dimaggio, P. J. (1991). *The new institutionalism in organizational analysis.* Chicago: University of Chicago Press.

Power, M. (1997). *The audity society*. Oxford, UK: Oxford University Press.

Ranson, S. (2003). Public accountability in the age of neo–liberal governance. *Journal of Education Policy, 18*, 459–480.

Saatcioglu, A., Moore, S., Sargut, G., & Bajaj, A. (2012). The role of school board social capital in district governance: Effects on financial and academic outcomes. *Leadership and Policy in Schools, 10*(1), 1–42.

Simons, R. J. (2001). Kwaliteitszorg in het onderwijs: De 'wil tot kwaliteit' in een gewijzigd veld van bestuurlijkheid. *Pedagogiek, 21*(2), 106–123.

Spillane, J. P., & Seashore Louis, K. (2002). School improvement processes and practices: Professional learning for building instructional capacity. *Yearbook of the National Society for the Study of Education, 101*(1), 83–104.

Staatsblad. (1995). *Wettekst Wet Educatie en Beroepsonderwijs*. Nr 501.

Stichting Kennisnet. (2013). *Het teamperspectef. Informatie voor teams in het mbo*. Zoetermeer, The Netherlands: Stichting Kennisnet.

Ten Bruggencate, G. C. (2009). *Maken schoolleiders het verschil? Onderzoek naar de invloed van schoolleiders op de schoolresultaten*. Academisch proefschrift. Universiteit Twente, Enschede.

Thomsen, M., & Van de Venne, L. (2012). *Goed bestuur in het mbo. Vorderingen in de implementatie van de Code Goed Bestuur in de bve-sector*. Den Bosch/Utrecht, The Netherlands: Expertisecentrum Beroepsonderwijs (Ecbo).

Timmermans, A. C., Bosker, R. J., Doolaard, S., & De Wolf, I. (2012). Value added as an indicator of educational effectiveness in Dutch senior secondary vocational education. *Journal of Vocational Education & Training, 64*(4), 417–432.

Van de Venne, L., Hermanussen, J., Honingh, M., & Van Genugten, M. (2014). *De dagelijkse zorg voor onderwijskwaliteit in het mbo. Bouwstenen voor een aanpak*. Den Bosch, The Netherlands: Expertisecentrum beroepsonderwijs (Ecbo).

Van de Venne, L., & Petit, R. (2010). *Van postbode tot regisseur. De horizontale dialoog in het mbo*. Den Bosch/Utrecht, The Netherlands: Expertisecentrum beroepsonderwijs (Ecbo).

Van der Sluis, M., Reezigt, J., & Borgans, L. (2013). Quantifying stakeholders values of VET provisions in the Netherlands. *Vocations and Learning*. doi:10.1007/s12186-013-9104-6.

Van Esch, W., & Teelken, C. (2008). Veranderingen in de sturingsbalans tussen overheid en bve- instellingen. In W. Houtkoop, S. Karsten, & A. M. L. van Wieringen (Eds.), *Controverse en perspectief in het beroepsonderwijs* (pp. 313–332). Antwerpen,Belgium/Apeldoorn, The Netherlands: Garant.

Van Thiel, S., & Leeuw, F. L. (2002). The performances paradox in the public sector. *Public Performance & Management Review, 25*(3), 267–281.

Visscher, A., & Hendriks, M. (2009). *Improving quality assurance in European vocational and educational training: Factors influencing the use of quality assurance*. Dordrecht, The Netherlands: Springer.

Weick, K. E. (1976). Educational organizations as loosely coupled systems. *Administrative Science Quarterly, 21*, 1–19.

De Wolf, I. F., & Janssens, J. G. (2007). Effects and side effects of inspection and accountability in education: An overview of empirical studies. *Oxford Review of Education, 33*(3), 379–396.

第 6 章

Boud, D. (2006). Creating the space for reflection at work. In D. Boud, P. Cressey, & P. Docherty (Eds.), *Productive reflection at work*. London: Routledge.

Boyd, P. (2010). Academic induction for professional educators: supporting the workplace learning of newly appointed lecturers in teacher and nurse education. *International Journal for Academic Development, 15*(2), 155–165.

De Beer, P. (2007). How individualized are the Dutch? *Current Sociology, 55*(3), 389–413.

De Bruijn, E. (2009). *De docent beroepsonderwijs. Jongleren op het grensvlak van twee werelden* (The vocational education teacher. Jugling at the interface between two worlds). Utrecht, The Netherlands: Hogeschool Utrecht.

De Rijdt, C. C. E. (2011). *Staff development in higher education*. Doctoral dissertation. University of Maastricht, Maastricht, The Netherlands.

George, L., & Sabapathy, T. (2011). Work motivation of teachers: Relationship with organizational commitment. *Canadian Social Science, 7*(1), 90–99.

Goes–Daniëls, M. L. H. A. (2011). *Competent gemonitord. Van constructie van een CGO-monitor tot cocreatie binnen het middelbaar beroepsonderwijs in Nederland.* (Competent monitored. From designing a CGO monitor to co-creation within Dutch vocational education). Doctoral dissertation, Open Universiteit, Heerlen, The Netherlands.

Hattie, J. (2009). *Visible learning. A synthesis of over 800 meta-analyses relating to achievement.* London: Routledge.

Hattie, J., & Timperley, H. (2007). The power of feedback. *Review of Educational Research, 77*(1), 81–112.

HBO–raad. (2009). *Strategische Agenda 'Kwaliteit als opdracht'* (Strategic agenda 'Quality as assignment'). Den Haag, The Netherlands: HBO–raad.

Hodkinson, S., & Taylor, A. (2002). Initiation rites: The case of new university lectures. *Innovations in Education and Teaching International, 39*(4), 256–264.

Ingersoll, R. M., & Strong, M. (2011). The impact of induction and mentoring programs for beginning teachers: A critical review of the research. *Review of Educational Research, 81*(2), 201–233.

Inspectie. (2010). *Kerndocument Toezichtskader Leraarschap* (PO, VO, BVE) (Key document Inspectorate supervision of teaching (primary, secondary and vocational education)}. Utrecht, The Netherlands: Inspectie van het Onderwijs.

Knight, P., Tait, J., & Yorke, M. (2006). The professional learning of teachers in higher education. *Studies in Higher Education, 31*(3), 319–339.

Kwakman, K. (2011). *Leren van professionals tijdens de beroepsuitoefening* (Learning of professionals during work). In J. Kessels, & R. Poell (Red.) (Eds.), *Handboek Human Resource Development*, (pp. 297–313). Houten, The Netherlands: Springer Media.

Marsick, V. (2006). Informal strategic learning in the workplace. In J. N.

Streumer (Ed.), *Work- related learning* (pp. 51–69). Dordrecht, The Netherlands: Springer BV.

Marsick, V. (2009). Toward an unifying framework to support informal learning theory, research and practice. *Journal of Workplace Learning, 21*(4), 265–275.

McDaniel, O. (2007). *Resultaat wordt gewaardeerd (maar telt niet echt). Analyse van het gebruik van beleidsinstrumenten in de Nederlandse onderwijspolitiek aan de hand van acht casestudies. Studie in opdracht van de Onderwijsraad* (Results are valued (but do not count really). Analysis of the implementation of instruments in Dutch educational policy through eight case studies. Study for the Education Council). Amsterdam: CBE Nederland.

McDaniel, O. (2010). *De zeer zwakke school. Indicatie voor zwaar weer in ons onderwijsbestel?* (Schools below par. Indication for difficult times in our education system?). Meso Magazine, *30* (17), 4–8.

Ministry of Education, Culture and Science. (2010). *Nota werken in het onderwijs 2011* (Memorandum working in education 2011). Den Haag, The Netherlands: Ministerie van Onderwijs, Cultuur en Wetenschap.

Ministry of Education, Culture and Science. (2011). *Working in education 2012*. The Hague. Retrieved from internet: ocw–wio12– wio–en–compleet–final2–los.pdf. Accessed 19 Jan 2014.

Ministry of Education, Culture and Science. (2012). *Opleiden van leraren beroepsonderwijs. Brief aan de Tweede Kamer, 18 december 2012* (Education vocational education teachers. Letter to the parliament, December 18th 2012). Den Haag, The Netherlands: Ministerie van Onderwijs, Cultuur en Wetenschap.

Nieuwenhuis, A. F. M. (2012). *Leven lang leren on the ROC's. Een visie op leren en werken in het mbo* (Lifelong learning at the regional centres for vocational education. A vision on learning and working in vocational education). Inaugural adress. Heerlen, The Netherlands: Open Universiteit.

Nieuwenhuis, A. F. M. (2013). *Werken aan goed beroepsonderwijs* (Working on improving vocational education). Inaugural adress. Nijmegen, The

Netherlands: HAN University of Applied Sciences Press.

Nieuwsbrief Leraren en Beroepsonderwijs. (2013). *Newsletter teachers in vocational education*. Den Haag, The Netherlands: Ministerie van OC&W.

OECD. (2005). *Teachers matter. Attracting, developing and attaining effective teachers*. Paris: OECD.

OECD. (2013). *Teaching and learning international survey. Conceptual framework*. TALIS 2013. Retrieved from internet: http://www.oecd.org/edu/school/TALIS%20 Conceptual%20Framework_FINAL.pdf. Accessed 6 Jan 2014.

Oosterhof, A. & Streefland, F. (2011). *Competentiegericht onderwijs en de rol van HRM – Beeld van de veranderingen* (Competency–based education and the role of HRM – Image of changes). 's–Hertogenbosch/Utrecht, The Netherlands: Expertisecentrum Beroepsonderwijs.

Runhaar, P. & Sanders, K. (2007). *P&O als intermediair tussen management en leraren? Over de wijze waarop P&O de implementatie van integraal personeelsbeleid zou kunnen bevorderen* (HRM as mediator between management and teachers. On the role of HRM in implementing integral HRM). Tijdschrift voor HRM, pp. 56–79.

Runhaar, P., Sanders, K., & van de Venne, L. (2012). *Human resource management binnen de mbo- sector: control of commitment? Analyse van de HRM-visie op landelijk, sectoraal en instellingsniveau.* (Human resource management within regional colleges: Control or commitment? Analysis of the views on HRM at national, sectoral and institutional level). 's Hertogenbosch / Utrecht, The Netherlands: Expertisecentrum Beroepsonderwijs.

Schildwacht, R. (2012). *Learning to notice. Teachers coaching teachers with video feedback*. Doctoral dissertation, University of Twente, Enschede, The Netherlands.

Smith, K. (2003). So, what about the professional development of teacher educators? *European Journal of Teacher Education, 26*, 201–215.

Snoek, M. (2012). *Praktijkonderzoek door leraren: doelen, dilemma's en kwaliteit.* (Teacher research: goals, dilemmas and quality). In R. Zwart, K.

Van Veen, & J. Meirink (Eds.), *Onderzoek in de school ter discussie: doelen, criteria en dilemma's*. Leiden, The Netherlands: Expertisecentrum Leren van docenten/Universiteit Leiden.

Snoek, M (2014). Developing teacher leadership and its impact in schools. Doctoral dissertation, UvA, Amsterdam.

Streumer, J. N., & Kho, M. (2006). The world of work-related learning. In J. N. Streumer (Ed.), *Work-related learning* (pp. 3–50). Dordrecht, The Netherlands: Springer BV.

Teurlings, C. & Uerz, D. (2009). *Professionalisering van roc-docenten: zoeken naar verbinding* (Professional development of vocational education teachers: In search of alignment). Tilburg, The Netherlands: IVA.

Tynjala, P. (2008). Perspectives into learning at the workplace. *Educational Research Review, 3*(2), 130–154.

Van Cooten, E. S., & van Bergen, C. T. A. (2009). *Teaching and learning, international survey (TALIS), Nationaal rapport*. Amsterdam: Regioplan.

Van den Bossche, P. (2006). *Minds in teams: the influence of social and cognitive factors of team learning*. Doctoral dissertation, Maastricht University, Maastricht, The Netherlands.

Van der Klink, M. (2012). *Professionalisering van het onderwijs. Bekwaam innoveren voor een toekomstbestendig hoger beroepsonderwijs* (Improving education. Competent in innovating for future-proof professional vocational education). Heerlen, The Netherlands: Zuyd University of Applied Sciences.

Van der Klink, M., Boon, J., & Schlusmans, K. (2012). All by myself. Employees' informal learning experiences. *International Journal of Human Resources Development & Management, 12*(1/2), 77–91.

Van der Klink, M., Van der Heijden, B. I. J. M., Boon, J., & Williams van Rooij, S. (2014). Formal and informal learning and employability enhancement in academia: Results from a Dutch distance learning university. *Career Development International, 19*(3), 337–356.

Van der Rijst, R.M. Van Duijn, G., & Nedermeijer, J. (2011). *Hoe goed leiden we (V)MBO docenten op? Aansluiting van opleiding op de actuele onderwijspraktijk* (How well do we educate vocational education teachers? The alignment between teacher education and current teaching practice in schools). Leiden, The Netherlands: ICLON.

Van der Steeg, M., van Elk, R., & Webbink, D. (2010). *Het effect van de lerarenbeurs op scholingsdeelname docenten. CPB document, no 205.* (The effect of teacher bursary on participation of teachers in training).'s Gravenhage, The Netherlands: Centraal Plan Bureau.

Van Eekelen, I.M. (2005). *Teachers' will and way to learn. Studies on how teachers learn and their willingness to do so.* Doctoral dissertation, Maastricht University, Maastricht, The Netherlands.

Van Veen, K., Zwart, R., Meierink, J., & Verloop, N. (2010). *Professionele ontwikkeling van leraren. Een reviewstudie naar effectieve kenmerken van professionaliseringsinterventies van leraren* (Professional development of teachers. A review of effective features of professional development interventions for teachers).

Van Velzen, C., Van der Klink, M., Swennen, A., & Yaffe, E. (2010). The induction and needs of beginning teacher educators. *Professional Development in Education, 36*(1/2), 61–75.

Varkey GEMS Foundation. (2013). 2013 global teacher status index. London: Varkey GEMS Foundation.

Vereniging voor Hogescholen. (2013). *Toelichting op de professionaliserings-afspraken in de cao- hbo 2012–2013* (Explanatory memorandum on the professional development agreements in the collective labour agreement higher professional education 2012–2013). Den Haag, The Netherlands: Vereniging voor Hogescholen.

Weggeman, M. (2007). *Leidinggeven aan professionals? Niet doen. Over kenniswerkers, vakmanschap en innovatie* (Managing professionals? Don't do this. On knowledge workers, expertise and innovation). Schiedam, The Netherlands: Scriptum.

第 7 章

Allen, J., & Van der Velden, R. (2011). *Skills for the 21st century: Implications for education. Essay for the Kenniskamer of the ministry of education, culture and science.* Maastricht, The Netherlands: University of Maastricht/ROA.

Arthur, M. B., Khapova, S. N., & Wilderom, C. P. M. (2005). Career success in a boundaryless career world. *Journal of Organizational Behaviour, 26,* 177–202.

Bardick, A. D., Bernes, K. B., Magnusson, K. C., & Witko, K. S. (2006). Junior high school students' career plans for the future. A Canadian perspective. *Journal of Career Development, 32,* 250–271.

Biemans, H., Nieuwenhuis, L., Poell, R., Mulder, M., & Wesselink, R. (2004). Competence–based VET in The Netherlands: Background and pitfalls. *Journal of Vocational Education and Training, 56,* 523–538.

Blakemore, S. J., Burnett, S., & Dahl, R. E. (2010). The role of puberty in the developing adolescent brain. *Human Brain Mapping, 31,* 926–933.

Blommers, A. J., & Lucassen, W. I. (Eds.). (1992). *Standpunt en Horizon* [Viewpoint and horizon]. Amsterdam/Lisse, The Netherlands: Swets & Zeitlinger.

Borghans, L., Coenen, J., Golsteyn B., Hijgen, T., & Sieben L. (2008). *Voorlichting en begeleiding bij de studie- en beroepskeuze en de rol van arbeidsmarktinformatie.* (Guidance of occupational choices and the role of labour market information) Maastricht, The Netherlands: ROA.

Bussemaker, J. (2014). *Competente rebellen* [Competent rebels]. Lelystad, The Netherlands: Stichting IVIO.

CBS. (2012). *Standaard Beroepenclassificatie 2010.* Rijswijk, The Netherlands: CBS.

Cedefop. (2010). *The skill matching challenge: Analyzing skill mismatch and policy implications.* Luxemburg City, Luxemburg: European Centre for the Development of Vocational Training.

Cooper, M. (2008). *Essential research findings in counselling and psychotherapy –*

the facts are friendly. London: Sage.

Dodde, N. (1988). Sozioökonomische Bedingungen und Prozesse in der Entwicklung der beruflichen Bildung – Fallbeispiel Niederlande. In G. Kraayvanger, B. van Onna, & J. Strauss (Hg.), *Berufliche Bildung in der Bundesrepublik Deutschland und in den Niederlanden*. Nijmegen, The Netherlands: Instituut voor Toegepaste Sociologie.

Doorewaard, H., & Benschop, Y. (2003). HRM and organizational change: An emotional endeavour. *Journal of Organizational Change Management, 16*(3), 272–296.

European Commission, & OECD. (2004). *Career guidance: A policy handbook*. Paris/Luxembourg City, Luxembourg: OECD & European Commission Publication.

Eurostat. (2008). *Europe in figures. Eurostat yearbook 2008*. Luxembourg City, Luxembourg: Office for Official Publications of the European Communities.

Franciosi, R. J. (2004). *The rise and fall of American public schools: The political economy of public education in the twentieth century*. Westport, CT: Praeger.

Gatto, J. T. (2009). *Weapons of mass instruction*. Gabriola Island, Canada: New Society Publishers.

Geijsel, F., & Meijers, F. (2005). Identity learning: The core process of educational change. *Educational Studies, 31*(4), 419–430.

Geijsel, F., Meijers, F., & Wardekker, W. (2007). Leading the process of reculturing: Roles and actions of school leaders. *The Australian Educational Researcher, 34*, 124–150.

Geurts, J., & Meijers, F. (2009). Vocational education in The Netherlands: In search of a new identity. In R. Maclean & D. N. Wilson (Eds.), *International handbook of education for the changing world of work. Bridging academic and vocational learning* (pp. 483–499). New York: Springer.

Grugulis, I., & Vincent, S. (2009). Whose skill is it anyway? Soft skills and polarization. *Work, Employment and Society, 23*(4), 597–615.

Guindon, M. H., & Hanna, F. J. (2002). Coincidence, happenstance, serendipity, fate, or the hand of god: Case studies in synchronicity. *Career Development Quarterly, 50*, 195–208.

Hargreaves, A. (2003). *Teaching in the knowledge society: Education in the age of insecurity*. New York: Teachers College Press.

Hensel, R. (2010). *The sixth sense in professional development. A study of the role of personality, attitudes and feedback concerning professional development*. Doctoral dissertation. Twente University, Enschede, The Netherlands.

Hermans, H. J. M., & Hermans-Konopka, A. (2010). *Dialogical self theory. Positioning and counter- positioning in a globalizing society*. Cambridge, UK: Cambridge University Press.

Hillage, J., Regan, J., Dickson, J., & McLoughlin, K. (2002). *Employers skill survey 2002, Research report 372*. Nottingham, UK: DfES.

Hillocks, G. (2002). *The testing trap: How state writing assessments control learning*. New York: Teachers College Press.

Holland, J. L. (1973). *Making vocational choices: A theory of careers*. Englewood Cliffs, NJ: Prentice-Hall.

Holland, J. L. (1985). *Making vocational choices: A theory of vocational personalities and work environments* (2nd ed.). Englewood Cliffs, NJ: Prentice Hall.

Hughes, D., Meijers, F., & Kuijpers, M. (2014). Testing Times: Careers market policies and practices in England and The Netherlands. *British Journal of Guidance and Counselling*. iFirst doi :10.1080/03069885.2014.940280.

Irving, B. A., & Malik, B. (Eds.). (2005). *Critical reflections on career education and guidance: Promoting social justice within a global economy*. London/New York: Routledge Farmer.

Jongerenorganisatie Beroepsonderwijs. (2013). *JOB-monitor 2012*. Amsterdam: JOB.

Korbijn, A. (2003). *Vernieuwing in productontwikkeling*. s-Gravenhage, The Netherlands: Stichting Toekomstbeeld der Techniek.

Krieshok, T. S., Black, M. D., & McKay, R. A. (2009). Career decision making: The limits of rationality and the abundance of non-conscious processes. *Journal of Vocational Behavior, 76*, 275–290.

Kuijpers, M. A. C. T. (2003). *Loopbaanontwikkeling. Onderzoek naar 'Competenties'* [Career development: competencies researched]. Enschede, The Netherlands: Twente University Press.

Kuijpers, M. (2011). Onderzoek naar wat werkt! Onderzoek naar loopbaanontwikkeling en – begeleiding in het vmbo en effecten van professionalisering van docenten en schoolcoaches. In*Keuzes in ontwikkeling. Loopbaanreflectiegesprekken van docenten in het vmbo. Praktijk en onderzoek* (pp. 65–134). Enschede, The Netherlands: Stichting Platforms VMBO.

Kuijpers, M., & Meijers, F. (2011). Rofessionalizing teachers in career dialogue: Effect study. *Global Journal of Sociology, 1*(1), 1–6.

Kuijpers, M., & Meijers, F. (2012a). Learning for now or later? Career competencies among students in higher vocational education in the Netherlands. *Studies in Higher Education, 37*(4), 449–467.

Kuijpers, M., & Meijers, F. (2012b). *Leren luisteren en loopbaanleren. De effecten van een professionaliseringstraject voor mbo-docenten.* Woerden, The Netherlands: MBO Diensten.

Kuijpers, M., & Meijers, F. (2013). *Integreren van leren in school en praktijk. Een studie naar 'werkzame bestanddelen'*. Heerlen/Den Haag, The Netherlands: Open Universiteit/Haagse Hogeschool.

Kuijpers, M. A. C. T., & Scheerens, J. (2006). Career competencies for the modern career. *Journal of Career Development, 32*(4), 303–319.

Kuijpers, M., Schyns, B., & Scheerens, J. (2006). Career competencies for career success. *Career Development Quarterly, 55*(2), 168–179.

Kuijpers, M., Meijers, F., & Winters, A. (2010). *Loopbaanleren van start tot finish. Eindverslag van de kwantitatieve metingen in 2007 en 2010 in het project 'Loopbaanleren in competentiegericht onderwijs' in ROC de Leijgraaf.* Oss/Veghel, The Netherlands: De Leijgraaf.

Kuijpers, M., Meijers, F., & Gundy, C. (2011). The relationship between learning environment and career competencies of students in vocational education. *Journal of Vocational Behavior, 78*, 21–30.

Lafer, G. (2004). What is 'skill'? Training for discipline in the low-wage labour market. In C. Warhurst, I. Grugulis, & E. Keep (Eds.), *The skills that matter*. Basingstoke, UK: Palgrave Macmillan.

Leckey, J. F., & McGuigan, M. A. (1997). Right tracks – Wrong rails: The development of generic skills in higher education. *Research in Higher Education, 38*(3), 365–378.

Lengelle, R., Meijers, F., Poell, R., & Post, M. (2014). Career writing: Creative, expressive and reflective approaches to narrative identity formation in students in higher education. *Journal of Vocational Behavior, 85*, 75–84.

Lengelle, R., Meijers, F., Poell, R., Geijsel, F., & Post, M. (2015). Career writing as a dialogue about work experience: A recipe for luck readiness? *International Journal for Educational and Vocational Guidance, 13*, 47–66.

Lipman, P. (2004). *High stakes education: Inequality, globalization, and urban school reform*. New York: Routledge.

Lodders, N. (2013). *Teachers learning and innovating together. Exploring collective learning and its relationship to individual learning, transformational leadership and team performance in higher vocational education*. Doctoral dissertation, Twente University, Enschede, The Netherlands.

Marshall, J. (2009). Divided against ourselves: Standards, assessments, and adolescent literacy. In L. Christenbury, R. Bomer, & P. Smagorinsky (Eds.), *Handbook of adolescent literacy research* (pp. 113–125). New York: Guildford.

McIlveen, P., & Patton, W. (2007). Dialogical self: Author and narrator of career life themes. *International Journal of Educational and Vocational Guidance, 7*(2), 67–80.

Meijers, F. (1995). *Arbeidsidentiteit; studie- en beroepskeuze in de post-industriële samenleving* [Career identity; careers education and guidance in the post-industrial society]. Alphen a/d Rijn, The Netherlands: Samsom H.D/ Tjeenk Willink.

Meijers, F. (2008). Mentoring in Dutch vocational education: An unfulfilled promise. *British Journal of Guidance and Counselling, 36*(3), 235–252.

Meijers, F., & Lengelle, R. (2012). Narratives at work: The development of career identity. *British Journal of Guidance and Counselling, 40*(2), 157–177.

Meijers, F., Kuijpers, M., & Bakker, J. (2006). *Over leerloopbanen en loopbaanleren. Loopbaancompetenties in het (v)mbo*. Driebergen, The Netherlands: Het Platform BeroepsOnderwijs.

Meijers, F., Kuijpers, M., & Gundy, C. (2013). How do career competencies relate to career identity, motivation and quality of choice in Dutch prevocational and secondary vocational education? *International Journal for Vocational and Educational Guidance, 13*(1), 47–66.

Mintzberg, H. (1983). *Structures in fives: Designing effective organizations*. Englewood Cliffs, NJ: Prentice-Hall.

Mitchell, K. E., Levin, A. S., & Krumboltz, J. D. (1999). Planned happenstance: Constructing unexpected career opportunities. *Journal of Counseling and Development, 77*, 115–124.

Mittendorff, K. (2010). *Career conversations in senior secondary vocational education*. Doctoral dissertation, TU Eindhoven, Eindhoven, The Netherlands.

Mittendorff, K., Jochems, W., Meijers, F., & den Brok, P. (2008). Differences and similarities in the use of the portfolio and personal development plan for career guidance in various vocational schools in The Netherlands. *Journal of Vocational Education and Training, 60*, 75–91.

Neuvel, K. (2005). 'Weet niet'–leerling valt tussen wal en schip bij doorstroom vmbo–mbo. *KenWerk* nr 3, 8–11.

Nichols, S. L., & Berliner, D. C. (2007). *Collateral damage: How high stakes testing corrupts America's schools*. Cambridge, MA: Harvard University Press.

Payne, J. (2000). The unbearable lightness of skill: The changing meaning of skill in UK policy discourses and some implications for education and training. *Journal of Education Policy, 15*(3), 353–369.

Pere, H. M. (1986). *Tussen arbeidsmarkt en individueel welzijn. Een historische analyse van de beroepskeuzevoorlichting in Nederland vanuit beroepensociologisch perspectief.* PhD–thesis, Between labour market and individual well being; an historical analysis of careers guidance, Educaboek, Culemborg, The Netherlands.

Philip, K. (2001). Mentoring: Pitfalls and potential for young people. *Youth and Policy, 71*, 1–15.

Plane, K. (2009). Overview: TVET for youth. In R. Maclean & D. N. Wilson (Eds.), *International handbook of education for the changing world of work. Bridging academic and vocational learning* (pp. 2197–2211). New York: Springer.

Quinn, R. E. (1991). *Beyond rational management. Mastering the paradoxes and competing demands of high performance.* San Francisco: Jossey–Bass.

Ravitch, D. (2010). *The death and life of the great American school system: How testing and choice are undermining education.* New York: Basic Books.

Savickas, M. (2002). Career construction: A developmental theory of vocational behaviour. In D. A. Brown (Ed.), *Career choice and development* (pp. 149–205). San Francisco: Jossey–Bass.

Savickas, M. (2013). *Career construction theory and practice. In R. W. Lent & S. D. Brown (Eds.),* Career development and counseling: Putting theory and research to work (2nd ed., pp. 147–183). Hoboken, NJ: John Wiley & Stone.

Schulz, B. (2008). The importance of soft skills: Education beyond academic knowledge. *NAWA Journal of Language and Communication, 2*(1), 146–154.

Sennett, R. (1998). *The corrosion of character. The personal consequences of work in the new capitalism.* London: Norton.

Shotter, J. (1993). *Cultural politics of everyday life: Social constructionism, rhetoric, and knowing of the third kind (CP).* Toronto, Canada: Toronto University Press.

Smith, E., & Comyn, P. (2004). The development of employability skills in novice workers through employment. In J. Gibb (Ed.), *Generic skills in vocational education and training: Research readings* (pp. 95–108). Leabrook, SA: National Centre for Vocational Education Research.

Steenaert, B., & Boessenkool, H. (2003). *Ontwikkeling Masterplan Aansluiting Onderwijs- Arbeidsmarkt (techniek)*. Almelo, The Netherlands: Mercurius Marketing.

Steenbruggen, J. (2003). *Employability ondernemen. Hoe maak je employability concreet?* Arnhem, The Netherlands: Batouwe.

Sultana, R. G. (2004). *Guidance policies in the knowledge economy. Trends, challenges and responses across Europe. A Cedefop synthesis report, Cedefop Panorama series No. 85*. Luxembourg City, Luxembourg: Office for Official Publications of the European Commission.

Taborsky, O., & de Grauw, M. (1974). *Beroepskeuze; gedachten over het beroepskeuzeproces en over de methodiek van de beroepskeuzebegeleiding* [Occupational choices; some thoughts about the proces and methodology of careers guidance]. Haarlem, The Netherlands: De Toorts.

Van Driel, J. (2008). *Van een lerende vakdocent leer je het meest* [You learn most from a learning teacher]. Leiden, The Netherlands: Universiteit Leiden.

Van Esch, W., & Neuvel, J. (2007). *De overgang van vmbo naar mbo: van breukvlak naar draagvlak. Overzichtsstudie van Nederlands onderzoek.* 's–Hertogenbosch/Utrecht, The Netherlands: ECBO.

Van het Onderwijs, I. (2014). *De staat van het onderwijs; onderwijsverslag 2012/2013*. Utrecht, The Netherlands: Inspectie van het Onderwijs.

Van Veen, K., Zwart, R., Meirink, J., & Verloop, N. (2010). *Professionele ontwikkeling van leraren. Een reviewstudie naar effectieve kenmerken van professionaliseringsinterventies van leraren* [Professional development of teachers: A review study]. Leiden, The Netherlands: Leiden University/ICLON.

Wampold, B. E. (2001). *The great psychotherapy debate: Models, methods, and findings*. Mahwah, NK: Lawrence Erlbaum.

Watts, A. G., & Sultana, R. G. (2004). Career guidance policies in 37 countries: Contrasts and common themes. *International Journal for Educational and Vocational Guidance, 4*, 105–122.

Wiegersma, S., & van Bochove, P. (1976). *De wereld der beroepen*. Haarlem, The Netherlands: De Toorts.

Wijers, G., & Meijers, F. (1996). Career guidance in the knowledge society. *British Journal of Guidance and Counselling, 24*(2), 185–198.

Winters, A., Meijers, F., Kuijpers, M., & Baert, H. (2009). What are vocational training conversations about? Analysis of vocational training conversations in Dutch vocational education from a career learning perspective. *Journal of Vocational Education and Training, 61*(3), 247–266.

Winters, A., Meijers, F., Kuijpers, M., & Baert, H. (2012). Can training stimulate career learning conversations? Analysis of vocational training conversations in Dutch secondary vocational education. *Journal of Vocational Education and Training, 64*(3), 333–350.

Winters, A., Meijers, F., Harlaar, M., Strik, A., Kuijpers, M., & Baert, H. (2013). The narrative quality of career conversations in vocational education. *Journal of Constructivist Psychology, 26*(2), 115–126.

Wolf, R. (1993). *Reis door een grillig landschap; GIB 1947–1992* [Travelling through a capricious landscape]. Nijmegen, The Netherlands: Stichting GIB.

第 8 章

Aalsma, E. (2011). *De omgekeerde leerweg. Een nieuw perspectief voor het beroepsonderwijs* [The reversed way of learning. A new perspective on vocational eduation]. Delft, The Netherlands: Eburon.

Adviescommissie Onderwijs–Arbeidsmarkt (ACOA) (1999). *Een wending naar kerncompetenties. De betekenis van kerncompetenties voor de versterking van de kwalificatiestructuur secundair beroepsonderwijs* [Towards core competencies. The importance of core competencies to strengthen the qualification structure of secondary vocational education]. 's–Hertogenbosch, The Netherlands: CINOP.

Ashley, S., Schaap, H., & De Bruijn, E. (2013, August). *Defining conceptual understanding in the international business domain*. Paper presented at the JURE 2013 pre-conference of the European Association for Research in Learning and Instruction (EARLI), Munich, Germany.

Baartman, L., & Gulikers, J. (2017). Assessment in Dutch vocational education: Overview and tensions of the past 15 years. In E. De Bruijn, S. Billett, & J. Onstenk (Eds.), *Enhancing teaching and learning in the Dutch vocational education system: Reforms enacted*. Dordrecht, The Netherlands: Springer.

Bakker, A., & Akkerman, S. F. (2014). A boundary-crossing approach to support students' integration of statistical and work-related knowledge. *Educational Studies in Mathematics, 86*, 223– 237. doi:10.1007/s10649-013-9517-z.

Bakker, A., Groenveld, D. J. G., Wijers, M., Akkerman, S. F., & Gravemeijer, K. P. E. (2014). Proportional reasoning in the laboratory: An intervention study in vocational education. *Educational Studies in Mathematics, 86*, 211–221. doi:10.1007/s10649-012-9393-y.

Bakker, A., Kent, P., Hoyles, C., & Noss, R. (2011). Designing for communication at work: A case for technology-enhanced boundary objects. *International Journal of Educational Research, 50*(1), 26–32. doi:10.1016/j.ijer.2011.04.006

Bakker, A., Kent, P., Noss, R., & Hoyles, C. (2009). Alternative representations of statistical measures in computer tools to promote communication between employees in automotive manufacturing. *Technology Innovations in Statistics Education, 3*(2). Retrieved from: http://www.escholarship.org/uc/item/53b9122r

Billett, S. (2011). *Vocational education. Purposes, traditions and prospects*. Dordrecht, The Netherlands: Springer. doi:10.1007/978-94-007-1954-5.

Brandsma, J. (1993). *Beroepsprofiel- en leerplanontwikkeling; de koninklijke weg als naïef traject?* [Developing occupational and training profiles; the royal route as a naive approach?]. Unpublished doctoral dissertation. Twente University, Enschede, The Netherlands.

De Bruijn, E. (1995). Modulering in het beroepsonderwijs: curriculaire vraagstukken [Modular vocational education: Curricular issues]. *Pedagogische Studiën, 72*(1), 64–77.

De Bruijn, E. (1997). *Het experimentele en het reguliere: Twintig jaar voltijds kort middelbaar beroepsonderwijs. Een studie naar de relatie tussen onderwijskundige vormgeving en rendement* [The experimental and the regular. Twenty years of full-time short senior secondary vocational education; a study of the relationship between educational design and course results]. Unpublished doctoral dissertation. University of Amsterdam, SCO-Kohnstamm Instituut, Amsterdam, The Netherlands.

De Bruijn, E. (2004). Changing pedagogic and didactic approaches in vocational education in the Netherlands. From institutional interests to ambitions of students. *European Journal of Vocational Training, 31*(1), 27–37.

De Bruijn, E. (2012). Teaching in innovative vocational education in The Netherlands. *Teachers and Teaching: Theory and Practice, 18*, 637–653. doi:10.1080/13540602.2012.746499.

De Bruijn, E., & Howieson, C. (1995). Modular vocational education and training in Scotland and The Netherlands: Between specificity and coherence. *Comparative Education, 31*(1), 83–100. doi:10.1080/03050069529227E.

De Bruijn, E., & Leeman, Y. (2011). Authentic and self-directed learning in vocational education: Challenges to vocational educators. *Teaching and Teacher Education, 27*, 694–702. doi:10.1016/j.tate.2010.11.007.

De Bruijn, E., & van Esch, W. (2001). Flexibilisering van het middelbaar beroepsonderwijs: mythe of mogelijkheid? [Flexibilisation in secondary vocational education: Myth or possibility?]. *Pedagogische Studiën, 78*, 397–412.

De Bruijn, E., Billett, S., & Onstenk, J. (2017). Vocational education in the Netherlands. In E. de Bruijn, S. Billett, & J. Onstenk (Eds.), *Enhancing teaching and learning in the Dutch vocational education system: Reforms enacted*. Dordrecht, The Netherlands: Springer.

De Jong, M., & de Wild, J. (1988). *Het KMBO onder de loep. Een programma-*

evaluatie van de proefprojecten volletijd KMBO [The KMBO examined. A program evaluation of full time KMBO pilot projects]. Den Haag, The Netherlands: SVO.

Elbers, E. (2012). *Iedere les een taalles? Taalvaardigheid en vakonderwijs in het (v)mbo. De stand van zaken in theorie en onderzoek.* [Each lesson a language lesson? Literacy and vocational training in pre-vocational education and secondary vocational education. The present state of theory and research]. Utrecht/Den Haag, The Netherlands: Universiteit Utrecht/PROO-NWO.

Eraut, M. (2000). Non-formal learning and tacit knowledge in professional work. *British Journal of Educational Psychology, 70*, 113–136. doi:10.1348/000709900158001.

Goodlad, J. (Ed.). (1979). *Curriculum inquiry: The study of curriculum practice.* New York, USA: McGraw-Hill.

Guile, D. (2010). *The learning challenge of the knowledge economy.* Rotterdam, The Netherlands: Sense Publishers.

Guile, D., & Young, M. (2003). Transfer and transition in vocational education: Some theoretical considerations. In T. Tuomi-Gröhn & Y. Engeström (Eds.), *Between school and work. New perspectives on transfer and boundary-crossing* (Earli series, pp. 63–82). Bingley, UK: Emerald.

HBO-Raad. (2009). *Dedicated to quality.* Den Haag, The Netherlands: HBO-raad, Netherlands Association of Universities of Applied Sciences.

Hendrix, T., Hovens, T., Kappers, A. (Eds.) (2012). *Taalonderwijs in het MBO. Themanummer. Levende Talen* [Language education in secondary vocational education. Special issue. Living languages]. Amsterdam: Vereniging van Leraren in levende talen.

Hermanussen, J., Verheijen, E., & Visser, K. (2013). *Leerplanontwikkeling in het middelbaar beroepsonderwijs* [Curriculum development in vocational education]. Utrecht/'s- Hertogenbosch, The Netherlands: Expertisecentrum beroepsonderwijs.

Hoyles, C., Noss, R., Kent, P., & Bakker, A. (2010). *Improving mathematics at work: The need for techno-mathematical literacies*. Abingdon, UK: Routledge.

Klarus, R., & van den Dool, P. (1989). *Ontwerpen van leerprocessen. Ervaringsleren en cultuurhistorische leerpsychologie binnen vorming en onderwijs* [Designing learning processes. Experiential learning and cultural-historical psychology of learning in training and education]. Amsterdam, The Netherlands: Antos/SVE.

Klatter, E. B. (2011). *Visiedocument. Competentieontwikkeling in het beroepsonderwijs. Leren en Kwalificeren in het beroepsonderwijs* [Vision document. Competency development in vocational education. Learning and qualifying in vocational education]. Amersfoort, The Netherlands: Stichting Consortium Beroepsonderwijs.

Ministry of Education, Culture and Sciences (OCW) (1999). *Agenda* BVE [The agenda for VET]. Zoetermeer, The Netherlands: OCW.

Ministry of Education, Culture and Sciences (OCW) (2000). *Koers BVE. Perspectief voor het middelbaar beroepsonderwijs en de volwasseneneducatie* [The course for VET. Perspective for secondary vocational education and adult education]. Den Haag, The Netherlands: Sdu.

Mulder, R. H. (2003). *Probleemgestuurd onderwijs in beweging. Portret Techniek maakt het!* [Problem–based education on the move. Portrait technique makes it!]. Delft/Rotterdam, The Netherlands: Axis/Risbo, Erasmus Universiteit Rotterdam.

Neuvel, J., Bersee, T., den Exter, H., & Tijssen, M. (2004). *Nederlands in het middelbaar beroepsonderwijs* [Dutch in secondary vocational education]. 's–Hertogenbosch, The Netherlands: CINOP Expertisecentrum.

Nieuwenhuis, A. F. M. (1991). *Complexe leerplaatsen in school en bedrijf: Een studie naar de implementatie en effecten van participerend leren in het middelbaar* beroepsonderwijs [Complex learning environments in school and enterprise. A study of the implementation and impact of participatory learning in secondary vocational education]. Unpublished doctoral dissertation, University of Groningen, Groningen, The Netherlands.

Nijhof, W., & Stijnen, S. (Eds.). (2001). Evaluatie van de Wet Educatie en Beroepsonderwijs [Evaluation of the Dutch Adult and Vocational Education Act]. *Pedagogische Studiën, 78*, 357–425.

Nijhof, W.J., van Esch, W. (Eds.) (2004). *Unravelling policy, power, process and performance. The formative evaluation of the Dutch Adult and Vocational Education Act.* 's–Hertogenbosch, The Netherlands: CINOP Expertisecentrum.

Onderwijsraad (Education Council). (2000). *Koers* BVE [The course for VET]. Den Haag, The Netherlands: Onderwijsraad.

Onstenk, J. H. A. M. (2002). Beroepscompetenties, kernproblemen en exacte vakken [Occupational competencies, core problems and scientific education]. In H. Sormani (Ed.), *Exacte vakken en competenties in het beroepsonderwijs* [Science and competencies in VET] (pp. 7–26). 's– Hertogenbosch, The Netherlands: CINOP.

Onstenk, J., de Bruijn, E., & van den Berg, J. (2004). *Een integraal concept van Competentiegericht Leren en Opleiden (CLOP). Achtergronden en theoretische verantwoording* [An integral concept of competency learning and training. Backgrounds and theoretical justification]. 's– Hertogenbosch, The Netherlands: CINOP Expertisecentrum.

Raaphorst, E. (2007). *Nederlands leren voor opleiding en werk: Een evaluatiestudie naar geïntegreerd tweede taal onderwijs en vakonderwijs* [Learning Dutch for training and work: An evaluation study of integrated second language education and vocational education]. Unpublished doctoral dissertation. University of Amsterdam, Amsterdam, The Netherlands.

Raaphorst, R., & Steehouder, P. (2010). *Nederlandse taal in het mbo: beleid en praktijk* [Dutch language in secondary vocational education: Policy and practice]. 's–Hertogenbosch/Utrecht, The Netherlands: Expertisecentrum beroepsonderwijs.

Schaap, H. (2011). *Students' personal professional theories: Developing a knowledge base.* Unpublished doctoral dissertation. Utrecht University, Utrecht, The Netherlands.

Schaap, H., de Bruijn, E., van der Schaaf, M. F., & Kirschner, P. A. (2009). Students' personal professional theories in competence-based vocational education; the construction of personal knowledge through internalisation and socialisation. *Journal of Vocational Education and Training, 61*, 481–494. doi:10.1080/13636820903230999.

Schaap, H., van Schaik, M., & de Bruijn, E. (2014). Studenten leren recontextualiseren in het beroepsonderwijs; de rol van ontwerptekeningen en beroepsdilemma's [Students learn how to recontextualize in vocational education; the role of design drawings and occupational dilemmas]. *Pedagogische Studiën, 91*, 24–39.

Scientific Council of Government Policies (WRR). (2013). *Naar een lerende economie. Investeren in het verdienvermogen van Nederland* [Towards a learning economy. Investing in the earning power of the Netherlands]. Amsterdam, The Netherlands: Amsterdam University Press.

Smithers, A. (1993). *All our futures – Britain's education revolution.* Research report for the Channel 4 dispatches program on 15 December 1993 under the same title. Manchester, UK: University of Manchester.

Taba, H. (1962). *Curriculum development. Theory and practice.* New York, USA: Harcourt Brace and World.

Van den Akker, J. (2003). Curriculum perspectives: An introduction. In J. van den Akker, W. Kuiper, & U. Hameyer (Eds.), *Curriculum landscapes and trends* (pp. 1–10). Dordrecht, The Netherlands: Kluwer Academic Publishers.

Van den Berg, N., & de Bruijn, E. (2009). *Het glas vult zich. Kennis over de vormgeving en effecten van competentiegericht beroepsonderwijs; verslag van een review* [The glass is filling up. Knowledge about the design and effects of competency-based vocational education; A review study]. Amsterdam/'s-Hertogenbosch, The Netherlands: Expertisecentrum Beroepsonderwijs.

Van Kleef, A. (Ed.) (2002). *Zeven Talenthema's. Beleidsverkenningen rond moderne vreemde talen in de bve* [Seven language themes. Policy explorations around modern foreign languages in VET]. 's-Hertogenbosch, The

Netherlands: CINOP.

Van Kleef, A., Driessen, M., & Jongerius, M. (2007). *Balanceren tussen oud en nieuw. Taaldocenten over competentiegericht talen leren* [Balancing between old and new. Language teachers about learning languages in a competency oriented manner].'s-Hertogenbosch, The Netherlands: CINOP Expertisecentrum.

Van Knippenberg, M. (2010). *Nederlands in het middelbaar beroepsonderwijs. Een case study in de opleiding Helpende Zorg* [Dutch in secondary vocational education. A case study in training for Home Care Assistant]. Delft, The Netherlands: Eburon.

Van Zolingen, S. J. (1995). *Gevraagd: sleutelkwalificaties. Een studie naar sleutelkwalificaties voor het middelbaar beroepsonderwijs* [Demanded: Key qualifications. A study of key qualifications for secondary vocational education]. Unpublished doctoral dissertation, Radboud University Nijmegen, Nijmegen, The Netherlands.

Wheelahan, L. (2010). *Why knowledge matters in curriculum. A social realist argument.* London, UK: Routledge Taylor & Francis Group.

Wijers, M., Jonker, V., Huisman, J., van Groenestijn, M., & van der Zwaart, P. (2007). *Raamwerk rekenen/wiskunde mbo. Versie 0.9 december 2007* [A framework for arithmetic/mathematics in secondary vocational education. Version 0.9 December 2007]. Utrecht, The Netherlands: Freudenthal Institute, Utrecht University.

Young, M. F. D. (2008). *Bringing knowledge back in. From social constructivism to social realism in the sociology of education.* London, UK: Routledge Taylor & Francis Group.

第 9 章

Aalsma, E. (2011). *De omgekeerde leerweg: een nieuw perspectief voor het beroepsonderwijs.* Delft, The Netherlands: Eburon Uitgeverij BV.

Advisory Committee Education and Labour Market (Adviescommissie

Onderwijs–Arbeidsmarkt. ACOA). (1999). *Een wending naar kerncompetenties.* 's–Hertogenbosch, The Netherlands: CINOP.

Akkerman, S. F., & Bakker, A. (2011). Boundary crossing and boundary objects. *Review of Educational Research, 81*(2), 132–169.

Akkerman, S. F., & Bakker, A. (2012). Crossing boundaries between school and work during apprenticeships. *Vocations and Learning, 5*(2), 153–173.

Baarda, R. (2006). Leren langs nieuwe wegen. In*Evaluatieonderzoek experimenten 'herontwerp kwalificatiestructuur/mbo' 2005–2006, Tweede onderzoeksjaar.* 's Hertogenbosch, The Netherlands: CINOP Expertisecentrum.

Baartman, L., & Gulikers, J. (2017). Assessment in Dutch vocational education: Overview and tensions of the past 15 years. In E. De Bruijn, S. Billett, & J. Onstenk (Eds.), *Enhancing teaching and learning in the Dutch vocational education system: Reforms enacted.* Dordrecht, The Netherlands: Springer.

Biemans, H., Nieuwenhuis, L., Poell, R., Mulder, M., & Wesselink, R. (2004). Competence–based VET in the Netherlands: Background and pitfalls. *Journal of Vocational Education and Training, 56*(4), 523–538.

Biemans, H., Wesselink, R., Gulikers, J., Schaafsma, S., Verstegen, J., & Mulder, M. (2009). Towards competence–based VET: Dealing with the pitfalls. *Journal of Vocational Education and Training, 61*(3), 267–286.

Bijsterveldt–Vliegenthart, M. (2011). *Focus op Vakmanschap 2011–2015.* Den Haag, The Netherlands: Ministerie van Onderwijs/Cultuur en Wetenschap.

Blokhuis, F. T. L. (2006). *Evidence-based design of workplace learning.* Unpublished dissertation, University of Twente, Enschede, The Netherlands.

Brandsma, J., Noonan, R., & Westphalen, S. A. (2000). *Transforming the public provision of training: Reorganisation or privatisation? Long-term changes in Sweden and The Netherlands.* Luxembourg City, Luxembourg: CEDEFOP.

Brockmann, M., Clarke, L., & Winch, C. (2008). Knowledge, skills, competence: European divergences in vocational education and training (VET) – the English, German and Dutch cases. *Oxford Review of Education, 34*(5), 547–567.

Bussemaker, J. (2014a). *Kamerbrief toekomstgericht middelbaar beroepsonderwijs.* Den Haag, The Netherlands: Ministerie van Onderwijs/ Cultuur en Wetenschap.

Bussemaker, J. (2014b). *Herziening kwalificatiestructuur mbo.* Den Haag, The Netherlands: Ministerie van Onderwijs/Cultuur en Wetenschap.

Cedefop. (2009). *The shift to learning outcomes. Policies and practices in Europe. Cedefop Reference series 72.* Luxembourg City, Luxembourg: Office for Official Publications of the European Communities.

Cedefop. (2010). *Learning outcomes approaches in VET curricula. A comparative analysis of nine European countries.* Luxembourg City, Luxembourg: Office for Official Publications of the European Communities.

Cedefop. (2012). *Curriculum reform in Europe. The impact of learning outcomes.* Luxembourg City, Luxembourg: Office for Official Publications of the European Communities.

Cremers, P. H., Wals, A. E., Wesselink, R., Nieveen, N., & Mulder, M. (2014). Self-directed lifelong learning in hybrid learning configurations. *International Journal of Lifelong Education, 33*(2), 207–232.

De Bruijn, E., Hermanussen, J., & van de Venne, L. (2008). *Evaluatie innovatiearrangement Beroepskolom 2004. Voortgangsrapport 2004.* 's–Hertogenbosch, The Netherlands: CINOP Expertisecentrum.

De Bruijn, E., & Leeman, Y. (2011). Authentic and self-directed learning in vocational education: Challenges to vocational educators. *Teaching and Teacher Education, 27,* 694–702.

De Vries, G. (2009). *Onderzoek naar de invoering van competentiegerichte kwalificatiedossiers in het mbo.* Den Haag, The Netherlands: Bureau Onderzoek en Rijksuitgaven.

Elbers, E. (2012). *Iedere les een taalles? Taalvaardigheid en vakonderwijs in het (v)mbo. De stand van zaken in theorie en onderzoek?* Utrecht, The Netherlands: Utrecht University.

Eurydice. (2006). *The education system in the Netherlands 2006.* The Hague, The Netherlands: Dutch Eurydice Unit/Department of Education, Culture and

Science.

Gulikers, J., Baartman, L. K., & Biemans, H. J. A. (2010). Facilitating evaluations of innovative, competence-based assessments: Creating understanding and involving multiple stakeholders. *Evaluation and Program Planning, 33*(2), 120–127.

Huisman, J., De Bruijn, E., Baartman, L. K., Zitter, I. I., & Aalsma, E. (2010). *Leren in hybride leeromgevingen in het beroepsonderwijs. Praktijkverkenning. Theoretische verdieping.* 's- Hertogenbosch/Utrecht, The Netherlands: Expertisecentrum Beroepsonderwijs.

Inspectorate of Education (Inspectie van het Onderwijs). (2009). *Competentiegericht MBO: kansen en risico's.* Utrecht, The Netherlands: Inspectie van het Onderwijs.

Jonnaert, P., Masciotra, D., Barrette, J., Morel, D., & Mane, Y. (2007). From competence in the curriculum to competence in action. *Prospects, 37*(2), 187–203.

Jossberger, H., Brand-Gruwel, S., Boshuizen, H., & Van de Wiel, M. (2010). The challenge of self- directed and self-regulated learning in vocational education: A theoretical analysis and synthesis of requirements. *Journal of Vocational Education and Training, 62*(4), 415–440.

Khaled, A., Gulikers, J., Biemans, H., van der Wel, M., & Mulder, M. (2014). Characteristics of hands-on simulations with added value for innovative secondary and higher vocational education. *Journal of Vocational Education & Training, 66*(4), 462–490.

Kicken, W., Brand-Gruwel, S., Van Merriënboer, J. J., & Slot, W. (2009). The effects of portfolio- based advice on the development of self-directed learning skills in secondary vocational education. *Educational Technology Research and Development, 57*(4), 439–460.

Kirschner, P., Van Vilsteren, P., Hummel, H., & Wigman, M. (1997). The design of a study environment for acquiring academic and professional competence. *Studies in Higher Education, 22*(2), 151–171.

McDaniel, O. (2012). *Het handelingsgericht in beeld brengen van de professionaliteit van docenten en managers in het onderwijs.* Wageningen, The Netherlands: Keynote speech ORD2012.

Mulder, M., Weigel, T., & Collins, K. (2007). The concept of competence in the development of vocational education and training in selected EU member states: A critical analysis. *Journal of Vocational Education & Training, 59*(1), 67–88.

Nieuwenhuis, L. F. M., Van Berkel, H., Jellema, M., & Mulder, R. (2001). *Kwaliteit getoetst in de BVE. Kwaliteit en niveau van aanbod en examinering in het beroepsonderwijs en de volwasseneneducatie.* Zoetermeer, The Netherlands: Stuurgroep Evaluatie WEB/OC&W.

Nieuwenhuis, L. F. M., & Van Woerkom, M. (2007). Goal rationalities as a framework for evaluating the learning potential of the workplace. *Human Resource Development Review, 6*(1), 64–83.

Nijhof, W. J., & Van Esch, W. (2004). *Unravelling policy, process and performance. The formative evaluation of the Dutch Adult and Vocational Education Act.* 's Hertogenbosch, The Netherlands: Cinop Expertisecentrum.

OECD. (2013). *Innovative learning environments, educational research and innovation.* Paris: OECD Publishing.

Onstenk, J., & Blokhuis, F. (2007). Apprenticeship in the Netherlands: Connecting school-and work-based learning. *Education Training, 49*(6), 489–499.

Oonk, C., Beers, P. J., & Wesselink, R. (2013). *Doceren in regioleren. Rollen, taken en competenties van docenten in regionale leerarrangementen.* Wageningen, The Netherlands: Leerstoelgroep Educatie- en competentiestudies.

Poortman, C. L., Illeris, K., & Nieuwenhuis, L. (2011). Apprenticeship: From learning theory to practice. *Journal of Vocational Education & Training, 63*(3), 267–287.

Schuit, H., Kennis, R., & Hövels, B. (2009). *Competentiegerichte kwalificatiedossiers gewogen*. Nijmegen, The Netherlands: Kenniscentrum Beroepsonderwijs en Arbeidsmarkt.

Sfard, A. (1998). On two metaphors for learning and the dangers of choosing just one. *Educational Researcher, 27*(2), 4–13.

Smulders, H., Hoeve, A., & Van der Meer, M. (2012). *Co-makership. Duurzame vormen van samenwerking onderwijs-bedrijfsleven.* 's Hertogenbosch, The Netherlands: ECBO.

Stoof, A., Martens, R. L., Van Merriënboer, J. J., & Bastiaens, T. J. (2002). The boundary approach of competence: A constructivist aid for understanding and using the concept of competence. *Human Resource Development Review, 1*(3), 345–365.

Sturing, L., Biemans, H. J. A., Mulder, M., & De Bruijn, E. (2011). The nature of study programmes in vocational education: Evaluation of the model for comprehensive competence- based vocational education in the Netherlands. *Vocations and Learning, 4*(3), 191–210.

Van den Akker, J. (2003). Curriculum perspectives: An Introduction. In J. van den Akker, W. Kuiper, & U. Hameyer (Eds.), *Curriculum landscapes and trends* (pp. 1–10). Dordrecht, The Netherlands: Springer.

Van den Berg, N., & De Bruijn, E. (2009). *Het glas vult zich. Kennis over vormgeving en effecten van competentiegericht beroepsonderwijs; verslag van een review.* Amsterdam/'s- Hertogenbosch, The Netherlands: ECBO.

Van der Meijden, A. (2007). *Leren in een bewegende omgeving. Derde meting van de monitor onder experimentele opleidingen.* 's Hertogenbosch, The Netherlands: CINOP Expertisecentrum.

Van der Meijden, A. (2011). *Uitval, diplomering en opstroom binnen het mbo. BRON-data vergeleken tussen experimentele en niet-experimentele opleidingen in het mbo.* 's-Hertogenbosch, The Netherlands: ECBO.

Van der Meijden, A., Van den Berg, J., & Román, A. (2013). *Het mbo tijdens invoering cgo. Resultaten van de vijfde CGO Monitor.* Utrecht/'s-Hertogenbosch, The Netherlands: ECBO.

Van Merriënboer, J. J. G., & Kirschner, P. A. (2007). *Ten steps to complex learning*. Mahwah, NJ: Erlbaum/Routledge.

Velde, C. (1999). An alternative conception of competence: Implications for vocational education. *Journal of Vocational Education and Training, 51*(3), 437–447.

Wesselink, R. (2010). *Comprehensive competence-based vocational education: The development and use of a curriculum analysis and improvement model*. Unpublished dissertation. Wageningen, The Netherlands: Wageningen University.

Wesselink, R., Biemans, H. J. A., Mulder, M., & van den Elsen, E. R. (2007). Competence-based VET as seen by Dutch researchers. *European Journal of Vocational Training, 40*, 38–51.

Wesselink, R., De Jong, C., & Biemans, H. J. A. (2010). Aspects of competence-based education as footholds to improve the connectivity between learning in school and in the workplace. *Vocations and Learning, 3*(1), 19–38.

Wesselink, R., Dekker-Groen, A. M., Biemans, H. J. A., & Mulder, M. (2010). Using an instrument to analyse competence-based study programmes: Experiences of teachers in Dutch vocational education and training. *Journal of Curriculum Studies, 42*(6), 813–829.

Winterton, J., Delamare-Le Deist, F., & Stringfellow, E. (2006). *Typology of knowledge, skills and competences: Clarification of the concept and prototype, Research report elaborated on behalf of Cedefop*. Luxembourg City, Luxembourg: Office for Official Publications of the European Communities.

Zitter, I. I. (2010). *Designing for learning: Studying learning environments in higher professional education from a design perspective*. Unpublished dissertation. Utrecht, The Netherlands: Utrecht University.

Zitter, I., De Bruijn, E., Simons, P. R. J., & Ten Cate, O. (2012). The role of professional objects in technology-enhanced learning environments in higher education. *Interactive Learning Environments, 20*(2), 119–140.

Zitter, I., De Bruijn, E., Simons, P. R. J., & Ten Cate, T. J. (2011). Adding a design perspective to study learning environments in higher professional education. *Higher Education, 61*(4), 371–386.

Zitter, I., & Hoeve, A. (2012). *Hybrid learning environments: Merging learning and work processes to facilitate knowledge integration and transitions, OECD Education Working Papers no. 81.* Paris: OECD Publishing.

Zitter, I., Kinkhorst, G., Simons, R., & Ten Cate, O. (2009). In search of common ground: A task conceptualization to facilitate the design of (e) learning environments with design patterns. *Computers in Human Behavior, 25*(5), 999–1009.

第 10 章

Aalsma, E. (2011). *De omgekeerde leerweg: een nieuw perspectief voor het beroepsonderwijs* [Reversed learning: A new perspective on vocational education]. Delft, The Netherlands: Eburon.

Baartman, L. K. J., & De Bruijn, E. (2011). Integrating knowledge, skills and attitudes: Conceptualising learning processes towards vocational competence. *Educational Research Review.* doi:10.1016/j.edurev.2011.03.001.

Billet, S. (2006). Constituting the workplace curriculum. *Journal of Curriculum Studies, 38*(1), 31–48.

Billett, S. (2011). *Curriculum and pedagogic bases for effectively integrating practice-based experiences – Final report.* Strawberry Hills, Australia: Australian Learning and Teaching Council.

De Bruijn, E. (1997). *Het experimentele en het reguliere: twintig jaar voltijds Kort Middelbaar Beroepsonderwijs. Een studie naar de relatie tussen onderwijskundige vormgeving en rendement.* Amsterdam: Universiteit van Amsterdam.

De Bruijn, E. (2012). Teaching in innovative vocational education in the Netherlands. *Teachers and Teaching: Theory and Practice: The Journal of the International Study Association on Teacher Thinking, 18*(6), 637–653.

De Bruijn, E., & Leeman, Y. (2011). Authentic and self–directed learning in vocational education: Challenges to vocational educators. *Teaching and*

Teacher Education, 27, 694–702.

De Bruijn, E., Overmaat, M., Glaudé, M., Heemsker, I., Leeman, Y., Roeleveld, J., et al. (2005). Krachtige leeromgevingen in het middelbaar beroepsonderwijs. *Pedagogische Studieën, 2005*(82), 77–95.

Den Boer, P., & Stukker, E. (2011). *Leren voor je loopbaan.* Etten–Leur, The Netherlands: ROC West–Brabant.

Den Boer, P. R. (2009). *Kiezen van een opleiding: van ervaring naar zelfsturing. Can it be done?* Etten–Leur, The Netherlands: ROC West Brabant.

Den Boer, P. R., Jager, A. K., & Smulders, H. R. M. (2003). *Beroepsdilemma's als sleutel tot betekenisvol leren.* Beroepsidentiteitsontwikkeling en wat onderwijs daaraan kan bijdragen. Wageningen, The Netherlands: Stoas Onderzoek.

Dijsselbloem, C. (2008). *Tijd voor onderwijs, Parlementair onderzoek onderwijsvernieuwingen.* Den Haag, The Netherlands: Tweede Kamer.

Dumont, H., & Istance, D. (2010). Analysing and designing learning environments for the 21st century. In H. Dumont, D. Istance, & F. Benavides (Eds.), *The nature of learning. Using research to inspire practice* (pp. 19–34). Paris: OECD.

Geurts, J. (2003). *Van Opleidingenfabriek naar Loopbaancentrum. Pleidooi voor een integraal herontwerp van het middelbaar beroepsonderwijs, Gids Beroepsonderwijs en Volwasseneneducatie.* Den Haag, The Netherlands: Elsevier.

Geurts, J., & Meijers, F. (2006). Burgerschap en beroepsvorming: beter balanceren tussen individuele en sociale vorming. In B. Hoetjes & C. van der Meule (Eds.), *Wereldstedelingen. Bijdragen over burgerschap uit de lectoraten van De Haagse Hogeschool/TH Rijswijk* (pp. 189–218). 's–Gravenhage, The Netherlands: De Haagse Hogeschool.

Gielen, P., Den Boer, P., & Waslander, S. (2011). *Variatie in maatwerk. Publieksversie ter gelegenheid van de afsluiting van het ELEO project.* Tilburg, The Netherlands: IVA Beleidsonderzoek en Advies.

Glaudé, M., Van den Berg, J., Verbeek, F., & De Bruijn, E. (2011). *Pedagogisch-didactisch handelen van docenten in het middelbaar beroepsonderwijs literatuurstudie.* 's– Hertogenbosch/ Utrecht, The Netherlands: ECBO.

Harms, G. J. (1995). *Effecten van modulair beroepsonderwijs: motivatie en rendement.* Groningen, The Netherlands: Rijksuniversiteit Groningen.

Harms, G. J. (2010). *Zelfsturing meetbaar maken. Ontwikkeling van een instrument om zelfsturing in mbo-opleidingen in kaart te brengen.* Groningen, The Netherlands: GION.

Harms, G. J. (2011). *Competentiegericht leren op de werkvloer. Onderwijsvarianten en ervaringen van deelnemers in acht opleidingen van het Noorderpoort. Eindrapport.* Groningen, The Netherlands: GION.

Harms, T. (2009). *Competentiegericht leren op de werkvloer: een beschrijving van acht opleidingen van het Noorderpport en hun deelnemers in schooljaar 2007–2008.* Groningen, The Netherlands: GION.

Hmelo–Silver, C. E., Duncan, R. G., & Chinn, C. A. (2007). Scaffolding and achievement in problem– based and inquiry learning: A response to Kirschner, Sweller, & Clark (2006). *Educational Psychologist, 42*, 99–107.

Hoeve, A., & Nieuwenhuis, L. (2006). Learning routines in innovation processes. *Journal of Workplace Learning, 18*(3), 171–185.

Järvelä, S., & Volet, S. (2004). Motivation in real–life, dynamic and interactive learning environments: Stretching constructs and methodologies. *European Psychologist, 9*(4), 193–197.

Jolles, J. (2007). Neurocognitieve ontwikkeling en adolescentie: enkele implicaties voor het onderwijs. *Onderwijsinnovatie, maart, 2007,* 30–32.

Jossberger, H. (2011). *Toward self-regulated learning in vocational education: Difficulties and opportunities.* Heerlen, The Netherlands: Dissertation Open Universiteit.

Jossberger, H., Brand–Gruwel, S., Boshuizen, H., & Van de Wiel, M. (2010). The Challenge of Self– directed and Self–regulated Learning in Vocational Education: A Theoretical Analysis and Synthesis of Requirements. *Journal of*

Vocational Education & Training, 62(4), 415–440.

Khaled, A. E. (2014). *Innovations in hands-on simulations for competence development: Authenticity and ownership of learning and their effects on student learning in secondary and higher vocational education.* PhD thesis, Wageningen University.

Kicken, W. (2008). *Portfolio use in vocational education: Helping students to direct their learning.* Heerlen, The Netherlands: Dissertation Open Universiteit.

Kirschner, P. A., Sweller, J., & Clark, R. E. (2006). Why minimal guidance during instruction does not work: An analysis of of the failure of constructivist, discovery, problem-based, experiental and inquiry-based teaching. *Educational Psychologist, 41*, 75–86.

Knowles, M. D. (1975). *Self-directed learning. A guide for learners and teachers.* Chicago: Association Press.

Könings, K. D., Brand-Gruwel, S., & Van Merriënboer, J. J. G. (2005). Towards more powerful learning environments through combining the perspectives of designers, teachers, and students. *British Journal of Educational Psychology, 75*, 645–660.

Kuijpers, M., Meijers, F., & Bakker, J. (2006). *Krachtige loopbaangerichte leeromgevingen in het (v)mbo: Hoe werkt het?* Driebergen, The Netherlands: Het Platform Beroepsonderwijs.

Kuijpers, M. A. C. T. (2012). *Architectuur van leren voor de loopbaan: richting en ruimte.* Heerlen, The Netherlands: Open Universiteit.

Lave, J., & Wenger, E. (1991). *Situated learning: Legitimate peripheral participation.* Cambridge, MA: Cambridge University Press.

Luken, T. (2008). De (on)mogelijkheid van nieuw leren en zelfsturing. In M. Kuipers & F. Meijers (Eds.), *Loopbaanleren. Onderzoek en praktijk in het onderwijs.* Antwerpen, Belgium/ Apeldoorn, The Netherlands: Garant.

Meijers, F. (2011). Is zelfsturing te hoog gegrepen? *Expertise, 5*(4), 14–15.

Meijers, F., Kuijpers, M., & Gundy, C. (2013). The relationship between career competencies, career identity, motivation and quality of choice. *International*

Journal for Educational and Vocational Guidance, 13, 47–66.

Meijers, F., Lengelle, R., Winters, A., & Kuijpers, M. (2017). A dialogue worth having: Vocational competence, career identity and a learning environment for 21st century sucess at work. In E. De Bruijn, S. Billett, & J. Onstenk (Eds.), *Enhancing teaching and learning in the Dutch vocational education system: Reforms enacted.* Dordrecht, The Netherlands: Springer.

Mulder, R. H. (2014). Bevorderen van de kwaliteit van leer- en opleidingsprocessen in het beroepsonderwijs: actuele uitdagingen voor onderzoek en theorieontwikkeling. *Pedagogische Studiën, 91*(1), 69–77.

Newman, R. S. (2008). The motivational role of adaptive help seeking in self-regulated learning. In D. H. Schunk, & B. J. Zimmerman (Eds.), *Motivation and self-regulated learning. Theory, research and applications.* New York: Lawrence Erlbaum Associates.

Schaap, H., De Bruijn, E., Van der Schaaf, M. F., & Kirschner, P. A. (2009). Students' personal professional theories in competence-based vocational education: The construction of personal knowledge through internalisation and socialisation. *Journal of Vocational Education and Training, 61*, 481–494.

Schaap, H., De Bruijn, E., Van der Schaaf, M. F., Baartman, L. K. J., & Kirschner, P. A. (2011). Explicating students' personal professional theories in vocational education through multi- method triangulation. *Scandinavian Journal of Educational Research, 55*(6), 567–586.

Smulders, H., Hoeve, A. & Van der Meer, M. (2013). *Krachten bundelen voor vakmanschap: over co-makership tussen onderwijs en bedrijfsleven.* Utrecht/'s–Hertogenbosch, The Netherlands: ecbo.

Stuurgroep evaluatie WEB. (2001). De WEB: *naar eenvoud en evenwicht: eindrapport van de Stuurgroep Evaluatie WEB.* Zoetermeer, The Netherlands: Stuurgoep Evaluatie WEB.

Teurlings, C. C. J. (1993). *Leren tekstverwerken: een nieuw perspectief. Academisch Proefschrift Katholieke Universiteit Brabant.* Breda, The Netherlands: Teurlings.

Trilling, B., & Fadel, C. (2009). *21st century skills: Learning for life in our times.* San Francisco: Jossey–Bass.

Van Aken, J., & Andriessen, D. (2011). *Handboek ontwerpgericht wetenschappelijk onderzoek.* Den Haag, The Netherlands: Boom|Lemma

Van den Berg, N., & De Bruijn, E. (2009). *Het glas vult zich. Kennis over de vormgeving en effecten van competentiegericht beroepsonderwijs; verslag van een review.* Amsterdam/'s– Hertogenbosch, The Netherlands: ECBO.

Van der Meijden, A., Van den Berg, J., & Román, A. (2013). *Ontwerp en resultaat van opleidingen in het middelbaar beroepsonderwijs: vijfde meting CGO-monitor* [Design and results of educational programmes in Dutch VET: Fifth monitor competence based education]. 's–H ertogenbosch, The Netherlands: ecbo.

Van der Meijden, A., Westerhuis, A., Huisman, J., Neuvel, J., & Groenenberg, R. (2009). *Beroepsonderwijs in verandering: op weg naar competentiegericht onderwijs: schooljaar 2006–2007* [Changing Dutch VET: Developing towards competence based education: 2006– 2007]. Expertisecentrum Beroepsonderwijs (ECBO), Amsterdam, The Netherlands.

Van der Sanden, J. M. M., & Teurlings, C.C.J. (2003). Developing competence during practice periods: the learners' perspective. In: T. Tuomi–Gröhn & Y. Engeström (Eds.), *Between school and work, new perspectives on transfer and boundary-crossing. Advances in learing and instruction series.* Oxford, UK: Pergamon Elsevier Science.

Van der Werf, M. P. C. (2005). *Leren in het Studiehuis: consumeren, construeren of engageren? Rede Rijksuniversiteit Groningen.* Groningen, The Netherlands: GION.

Van Emst, A. (2002). *Koop een auto op de sloop: paradigmashift in het onderwijs.* Utrecht, The Netherlands: APS.

Van Gelder, W. (2007). *Vraaggericht werken in het middelbaar beroepsonderwijs. Onderzoek naar maatwerk in het mbo.* Utrecht, The Netherlands: Wim van Gelder Advies.

Van Kuijk, J., Vrieze, G., Peek, S., & Smit, F. (2010). *Flexibiliteit in het MBO. Remmers en trekkers.* 's-Hertogenbosch/Utrecht, The Netherlands: ECBO.

Van Merriënboer, J. J. G., Clark, R. E., & de Croock, M. B. M. (2002). Blueprints for complex learning: The 4C/ID-model. *Educational Technology Research and Development, 50,* 39–61.

Van Wijk, B., Fleur, E., Smits, E., & Vermeulen, C. (2011). *De verloren zonen m/v: de terugkeer in het onderwijs van vsv'ers.* Utrecht, The Netherlands: ECBO.

Vermunt, J. (1998). De wisselwerking tussen leren en onderwijzen. In: J. Vermunt & L. Verschaffel (Eds.), *Onderwijzen van kennis en Vaardigheden. Onderwijskundig Lexicon Editie III* (pp. 26–47). Alphen a/d Rijn: Samson.

Vermunt, J. D. (2003). The power of learning environments and the quality of student learning. In E. de Corte (Ed.), *Powerful learning environments: Unravelling basic components and dimensions.* Amsterdam, The Netherlands: Pergamon.

Vink, R., Oosterling, M., Vermeulen, M., Eimers, T., & Kennis, R. (2010). *Doelmatigheid van het middelbaar beroepsonderwijs.* Tilburg, The Netherlands: IVA Beleidsonderzoek en Advies.

Vygotsky, L. S. (1935; reprinted 1978). Interaction between learning and development. In M. Cole, V. John-Steiner, S. Scribner, & E. Souberman (Eds.), *Mind in society: The development of higher psychological processes.* Cambridge, MA: Harvard University Press.

Waslander, S., & Kessels, M. (2008). *Leren organiseren.* Leeuwarden, The Netherlands: Friesland College/Artefaction.

Wesselink, R., & Zitter, I. (2017). Designing competence-based vocational curricula at the school- work boundary. In E. De Bruijn, S. Billett, & J. Onstenk (Eds.), *Enhancing teaching and learning in the Dutch vocational education system: Reforms enacted.* Dordrecht, The Netherlands: Springer.

Winters, A. (2012). *Career learning in vocational education: guiding conversations for career development.* Leuven, The Netherlands: Universiteit Leuven.

Zitter, I. (2010). *Designing for learning: Studying learning environments in higher professional education from a design perspective.* Published doctoral dissertation.

Zitter, I., & Hoeve, A. (2012). *Hybrid learning environments: Merging learning and work processes to facilitate knowledge integration and transitions* (OECD Education Working Papers, No. 81). OECD Publishing.

Zitter, I., & Hoeve, A. (2016). *Van losse ingrediënten naar een smakelijk gerecht: een ontwerpgericht diepte-onderzoek naar een hybride leeromgeving in het horeca onderwijs.* 's– Hertogenbosch, The Netherlands: ECBO.

Zitter, I., Kinkhorst, G., Simons, P. R. J., & Ten Cate, T. J. (2009). In search of common ground: A task conceptualization to facilitate the design of (e) learning environments with design patterns. *Computers in Human Behavior, 25*(5), 999–1009.

第 11 章

Akkerman, S. F., & Bakker, A. (2012). Crossing boundaries between school and work during apprenticeships. *Vocations and Learning, 5*(2), 153–173.

Baartman, L. K., & de Bruijn, E. (2011). Integrating knowledge, skills and attitudes: Conceptualising learning processes towards vocational competence. *Educational Research Review, 6*(2), 125– 134. doi:10.1016/j.edurev.2011.03.001.

Bailey, T. R., Hughes, K. L., & Moore, D. T. (2004). *Working knowledge: Work-based learning and education reform.* New York/London: Routledge Falmer.

Bakker, A., & Akkerman, S. F. (2013). A boundary–crossing approach to support students' integration of statistical and work–related knowledge. *Educational Studies in Mathematics, 86*, 223–237.

Billett, S. (2001). Learning through work: Workplace affordances and individual engagement. *Journal of Workplace Learning, 13*(5), 209–214.

Billett, S. (2002). Workplace pedagogic practices. *Lifelong Learning in Europe, 2*, 94–103.

Billett, S. (2003). Vocational curriculum and pedagogy: An activity theory perspective. *European Educational Research Journal, 2*(1), 6–21.

Billett, S. (2006). Constituting the workplace curriculum. *Journal of Curriculum Studies, 37*(3)

Billett, S. (2011). *Vocational education. Purposes, traditions and prospects.* London/New York: Springer.

Blokhuis, F. T. L. (2006). *Evidence-based design of workplace learning.* Enschede, The Netherlands: Twente University.

Bronneman–Helmers, R. (2006). *Duaal als ideaal* [Dual as ideal]. Den Haag, The Netherlands: SCP.

Cullen, J., Hadjivassiliou, K., Hamilton, E., Kelleher, J., Sommerlad, E., & Stern, E. (2002). *Review of current pedagogic research and practice in the fields of post-compulsory education and lifelong learning: Final report.* London: ESRC.

De Bruijn, E., Leeman, Y., & Overmaat, M. (2006). Authentic and self–direct learning in vocational education [Authentiek en zelfgestuurd leren in het mbo]. *Pedagogiek, 26*(1), 45–63.

De Vries, B. (1988). *Het leven en de leer* [Life and principles]. PhD. Nijmegen, The Netherlands: ITS.

Eraut, M. (2000). Non formal learning, implicit learning and tacit knowledge in professional work. In F. Coffield (Ed.), *The necessity of informal learning.* Bristol, UK: The Policy Press.

Eraut, M. (2004). Informal learning in the workplace. *Studies in Continuing Education, 26*(2).

Fleur, E. & van der Meer, M. (2012). *Patronen van bekostigd volwassenenonderwijs: Volwassen deelnemers in het middelbaar beroepsonderwijs van 2005/2006 tot en met 2011/2012.* Gepubliceerd via www.ecbo.nl.

Fuller, A., & Unwin, L. (2003a). Fostering workplace learning: Looking through the lens of apprenticeship. *European Educational Research Journal, 2*(1), 41–55.

Fuller, A., & Unwin, L. (2003b). Learning as apprentices in the contemporary UK workplace: Creating and managing expansive and restrictive participation.

Journal of Education and Work, 16(4), 407–426.

Griffiths, T., & Guile, D. (2003). A Connective model of learning: The implications for work process knowledge. *European Educational Research Journal, 2*(1), 56–73.

Guile, D. (2014). Professional knowledge and professional practice as continuous recontextualisation: A social practice perspective. In M. Young & J. Muller (Eds.), *Knowledge, expertise and the professions* (pp. 78–92). London/New York: Routlegde.

Guile, D., & Griffiths, T. (2001). Learning through work experience. *Journal of Education and Work, 14*, 113–131.

Inspectorate of Education. (2007). *Competenties: kun je dat leren?* [Competences: Can they be learned?] Utrecht, The Netherlands: Inspectorate of Education.

JOB. (2005). Rapport JOB monitor 2005 [Report on VET students Monitor 2005]. Amsterdam: Jongeren Organisatie Beroepsonderwijs.

JOB. (2012). Rapport JOB monitor 2012 [Report on VET students Monitor 2012]. Amsterdam: Jongeren Organisatie Beroepsonderwijs.

Klarus, R., & van Vlokhoven, H. (2014). *Zelfregulatie als hefboom voor competentieontwikkeling* [Self regulation as leverage for competence development]. Nijmegen, The Netherlands: HAN

Kusterer, K. C. (1976). *Knowledge on the job: Workers' know-how and everyday survival in the workplace.* Washington University Ph.D.

Latour, B. (1988). *Science in action.* Cambridge, MA: Harvard University Press.

Lave, J., & Wenger, E. (1991). *Situated learning: Legitimate peripheral participation.* Cambridge: Cambridge University Press.

Lee, T., Fuller, A., Ashton, D. Butler, P., Felstead, A. Unwin, L., & Walters, S. (2004). *Learning as work: Teaching and learning processes in the contemporary work organisation* (Learning as Work Research Paper No. 2). Leicester, UK: University of Leicester The Centre for Labour Market Studies.

Nieuwenhuis, L., Nijman, D. J., Kat, M., de Ries, K., & van Vijfeijken, M. (2011). *De doorbraak in zicht. Tweede tussenrapportage van het doorbraakproject werkplekleren*. [Breakthrough in sight: Second report on the breakthrough project work based learning]. Tilburg: IVA.

Nieuwenhuis, A. F. M., Poortman, C. L., & Reenalda, M. (2014). Nieuwe concepten voor het vormgeven van werkplekleren. *Pedagogische Studiën, 1.*

Nieuwenhuis, L. F., & Van Woerkom, M. (2007). Goal rationalities as a framework for evaluating the learning potential of the workplace. *Human Resource Development Review, 6*(1), 64–83.

Nijhof, W. J., & Nieuwenhuis, A. F. M. (2008). *The learning potential of the workplace*. Rotterdam,The Netherlands: Sense Publishers.

Nijhof, W. J., & van Esch, W. (2004). *Unravelling policy, power, process and performance. The formative evaluation of the Dutch Adult and Vocational Education Act.* Den Bosch, The Netherlands: Cinop.

OCW. (2014). *Kamerbrief toekomstgericht middelbaar beroepsonderwijs* [Ministerial letter on future oriented vocational education]. Den Haag, The Netherlands: Ministerie van Onderwijs, Cultuur en Wetenschap. Retrieved http://www.rijksoverheid.nl/documenten-en-publicaties/kamerstukken/2014/06/02/kamerbrief-over-een-toekomstgericht-middelbaar-beroepsonderwijs.htmlhttp://www.rijksoverheid.nl/documenten-en-publicaties/kamerstukken/2014/06/02/kamerbrief-over-een-toekomstgericht-middelbaar-beroepsonderwijs.html

OECD. (2010). *Learning for jobs. OECD policy review of vocational education and training.* Paris: OECD.

Oettingen, G., & Gollwitzer, P. M. (2009). Making goal pursuit effective: Expectancy-dependent goal setting and planned goal striving. In J. P. Forgas, R. Baumeister, & D. M. Tice (Eds.), *The psychology of self-regulation: Cognitive, affective, and motivational processes* (pp. 127–146). Philadelphia: Psychology Press.

Onstenk, J. H. A. M. (2001). Training for new jobs: Contents and pilot projects. In M. Tessaring & P. Descy (Eds.), *Second report on vocational training research in Europe.* Thessaloniki: CEDEFOP.

Onstenk, J. (2003). *Werkplekleren in de beroepsonderwijskolom. Naar een integratie van binnen en buitenschools leren* [Workplace learning in the vocational education column. Towards an integration of learning inside and outside of schools]. Den Haag, The Netherlands: Onderwijsraad.

Onstenk, J. (2004). Innovation in vocational education in the Netherlands. In: *VOCAL 2004*. Yearbook of the Australian Association of Vocational Schools.

Onstenk, J. (2009). Connections between school and work based learning. In M. J. Stenström & P. Tynjala (Eds.), *Towards Integration of Work and Learning* (pp. 187–200). Dordrecht, The Netherlands: Springer.

Onstenk, J. (2010). Coaching and collaborative work based learning in Dutch VET: The TEAMstages project. In F. Rauner & E. Smith (Eds.), *Rediscovering apprenticeship* (pp. 161– 170). Dordrecht, The Netherlands/London/New York: Springer/UNEVOC.

Onstenk, J., & Blokhuis, F. (2007). Apprenticeship in the Netherlands: Connecting school–and work–based learning. *Education & Training, 49*(6), 489–499.

Onstenk, J., & Janmaat, H. (2006). *Samen werken aan leren op de werkplek. Op weg naar co- design en co-makership van scholen en bedrijven.* [Working together on workplace learning. Towards comakership and codesign between schools and companies.]. Den Bosch, The Netherlands: Cinop EC.

Poortman, C. J. (2007). *Workplace learning processes in senior secondary vocational education.* Enschede, The Netherlands: University of Twente.

Poortman, C. L., Illeris, K., & Nieuwenhuis, L. (2011). Apprenticeship: From learning theory to practice. *Journal of Vocational Education & Training, 63*(3), 267–287.

Poortman, C. L. & Graus, M. (2011). *De leukste plek om te leren.* [The nicest spot to learn]. De leerafdeling in de regio. Utrecht, The Netherlands: ROC Midden Nederland.

Poortman, C. L., Nelen, A., De Grip, A., Nieuwenhuis, A. F. M., & Kirschner, P. A. (2012). Effecten van leren en werken in het mbo: Een review studie. [Effects of work based learning in mbo: A review study]. *Pedagogische Studiën, 89*(5), 288–306.

Reenalda, M. (2011). *Effecten van dualisering in het hbo.* [Effects of dual higher professional education] PhD. Enschede, The Netherlands: Twente University.

Schaap, H. (2012). *Students' personal professional theories in vocational education: Developing a knowledge base. PhD.* Utrecht: Utrecht University.

Schaap, H., de Bruijn, E., van der Schaaf, M. F., Kirschner, P. A., et al. (2009). Students' personal professional theories in competence-based vocational education: The construction of personal knowledge through internalisation and socialisation. *Journal of Vocational Education & Training, 61*, 481–494.

Smulders, H., Cox, A. & Westerhuis, A. (2013). *Netherlands VET in Europe – Country report 2013.* Cedefop: Refernet.

Streumer, J. (2010). *De kracht van werkplekleren.* [The power of workplace learning]. Amsterdam: Boom.

Tuomi-Gröhn, T., & Engeström, Y. (2003). *Between school and work, new perspectives on transfer and boundary-crossing.* Oxford: Pergamon Elsevier Science.

Tynjälä, P. (2008). Perspectives into learning at the workplace. *Educational Research Review, 3*(2008), 130–154.

Van den Berg, N., de Jongh A. & Streumer, J. (2011). *Leren van betekenis. Over 'betekenisvolle leersituaties' van studenten en opleiders in leerafdelingen.* [Meaningful learning in learning departments]. Rotterdam, The Netherlands: Zadkine/Hogeschool van Rotterdam.

Van der Sanden, J. M. M., & Teurlings, C. C. J. (2003). Developing competence during practice periods: the learners' perspective. In T. Tuomi-Gröhn & Y. Engeström (Eds.), *Between school and work, new perspectives on transfer and boundary-crossing, Advances in learning and instruction series.* Oxford, UK: Pergamon Elsevier Science.

Wenger, E. (1998). *Communities of practice: Learning, meaning, and identity.* Cambridge, UK: Cambridge University Press.

Wolbers, M. (2003). Combinaties van leren en werken onder jongeren in Europa. *Tijdschrift voor Arbeidsmarktvraagstukken,* 2003-19, nr1, pp. 20–33.

Young, M. T. D. (2008). *Bringing knowledge back in.* London/New York: Routledge.

Zitter, I., & Hoeve, A. (2012). *Hybrid learning environments. Merging learning and work processes to facilitate knowledge integration and transitions* (OECD Education Working Papers 81). Paris: OECD Publishing.

第 12 章

Adviescommissie Onderwijs-Arbeidsmarkt. (1999). *Een wending naar kerncompetenties. De betekenis van kerncompetenties voor de versterking van de kwalificatiestructuur secundair beroepsonderwijs* [A move towards core competences. The meaning of core competences to improve the qualification structure for VET]. 's-Hertogenbosch, The Netherlands: ACOA.

Baartman, L. K. J., Bastiaens, T. J., Kirschner, P. A., & Van der Vleuten, C. P. M. (2006). The wheel of competency assessment. Presenting quality criteria for Competency Assessment Programs. *Studies in Educational Evaluation, 32,* 153–177.

Baartman, L. K. J., Bastiaens, T. J., Kirschner, P. A., & van der Vleuten, C. P. M. (2007). Evaluating assessment quality in competence-based education: A qualitative comparison of two frameworks. *Educational Research Review, 2,* 114–129.

Baartman, L. K. J., Kloppenburg, R., & Prins, F. J. (2013). Kwaliteit van toetsprogramma's [Quality of assessment programmes]. In A. Bax, H. van Berkel & D. Joosten-ten Brinke (Eds.), *Toetsen in het Hoger Onderwijs* [Assessment in higher education] (3rd ed., pp. 51–62). Houten, The Netherlands: Bohn Stafleu van Loghum.

Baartman, L. K. J., Prins, F. J., Kirschner, P. A., & Van der Vleuten, C. P. M. (2007). Determining the quality of competence assessment programs: A self-evaluation procedure. *Studies in Educational Evaluation, 33,* 258–281.

Baartman, L. K. J., Prins, F. J., Kirschner, P. A., & van der Vleuten, C. P. M. (2011). Self-evaluation of assessment programs: A cross-case analysis. *Evaluation and Program Planning, 34*, 206–216.

Bartram, D. (2005). The great eight competencies: A criterion-centric approach to validation. *Journal of Applied Psychology, 90*, 1185–1203.

Bartram, D. (2012). The SHL universal competency framework. Whitepaper.

Biemans, H., Nieuwenhuis, L., Poell, R., Mulder, M., & Wesselink, R. (2004). Competence-based VET in the Netherlands: Background and pitfalls. *Journal of Vocational Education and Training, 56*, 523–538.

Black, P., & Wiliam, D. (1998). Assessment and classroom learning. *Assessment in Education: Principles, Policy & Practice, 5*(1), 7–74.

Borghans, L., & Heike, J. A. M. (2004). Promoting the macro-efficiency of vocational education. In W. J. Nijhof & W. van Esch (Eds.), *Unravelling policy, power, process and performance. The formative evaluation of the Dutch adult and vocational education act* (pp. 79–98). 's- Hertogenbosch, The Netherlands: Cinop.

Boud, D. (2000). Sustainable assessment: Rethinking assessment for the learning society. *Studies in Continuing Education, 22*, 151–167.

Brandsma, J. (2004). The effectiveness of the qualification structure. In W. J. Nijhof & W. van Esch (Eds.), *Unravelling policy, power, process and performance. The formative evaluation of the Dutch adult and vocational education act* (pp. 59–75). 's-Hertogenbosch, The Netherlands: Cinop.

de Bruijn, E., & Leeman, Y. (2011). Authentic and self-directed learning in vocational education: Challenges to vocational educators. *Teaching and Teacher Education, 27*, 694–702.

Dierick, S., & Dochy, F. (2001). New lines in edumetrics: New forms of assessment lead to new assessment criteria. *Studies in Educational Evaluation, 27*, 307–329.

Dochy, F., Segers, M., & Sluijsmans, D. (1999). The use of self-, peer and co-assessment in higher education: A review. *Studies in Higher Education, 24*,

331–350.

Elshout-Mohr, M., Oostdam, R., & Overmaat, M. (2002). Student assessment within the context of constructivist educational settings. *Studies in Educational Evaluation, 28*, 369–390.

Gulikers, J., Biemans, H., & Mulder, M. (2009). Developer, teacher, student and employer evaluations of competence-based assessment quality. *Studies in Educational Evaluation, 35*(2–3), 110–119.

Gulikers, J., & van Bentum, N. (2013). Competentietoetsing [Competence assessment]. In A. Bax, H van Berkel, & D. Joosten-ten Brinke (Eds.), *Toetsen in het Hoger Onderwijs* [Assessment in higher education] (3rd ed., pp. 51–62). Houten, The Netherlands: Bohn Stafleu van Loghum.

Gulikers, J. T. M., Baartman, L. K. J., & Biemans, H. (2010). Facilitating evaluations of innovative, competence-based assessments: Creating understanding and involving multiple stakeholders. *Evaluation and Program Planning, 33*, 120–127.

Gulikers, J. T. M., Bastiaens, T. J., & Kirschner, P. A. (2004). A five-dimensional framework for authentic assessment. *Educational Technology Research and Design, 52*(3), 67–85.

Gulikers, J. T. M., Biemans, H. J. A., Wesselink, R., & van der Wel, M. (2013). Aligning formative and summative assessments: A collaborative action research challenging teacher conceptions. *Studies in Educational Evaluation, 39*, 116–124.

Janssens, F. J. G., & van Amelsvoort, G. H. W. C. H. (2008). School self-evaluations and school inspections in Europe: An exploratory study. *Studies in Educational Evaluation, 34*, 15–23.

Joosten-ten Brinke, D., Sluijsmans, D. M. A., Brand-Gruwel, S., & Jochems, W. M. G. (2008). The quality of procedures to assess and credit prior learning: Implications for design. *Educational Research Review, 3*(1), 51–65.

Kenniscentrum EVC. (2011). *Profiel EVC-assessor, versie 1.0*. Utrecht, The Netherlands: Kenniscentrum EVC.

Klarus, R. (2000). Beoordeling en toetsing in het nieuwe onderwijsconcept [Assessment in the new view of education]. In J. Onstenk (Ed.), *Op zoek naar een krachtige beroepsgerichte leeromgeving : fundamenten voor een onderwijsconcept voor de bve-sector* [In search for a powerful vocational learning environment: Foundations for a model for VET]. Cinop: Den Bosch, The Netherlands

MBO-raad. (2008). *Kwaliteit van assessoren*. Houten, The Netherlands: MBO-raad.

Miller, G. E. (1990). Assessment of clinical skills/competence/performance. *Academic Medicine, 65*(9), 63–67.

Ministry of Education. (2011). *Actieplan MBO focus op vakmanschap 2011–2015* [Action plan VET Focus on professionalism 2011–2015]. Nederlandse Rijksoverheid.

Mulder, M. (2014). Conceptions of professional competence. In S. Billett, C. Harteis, & H. Gruber (Eds.), *International handbook on research into professional and practice-based learning* (pp. 107–137). New York: Springer.

Mulder, R., Nieuwenhuis, L., & van Berkel, H. (2004). The quality of examination arrangements. In W. J. Nijhof & W. van Esch (Eds.), *Unravelling policy, power, process and performance. The formative evaluation of the Dutch adult and vocational education act* (pp. 161–176). 's-Hertogenbosch, The Netherlands: Cinop.

Nieuwenhuis, L., Mulder, R., & Van Berkel, H. (2004). Improving the quality of teaching–learning arrangements in VET. In W. J. Nijhof & W. van Esch (Eds.), *Unravelling policy, power, process and performance. The formative evaluation of the Dutch adult and vocational education act* (pp. 135–146). 's-Hertogenbosch, The Netherlands: Cinop.

Nijhof, W. J. (2008). *Naar nieuwe examineringsvormen in het mbo* [Towards new assessment methods in VET]. Amsterdam: Max Goote Kenniscentrum voor Beroepsonderwijs en Volwasseneducatie.

Poortman, C. L. (2007). *Workplace learning processes in senior Secondary*

Vocational Education. Unpublished doctoral thesis. University of Twente, Enschede, The Netherlands.

Popham, W. J. (2008). Classroom assessment: Staying instructionally afloat in an ocean of accountability. In C. A. Dwyer (Ed.), *The future of assessment: Shaping teaching and learning* (pp. 263–278). New York: Lawrence Erlbaum Associates.

Roelofs, E. (2006). Een procesmodel voor de beoordeling van competent handelen [A process model for the assessment of competent behaviour]. *Tijdschrift voor Hoger Onderwijs, 24*, 152–167.

Schaap, H., de Bruijn, E., van der Schaaf, M. F., Kirschner, P. A., et al. (2009). Students' personal professional theories in competence-based vocational education: The construction of personal knowledge through internalisation and socialisation. *Journal of Vocational Education & Training, 61*, 481–494.

Segers, M. S. R. (2004). Assessment en leren als een twee-eenheid: onderzoek naar de impact van assessment op leren [Assessment and learning as twofoldness: Research on the impact of assessment on learning]. *Tijdschrift voor Hoger Onderwijs, 22* (4), 188–220.

Shavelson, R. J., Young, D. B., Ayala, C. C., Brandon, P. R., Furtak, E., Ruiz-Primo, M., & Yue, Y. (2008). On the impact of curriculum-embedded formative assessment on learning: A collaboration between curriculum and assessment developers. *Applied Measurement in Education, 21*, 295–314.

Sluijsmans, D. M. A., Joosten-ten Brinke, D., & Van der Vleuten, C. P. M. (2013). *Toetsen met leerwaarde. Een reviewstudie naar de effectieve kenmerken van formatief toetsen* [Assessment with learning value. A review study into the effective characteristics of formative assessment]. NWO-PROO Projectnummer: 411-11-697.

Sluijsmans, D. M. A., Straetmans, G. J. J. M., & van Merriënboer, J. J. G. (2008). Integrating authentic assessment with competence-based learning in vocational education: The protocol portfolio scoring. *Journal of Vocational Education & Training, 60*, 159–172.

Smith, K. (2011). Professional development of teachers – A prerequisite for AFL to be successfully implemented in the classroom. *Studies in Educational Evaluation, 37*, 55–61.

Tigelaar, D. E. H., Dolmans, D. H. J. M., Wolfhagen, H. A. P., & Van der Vleuten, C. P. M. (2004). The development and validation of a framework for teaching competencies in higher education. *Higher Education, 48*, 253–268.

Tillema, H. H., Kessels, J. W. M., & Meijers, F. (2000). Competencies as building blocks for integrating assessment with instruction in vocational education: A case from the Netherlands. *Assessment and Evaluation in Higher Education, 25*, 265–278.

Tuomi-Gröhn, T., & Engeström, Y. (2003). *Between school and work: New perspectives on transfer and boundary-crossing.* Oxford, UK: Elsevier.

Van der Vleuten, C. P. M. (1996). The assessment of professional competence: Developments, research and practical implications. *Advances in Health Sciences Education, 1*(1), 41–67.

Van der Vleuten, C. P. M., & Schuwirth, L. W. T. (2005). Assessing professional competence: From methods to programmes. *Medical Education, 39*, 309–317.

Van der Vleuten, C. P. M., Schuwirth, L. W. T., Driessen, E., Dijkstra, J., Tigelaar, D., Baartman, L. K. J., & Van Tartwijk, J. (2012). A model for programmatic assessment fit for purpose. *Medical Teacher, 34*, 205–214.

Van der Vleuten, C. P. M., Schuwirth, L. W. T., Scheele, F., Driessen, E. W., & Hodges, B. (2010). The assessment of professional competence: building blocks for theory development. *Best Practice & Research Clinical Obstetrics & Gynaecology, 24*, 703–719.

Van Oers, B. (1998). From context to contextualising. *Learning and Instruction, 8*, 473–488.

Van Merriënboer, J. J. G. (1997). *Training complex cognitive skills: A four-component instructional design model for technical training.* Englewood Cliffs, NJ: Educational Technology Publishers.

Westera, W. (2001). Competences in education: A confusion of tongues. *Journal of Curriculum Studies, 33*, 75–88.

Wools, S., Sanders, P. F., Eggen, T. J. H. M., Baartman, L. K. J., & Roelofs, E. C. (2011). Evaluatie van een beoordelingssysteem voor de kwaliteit van competentie-assessments [Evaluation of an evaluation system for the quality of competence assessments]. *Pedagogische Studiën, 88*(1), 23–41.

第 13 章

Baartman, L., & Gulikers, J. (2017). Assessment in Dutch vocational education: Overview and tensions of the past 15 years. In E. De Bruijn, S. Billett, & J. Onstenk (Eds.), *Enhancing teaching and learning in the Dutch vocational education system: Reforms enacted*. Dordrecht, The Netherlands: Springer.

Baverstock, F. (1996). *The effects of the implementation of competency-based curriculum on how teachers do their jobs: A small scale study*. Unpublished masters thesis. Melbourne, Australia: Monash University.

Billett, S. (1996). Constructing vocational knowledge: History, communities and individuals. *Journal of Vocational Education and Training, 48*(2), 141–154.

Billett, S. (1998). Situation, social systems and learning. *Journal of Education and Work, 11*(3), 255–274.

Billett, S. (2004). From your business to our business: Industry and vocational education in Australia. *Oxford Review of Education, 30*(1), 12–33.

Billett, S. (2011). *Vocational education: Purposes, traditions and prospects*. Dordrecht, The Netherlands: Springer.

Billett, S. (2013). Towards a mature provision of vocational education. *International Journal of Training Research, 11*(2), 184–194.

Billett, S. (2014). The standing of vocational education: Sources of its societal esteem and implications for its enactment. *Journal of Vocational Education and Training, 66*(1), 1–21.

Brennan Kemmis, R., & Green, A. (2013). Vocational education and training teachers conceptions of their pedagogy. *International Journal of Training and Research, 11*, 101.

De Bruijn, E., & Bakker, A. (2017). The role and nature of knowledge in vocational programmes. In E. De Bruijn, S. Billett, & J. Onstenk (Eds.), *Enhancing teaching and learning in the Dutch vocational education system: Reforms enacted*. Dordrecht, The Netherlands: Springer.

Deissinger, T. (1994). The Evolution of the modern vocational training systems in England and Germany: A comparative view. *Compare A Journal of Comparative and International Education education, 24*(1), 17–36.

Deissinger, T. (2000). The German 'Philosophy' of linking academic and work-based learning in higher education: The case for vocational academies. *Journal of Vocational Education and Training, 52*(4), 605–625.

Deissinger, T., & Hellwig, S. (2005). Apprenticeships in Germany: Modernising the dual system. *Education and Training, 47*(4/5), 312–324.

Dewey, J. (1916). *Democracy and education*. New York: The Free Press.

Dymock, D., & Billett, S. (2010). Skilling Australians: Lessons from World War II national workforce development programs. *Australian Journal of Adult Learning, 50*(3), 468–496.

Edwards, R. (2002). Mobilizing lifelong learning: Governmentality in educational practices. *Journal of Education Policy, 17*(3), 353–365.

Frommberger, D., & Reinisch, H. (2002). *Development of disparate structures of Dutch and German vocational education*. Paper presented at the Towards a history of vocational education and training (VET) in Europe in a comparative perspective, Florence, Italy.

Gonon, P. (2004). Challenges in the Swiss vocational education and training system. *bwp* (7).

Gonon, P. (2009a). 'Efficiency' and 'Vocationalism' as structuring principles of industrial education in the USA. *Vocations and Learning: Studies in Vocational and Professional Education, 2*(2), 75–86.

Gonon, P. (2009b). *The quest for modern vocational education: Georg Kerschensteiner between Dewey, Weber and Simmel* (Vol. 9). New York: Peter Lang.

Greinert, W. D. (2005). *Vocational education and training in Europe: Classical models of the 19th- century and training in England, France and Germany during the first half of the 20th.* Luxembourg City, Luxembourg: Office for Official Publications of the European European Communities.

Greinert, W. –D. (2002, October). *European and vocational training systems: the theoretical context of historical development.* Paper presented at the Towards a history of vocational education and training (VET) in Europe in a comparative perspective, Florence, Itlay.

Hanf, G. (2002). Introduction. Paper presented at the towards a history of vocational education and training (VET) in Europe in a comparative perspective, Florence.

Harms, T., Hoeve, A., & den Boer, P. (2017). Pedagogic strategies for improving students' engagement and development. In E. De Bruijn, S. Billett, & J. Onstenk (Eds.), *Enhancing teaching and learning in the Dutch vocational education system: Reforms enacted.* Dordrecht, The Netherlands: Springer.

Heikkinen, A. (Ed.). (1994). *Vocational education and culture: European prospects from history and life history.* Tampere, Finland: University of Tampere.

Labaree, D. F. (2011). How Dewey lost: The victory of David Snedden and social efficiency in the reform of American education. In T. Daniel, T. Schlag, & F. Ostervalder (Eds.), *Pragmatism and modernities* (pp. 163–188). Rotterdam, The Netherlands: Sense Publishers.

Meijers, F., Lengelle, R., Winters, A., & Kuijpers, M. (2017). A dialogue worth having: Vocational competence, career identity and a learning environment for 21st century sucess at work. In E. De Bruijn, S. Billett, & J. Onstenk (Eds.), *Enhancing teaching and learning in the Dutch vocational education system: Reforms enacted.* Doredrecht, The Netherlands: Springer.

Mulder, M. (2014). Conceptions of professional competence. In S. Billett, C. Harteis, & H. Gruber (Eds.), *International handbook of research in professional and practice-based learning* (Vol. 1, pp. 107–137). Dordrecht,

The Netherlands: Springer.

National Centre for Vocational Education Research. (1997). *Graduate destination survey*. Retrieved from Adelaide:

Nijhof, W. (2008). *Towards new assessment methods in VET*. Amsterdam: Max Groote Kenniscentrum voor Beroepsonderwijs en Volwasseneducatie.

Onstenk, J. (2017a). VET and lifelog learning. In E. De Bruijn, S. Billett, & J. Onstenk (Eds.), *Enhancing teaching and learning in the Dutch vocational education system: Reforms enacted*. Dordrecht, The Netherlands: Springer.

Onstenk, J. (2017b). Work based learning (WBL) in Dutch VET: Connecting learning places. learning contents and learning processes. In E. De Bruijn, S. Billett, & J. Onstenk (Eds.), *Enhancing teaching and learning in the Dutch vocational education system: Reforms enacted*. Dordrecht, The Netherlands: Springer.

Organisation for Economic Co-operation and Development. (2006). *Live longer, work longer: A synthesis report*. Retrieved from Paris:

Organisation for Economic Co-operation and Development. (2010). *Learning for jobs*. Retrieved from Paris:

Organisation of Economic and Cultural Development (OECD). (1996). *Lifelong learning for all*. Retrieved from Paris:

Remery, V., & Merele, V. (2014). French approaches to accreditation of prior learning: Practices and research. In T. Halttunen, M. Koivisto, & S. Billett (Eds.), *Promoting, assessing, recognizing and certifying lifelong learning: International perspectives and practices* (pp. 265–280). Dordrecht, The Netherlands: Springer.

Skilbeck, M. (1984). *School based curriculum development*. London: Harper and Row.

Troger, V. (2002). *Vocational training in French schools: The fragile State-employer alliance*. Paper presented at the Towards a history of vocational education and training (VET) in Europe in a comparative perspective, Florence, Italy.

Vähäsantanen, K., Hökkä, P., Eteläpelto, A., Rasku-Puttonen, H., & Littleton, K. (2008). Teachers' professional identity negotiations in two different work organisations. *Vocations and Learning, 1*(2), 131–148.

van de Venne, L., Honigh, M., & van Genugten, M. (2017). Improvement of educational quality in VET: What is next? In E. De Bruijn, S. Billett, & J. Onstenk (Eds.), *Enhancing teaching and learning in the Dutch vocational education system: Reforms enacted*. Dordrecht, The Netherlands: Springer.

van der Klink, M., & Streumer, J. (2017). Professional development of teachers in vocational education. In E. De Bruijn, S. Billett, & J. Onstenk (Eds.), *Enhancing teaching and learning in the Dutch vocational education system: Reforms enacted*. Dordrecht, The Netherlands: Springer.

van der Meer, M., van den Toren, J. P., & Lie, T. (2017). Transforming VET: Encouraging innovation via public private partnerships. In E. de Bruijn, S. Billett, & J. Onstenk (Eds.), *Enhancing teaching and learning in the Dutch vocational education system: Reforms enacted*. Dordrecht, The Netherlands: Springer.

Veillard, L. (2015). University-corporate partnerships for designing workplace curriculum: Alternance training course in tertiary education. In L. Filliettaz & S. Billett (Eds.), *Francophone perspectives of learning through work: Conceptions, traditions and practices*. Dordrecht, The Netherlands: Springer.

Warvik, G.-B. (2013). The reconfiguration of adult education VET teachers: Tensions amongst organisational imperatives, vocational ideals and the needs of students. *International Journal of Training and Research, 11*, 122.

Wesselink, R., & Zitter, I. (2017). Designing competence-based vocational curricula at the school- work boundary. In E. De Bruijn, S. Billett, & J. Onstenk (Eds.), *Enhancing teaching and learning in the Dutch vocational education system: Reforms enacted*. Dordrecht, The Netherlands: Springer.

Westerhuis, A., & van der Meer, M. (2017). Great expectations: VET's meaning for Dutch local industry. In E. De Bruijn, S. Billett, & J. Onstenk (Eds.), *Enhancing teaching and learning in the Dutch vocational education system: Reforms enacted*. Dordrecht, The Netherlands: Springer.

White, M. A. (1985). TAFE's curriculum dilemma: Leader or follower. *Curriculum Perspectives, 5*(1), 61–64.

Zitter, I., Hoeve, A., & de Bruijn, E. (2017). A design perspective on the school–work boundary: A hybrid curriculum model. *Vocations and Learning, 9*(1), 111–131.

译名对照表

（按中文笔画排序）

人名

马尔德 Mulder
马克·范德米尔 Marc van der Meer
马利斯·红宁 Marlies Honingh
马林卡·库珀斯 Marinka Kuijpers
马瑞克·范格努特 Marieke van Genugten
马塞尔·范德克里 Marcel van der Klink
马赛尔·万德斯 Marcel Wanders
马腾斯 Martens
韦塞林克 Wesselink
比尔曼斯 Biemans
瓦格纳 Wagner
瓦斯兰德 Waslander
贝利 Bailey
贝特 Baert
巴特拉姆 Bartram
巴斯蒂亚恩斯 Bastiaens
艾伦 Allen
艾利·德布鲁恩 Elly de Bruijn
艾默斯 Eimers
布洛克惠斯 Blokhuis
布莱克 Black
布朗 Brown
布朗曼-海尔莫斯 Bronneman–Helmers
布塞迈耶 Busemeye

卡普丁 Kaptein
卢肯 Luken
史蒂芬·比利特 Stephen Billett
汉弗 Hanf
汉森 Hanson
尼乌文赫伊斯 Nieuwenhuis
弗龙贝格尔 Frommberger
弗兰登塔尔 Freudenthal
弗朗西斯·梅杰斯 Frans Meijers
吉伦 Gielen
亚瑟·巴克 Arthur Bakker
西蒙斯 Simons
列夫琴科 Levchenko
朱迪思·格来克斯 Judith Gulikers
休斯 Hughes
伊列雷斯 Illeris
伊利亚·兹特 Ilya Zitter
伊若特 Eraut
米勒 Miller
安利 Ainley
安奈米·温特斯 Annemie Winters
安奈克·威斯特霍斯 Anneke Westerhuis
约斯腾-腾布林克 Joosten–ten Brinke
约翰·德莫尔 John de Mol

麦克丹尼尔 McDaniel
劳文霍夫 Rauwenhof
克劳德 Glaudé
克斯瑟尔 Kessels
杜威 Dewey
杨 Young
肖特 Shotter
别斯塔 Biesta
利曼 Leeman
利斯贝特·巴特曼 Liesbeth Baartman
伯奇 Birch
亨德里克斯 Hendriks
库依普斯 Kuijpers
沙普 Schaap
沙普霍斯特 Raaphorst
沃尔特 Volet
沃蒙特 Vermunt
阿尔斯玛 Aalsma
阿里美·霍夫 Aimée Hoeve
纳维尔 Neuvel
范麦里恩博尔 Van Merriënboer
范奎基克 Van Kuijk
范埃斯 Van Esch
范格尔德 Van Gelder
范德沙夫 Van der Schaaf
范德图 Van der Touw
范登伯格 Van den Berg
范德弗勒腾 Van der Vleuten
范德梅杰登 Van der Meijden
杰伦·奥斯腾克 Jeroen Onstenk
奈霍夫 Nijhof
昂温 Unwin
凯尼斯 Kennis
凯普 Keep
彼得·邓波儿 Peter den Boer
舍伦期 Scheerens
波特曼 Poortman

波森库尔 Boessenkool
珀尔 Poell
胡斯－丹尼尔斯 Goes–Daniels
威廉 Wiliam
威廉·弗米德 Willem Vermeend
奎因 Quinn
哈利德 Khaled
科伯恩 Coburn
施恩斯 Schyns
施米特 Schmitter
施特雷克 Streeck
泰勒 Taylor
埃尔贝斯 Elbers
埃尔斯豪特－莫尔 Elshout–Mohr
格来克斯 Gulikers
索斯凯斯 Soskice
特尔琳丝 Teurlings
特兰普施 Trampusch
特鲁斯·哈姆斯 Truus Harms
基施纳 Kirschner
盖尔 Guile
维尔贝克 Verbeek
维尔梅伦 Vermeulen
维尔腾 Welten
维姆科 Wim Kok
维恩 Veen
维斯切尔 Visscher
琼斯伯格 Jossberger
塔米·李 Tammy Lie
塔博尔斯基 Taborsky
博格汉斯 Borghans
斯马尔德斯 Smulders
斯切尔博格瑞尔 Schleppegrell
斯内登 Sneddon
斯托夫 Stoof
斯达克尔 Stukker
斯图林 Sturing

斯特林费罗 Stringfellow
斯特伯斯 Strijbos
斯诺克 Snoek
斯蒂纳尔特 Steenaert
斯鲁基斯曼斯 Sluijsmans
葛侬 Gonon
蒂勒玛 Tillema
惠勒兰 Wheelalan
雅维拉 Järvelä
奥斯特林 Oosterling
舒特 Schuit
舒维特 Schuwirth
鲁德·德弗克 Ruud Duvekot
普林斯 Prins
温克 Vink
温特顿 Winterton
富勒 Fuller
瑞纳克·棱格尔 Reinekke Lengelle

赖尼希 Reinisch
雷姆·库哈斯 Rem Koolhaas
雷娜特·维瑟琳克 Renate Wesselink
路易丝·范德玮 Louise van de Venne
简·斯特米尔 Jan Streumer
简彼得·范得塔 Jan Peter van den Toren
德克拉克 De Clark
德拉马雷 – 勒·戴斯特 Delamare–Le Deist
德科若克 De Croock
德贺劳夫 De Grauw
德容 De Jong
摩尔 Moore
穆德 Mulder
霍尔 Hall
霍伊尔斯 Hoyles
霍格 Hooge
霍德金森 Hodkinson
戴伊斯 Delies

地名

上艾瑟尔 Overijssel
马斯特里赫特 Maastricht
切梅洛特 Chemelot
瓦格宁根 Wageningen
乌特勒支 Utrecht
布里斯班 Brisbane
西布拉邦特 West–Brabant
里斯本 Lisbon
希尔弗瑟姆 Hilversum
阿纳姆 Arnhem
阿姆斯特丹 Amsterdam
阿萨巴斯卡 Athabasca
林堡 Limburg
奈梅亨 Nijmegen
昆士兰 QLD

帕德博恩 Paderborn
拜仁 Bayern
埃因霍温 Eindhoven
埃顿 – 吕尔 Etten–Leur
格尔德兰 Gelderland
格罗宁根 Groningen
特温特 Twente
海牙 Hague
海尔伦 Heerlen
鹿特丹 Rotterdam
斯堪的纳维亚 Scandinavia
蒂尔堡 Tilburg
鲁汶 Leuven
蒙德里安 Mondriaan
豪腾 Houten

译后记

译著《荷兰职业教育的教与学》是深圳市人文社科重点研究基地（新时代中国职业教育研究中心）的研究成果，并得到深圳职业技术学院学术出版基金的资助，以及很多专家学者和热心人士的鼎力襄助。从原著版权使用到翻译出版，商务印书馆苑容宏主任全程给予耐心指导；深圳职业技术学院职业教育研究所所长李建求研究员热情鼓励我完成译作并提供了很多建设性建议，应用外国语学院院长唐克胜（译审、中国翻译协会专家会员）对翻译工作进行了悉心指导，梁晴博士对译稿进行了认真细致的审校，不但更正了初稿的一些错讹，而且使译文更加准确流畅；荷兰思腾国际教育培训集团（Schouten Global）张凡（Jennifer Zhang）女士不厌其烦地为本人答疑解惑；商务印书馆编辑李同宇在译著的审阅、修改及出版方面做了大量辛苦细致的工作。在此一并致以诚挚的谢意。

我要特别感谢深圳职业技术学院的校领导，以及教务处、科研处、人事处、外事处、宣传部等部门的领导和同事的大力支持，在学校建设世界一流职业院校的伟大进程中，我得以有机会到荷兰研修学习。感谢荷兰蒙德里安职业教育学院、阿姆斯特丹应用科学大学、乌特勒支应用科学大学、海牙应用科学大学、奈耶诺德大学、思腾国际教育培训集团等各位授课教师。感谢胡明晓副研究员在英国谢菲尔德大学留学期间为我收集相关英文文献。此外，我的导师于炎湖教授、师母丁近勇副教授对我的学习、工作和生活一直十分关心，我的妻子和女儿给予我无私的支持，借此机会也表示感谢。

关于翻译工作的有关具体事项向读者作简要说明。在体例方面，原著目录只编排到"章"（例如第 1 章，第 2 章，等等），本书翻译时将目录编排到"节"，以便于查阅。同时，原著将参考文献分别附在每章的正文之后，本书则将之集中出现于全书的最后，并依照原著格式按章编排。此外，为行文简洁，本书在正文中一般不标注人名、地名的英语或荷兰语原文，而是直接译成中文，译者整理成"译名对照表"附于书后供读者查阅。由于本书的专业性和学术性很强，尽管译者多方请教，查阅大量相关文献，在翻译过程中进行了深入研究，并反复字斟句酌，数易其稿，但因水平有限，书中难免仍有错讹及贻笑大方之处，恳请专家学者和读者诸君不吝赐教。

卿中全
2019 年 6 月 30 日

图书在版编目(CIP)数据

荷兰职业教育的教与学 /（荷）艾利·德布鲁恩(Elly de Bruijn)，（澳）史蒂芬·比利特(Stephen Billett)，（荷）杰伦·奥斯腾克(Jeroen Onstenk) 编；卿中全译. — 北京：商务印书馆，2020

（职业教育学术译丛）

ISBN 978-7-100-18198-3

Ⅰ. ①荷⋯ Ⅱ. ①艾⋯ ②史⋯ ③杰⋯ ④卿⋯ Ⅲ. ①职业教育－研究－荷兰 Ⅳ. ① G719.563

中国版本图书馆CIP数据核字（2020）第 041878 号

权利保留，侵权必究。

荷兰职业教育的教与学

〔荷〕艾利·德布鲁恩（Elly de Bruijn）
〔澳〕史蒂芬·比利特（Stephen Billett） 编
〔荷〕杰伦·奥斯腾克（Jeroen Onstenk）

卿中全　译
梁　晴　审校

商 务 印 书 馆 出 版
（北京王府井大街36号 邮政编码100710）
商 务 印 书 馆 发 行
艺堂印刷（天津）有限公司印刷
ISBN 978-7-100-18198-3

2020年6月第1版	开本 710×1000　1/16
2020年6月第1次印刷	印张 24

定价：72.00元